蘭臺出版社

中國文化研究叢書第一輯5

總編纂 黨明放

唐代狀元研究

許友根 著

中國學術研究叢書系列
總編纂　党明放

中國文化研究叢書第一輯

党明放　　鄭茂良、陳　濱　肖愛玲　韋明鏵　許友根
艾永明　　　傅紹良　　　王　勇　李憲堂　雷　戈

《中國學術研究叢書》出版總序

党明放

　　國學，初指國立學校，明置中都國子學，掌國學諸生訓導政令。後改稱中都國子監，國子監設禮、樂、律、射、御、書、數等教學科目。

　　國學，廣義指中國歷代的文化傳承和學術記載，狹義指以儒學為主的中國傳統學說，根據文獻內容屬性，國學分經、史、子、集四類，各有義理之學、考據之學及辭章之學。

　　國學是以先秦經典及諸子百家為根基，涵蓋了兩漢經學、魏晉玄學、隋唐佛學、宋明理學、明清實學和同時期的先秦詩賦、漢賦、六朝駢文、唐詩宋詞元曲與明清小說等一脈特有而完整的文化學術體系，並存各派學說。

　　學術，指系統而專門的學問，是對客觀事物及其規律的學科化。學問，學識和問難，《周易》：「君子學以聚之，問以辯之。」而自成系統的觀點、主張和理論，即為學說，章炳麟《文略》：「學說以啟人思，文辭以增人感。」無論是學術、學問、學說，皆建立在以文化為主體之上。

　　「文化」一詞源於拉丁文 Colere，本義開發、開化。最早將其作為專門術語加以運用的是英國文化人類學創始人愛德華・泰勒（Edward. B. Tylor 1832—1917），他在《原始文化》書中寫道：「文化或文明是一個複雜的總體，它包括知識、信仰、藝術、道德、法律、風俗以及作為一個社會成員的個人通過學習獲得的任何其他的能力和習慣。」

　　人類社會可劃分為政治部分、文化部分和經濟部分。一個國家,有其政治制度、文化面貌和經濟結構;一個民族,有其政治關係、文化傳統和經濟生活。在人類社會發展進程中,文化是「源」,文明是「流」。文化存異,文明求同。

　　文化是產生於人類自身的一種社會現象。《周易》云:「觀乎天文,以察時變。觀乎人文,以化成天下。」東漢史學家荀悅《申鑒》云:「宣文教以章其化,立武備以秉其威。」南齊文學家王融〈曲水詩序〉云:「設神理以景俗,敷文化以柔遠。」

　　文化是人類的內在精神和這種內在精神的外在表現。文化具有多方的資源、特質、滯距,以及不同的選擇、衝突和創新。

　　文化分為物質文化、精神文化和制度文化。文化不僅在人類學、民族學、社會學、考古學,以及心理學中作為重要內涵,而且在政治學、歷史學、藝術學、經濟學、倫理學、教育學,以及文學、哲學、法學等領域的核心價值。

　　文化資源包括各種文化成果和形態。比如語言、文字、圖畫、概念、遺存、精神,以及組織、習俗等。其特性主要體現在文化資源的精神性、多樣性、層次性、區域性、集群性、共享性、變異性、稀缺性、潛在性以及遞增性。

　　歷史文化資源作為人類文化傳統和精神成就的載體,構成了一個獨立的文化主體,並具有獨特的個性和價值,可分為自然文化資源和社會文化資源,自然文化資源依靠文化提升品味,依靠時間形成魅力;社會文化資源包括人文景觀、歷史文化和民俗風情等。

　　民族文化資源具有獨特性、融合性和創新性,包括有形的文化資源和無形的精神文化資源,諸如:民俗節慶、遊藝文化、生活文化、禮儀文化、制度文化、工藝文化以及信仰文化等。

　　我國是一個多種宗教並存的國家,諸如佛教、道教、基督教、天主教以及伊斯蘭教等,在漫長的歷史發展進程中,各類宗教和宗教派別形成了寶貴的宗教文化資源。宗教文化具有很大的包容性,幾乎囊括了從哲學、思想、文學、藝術到建築、繪畫、雕塑等方面的所有內容,並且具有很大的旅遊需求和開發價值。

　　文化資源具有社會功能和產業功能。社會功能具有明顯的時代性、可變性、

擴張性、商品性、潛在性，以及滯後性，主要體現在促進文化傳播、加強文化積累、展現國民風貌、振奮民族精神、鼓舞民眾士氣和推動文明建設等方面。

　　文化是一個國家和民族的凝聚力、生命力和影響力的集中體現。人類文化的交往，一種是垂直式的，稱之為文化傳遞；一種是水平式的，稱之為文化傳播。垂直式的文化交往屬於文化積累，或稱文化擴散，能引發「量」的變化；水平式的文化交往屬於文化融合，或稱文化采借，能引發「質」的變化。一切文化最終將積澱為社會人群的內涵與價值觀，群體價值觀建築在利它，厚生，良善上，這族群的意識模式便影響了行為模式，有了利它，厚生為基礎的思維模式，文化出路便往利它，厚生，豐盛溫潤社會便因之形成。這個群體因有了優質文化而有了安定繁盛的社會，生活在其中的人們可以快樂幸福。

　　東漢王符《潛夫論》云：「天地之所貴者，人也；聖人之所尚者，義也；德義之所成者，智也；明智之所求者，學問也。」歷代學人為了文化進程，著手文獻整理，進行編纂，輯佚，審校，註釋，專研等，「存亡繼絕」整校出版文化傳承工作。

　　蘭臺出版社擬踵繼前人步伐，為推動時代文化巨輪貢獻禺人之力，對中國傳統文化略盡固本培元，守正創新，傳佈當代學界學人，對構建中國傳統文化研究的成果，將之整理各類叢書出版，除冀望將之藏諸名山，傳諸百代之外，也將為學人努力成果傳佈，影響更多人，建立更好的優質文化內涵。並將此整校編纂出版的重責大任，視其為出版者的神聖使命，期盼學界學人共襄盛舉！

　　蘭臺出版社社長盧瑞琴君致力於中國文化文獻著作的整理出版，首部擬策劃出版《中國學術研究叢書》，接續按研究主題分類，舉凡國家制度、歷史研究、經濟研究、文學研究、典籍史論，文獻輯佚、文體文論、地理資源、書法繪畫、哲學思想，倫理禮俗，律令監督，以及版本學、考古學、雕塑學、敦煌學、軍事學等領域，將分門別類，逐一出版。邀稿對象多為國內知名大學教授、社科機構研究員，以及相關研究領域裡的專家和學者的專業研究成果為主，或國家社會科學、文化部、教育部，以及省級社科基金項目的代表性科研成果，諸位教授主持國家社科基金重大招標項目，以及擔任部省級哲學、社會科學重大攻關項目首席專家，並且獲得不同層次、不同級別、不同等級的成果獎項為出版目標。

　　中國文化研究首部《中國學術研究叢書》的出版，將以此重要的研究成果，全新的文化視野，深邃厚重的歷史文化積澱和異彩紛呈的傳統文化脈絡為出版稿約。

　　清人張潮《幽夢影》云：「著得一部新書，便是千秋大業；注得一部古書，允為萬世宏功。」人類著述之根本在於人文關懷。叢書所邀作者皆清遠其行，浩博其學；學以辯疑，文以決滯；所邀書稿皆宏富博大，窮源竟委；張弛有度，機辯有序。

　　文搜百代遺漏，嘉惠四方至學。《中國學術研究叢書》開啟宏觀視覺，追溯本紀之源，呈現豐贍有趣的文化圖景。雖非字字典要，然殊多博辯，堪為文軌，必將為世所寶。

　　瑞琴君問序於余，鄙人不才，輒就所知，手此一記，罔顧辭飾淺陋，可資通人借鑒焉。

王寅端月識於問字庵

作者係文化學者、蘭臺出版社駐北京總編輯、中國學術研究叢書總編纂

序　言

　　「狀元」一詞，最早出現在漢代，「狀元之目，始自辟召」。[1] 辟召是漢代察舉選人的一種方式，辟召有時需要舉狀，這時的狀元僅僅表示狀中有名，取得薦舉之意，每個被辟召的人，都能以狀元相稱。

　　以狀元稱呼科舉考試中的佼佼者，尤其是名列前茅的新科進士，則是唐代才出現的事情。唐制，舉人赴京應禮部試者皆須投狀，主考官錄取名單呈上朝廷亦須奏狀，因稱居首者為狀元。清人趙翼《陔餘叢考》卷二八〈狀元榜眼探花〉條云：「按狀元之名，唐已有之。自武后初試貢士於殿前，別其等第，門下例有奏狀，其居首者因曰狀頭，亦曰狀元。」[2] 今人岑仲勉所著《隋唐史》一書認為：唐時「進士及第有狀報於朝，名居首者謂之『狀頭』（如授官稱『敕頭』，授勳稱『甲頭』），亦曰『狀元』。各州申送舉子赴京應進士試曰『解』，因之名居首者謂之『解頭』或『解元』。」[3] 一說狀元源於科舉考試後張榜公布名單。唐時進士科考試後，例須在禮部南院榜牆上張榜公布中第者名單，狀者榜也，元者首也，狀元即是名單中第一人。元人辛文房《唐才子傳》一書中言及出身進士者，大多標明同科榜首，是書卷一〈杜審言〉條云：「審言，字必簡，

1　宋·朱弁，《曲洧舊聞》卷三，載《宋元筆記小說大觀》第三冊，第 2972 頁，上海：上海古籍出版社，2001 年。

2　清·趙翼，《陔餘叢考》卷二八〈狀元榜眼探花〉，第 560 頁，石家庄：河北人民出版社，1990 年。

3　岑仲勉，《隋唐史》上冊，第 194 頁，北京：中華書局，1982 年。

京兆人。預之遠裔。咸亨元年，宋守節榜進士，為隰城尉。」[4] 同卷「沈佺期」
條亦云：「佺期，字雲卿，相州人。上元二年鄭益榜進士。」[5] 唐代狀元在史籍
中大多稱作狀頭，《唐摭言》卷八載：「杜黃門第一榜，尹樞為狀頭。」[6]

　　宋代狀元常稱榜首、殿魁、狀首。吳曾《能改齋漫錄》卷一〈殿試有官人
不為第一〉條云：「本朝殿試，有官人不為第一人，自沈文通始，迄今循之，
以為故事。然徽宗朝，戊戌榜，嘉王楷第一人，登仕郎王昂第二人，顏天選第
三人。徽宗宣諭：『嘉王楷有司考在第一，不欲以魁天下；以第二人為榜首。』
是歲，昂以有官人為殿魁，以此知有司亦失於契勘也。」[7] 有時亦稱狀首，《夢
溪筆談》卷一記載：嘉祐中，「王荊公時為知制誥，與天章閣待制楊樂道二人
為詳定官。……是時王荊公以初、複考所定第一人皆未允當，於行間別取一人
為狀首。」[8] 自宋代開始，殿試後臚傳宣布及第者名次成為定制，宣布名次時，
及第者站在殿陛下面的兩側恭候。名次宣布完畢，贊禮官引領著站在東西兩側
最前面的狀元和榜眼，向前走到殿陛下面，狀元再向前跨，站到離有巨鼇的陛
階上，迎接殿試榜，於是，狀元也就被稱為「獨占鼇頭」。

　　現今很多辭典類工具書均認為狀元就是科舉時代進士科廷試的第一名，例
如《漢語大詞典》（第五冊）（上海：漢語大詞典出版社，1990 年版）第 11 頁「狀
元」詞條：「科舉時代稱殿試第一名為狀元。唐制，舉人赴京應禮部考試都須
投狀，因稱進士科及第第一人為狀元。」合訂本《辭源》（北京：商務印書館，
1988 年版）第 1080 頁「狀元」詞條：「科舉時代稱廷試第一名為狀元。」縮
印本《辭海》（上海：上海辭書出版社，1980 年版）第 884 頁「狀元」詞條：
「科舉時代以名列第一者為元，鄉試第一稱解元，會試第一稱會元，殿試第一
稱狀元。」嚴格說來，這樣的表述對於唐宋時期狀元來說是不夠準確的。第一，
唐代除進士科外，制科第一人亦可以稱狀元。白鴻儒〈莫孝肅公詩集序〉云：「唐
宣宗大中五年，龍集辛未，設科求賢，合天下士，對策於大庭，臚傳以莫公宣

4　傅璇琮主編，《唐才子傳校箋》第一冊，第 66-67 頁，北京：中華書局，1987 年。

5　傅璇琮主編，《唐才子傳校箋》第一冊，第 75 頁，北京：中華書局，1987 年。

6　五代・王定保，《唐摭言》卷八〈自放狀頭〉，載《唐五代筆記小說大觀》下冊，第
　　1645 頁，上海：上海古籍出版社，2000 年。

7　宋・吳曾，《能改齋漫錄》卷一〈殿試有官人不為第一〉，載《筆記小說大觀》第八
　　冊（合訂第四本），第 170 頁，揚州：江蘇廣陵古籍刻印社，1984 年。

8　宋・沈括，《夢溪筆談》卷一〈故事一〉，第 6 頁，《叢書集成初編》本第 281 冊。

卿為第一。公字仲節，廣南封州人也。」柳珪有〈送莫仲節狀元歸省詩〉曰：「青
驄聚送謫仙人，南國榮親不及君。椰子味從今日近，鷓鴣聲向舊山聞。孤猿夜
叫三湘月，匹馬時侵五嶺雲。想到故鄉應臘過，藥欄猶有異花薰。」清人徐松
認為：「制科第一，據此亦得稱狀元。」[9]第二，宋代進士科除第一人外，第二、
第三人亦可以稱狀元。趙彥衛《雲麓漫鈔》卷七云：「世目狀元第二人為榜眼，
第三人為探花郎。」[10]劉一清《錢塘遺事》卷一〇〈置狀元局〉條記載：「狀元
一出都，人爭看如麻，第二、第三名亦呼狀元。是日迎出便入局，局以別試所
為之，謂之三狀元局，中謂之期集所。」[11]「狀元」稱謂為進士科考試第一人所
專用，乃是宋代以後的事情。元順帝元統元年（1333 年）癸酉科，始定一甲共
錄三人，其第一人為狀元。明太祖洪武四年（1371 年）辛亥科始以第一甲第一
人為狀元，第二人為榜眼，第三人為探花，合稱「三鼎甲」，而狀元居鼎甲之首，
又稱「鼎元」，又因為狀元乃殿試第一人，故又稱「殿元」。第三，唐代常科
考試無殿試，故所謂狀元乃是尚書省禮部（開元二十四年以前為吏部）主持的
省試第一人，這與宋代建立殿試制度以後，由皇帝欽定的殿試第一人是不同的。

　　綜上，唐宋時期的狀元有狀頭、榜首、殿魁、狀首等稱謂。唐代進士科第
一人稱狀元，制科第一人亦可以稱狀元；宋代進士科第一人稱狀元，第二、第
三人也可以稱狀元，這種情況與宋以後的狀元專指進士科第一人相比較，在內
涵上具有明顯的不同之處。因此我們認為，狀元有廣義和狹義兩種表述：廣義
的狀元是指科舉考試中經主考官錄取或者由皇帝直接確定的第一人。狹義的狀
元是指進士科考試中經主考官錄取並由朝廷確認的第一人。

　　由於史料的匱乏，本書以唐代進士科考試中錄取的第一人（狹義狀元）為
討論的對象，基本不涉及其它科目及第的第一人。

　　唐代自高祖武德五年（622 年）開科取士，至哀帝天祐四年（907 年）為止，
二百八十五年間共舉行進士科考試二百六十五次。從理論上講，唐代進士科考
試所產生的狀元人數應該為二百六十五人，但在實際統計中，情況就要複雜的

9　清・徐松，《登科記考》卷二十二，第 817 頁，北京：中華書局，1984 年。

10　清・趙彥衛，《雲麓漫鈔》卷七，第 336 頁，上海：上海古籍出版社 1987 年影印《文
　　淵閣四庫全書》本第 864 冊。

11　元・劉一清，《錢塘遺事》卷一〇〈置狀元局〉，第 1031 頁，上海：上海古籍出版
　　社 1987 年影印《文淵閣四庫全書》本第 408 冊。

多，首先，唐代二百六十五次進士科考試中，並不是每一次考試都有狀元產生，高宗麟德二年（665 年）就因考官洩露考題，以致「進士並落卜」，實際錄取狀元的考試只有二百六十四次。其次，一般情況下，一次考試產生一名狀元，但遇到特殊情況亦有可能產生多名狀元。肅宗至德二年（757 年）因「安史之亂」影響，進士科分為長安、江淮、成都和江東四處考試，這樣一來，一年就有可能產生四名狀元。第三，武后永昌元年（689 年）、載初元年（690 年）分兩都（西都長安、東都洛陽）考試，各自錄取了狀元。「安史之亂」後，自代宗永泰元年（765 年）至大曆十年（775 年），因「時艱歲歉，舉人赴省眾」，朝廷再一次決定西都長安、東都洛陽兩處分舉，在前後十一年兩都考試中，有可能錄取了二十二名狀元。關於兩都考試錄取的第一人能否稱為狀元，有學者認為，武后、肅宗、代宗年間分為多處舉行進士科考試所產生的狀元都不能認為是狀元，理由是狀元應該有一個標準，即由朝廷任命的知貢舉主持，用同一套試卷，在同一個地方開考，然後又經統一閱卷、排名，並經最高當局認可的進士第一名。[12] 應該說，這一觀點很有新意，可以成「一家之言」。然而如若依據這一「標準」來分析唐代狀元，將會遇到很多難以解釋的問題：

首先，前已述及，「狀元」是個歷史名詞，不同歷史時期的含義並不完全一樣。唐代狀元並不僅僅是指進士科及第的第一人，制科第一人亦可以稱狀元。宋代，進士科除第一人外，第二、第三人亦可以稱狀元。「狀元」稱謂為進士科考試第一人所專用，乃是宋代以後的事情。

其次，如果說唐代「兩都試」錄取的狀元「不算」狀元，同年錄取的進士算不算進士？如果承認同年錄取的進士，那麼進士的標準又是什麼？否定「兩都試」錄取的第一人為狀元的學者同時又承認「兩都試」錄取的進士，似乎缺少了點細緻縝密的思考。因為既然承認了「兩都試」錄取的進士，就沒有道理不承認「兩都試」錄取的狀元。事實上，「兩都試」錄取的進士、狀元和長安一地考試錄取的進士、狀元，在政治、經濟地位等方面沒有任何區別。以大曆四年（769 年）東都試為例，狀元齊映及第後，同年應吏部博學宏詞科釋褐入仕，授河南府參軍，貞元二年（786 年）官中書舍人同中書門下平章事入相，封河

12　參見周臘生，《唐代狀元奇談・唐代狀元譜》附錄：〈《登科記考》所載唐代狀元正補〉，第 290 頁，299 頁，北京：紫禁城出版社，2002 年。

間縣男。[13] 同榜進士李益於大曆六年（771 年）應吏部銓選書判拔萃科及制科諷諫主文科，均及第，授官鄭縣主簿，後成為唐代著名的詩人。[14] 大曆年間還有許多著名的詩人，如冷朝陽、王建等，都是「兩都試」錄取的進士，一千多年以來，似乎還沒有多少學者懷疑他們的進士身分。在唐宋時期學者的著述中也從未見有將唐代科舉「兩都試」錄取的進士、狀元進行區別對待的情況。柳宗元〈為李京兆祭楊凝郎中文〉云：「唯是伯仲，並為士則，連擢首科，迭居顯職。」注云：「大曆九年，憑中進士第一。十三年，凝中第一。」[15] 宋人樂史《廣卓異記》卷十九〈兄弟二人狀元及第〉條云：「右按《登科記》，楊憑，大曆九年狀元及第；弟□（凝），大曆十三年亦狀元及第。」[16]《永樂大典》卷二三六八引《蘇州府志》亦云楊凝為大曆十三年進士科第一人及第。[17]《登科記考》卷十大曆九年、卷十一大曆十三年進士科分別係楊憑、楊凝為狀元。[18]

再次，唐代科舉考試還處於草創時期，如果按照明清時期的科舉考試模式去審視唐代科舉考試，會發現許多不可思議的事情：其一，狀元可能是在考試過程中產生的，也可能是在考試之前就已經決定的。唐德宗貞元三年（787 年）進士科狀元牛錫庶，就是禮部尚書蕭昕知貢舉時在事先允諾的，據《太平廣記》卷一百八十〈牛錫庶〉條引《逸史》記載：「牛錫庶，性靜退寡合，累舉不第。貞元元年，因問日者，曰：『君明年合狀頭及第。』錫庶但望偶中一第爾，殊不信也。時已八月，未命主司，偶至少保蕭昕宅前，值昕杖策將獨游南園，錫庶遇之，遽投刺，並贄所業。昕獨居，方思賓友，甚喜，延與之語。及省文卷，再三稱賞，因問曰：『外間議者，以何人當知舉？』錫庶對曰：『尚書至公為心，必更出領一歲。』昕曰：『必不見命，若爾，君即狀頭也。』錫庶起拜謝，復坐未安，忽聞馳馬傳呼曰：『尚書知舉。』昕遽起，錫庶復再拜，曰：『尚書適已賜許，皇天后土，實聞斯言。』昕曰：『前言期矣。』明年果狀頭及第。」[19]

13　宋・歐陽修，《新唐書》卷一五〇〈齊映傳〉，第 505 頁，上海：上海古籍出版社、上海書店，1986 年。

14　傅璇琮主編，《唐才子傳校箋》第二冊，第 91-105 頁，北京：中華書局，1989 年。

15　唐・柳宗元，《柳河東全集》卷四十〈祭文一〉，第 429 頁，北京：中國書店，1991 年。

16　宋・樂史，《廣卓異記》卷十九〈兄弟二人狀元及第〉，載《筆記小說大觀》第一冊（合訂第一本），第 264 頁，揚州：江蘇廣陵古籍刻印社：1983 年。

17　《永樂大典》卷二三六八，第 1064 頁，北京：中華書局，1986 年。

18　清・徐松，《登科記考》卷十，第 383 頁，卷十一，第 398 頁，北京：中華書局，1984 年。

19　宋・李昉，《太平廣記》卷一百八十〈牛錫庶〉，第 1339 頁，北京：中華書局，1961 年。

又據五代人王定保《唐摭言》卷六〈公薦〉條記載，太學博士吳武陵曾向主考官崔郾推薦考生杜牧，主考官與吳武陵的一段對話很能說明一些問題；武陵曰：「請侍郎與狀頭。」郾曰：「已有人。」曰：「不得已，即第五人。」郾未遑對。武陵曰：「不爾，即請此賦。」郾應聲曰：「敬依所教。」有人認為杜牧不拘小節，崔郾回答：「已許吳君矣。牧雖屠沽，不能易也。」[20]據《唐摭言》卷八〈已落重收〉條記載：「貞元中，李繆公先榜落矣。先是出試，楊員外於陵省宿歸第，遇程於省司，詢之所試，程探勒中得賦稿示之，其破題曰：『德動天鑒，祥開日華。』於陵覽之，謂程曰：『公今年須作狀元。』翌日雜文無名，於陵深不平；乃於故策子末繕寫，而斥其名氏，攜之以詣主文，從容紿之曰：『侍郎今者所試賦，奈何用舊題？』主文辭以非也。於陵曰：『不止題目，向有人賦次韻腳亦同。』主文大驚。於陵乃出程賦示之，主文賞歎不已。於陵曰：『當今場中若有此賦，侍郎何以待之？』主文曰：『無則已，有則非狀元不可也。』於陵曰：『苟如此，侍郎已遺賢矣。乃李程所作。』亟命取程所納，面對不差一字。主文因而致謝，於陵於是請擢為狀元，前榜不復收矣，或曰出榜重收。」[21]其二，狀元可能是由考官決定的，也可能不是由考官而是由某個很有權勢的人指定的。唐文宗時裴思謙之所以能夠高中狀元，靠的是大宦官仇士良的關係，《唐摭言》卷九〈惡得及第〉條記載：「高鍇侍郎第一榜，裴思謙以仇中尉關節取狀頭，鍇庭譴之，思謙回顧厲聲曰：『明年打疊取狀頭。』明年，鍇戒門下不得收書題，思謙自懷士良一緘入貢院；既而易以紫衣，趨至階下白鍇曰：『軍容有狀，薦裴思謙秀才。』鍇不得已，遂接之。書中與思謙求巍峨，鍇曰：『狀元已有人，此外可副軍容意旨。』思謙曰：『卑吏面奉軍容處分，裴秀才非狀元請侍郎不放。』鍇俛首良久曰：『然則略要見裴學士。』思謙曰：『卑吏便是。』」[22]裴思謙為獵取狀頭可謂費盡心計，而主考官高鍇面對炙手可熱的大宦官仇士良的請托無可奈何，惟有屈服。這類事件並非僅有，據《新唐書‧楊虞卿傳》（卷一七五）記載：「虞卿佞柔，善諧麗權幸，倚為奸利。歲舉選者，皆走門下，署第注員，無不得所欲，升沈在牙頰間。當時有蘇景胤、張元夫，而虞卿兄弟

---

20 五代‧王定保，《唐摭言》卷六〈公薦〉，載《唐五代筆記小說大觀》下冊，第1626頁，上海：上海古籍出版社，2000年。

21 五代‧王定保，《唐摭言》卷八〈已落重收〉，載《唐五代筆記小說大觀》下冊，第1649頁，上海：上海古籍出版社，2000年。

22 五代‧王定保，《唐摭言》卷九〈惡得及第〉，載《唐五代筆記小說大觀》下冊，第1656-1657頁，上海：上海古籍出版社，2000年。

汝士漢公為人所奔向，故語曰：『欲趨舉場，問蘇張；蘇張猶可，三楊殺我。』宗閔待之尤厚。」[23] 其三，唐代甚至還出現由考生錄取自己的現象。《唐摭言》卷八〈自放狀頭〉條云：「杜黃門第一榜，尹樞為狀頭。先是，杜公主文，志在公選，知與無預評品者。第三場庭參之際，公謂諸生曰：『主上誤聽薄劣，俾為社稷求棟樑，諸學士皆一時英俊，奈無人相救！』時入策五百餘人，相顧而已。樞年七十餘，獨趨進曰：『未諭侍郎尊旨？』公曰：『未有榜帖。』對曰：『樞不才。』公欣然延之，從容因命捲簾，授以紙筆。樞援毫斯須而就。每箚一人，則抗聲斥其姓名；自始至末，列庭聞之，諸嗟歎其公道者一口。然後長跪授之，唯空其元而已。公覽讀致謝訖，乃以狀元為請，樞曰：『狀元非老夫不可。』公大奇之，因命親筆自箚之。」[24] 由此可見，唐代科舉考試與後世比較有很大的區別，這種區別不僅表現在考試模式上，而且還表現在考試的內涵上，進士、狀元的涵義與後世也有很多的不同之處。如果我們用現代人的思維特點去「硬性」地規定唐代狀元的標準，要求唐代狀元必須是「由朝廷統一任命的知貢舉主持，使用同一套試題，在同一個地點開考，然後又經統一閱卷、排名並經最高當局認可的進士科考試的第一名。」那麼上述所列舉的幾位狀元，似乎都不怎麼「合格」，但歷史的發展確實如此，並不容許後人輕易地改變。[25]

　　按照上述的理解，我們認為在唐代二百八十五年間舉行的二百六十五次進士科考試中，錄取的狀元應該有二百八十人左右，其中高宗麟德二年（665 年）因考官洩露考題導致「進士並落下」，未產生狀元；武后永昌元年（689 年）、載初元年（690 年）分兩都考試錄取了四人，肅宗至德二年（757 年）分四處考試錄取了四人，代宗永泰元年（765 年）至大曆十年（775 年）的十一年考試期間兩都考試共錄取了二十二人，其餘正常考試年分每年錄取一人。

　　唐史文獻資料中，專門記載唐代科舉考試錄取情況的《登科記》已經不傳，現存史料中能夠反映科舉狀元的是唐宋時期的筆記小說，較為系統的記載，則是宋代以後的事情，其中主要是明清兩代人的記載。

23　宋・歐陽修，《新唐書》卷一七五〈楊虞卿傳〉，第 556 頁，上海：上海古籍出版社、上海書店，1986 年。

24　五代・王定保，《唐摭言》卷八〈自放狀頭〉，載《唐五代筆記小說大觀》下冊，第 1645-1646 頁，上海：上海古籍出版社，2000 年。

25　許友根，〈唐代科舉「兩都試」略論〉，載《唐都學刊》，2004 年第四期。

　　王定保，唐末五代時期洪州南昌人，唐昭宗光化三年（900 年）進士，在其所著的《唐摭言》一書中，比較全面地介紹了唐代科舉制度的運作情況以及有關科舉考試的遺聞瑣事、文士風習，並保存了許多詩人別集中失載的斷章零句，是後人研究唐代科舉與文學的重要參考書。是書提及的唐代狀元凡十六人，分別是李固言（元和七年）、張又新、盧肇、盧文煥（光化二年）、裴思謙、黎逢、裴俅、孫偓、尹樞、陸扆、顏標、崔昭矩、歸黯、崔昭緯、鄭光業、韓袞等人。

　　元代前期西域人辛文房，字良史，曾化費多年時間「遊目簡編，宅心史籍」，精心編寫了《唐才子傳》十卷，書中立專傳者二百七十八人，附見者一百二十人，凡三百九十八家。辛氏依據當時人所能見到的史書文集、筆記小說，其中包括今已失傳的唐人登科錄，記載了很多進士出身者的登第年分和仕宦經歷，其中包括唐代八十位狀元姓名和及第年分，不僅為唐代文學研究提供了重要的資料線索，而且也成為唐代史學研究，尤其是唐代科舉制度研究十分難得的材料。《唐才子傳》一書雖因作者狃於見聞，加之選擇上的主觀性，很難說非常準確地反映了有唐一代文學才子的全部情況。但是，如果從唐代狀元資料的收集整理這一視角去看待《唐才子傳》，可以發現它的史料價值是非常可觀的，清人徐松編寫《登科記考》一書時，幾乎全部摘引了辛文房《唐才子傳》的資料。

　　試圖系統考證歷史上科舉狀元的首推明人徐應秋，徐氏字君義，號雲林，衢州西安人，萬曆進士，在其所著的《玉芝堂談薈》一書中，詳細列出了自唐高祖武德元年（618 年）孫伏伽至哀帝天祐四年（907 年）崔詹共八十四位唐代狀元的姓名以及其中大部分人的及第年分，是書雖有搜羅未遍，即正史猶有所遺；援引昔人辭，每不標明某書以及冗雜錯訛之處，然「類摭故實，累牘連章，可稱華縟。」[26] 其博洽之功，頗足抵冗雜之過。後人論及唐代狀元，無一不談及是書，亦可見其對後世的影響。

　　繼《玉芝堂談薈》之後，清人徐松所作《登科記考》一書是目前所存史籍中，內容最為豐富的唐代科舉編年史，全書三十卷，凡六七十萬言，記載了自唐高祖武德元年（618 年）至五代周世宗顯德六年（959 年）共三百四十一年間

26　清·陸以湉，《冷盧雜識》卷一〈玉芝堂談薈〉，載《筆記小說大觀》第二十三冊（合訂第十一本），第 263 頁，揚州：江蘇廣陵古籍刻印社，1984 年。

的科舉考試活動、科舉人物事蹟的材料，其中唐代進士科考試二百六十五榜，有姓名可考、事蹟可尋的唐代狀元一百四十一人。儘管由於史料的缺失、錯訛加之徐松本人的疏忽，《登科記考》一書中仍存在不少問題，[27] 但其積三十年之勞，收集資料之多，考證之精審，確實難能可貴，功不可沒。時至今日仍為治科舉制度史者案頭必備之書。

近年來，科舉制度研究受到學術界的廣泛注意，一批論著相繼問世，其中中華書局傅璇琮《唐代科舉與文學》（陝西人民出版社 1986 年）、北京大學吳宗國《唐代科舉制度研究》（遼寧大學出版社 1997 年）等是研究唐代科舉制度的代表性著作。湖北職業技術學院周臘生的科舉狀元研究系列之《唐代狀元奇談·唐代狀元譜》（紫禁城出版社 2002 年）、北京大學孟二冬《登科記考補正》（北京燕山出版社 2003 年）等著作則在前人研究的基礎上對唐代狀元進行了研究和考證，有不少新的突破，比較集中地反映了 20 世紀下半葉國內外唐代狀元研究的新材料和新觀點。然而，由於史料、尤其是考古資料的層出不窮，研究者學術觀點的不盡一致，加之著作體例的限制，唐代狀元仍然有很大的研究空間，例如唐代狀元的人數，現在所能知道的只有一百六十餘人，也就是說，還有一百二十餘人尚不知「下落」；唐代狀元的生平事蹟、地域分布、政事德行以及傳世著述等，也需要做一些較為系統的整理工作。

《唐代狀元研究》主要內容是：（1）唐代科舉與唐代狀元。包括唐代科舉考試中的舉子資格、考試科目、考試時間、考試舞弊等史實的探討；狀元一詞的由來、狀元的別稱、狀元的內涵及其演變等。（2）唐代狀元考辨。根據已經問世的資料，考證唐代狀元的史料來源及其身分真偽。（3）唐代狀元分布。統計唐代狀元的地域分布、家庭背景分布和任職分布情況，並簡要分析分布的特點。（4）唐代狀元文學成就。重點反映《全唐文》、《全唐詩》中唐代狀元著述，對唐代狀元的科舉詩進行初步探討，（5）文學作品中的唐代狀元形象。討論文學作品中的唐代狀元形象，並對文學作品中的唐代狀元與歷史記載中的唐代狀元進行比較。（6）唐代狀元趣聞軼事。

本課題試圖在以下幾方面有所進展：一是進一步明確唐代進士科考試的舉子資格、考試時間以及考試舞弊等基本史實。二是通過比較研究明確唐代狀元

27　詳見孟二冬，《登科記考補正》，北京：北京燕山出版社，2003 年。

與後世狀元稱呼、內涵等方面的異同。三是通過考證梳理得出唐代狀元的大致人數。四是通過對唐代狀元個體和群體的研究，揭示唐代狀元與唐代社會政治、經濟和文化教育發展的關係，探討唐代狀元的歷史地位及其影響。

　　由於唐代狀元研究的史料不很充分，加之我的研究能力有限，書中肯定會存在不少缺點和錯誤，真誠地希望學界大家批評指正。

目　錄

總　序　V

序　言　IX

上　篇　2

第一章　唐代進士科舉子資格研究　3

第二章　唐代進士科考試時間探析　14

第三章　唐代科舉科目考述　24

第四章　唐代科舉舞弊原因初探　34

中　篇　53

第五章　唐代前期進士科狀元考辨　54

第六章　唐代中期進士科狀元考辨　98

第七章　唐代後期進士科狀元考辨　152

第八章　今人著述中誤載之唐代狀元　215

下　篇　235

第九章　唐代狀元的分布　236

第十章　唐代狀元題材的戲劇　259

第十一章　唐代狀元的文學成就　283

第十二章　唐代狀元的趣聞軼事　294

附錄一　主要參考文獻　307

附錄二　唐代狀元音序、編號、姓名對應表　315

後　記　317

修訂版後記　319

上　篇

　　科舉制度創始於隋代，一般認為，隋煬帝時進士科的設置，標誌著科舉制度的正式形成。隋祚短暫，二世而亡，尚未來得及將科舉制度全面推開就為李唐王朝所取代。唐代承襲並發展了科舉制度，形成了一套具有自身特點的考試做法，很多學者對此進行了深入的研究，並取得了豐碩的成果。[1] 然而，由於唐代科舉制度的研究史料不很充分，尤其是有關唐代狀元的史料記載比較匱乏，加之史料記載的不夠一致，我們今天對唐代科舉考試的一些情況已經不很清晰，在為數不少的科舉制度史研究論著中，出現了同一個具體事情而有很多種說法的現象，為了比較全面地瞭解唐代科舉制度的一般概況，同時有助於對唐代狀元研究工作的開展，本書上篇將分別探討唐代進士科舉子資格、唐代進士科考試時間、唐代科舉科目以及唐代科舉舞弊等問題。

1　僅以科舉史著作而言，早在 20 世紀 30 年代，就有方愉《唐代科舉制度》（國立中央大學出版組，1933 年）、陳東原《中國科舉時代之教育》（上海商務印書館，1934 年）等書問世。建國後，先後有張晉藩、邱遠猷合著《科舉制度史話》（中華書局，1964 年，該書於 1980 年再版）、許樹安《古代選舉及科舉制度概述》（天津人民出版社，1985 年）、傅璇琮《唐代科舉與文學》（陝西人民出版社，1986 年）、王道成《科舉史話》（中華書局，1988 年）、劉海峰《唐代教育與選舉制度綜論》（臺北文津出版社，1991 年）、吳宗國《唐代科舉制度研究》（遼寧大學出版社，1992 年，該書於 1997 年再版）、劉海峰《科舉考試的教育視角》（湖北教育出版社，1996 年）、侯力《科舉制度與唐代社會》（嶽麓書社，1998 年）、王炳照、徐勇主編《中國科舉制度研究》（河北人民出版社，2002 年）、陳飛《唐代試策研究》（中華書局，2002 年）、周臘生《唐代狀元奇談・唐代狀元譜》（紫禁城出版社，2002 年）、孟二冬《登科記考補正》（北京燕山出版社，2003 年）等等相繼出版。

第一章 唐代進士科舉子資格研究

清人徐松在其《登科記考》一書的敘言中寫道：唐代科舉牢籠群有，囊括九流，「是以俊入四門，經聯千佛，銀袍鵠化，氈筆鸞飄。武翊黃之三頭，張文成之萬選，常雜鮑帖，羅甲袁朋，波屬雲興，縶乎貢部。極之汪遵以吏擢，蘇渙以盜取，高智周以沙門升，吉中孚以道士進。而賓貢得人，新羅有金可記，高麗有崔致遠，大食有李彥昇。無流品之別，無華夷之限，衡校古今，得士之盛，於斯為最。」[1] 徐松關於唐代科舉出身者「無流品之別，無華夷之限」的觀點為後世所接受，很多論著都認為科舉制從一實行就對舉子資歷的限制非常少，到了唐代後期，縣吏、工商市井、僧道、節鎮衙將及貧寒人家的子弟皆可以參加考試，並有及第的。由於被限制的考生數量很少，「所以從某種意義講，任何人只要埋頭讀書，就有資格參考。」[2]

作為對唐代科舉制度一種有代表性的評價意見，上述觀點似有值得斟酌之處：其一，徐松所言唐科舉出身者「無流品之別」，是否可以理解為對舉子的資歷限制少或者被限制的考生數量少？其二，「無流品之別」是唐代統治者「牢籠群有，囊括九流」的主動舉措，還是特定歷史條件下的被動產物？

具有一定的考試資格，是唐代舉子參加進士科考試的必要前提；瞭解唐代

1　清·徐松，《登科記考》，〈敘言〉，第1-2頁，北京：中華書局，1984年。

2　白壽彝主編，《中國通史》（隋唐五代史·上冊），第867頁，上海：上海人民出版社，1997年，又見曹文柱等，《中國社會史》，第129頁，上海：華東師範大學出版社，2001年。

進士科考試對舉子資格的規定，則是我們評價這一制度的必要前提。按照唐代法律和科舉考試的有關規定，無論是州府推薦的鄉貢還是學校推薦的生徒參加進士科考試，都必須符合以下基本要求：

性別　性別要求舉子必須是男性，否則不能報考。這一規定使得人口的差不多一半被排除在科舉考試之外。唐代社會的大部分時期政治穩定，經濟繁榮，文化教育事業比較普及，不少女子、尤其是那些出身於士大夫家庭的女子，都受過良好的教育，她們熟讀經史，學識超人，但卻無緣科舉，難以和男子一樣正常躋身仕途。《南楚新聞》的一段記載反映了當時社會的這一現象：「關圖有一妹，甚聰惠，文學書箚罔不動人。圖常語同僚曰：『某家有一進士，所恨不櫛耳。』」[3] 元人辛文房在寫作《唐才子傳》一書時，深感不少才女的創作成就可「與名儒比隆。」他賞憐魚玄機的傑出才華，說玄機「使為一男子，必有用之才。」其傳曰：「玄機，長安人，女道士也。性聰慧，好讀書，尤工韻調，情致繁縟。……嘗登崇真觀南樓，睹新進士題名，賦詩曰：『雲峰滿目放春情，歷歷銀鉤指下生。自恨羅衣掩詩句，舉頭空羨榜中名。』觀其意激切，使為一男子，必有用之才，作者頗憐賞之。時京師諸宮宇女郎，皆清俊濟楚，簪星曳月，惟以吟詠自遣，玄機傑出，多見酬酢云。」[4] 唐代史籍中有很多才女成家後相夫教子為人稱道的記載，前引關圖之妹出嫁後，助其丈夫常修讀書，終使其丈夫考中進士。[5] 唐人薛元曖去世後，妻林氏輔導子侄多人考中進士，據《舊唐書・薛播傳》（卷一四六）記載：「初，播伯父元曖終於隰城丞，其妻濟南林氏，丹陽太守洋之妹，有母儀令德，博涉五經，善屬文，所為篇章，時人多諷詠之。元曖卒後，其子彥輔、彥國、彥偉、彥雲及播兄據、捴，並早孤幼，悉為林氏所訓導，以至成立，咸至文學之名。開元、天寶中二十年間，彥輔、據等七人並舉進士，連中科名，衣冠榮之。」[6] 元稹、楊收幼時喪父，家甚貧，也是由他們的母親「親自教授」而成就事業的。[7] 今人何懷宏認為，女子不能參加科舉考

3　宋・李昉，《太平廣記》卷二百七十一〈關圖妹〉，第 2134 頁，北京：中華書局，1961 年。

4　傅璇琮主編，《唐才子傳校箋》第三冊，第 448 頁、第 452 頁，北京：中華書局，1990 年。

5　宋・李昉，《太平廣記》卷二百七十一〈關圖妹〉，第 2134 頁，北京：中華書局，1961 年。

6　後晉・劉昫，《舊唐書》卷一四六〈薛播傳〉，第 477 頁，上海：上海古籍出版社、上海書店，1986 年。

7　後晉・劉昫，《舊唐書》卷一六六〈元稹傳〉，第 521 頁，卷一七七〈楊收傳〉，第

試入仕，「這是一個在古人看來似乎不成問題，但在今天看來卻大成問題的問題。」[8]

　　身分　身分要求舉子必須「身家清白」，家庭出身和個人職業都符合報名規定。身分要求的首要條件是「良人」而非「賤民」。在唐代社會的階級結構中，「良人」是指統治階級裡的皇室貴族、官僚、僧道，還包括被統治階級中的一般「百姓」。「賤民」是指官私奴婢，還包括官戶（番戶）、雜戶、工樂戶、太常音聲人、部曲、客女等官私「賤民」。[9]唐代官賤隸屬於官府，在諸司供役；私賤「身繫於主」，屬於「家僕」。一般來說，官私奴婢地位最低，唐律根本不承認他們有獨立的人格，列於資財，比於畜產，「不同人例」。《唐律疏議》〈名例六〉明確規定：「奴婢賤民，律比畜產。」同書〈名例四〉：「及生產蕃息者，謂婢產子、馬生駒之類。」同書〈賊盜一〉：「奴婢、部曲，身繫於主。」[10]顯而易見，連人的資格都不具備的賤民是不可能允許參加科舉考試的。「賤民」不能入仕是另一個容易被人們忽視的問題，這一被限制在科舉考試之外階層的人數也是極為可觀的。[11]即使是良人，報考進士科仍然有身分限制。《唐六典》卷二〈尚書吏部〉條記載：「凡官人身及同居大功已上親，自執工商，家專其業，皆不得入仕。」[12]《舊唐書・職官志》（卷四三）亦載：「習學文武者為士，肆力耕桑者為農，巧作器用者為工，屠沽興販者為商，工商之家，不得預於士。」[13]執工商之業的人不得入仕，當然也就沒有資格報考進士科，這一規定並非始於唐代，而是封建時代「重農抑商」政策的自然延伸，隋文帝開皇七年（587 年）就有「諸州歲貢三人，工商不得入仕」的詔令。[14]唐代取士之科，多因隋舊，此亦因循而已。唐憲宗元和二年（807 年）敕：「進士舉人，

　　554 頁，上海：上海古籍出版社、上海書店，1986 年。

8　何懷宏，《選舉社會及其終結》，第 107 頁，北京：三聯書店，1998 年。

9　李季平，《唐代奴婢研究》，第 57-58 頁，上海：上海人民出版社，1986 年。

10　劉俊文，《唐律疏議箋解》，第 473 頁、第 328 頁、第 1289 頁，北京：中華書局，1996 年。

11　《舊唐書》卷一九九下〈李謹行傳〉記載營州都督李謹行「家僮數千人，以財力雄邊，為夷人所憚。」見上海古籍出版社、上海書店 1986 年版，第 645 頁。同書卷一八二〈李處存傳〉記載，王宗「善興利，乘時貿易，由是富擬王者，仕宦因貨而貴，侯服玉食，僮奴萬指。」同前書，第 566 頁。

12　唐・李林甫，《唐六典》卷二〈尚書吏部〉，第 34 頁，北京：中華書局，1992 年。

13　後晉・劉昫，《舊唐書》卷四三〈職官志〉，第 221 頁，上海：上海古籍出版社、上海書店，1986 年。

14　元・馬端臨，《文獻通考》卷二十八〈選舉一〉，第 269 頁，北京：中華書局，1986 年。

曾為官司科罰，曾任州縣小吏，雖有辭藝，長吏不得舉送，違者舉送官停任，考試官貶黜。」[15] 這一規定明確了觸犯國家法律者以及州縣小吏也沒有資格報考進士科。

　　德行　德行要求考生必須「明於理體」，為鄉里所稱，有較好的社會聲名。唐高祖武德四年（621年）四月十一日：「敕諸州學士及早有明經及秀才、俊士、進士，明於理體，為鄉里所稱者，委本縣考試，州長重覆，取其合格，每年十月隨物入貢。」[16] 唐代科舉還存在薦舉制的殘餘，舉子的聲譽在州府的選拔推薦和省試的錄取過程中影響極大，因而舉子能否為「鄉里所稱」是重要的資格條件。中唐以後，隨著科舉弊端的日益顯現，舉子素質也有所下降，故朝廷敕令中多次提及舉子的德行要求，並作出了相應的規定。唐憲宗元和二年（807年）十二月敕：「自今已後，州府所送進士，如跡涉疏狂，兼虧禮教，或曾任州府小吏，有一事不合清流者，雖薄有辭藝，並不得申送。」[17] 文宗開成元年（836年）十月，又敕旨規定考生「如有缺孝弟之行，資朋黨之勢，跡由邪徑，言涉多端者，並不在就試之限。」[18] 上述「跡涉疏狂」，「兼虧禮教」，「缺孝弟之行」的考生在州府考試中被發現，不得舉送；若在省試前後被發現，則要追究舉送官和相保之人的責任。唐代不少進士以德行聞名，與朝廷的提倡，特別是科舉考試的政策導向有一定的關係。例如《舊唐書·忠義傳》（卷一八七上）記載：「（張）楚金少有志行，事親以孝聞。初與兄越石同預鄉貢進士，州司將罷越石而薦楚金，辭曰：『以順則越石長，以才則楚金不如。』固請俱退。時李勣為都督，歎曰：『貢士本求才行，相推如此，何嫌雙居也？』乃俱薦擢第。」[19]

　　才學　才學要求考生必須「明閑藝實」，具備一定的經史知識和從政能力。學校的生徒由中央和地方州府分別申送，所推薦的考生必須是在學滿一定時間

15　後晉·劉昫，《舊唐書》卷一四〈憲宗紀〉，第58頁，上海：上海古籍出版社、上海書店，1986年。

16　五代·王定保，《唐摭言》卷一〈統序科第〉，載《唐五代筆記小說大觀》下冊，第1576頁，上海：上海古籍出版社，2000年。

17　宋·王溥，《唐會要》卷七十六〈貢舉中·進士〉，第1634頁，上海：上海古籍出版社，2006年。

18　宋·王溥，《唐會要》卷七十六〈貢舉中·進士〉，第1636頁，上海：上海古籍出版社，2006年。

19　後晉·劉昫，《舊唐書》卷一八七上〈忠義傳〉，第586頁，上海：上海古籍出版社、上海書店，1986年。

且學業有成的人。《唐六典》卷二十一〈國子監〉條記載:「丞一人,從六品下,」「掌判監事。凡六學生每歲有業成,上於監者,以其業與司業、祭酒試之,明經帖經,口試,策經義;進士帖一中經,試雜文,策時務,徵故事;其明法、明書,算亦各試所習業。登第者,白祭酒,上於尚書禮部。」[20] 地方州縣學校的生徒,則由地方長吏擇送學業有成者,與鄉貢一道舉送禮部就省試。《新唐書・選舉志》(卷四四)記載:「每歲仲冬,州、縣、館、監舉其成者,送之尚書省。」[21] 一般情況下,唐進士科考生的推薦名額是有規定的,但若考生「確有才行」,則不須限數,《通典》卷十五〈選舉三〉記載:「大唐貢士之法,多循隋舊。上郡歲三人,中郡二人,下郡一人,有才能者無常數。」[22] 唐睿宗〈申勸禮俗敕〉亦說:「每年貢明經、進士,不須限數,貴在得人。」[23] 對考生的才學作出要求是必要的,唐初進士科考試「惟試策而已」,唐高宗晚年形成帖經、雜文、對策三場考試,唐中葉三場考試偏重文學、尤其注重詩賦考試,後期則較多地強調經史。[24] 無論是文學考試還是經史考試,沒有一定的知識積累和文筆工夫,要想合格過關是不太可能的。進士科考試「百人才取一二」,三場考試逐場淘汰,競爭之激烈可想而知。考生必須做長時間的準備,才有可能在競爭中脫穎而出,白居易家貧多故,年二十七方從鄉賦,他在〈與元九書〉中談到自己「苦學力文」時說:「十五六,始知有進士,苦節讀書。二十已來,晝課賦,夜課書,間又課詩,不遑寢息矣。以至於口舌成瘡,手肘成胝。既壯而膚革不豐盈,未老而齒髮早衰白,瞀瞀然如飛蠅垂珠在眸子中也,動以萬數。蓋以苦學力文所致,又自悲矣!」[25]

　　服紀　服紀要求考生必須遵守封建倫理道德規範,在居喪期間或犯父祖名諱時不能參加科舉考試。孝悌乃人倫之本,唐歷代皇帝均標榜自己的孝道,《唐

20　唐・李林甫,《唐六典》卷二十一〈國子監〉,第 558 頁,北京:中華書局,1992 年。

21　宋・歐陽修,《新唐書》卷四四〈選舉志〉,第 128 頁,上海:上海古籍出版社、上海書店,1986 年。

22　唐・杜佑撰,王文錦等點校,《通典》卷十五〈選舉三〉,第 353 頁,北京:中華書局,1988 年。

23　清・董誥,《全唐文》卷一九〈睿宗皇帝・申勸禮俗敕〉,第 222 頁,北京:中華書局影印,1983 年。

24　杜成憲,〈唐代進士考試制度的形成與演變〉,《華東師範大學學報》(哲學社會科學版),2001 年第三期。

25　清・董誥,《全唐文》卷六七五〈與元九書〉,第 6890 頁,北京:中華書局影印,1983 年。

大詔令集》卷七十六載〈代宗行再期服詔〉云：「三年之喪，天下達禮，苟或變革，何以教人！」[26]這一思想在唐律中有具體條文反映。《唐律疏議》卷十〈職制律〉規定：「諸聞父母若夫之喪，匿不舉哀者，流二千里；喪制未終，釋服從吉，若忘哀作樂（自作、遣人等），徒三年；雜戲，徒一年；即遇樂而聽及參預吉席者，各杖一百。」所謂「喪制未終」是指「父母及夫喪二十七月內，釋服從吉。」所謂「遇樂而聽」是指「因逢奏樂而遂聽者」；「參預吉席」則是指「遇逢禮宴之席參預其中者」。同卷〈府號官稱犯父祖名〉條規定：「諸府號、官稱犯父祖名而冒榮居之；祖父母、父母老疾無侍，委親之官；即妄增年狀，以求入侍及冒哀求仕者：徒一年。（謂父母喪，禫制未除及在心喪內者。）」[27]綜合上述兩條法令可以看出，唐代舉子在居父母喪的二十七月中，二十五月正喪月（即大祥內須著喪服）求仕（史稱「釋服求仕」），比照「釋服從吉」罪處徒刑三年。二十五月外、二十七月內求仕（因禫制未除，史稱「冒哀求仕」）處徒刑一年。同時，如果參加科舉考試冒犯父祖名諱亦不得應舉，如唐代詩人李賀父名晉肅，便不能應進士舉。有的舉子即使獲得參加考試，但如果遇到特殊情況，也可能失去及第資格甚至是考試資格，例如「父名皋，子不得於主司姓高下登科、父名龜從，子不列姓歸人於科第。」[28]進士考試時，遇到題目有家諱，就必須託病主動退出，「凡進士入試，遇題目有家諱，謂之『文字不便』，即托疾，下將息狀來出，云：『牒某，忽患心痛，請出試院將息。謹牒如的。』暴疾亦如是。」[29]五代後周太祖廣順三年（953年）有一條服紀規定的詔令，可以作為我們瞭解唐代考生服紀規定的參考：「應內外文武官僚幕職、州縣官舉送人等，今後有父母、祖父母亡歿，未經遷葬者，其主家之長不得輒求仕進，所由司亦不得申舉解送。如是卑幼在下者，不在此限。」[30]

　　身體　身體要求考生須無病殘疾患，具備入仕從政所需要的身體素質。唐

26　宋・宋敏求，《唐大詔令集》卷七十六〈典禮・服紀〉，第389頁，上海：學林出版社，1992年。

27　唐・長孫無忌，《唐律疏議》卷十〈職制律〉，第204-206頁，北京：中華書局，1983年。

28　宋・洪邁，《容齋隨筆》卷十一〈唐人避諱〉，第487頁，上海：上海古籍出版社1987年影印《文淵閣四庫全書》本第851冊。

29　宋・錢易，《南部新書》丙，載《宋元筆記小說大觀》第一冊，第311頁，上海：上海古籍出版社，2001年。

30　宋・薛居正，《舊五代史》卷一百十二〈周書第三・太祖紀三〉，第171頁，上海：上海古籍出版社、上海書店，1986年。

進士及第後的吏部試，即有身、言、書、判四項，《唐六典》卷二〈尚書吏部〉條記載：「以四事擇其良，一曰身，二曰言，三曰書，四曰判。」[31]《通典》卷十五〈選舉三〉亦云：「其擇人有四事：一曰身，取其體貌豐偉。二曰言，取其詞論辨正。三曰書，取其楷法遒美。四曰判，取其文理優長。……凡選，始集而試，觀其書、判，已試而銓，察其身、言。」[32] 可知入仕之人體格健壯，形貌端正乃基本要求，由吏部銓試要求可以推知禮部考試要求，身體健壯亦當是禮部進士考試的基本要求。

此外，唐代進士考試資格還有過「學歷」方面的規定。例如玄宗天寶十二載（753 年），「乃敕天下罷鄉貢，舉人不由國子及郡、縣學者，勿舉送。」這一只有生徒方可報考的規定僅存在了很短的時間，「十四載，複鄉貢。」[33] 其後在太和七年、會昌五年又先後有過類似規定，實際實施的時間均不長。[34]

由此可見，唐代進士科考試對舉子不僅有明確具體的資格要求，而且這些資格要求的限制並不少，被限制的考生數量也是極為可觀。唐代科舉比較察舉制、九品中正制來說，在舉子的推薦程序與政權的開放範圍等方面都具有明顯的進步性，這無庸置疑。但我們同時也必須看到，「漢代的選舉，是由封建貴族中開放政權的一條路。唐代的公開競選，是由門第特殊階級中開放政權的一條路。」[35] 唐代科舉制度沒有也不可能為社會所有成員提供機會，允許進入進士考場的仍然是統治階級所認可的社會成員中一部分人，而且是社會成員中的少部分人。

如果我們認為唐代進士考試對舉子具有明確具體的資格要求，那就必須回答為什麼唐代進士出身者「無流品之別」的問題，尤其是唐代法律所明確禁止入仕的工商市井子弟、州縣小吏甚至是盜賊出身的人為什麼能參加進士考試並

31　唐・李林甫，《唐六典》卷二〈尚書吏部〉，第 27 頁，北京：中華書局，1992 年。

32　唐・杜佑撰，王文錦等點校，《通典》卷十五〈選舉三〉，第 360 頁，北京：中華書局，1988 年。

33　宋・歐陽修，《新唐書》卷四四〈選舉志〉，第 129 頁，上海：上海古籍出版社、上海書店，1986 年。

34　分別見《舊唐書》卷一七下〈文宗紀〉下，上海古籍出版社、上海書店，1986 年版第 75 頁；《唐摭言》卷一〈兩監〉，載《唐五代筆記小說大觀》下冊，上海古籍出版社，2000 年版，第 1580 頁。

35　錢穆，《中國歷代政治得失》，第 57 頁，北京：三聯書店，2001 年。

及第登科的問題。[36]

　　唐代工商市井、州縣小吏「進士題名」與法律相矛盾的問題，傅璇琮在寫作《唐代科舉與文學》一書時就已經注意到了，傅先生認為州縣小吏得以入仕，恐怕是朝廷的禁令實際上沒有起多大作用的緣故；而工商市井人家得以入仕，則是由於唐代工商者的地位比隋代以前有了顯著提高的結果，「市井出身的人在經濟地位得到一定提高的同時，相應地要求在政治上有所發展。」[37] 吳宗國的《唐代科舉制度研究》在「唐後期應舉及第範圍的擴大」一目中，重點分析了「州縣胥吏和工商子弟」入仕的問題，指出，唐後期州縣胥吏和工商子弟不能入仕的規定從制度上來說，並未改變。「但是，應舉者的身分限制實際上卻放鬆了許多。」[38] 在此，筆者打算在前輩學者研究的基礎上，對「州縣小吏和工商子弟」得以入仕問題作一些補充說明，以使我們對這一問題的認識更為清晰。

　　首先，唐代商人身分的複雜性，為商人子孫參加進士科舉考試入仕提供了條件。唐代是我國古代商業發展的重要時期，長安、洛陽兩京因中外商賈雲集而成為著名的商業城市，同時由於運河的開闢，南北交通發展，在南北交通的許多重要港口所在地也逐漸形成了規模較大的商業城市，如京口、揚州、泗州等。中國古代人信奉「以末致富，以本守之」的生活信條，故以經商致富的富商大賈大多將財富投向土地，變成商人地主；也有的通過出錢買官，變成商人官僚。當然，商人購買土地變為商人地主為封建國家法律所許可，但商人要想做官則必須通過「歪門邪道」。「安史之亂」後，藩鎮割據，尾大不掉，有的藩鎮鬻爵於商賈就是其中的表現形式之一，《舊唐書‧穆宗紀》（卷一六）記載：「方鎮多以大將文符鬻之商賈，曲為論奏，以取朝秩者疊委於中書矣。名臣扼腕，無如之何。」[39] 這是唐代後期一種比較典型的社會現象，一方面藩鎮知道商賈入仕為法律所禁止，若要得到朝廷批准，必須「曲為論奏」；另一方面朝廷官員對此無能為力，只能扼腕興歎。《太平廣記》卷四百九十九引《南楚新聞》說唐末江陵人郭七郎，資產甚富為楚城富民之首，後輸錢數百萬以白丁買到橫

36　五代人孫光憲《北夢瑣言》卷三記載了商人子弟畢諴中進士并官至宰相的史實。元人辛文房《唐才子傳》中記載了唐代進士中出身州縣小吏的邵謁、汪遵等人情況。

37　傅璇琮，《唐代科舉與文學》，第 195-200 頁，西安：陝西人民出版社，1986 年。

38　吳宗國，《唐代科舉制度研究》，第 270-274 頁，瀋陽：遼寧大學出版社，1997 年。

39　後晉‧劉昫，《舊唐書》卷一六〈穆宗紀〉，第 67-68 頁，上海：上海古籍出版社、上海書店，1986 年。

州刺史官職。王仲犖先生認為，唐代商人上升為地主、官僚，是常見的情形。[40]
富商大賈畢竟有限，從數量上看，唐代商人的主體部分還是農民和手工業者。
唐人姚合〈莊居野行〉詩反映了當時農民經商的情景和原因：「客行野田間，
比屋皆閉戶。借問屋中人，盡去作商賈。官家不稅商，稅農服作苦。居人盡東西，
道路侵壟畝。」[41]鄉村裡出現亦農亦商的農民和城市裡出現亦工亦商的手工業者
是商品經濟發展過程中的一種必然現象，也是唐代社會中一種值得注意的現象，
在一定程度上反映了唐代商人身分的複雜性，這一現象帶來的一個重要影響是
商人戶籍性質的複雜性，地方官府很難界定這些商人特別是這些商人子孫的「家
庭成分」，因而也就很難作出不允許報考進士科的決定，更何況經濟上富有的
商人與地方官往往都有千絲萬縷的聯繫，地方官收受賄賂徇私舞弊的現象並不
為奇。這可能是史籍中記載的工商市井參加進士科考試多是其子孫而非其本身
的一個重要原因。

　　其次，唐代籍帳制度的破壞，使官府難以對舉子進行有效的資格審核。唐
朝建立了一整套戶口登記和統計的申報制度，前者稱為「戶籍」，後者稱為「計
帳」。全國從基層的鄉開始，縣、府州、道逐級申報至尚書省的戶部。籍帳制
度是唐代實施國家政治、經濟管理的基礎工作，因而統治者極為重視，規定三
年一造戶籍，一年一造計帳，籍帳一式三份，每更新一次稱為「一比」，分別
由縣、州府和尚書省的戶部保存。「州縣留五比，尚書省留三比。」[42]唐玄宗時
全國共有 16 道、343 郡、1613 縣、9,021,226 戶、50,817,094 口人。[43]對數百萬戶、
數千萬人口進行經常性的、也是紛繁複雜的籍帳統計工作絕非易事，尤其是在
國家戰亂政局動盪，人口遷徙頻繁之時，地方州府無論如何也不能保證籍帳的
正常管理，而一個環節上出了問題，整個籍帳制度的運轉體系就會陷入停頓，
科舉考試制度要求地方州府對舉子身分進行核查，省試前後再由戶部和吏部集
閱覆核，這些工作都是建立在籍帳正常管理基礎之上的，否則，各級核查都將
無以為據。由此可以推測，唐代中後期舉子身分的核查工作極有可能流於形式。
有助於我們作出這一推測的還有《舊唐書‧德宗紀》（卷一二）的一則記載：

40　王仲犖，《隋唐五代史》上冊，第 427 頁，上海：上海人民出版社，1988 年。

41　清‧彭定求，《全唐詩》卷四百九十八，第 2685 頁，石家莊：河北人民出版社，1993 年。

42　後晉‧劉昫，《舊唐書》卷四八〈食貨志三〉，第 250 頁，上海：上海古籍出版社、
　　上海書店，1986 年。

43　翁俊雄，《唐代鼎盛時期政區與人口》，第 219 頁，北京：首都師範大學出版社，1995 年。

德宗建中元年（780 年）十一月辛酉朔，朝集使及貢士見於宣政殿。「兵興以來，四方州府不上計、內外不朝會者二十有五年，至此始復舊制。」[44] 這一記載表明在「安史之亂」後的二十多年間，地方州府每年一次的「上計」活動被迫停止，科舉考試規定地方州府的貢士是隨著朝集使一道赴京城報到的，朝集使活動停止而科舉考試並未停舉，則舉子省試的報名程序就將發生變化，一些舉子與地方州府在出身和職業等方面做些手腳就極為正常了。及至唐末五代，「權臣執政，公然交賂，科第差除，各有等差。故當時語云：『及第不必讀書，作官何須事業。』」[45] 如此混亂腐敗的政治狀況，不可能不影響到科舉制度，而在考試資格上的菽麥不辨，實乃整個唐代後期封建政治腐敗之冰山一角。

最後，科舉制度自身的不完善也是不可忽視的原因。唐代是科舉制度的初創時期，制度的不完善是其重要的特點。清人徐松在撰寫《登科記考》一書時曾多次用「其時草昧初開，未可以常格論之」一類的評語來解釋他認為難以說明的問題。[46] 唐代科舉制度不完善表現於很多方面，舉子的異地取解是其中一個重要的表現形式。唐初規定，應舉者皆須於本籍貫報名，《唐會要》卷七十六〈緣舉雜錄〉條記載：「（開元）十九年六月敕：『諸州貢舉，皆於本貫籍分信明者。然依例，不得於所附貫，便求申送。如有此色，所由州縣即便催科，不得遞相容許。』」[47] 這種在原籍報名應考的規定並未能夠得到嚴格執行，到了唐中後期，異地取解現象越來越多，白居易是新鄭人，其自述云：「貞元十五年秋，予始舉進士，與侯生俱為宣城守所貢。」[48] 張籍是和州人，則由韓愈在徐州主試時所薦送。[49] 舉子「不本於鄉，不序於庠」的局面直接導致了申送秩序的紊亂。《唐摭言》卷二〈爭解元〉條記載：「同華解最推利市，與京兆無異，若首選，無不捷者。元和中，令狐文公鎮三峰，時及秋賦，榜云：『特加置五場。』蓋詩、歌、

44　後晉・劉昫，《舊唐書》卷一二〈德宗紀〉，第 46 頁，上海：上海古籍出版社、上海書店，1986 年。

45　宋・趙德麟，《侯鯖錄》卷四，載《筆記小說大觀》第八冊（合訂第四本），第 105 頁，揚州：江蘇廣陵古籍刻印社，1984 年。

46　清・徐松，《登科記考》卷一，第 5 頁，北京：中華書局，1984 年。

47　宋・王溥，《唐會要》卷七十六〈貢舉中・緣舉雜錄〉，第 1638-1639 頁，上海：上海古籍出版社，2006 年。

48　清・董誥，《全唐文》卷六七五〈送侯權秀才序〉，第 6897 頁，北京：中華書局影印，1983 年。

49　清・徐松，《登科記考》卷十四，第 524 頁，北京：中華書局，1984 年。

文、賦、帖經，為五場。常年以清要書題求薦者，率不減十數人，其年莫有至者。雖不遠千里而來，聞是皆浸去，唯盧弘正尚書獨詣華請試。」[50]京兆府、同州、華州乃京畿重地，也許是皇城腳下才俊薈萃的緣故，每年解送之舉子，考中的比例甚高，由是各地舉子「不遠千里而來」就試。這樣的情況並非同、華二州所獨有，同樣情況還見於《唐摭言》的另一條記載：「白樂天典杭州，江東進士多奔杭取解。」[51]舉子選擇取解地的原因當很複雜，但其目的都是很明確的，《劉賓客嘉話錄》記載的考生李絳到襄州取解，就是因為其先人曾任襄州督郵：「李丞相絳，先人為襄州督郵，方赴舉求鄉薦。時樊司徒澤為節度使，張常侍正甫為判官，主鄉薦。張公知丞相有前途，啟司徒曰：『舉人中悉不如李某秀才，請只送一人，請眾人之資以奉之。』欣然允諾。」[52]《太平廣記》引《續定命錄》記載考生樊陽源到密縣取解，則是因為其表兄任密縣令。[53]舉子異地取解的任意性，直接影響到科舉制度的公正性和權威性，既是科舉舞弊的一種表現，也是唐代進士出身「無流品之別」現象產生的重要原因。

　　由此可見，唐代進士出身「無流品之別」，主要不是唐代統治者為「牢籠群有，囊括九流」而主動調整科舉政策的結果，而是由當時特定的社會歷史條件所決定的。以進士出身者流品的繁雜來推論唐代科舉考試中進士資格規定似乎很難說明問題。

50　五代・王定保，《唐摭言》卷二〈爭解元〉，載《唐五代筆記小說大觀》下冊，第1588頁，上海：上海古籍出版社，2000年。

51　五代・王定保，《唐摭言》卷二〈爭解元〉，載《唐五代筆記小說大觀》下冊，第1588頁，上海：上海古籍出版社，2000年。

52　唐・韋絢，《劉賓客嘉話錄》，載《唐五代筆記小說大觀》上冊，第797-798頁，上海：上海古籍出版社，2000年。

53　宋・李昉，《太平廣記》卷一百五十四〈樊陽源〉，第1106頁，北京：中華書局，1988年。

第二章　唐代進士科考試時間探析

　　唐代科舉考試的時間涉及到兩個基本方面，一是地方州府推薦性質的考試時間和申送舉子到京城的時間，二是尚書省正式考試的時間。唐代進士科考生主要來自兩個方面，一是生徒，即朝廷所設國子監（含國子學、太學、四門學、律學、書學、算學等）、弘文館、崇文館以及各地方州、縣學館的學生。二是鄉貢，即「不在館、學而舉者」。[1] 唐代進士科生徒在所在學校考試合格後，由學校直接申送尚書省參加考試。鄉貢則需要舉子「懷牒自列於州縣」，[2] 經資格審查後由所在州縣進行逐級考試，合格後方可以被申送到京城長安參加尚書省的考試。由於進士科省試是全國性的集中考試，地點又相對集中於長安，[3] 學校和地方州縣的申送工作就必須在考試前完成，因此，唐代舉子的地方推薦性質的考試和舉子申送時間就必須有一個明確的規定。

　　記載唐代科舉地方考試時間比較早的本子是唐玄宗時李林甫等人所撰寫的《唐六典》，是書卷四〈尚書禮部〉記載：「凡舉試之制，每歲仲冬，率與計

1　唐・杜佑撰，王文錦等點校，《通典》卷十五〈選舉三〉，第 353 頁，北京：中華書局，1988 年。

2　宋・歐陽修，《新唐書》卷四四〈選舉志〉，第 128 頁，上海：上海古籍出版社、上海書店，1986 年。

3　唐代進士科考試因特殊情況也有放在長安以外舉行的，如「安史之亂」時，長安為叛軍占領，省試只能分在幾處舉行；代宗時，因水旱災害，省試分別在長安和洛陽兩地舉行。參見馬端臨，《文獻通考》卷二十九〈選舉二〉，第 273 頁，中華書局，1986年版、許友根，〈唐代科舉「兩都試」略論〉，載《唐都學刊》，2004 年第四期。

偕。其科有六：一曰秀才，試方略策五條。此科取人稍峻，貞觀已後遂絕。二曰明經，三曰進士，四曰明法，五曰書，六曰算。」[4] 稍後些的杜佑所撰之《通典》一書記載略詳：「每歲仲冬，郡縣館監課試其成者，長吏會屬僚，設賓主，陳俎豆，備管弦，牲用少牢，行鄉飲酒禮，歌〈鹿鳴〉之詩，征耆艾，敘少長而觀焉。既餞，而與計偕。」[5] 「每歲仲冬」是指每年的十一月。這一說法還見於宋代歐陽修等人所寫的《新唐書》中。[6] 由於此說出之於唐代人之口，受當代人寫當代史一般可信的影響，加之《新唐書》係宋代官修正史，使得唐代舉子申送尚書省考試的時間為「仲冬」（十一月）之說幾成定論，時至今日，有的論著仍然沿襲此說。[7] 實際上，李林甫等人這一說法並不符合史實。五代時王定保撰寫的《唐摭言》是一本比較全面反映唐代科舉考試制度的筆記小說，是書卷一〈統序科第〉一目中有這樣一條記載：唐高祖武德四年四月一日敕，諸州有「明於理體，為鄉里所稱者，委本縣考試，州長重覆，取其合格，每年十月隨物入貢。」[8] 王定保此處提及的「隨物入貢」，涉及到唐代的一種「上計」制度。唐朝規定，各州府每年要遣使者朝集於京師長安，謁見皇帝、宰相，彙報一年內轄區的情況，並進貢地方的土特產品，這些使者稱「朝集使」。各地鄉貢的舉子也是由朝集使貢於尚書省，是為「隨物入貢」。《唐摭言》卷一〈鄉貢〉條云：「鄉貢里選，盛於中古乎！今之所稱，蓋本同而末異也。今之解送，則古之上計也。」[9] 因此，朝集使到達長安的時間，也就是各地鄉貢舉子被申送至長安的時間。《唐六典》卷三〈尚書戶部〉條記載：「凡天下朝集使皆令都督、刺史及上佐更為之；若邊要州都督、刺史及諸州水旱成分，則佗官代焉。皆以十月二十五日至於京都，十一月一日戶部引見迄，於尚書省與群官禮見，然後集於考堂，應考績之事。元日，陳其貢籠於殿庭。凡京都諸縣令，每季一朝。」[10]

4　唐・李林甫，《唐六典》卷四〈尚書禮部〉，第 109 頁，北京：中華書局，1992 年。

5　唐・杜佑撰，王文錦等點校，《通典》卷十五〈選舉三〉，第 353 頁，北京：中華書局，1988 年。

6　宋・歐陽修，《新唐書》卷四四〈選舉志〉，第 128 頁，上海：上海古籍出版社、上海書店，1986 年

7　謝青等主編，《中國考試制度史》，第 70 頁，合肥：黃山書社，1995 年。

8　五代・王定保，《唐摭言》卷一〈統序科第〉，載《唐五代筆記小說大觀》下冊，第 1576 頁，上海：上海古籍出版社，2000 年。

9　五代・王定保，《唐摭言》卷一〈鄉貢〉，載《唐五代筆記小說大觀》下冊，第 1581 頁，上海：上海古籍出版社，2000 年。

10　唐・李林甫，《唐六典》卷三〈尚書戶部〉，第 79 頁，北京：中華書局，1992 年。

　　由此可見，唐代朝集使每年赴京活動的日程為：十月二十五日到達京城，十一月一日由戶部引見於尚書省，與群官禮見。嗣後會集考堂應考績之事。正月初一，貢獻方物於殿庭。既然舉子是隨同朝集使一道赴尚書省的，則其申送時間亦必為十月。可以幫助我們推測申送時間的還有唐代的舉子朝見制度。《唐摭言》卷一〈朝見〉條記載：「國朝舊式，天下貢士，十一月一日，赴朝見。」[11]《南部新書》【丙】亦載：「每歲十一月，天下貢舉人於含元殿前，見四方館舍人當直者，宣曰：『卿等學富雄詞，遠隨鄉薦，跋涉山川，當甚勞止。有司至公，必無遺逸，仰各取有司處分。』再拜舞蹈迄退。」[12]顯然，在正常情況下，各地舉子的申送時間不可能是在十一月，否則怎麼可以參加這樣隆重的「朝見」儀式呢？由於舉子申送至長安在當時是一件大事，故在唐五代詩文中有較多的反映，例如牛希濟在其〈薦士論〉一文中描寫的場面是：「郡國所送，群眾千萬。孟冬之月，集於京師。麻衣如雪，紛然滿於九衢。」[13]

　　唐代舉子申送到京師長安的時間有無提前和推遲的事實？答案是肯定的。提前的原因其實很簡單，由於國家幅員遼闊，有些邊疆州郡距離京師較遠，朝集使和舉子都必須提前動身才能趕上尚書省的考試活動。如歐陽詹在〈泉州刺史席公宴邑中赴舉秀才於東湖亭序〉一文中寫道：「貞元癸酉歲，邑有秀士八人，公將首薦於闕下，……秋七月，與八人者鄉飲之禮既修，乃加之以宴。」「後一日，遂有東湖亭之會。」[14]可見福建泉州的舉子在七月分就準備動身赴京了。推遲申送時間的原因則比較複雜，也比較特殊，如唐文宗太和八年（834年）八月，因「秋末蟲旱相因，恐致災荒」，下令停罷科舉考試，「及斂藏之後，物力且任，念彼求名之人，必懷觖望之志」，故決定「寧違我令，以慰其心」，照常進行科舉考試。但因耽擱了正常的申送時間，只得臨時將尚書省的考試「遞延一月」。[15]由此，我們認為唐代舉子的申送時間為每年的十月，《唐六典》、

11　五代・王定保，《唐摭言》卷一〈朝見〉，載《唐五代筆記小說大觀》下冊，第1583頁，上海：上海古籍出版社，2000年。

12　宋・錢易，《南部新書》丙，載《宋元筆記小說大觀》第一冊，第310頁，上海：上海古籍出版社，2001年。

13　清・董誥，《全唐文》卷八四六〈薦士論〉，第8890頁，北京：中華書局影印，1983年。

14　清・董誥，《全唐文》卷五九六〈泉州刺史席公宴邑中赴舉秀才於東湖亭序〉，第6026頁，北京：中華書局影印，1983年。

15　宋・王溥，《唐會要》卷七十六〈貢舉中・緣舉雜錄〉，第1640頁，上海：上海古籍出版社，2006年。

《通典》等書記載的「仲冬」（十一月）當為「孟冬」（十月）之誤。

　　唐代舉子在每年的十月被申送至京城長安後，在參加朝見皇帝、謁拜先師等活動，辦理「疏名列到」、「結款通保」等手續後，便是準備考試了。唐宋兩朝人關於唐代尚書省考試時間的記載比較籠統，今人對此說法更是多種多樣，試列舉如下：

　　一種說法是：考試時間一般是在正月。吳宗國在《唐代科舉制度研究》（遼寧大學出版社 1997 年）第三章〈唐代科舉制度之一：常科〉一目中說：「明經、進士通過各項審核後，於來年春天參加考試，故亦稱春闈。時間一般是在正月。」[16] 王炎平著《槐花黃，舉子忙》（東方出版社 1998 年）在第一章〈大能榮耀苦心人〉的敘述中持同樣的看法。[17]

　　另一種說法是：考試時間一般是在正二月。傅璇琮在《唐代科舉與文學》（陝西人民出版社 1986 年）第四章〈舉子到京後活動概說〉中寫道：「唐代的進士、明經試一般即在正二月舉行，因此元日引見後，接著就要進考場考試了。」[18]

　　再一種說法是：考試時間是三月。黃留珠《中國古代選官制度述略》（陝西人民出版社 1989 年）第五章〈隋唐的科舉與銓選〉有如下記載：「各地舉子一般都是秋季起程赴京，省試則在翌年暮春『槐花黃』時舉行。故唐有『槐花黃，舉子忙』之諺語。東坡詩『強隨舉子踏槐花，槐花還似昔年忙』，即用唐諺。」[19] 郭齊家《中國古代考試制度》（商務印書館 1997 年）在第四目〈隋唐的科舉考試制度〉中亦持同樣的觀點。稍有不同的是，郭先生沒有把考試時間說得很肯定，而是說「禮部命題考試的時間，大約是每年暮春（農曆三月）。」[20]

　　還有一種說法是：考試時間約在三、四月。侯紹文《唐宋考試制度史》（商務印書館 1973 年）在第二編〈本論〉唐代考試制度之「貢舉考試」一目中寫道：試期約在三、四月。禮部於三、四月間舉行「省試」；「高祖時代，貢舉考試

16　吳宗國，《唐代科舉制度研究》，第 51 頁，瀋陽：遼寧大學出版社，1997 年。

17　王炎平，《槐花黃，舉子忙》，第 42 頁，上海：東方出版社，1998 年。

18　傅璇琮，《唐代科舉與文學》，第 84 頁，西安：陝西人民出版社，1986 年。

19　黃留珠，《中國古代選官制度述略》，第 221 頁，西安：陝西人民出版社，1989 年。

20　郭齊家，《中國古代考試制度》，第 65 頁，北京：商務印書館，1997 年。

在尚書省，約為每年十一月。見摭言。」[21] 有相同說法的論著還有毛禮銳、沈灌群主編的《中國教育通史》第二卷（第 496 頁，山東教育出版社 1986 年）和馮曉林著的《中國隋唐五代教育史》（第 128 頁，見史仲文、胡曉林主編，《中國全史》，人民出版社 1995 年）等。

上述論著在提出具體論斷的時候，除了引用唐代的一條諺語和蘇東坡的一句詩外，大多未提供更多的支撐論斷的材料，因此，我們的討論也從唐代諺語和蘇東坡詩開始。

先看唐代的「槐花黃，舉子忙」這則諺語。槐花，指槐樹花。槐樹，豆科，落葉喬木，奇數羽狀複葉，小葉卵形至卵狀披針形，夏季開花，蝶形花冠，黃白色，圓錐花序。唐人詩文中以槐花指代季節的很多，例如戴叔倫〈送車參軍江陵〉中有：「槐花落盡柳陰清，蕭索涼天楚客情。」[22] 白居易〈秘省後廳〉中有：「槐花雨潤新秋地，桐葉風翻欲夜天。」[23] 以「槐花黃」指代舉子忙於準備科舉考試的季節，則是唐代流行的一條諺語。唐人李淖《秦中歲時記》記載：「進士下第，當年七月復獻新文，求拔解，曰：『槐花黃，舉子忙。』」[24] 宋人錢易所撰的《南部新書》【乙】則有較為詳細的記載：「長安舉子自六月以後，落第者不出京，謂之過夏。多借靜坊廟院及閑宅居住，作新文章，謂之夏課。亦有十人五人醵率酒饌，請題目於知己朝達，謂之『私試』。七月後投獻新課，並於諸州府拔解。人為語曰：『槐花黃，舉子忙』。」[25] 元代開始的戲劇作品中，這一諺語更是屢見不鮮，元人武漢臣《玉壺春》第二折有：「『槐花黃，舉子忙』，

21　侯紹文，《唐宋考試制度史》，第 38-39 頁，臺北：臺灣商務印書館，1973 年。侯紹文先生此處兩句話值得討論：其一，「高祖時代，貢舉考試在尚書省」一說令人費解。有唐一代，貢舉均為尚書省負責，只是具體負責考試的部門在玄宗開元二十四年由吏部轉給禮部，負責考試的主考官亦相應地由吏部員外郎（高祖時為吏部郎中）轉為禮部侍郎。如果說高祖時代貢舉考試在尚書省，那麼高祖以後貢舉考試由那個部門負責呢？二，高祖時代，貢舉考試「約為每年十一月，見摭言」的說法也不正確。《唐摭言》只有十一月一日，舉子赴朝見的記載。參見《唐五代筆記小說大觀》下冊，第 1583 頁，上海：上海古籍出版社，2000 年，並未言明十一月為考試時間。相反，《唐摭言》有十二月才任命考官的記載。同上書，第 1597 頁，考試的具體時間《唐摭言》並未反映。

22　清・彭定求，《全唐詩》卷二百七十三，第 1452 頁，石家莊：河北人民出版社，1993 年。

23　清・彭定求，《全唐詩》卷四百四十八，第 2396 頁，石家莊：河北人民出版社，1993 年。

24　唐・李淖，《秦中歲時記》，第 1 頁，載元・陶宗儀，《說郛》，宛委山堂刊本，清順治三年（1646 年）。

25　宋・錢易，《南部新書》乙，載《宋元筆記小說大觀》第一冊，第 303 頁，上海：上海古籍出版社，2001 年。

你不去求官，則管裡戀著我的女孩兒做什麼？」[26] 馬致遠《黃粱夢》第一折裡有：「策蹇上長安，日夕無休歇；但見槐花黃，如何不心急。」[27] 由此看來，槐花是夏季開的花，唐人「槐花黃」諺語指的是舉子準備科舉應試的夏季，將唐代尚書省在冬春季節進行的科舉考試與舉子在夏季「槐花黃」的時候準備考試相聯繫，時間上相距了一個季節。

再看宋代蘇東坡的詩句。第一句「強隨舉子踏槐花」，是蘇氏〈和董傳留別〉詩中的句子，全詩如下：「粗繒大布裹生涯，腹有詩書氣自華。厭伴老儒烹瓠葉，強隨舉子踏槐花。囊空不辦尋春馬，眼亂行看擇婿車。得意猶堪誇世俗，詔黃新濕字如鴉。」[28] 第二句「槐花還似昔年忙」，是蘇氏〈景純復以二篇一言其亡兄與伯父同年之契一言今者唱酬之意仍次其韻〉詩中的句子，全詩第二部分是：「屢把鉛刀齒步光，更遭華袞照厖涼。蘇門山上莫長嘯，薝蔔林中無別香。燭燼已殘終夜刻，槐花還似昔年忙。背城借一吾何敢，慎莫樽前替戾岡。」[29] 閱覽全文不難看出，東坡這兩首詩中的「槐花」句，都用了唐代的諺語，指代舉子的考試準備。

最早將唐代諺語與蘇東坡詩句相提並論的是宋代人黃徹，他在所撰的《䂬溪詩話》一書中寫到：「唐諺云：『槐花黃，舉子忙』，東坡有『強隨舉子踏槐花，槐花還似昔年忙』。又黃山谷云：『槐催舉子踏花黃』是也。」[30] 黃徹此處只是記載了唐代的一條諺語，同時提及蘇東坡等人的詩句用了唐諺，既沒有強調「槐花黃」的季節時間，也沒有明確「舉子忙」指舉子的考試時間。因為舉子在「槐花黃」的夏季準備考試，在「寒餘雪飛」的冬春季節參加考試是個常識性的問題，這就好象如今全國高考在六七月分進行一樣，唐宋人的詩文中一般是不作特別說明的。

26　元・武漢臣，《玉壺春》，載王學奇主編，《元曲選校注》，第 1323 頁，石家莊：河北教育出版社，1994 年。

27　元・馬致遠，《黃粱夢》，載明・臧晉叔編，《元曲選》，第 777 頁，北京：中華書局，1989 年重排版。

28　北京大學古文獻研究所編，《全宋詩》十四冊，第 9134 頁，北京：北京大學出版社，1993 年。

29　北京大學古文獻研究所編，《全宋詩》十四冊，第 9195 頁，北京：北京大學出版社，1993 年。

30　宋・黃徹，《䂬溪詩話》卷四，第 230 頁，上海：上海古籍出版社 1987 年影印《文淵閣四庫全書》本第 1479 冊。

　　由此可見，古人將唐諺「槐花黃，舉子忙」與蘇東坡的詩句「強隨舉子踏槐花，槐花還似昔年忙」並用，是指舉子在夏季「槐花黃」的時節準備科舉考試；今人將唐諺與蘇東坡詩句並用，則是為了說明唐代科舉考試時間是在「每年的三、四月間」，顯然是誤解了古人詩文的意思。

　　其實，如果我們能夠從一些新的角度，找尋出一些直接和間接的史料來，我們對唐代科舉考試的時間就會有新的認識。

　　首先，有關貢舉考官情況的記載值得注意。唐代貢舉的主考官人選，前期由吏部郎中或吏部員外郎擔任，開元二十四年以後則為禮部侍郎，不屬於上述職位的官員擔任主考官，則稱「權知貢舉」。貢舉主考官的入闈時間是瞭解進士考試時間的一個重要證據。《全唐詩》卷三百二十二載有權德輿知貢舉時所作的詩〈貢院對雪，以絕句代八行，奉寄崔閣老〉，其中兩句是：「寓宿春闈歲欲除，嚴風密雪絕雙魚。」[31] 考官入闈時間正值「歲欲除」，表明實際考試的時間是在歲末年初。

　　其次，有關考試過程情況的記載值得注意。唐人舒元輿〈上論貢士書〉，有考試過程的記載：「試之日，見八百人盡手攜脂燭水炭，洎朝晡餐器，或荷於肩，或提於席，為吏胥縱慢聲大呼其名氏。試者突入，棘圍重重，乃分坐廡下，寒餘雪飛，單席在地。」[32]《全唐詩》卷五百四十二有李景〈都堂試貢士日慶春雪〉詩，其中有：「密雪分天路，群才坐粉廊。」「春暉早相照，莫滯九衢芳。」[33] 詩人以「慶春雪」為題，與前引〈上論貢士書〉中提到的「寒餘雪飛」在季節上是相吻合的。見於史載比較具體的考試時間，是《太平廣記》卷一百七十九記載的唐大曆九年（774 年）兩都置貢舉時東都洛陽的考試：第一場雜文試在十一月下旬，十二月初三日天津橋放雜文榜，十二月初四日試帖經。[34] 按照這樣的考試進度推算，三場考試應該在一個月左右的時間，儘管是從十一月下旬就開始考試，結束時也一定到「歲欲除」的時候了。《唐會要》卷七十六〈貢舉中〉記載了武則天進行殿試的情況：「載初元年二月十四日，試貢舉人於洛成

31　清・彭定求，《全唐詩》卷三百二十二，第 1699 頁，石家莊：河北人民出版社，1993 年。

32　清・董誥，《全唐文》卷七二七〈上論貢士書〉，第 7487 頁，北京：中華書局影印，1983 年。

33　清・彭定求，《全唐詩》卷五百四十二，第 2953 頁，石家莊：河北人民出版社，1993 年。

34　宋・李昉，《太平廣記》卷一百七十九〈閻濟美〉，第 1335 頁，北京：中華書局，1961 年。

殿前，數日方畢。殿前試人，自茲始也。」這則史料說明，載初元年（689 年）進士考試時間是在二月分左右。[35]

　　第三，有關進士放榜情況的記載值得注意。進士放榜時間是與進士考試時間緊密聯繫的，唐代進士放榜最早的記載當在正月，《唐會要》卷七十六〈貢舉中〉記載：「大中元年正月，禮部侍郎魏扶放及第二十三人，續奏堪放及第三人。」[36] 唐詩人岑參〈送杜佐下第歸陸渾別業〉詩云：「正月今欲半，陸渾花未開。出關見青草，春色正東來。」[37] 曹鄴〈下第寄知己〉詩云：「長安孟春至，枯樹花亦發。憂人此時心，冷若松上雪。」[38]「孟春」即正月。范攄《雲谿友議》卷下記載：「元和二年，崔侍郎邠重知貢舉，酷搜江湖之士。初春將放二十七人及第，潛持名來呈相府，才見首座李公。」[39] 有關二月分放榜的記載相對多一些，《唐會要》卷七十六〈貢舉中〉記載：「（會昌）四年二月，權知貢舉、左僕射、太常卿王起，放及第二十五人，續奏五人堪放及第。……五年二月，諫議大夫、權知貢舉陳商放及第三十七人。」[40]《柳河東全集》卷二十二〈序一〉有〈送苑論登第後歸覲詩序〉，記載了貞元九年（793 年）柳宗元、苑論等人進士及第的時間是在二月丙子：「是歲小司徒顧公守春官之缺，而權擇士之柄。」「二月丙子，有司題甲乙之科，揭於南宮，余與兄又聯登焉。」[41]《全唐詩》卷六百載伊璠〈及第後寄梁燭處士〉詩有：「十年辛苦一枝桂，二月豔陽千樹花。」[42] 唐代進士考試也有在三月放榜的，《唐摭言》卷二有〈王泠然與御史高昌宇書〉「去年冬十月得送，今年春三月及第」的記載。[43] 同書卷三〈慈恩寺題名遊賞賦

35　宋・王溥，《唐會要》卷七十六〈貢舉中・制科舉〉，第 1646 頁，上海：上海古籍出版社，2006 年。

36　宋・王溥，《唐會要》卷七十六〈貢舉中・進士〉，第 1637 頁，上海：上海古籍出版社，2006 年。

37　清・彭定求，《全唐詩》卷二百，第 979 頁，石家莊：河北人民出版社，1993 年。

38　清・彭定求，《全唐詩》卷五百九十二，第 3226 頁，石家莊：河北人民出版社，1993 年。

39　唐・范攄，《雲谿友議》卷下〈因嫌進〉，載《唐五代筆記小說大觀》下冊，第 1302 頁，上海：上海古籍出版社，2000 年。

40　宋・王溥，《唐會要》卷七十六〈貢舉中・進士〉，第 1637 頁，上海：上海古籍出版社，2006 年。

41　唐・柳宗元，《柳河東全集》卷二十二〈序一〉，第 257 頁，北京：中國書店，1991 年。

42　清・彭定求，《全唐詩》卷六百，第 3255 頁，石家莊：河北人民出版社，1993 年。

43　五代・王定保，《唐摭言》卷二〈王泠然與御史高昌宇書〉，載《唐五代筆記小說大觀》下冊，第 1592 頁，上海：上海古籍出版社，2000 年。

詠雜記〉條記載：「咸通十三年三月，新進士集於月燈閣為蹴鞠之會。」[44] 蹴鞠即蹴踘，是古代一種球戲。唐進士及第後常以此戲為樂，亦是慶賀活動的一種方式。唐別頭試亦在三月分結束，會昌四年（844年）王起知貢舉，五人應考只錄楊嚴一人，其有呈同年詩句有：「三月春光正搖盪，無因得醉杏園中。」[45]

　　第四，有關吏部銓選情況的記載值得注意。唐進士及第後要參加吏部的銓選，合格者方能授官，因而吏部銓選新進士的時間當在進士放榜之後。《唐六典》卷二〈尚書吏部〉云：「凡大選終季春之月。」[46]《唐會要》卷七十五〈選部下〉條：「武德初，因隋舊制，以十一月起選，至春即停。……貞觀十九年十一月，馬周為吏部尚書，以吏部四時持衡，略無暇休，遂奏請取所由文解，十月一日赴省，三月三十日銓畢。」[47] 由此看來，吏部的銓選時間與進士科的考試時間基本上是同步的。

　　那麼，唐代進士科考試時間為什麼不很固定呢？原因可能有以下幾點：第一，程序上的問題，唐代科舉考試從審核考生資格、撰擬考題、任命主考官到實際組織考試，都有很多人為因素制約，一個環節上出了問題，整個考試時間就有可能被推遲。例如會昌四年（844年）主考官的兩次任命就對考試時間產生影響。第二，遇到特殊情況，如自然災害或對外戰爭等，考試時間不得不作一些臨時性的調整，如前文提到的文宗太和八年（834年）因蟲旱相繼為害，將進士科考試推遲了一個月。第三，最主要的原因可能還是唐代科舉考試仍處於探索完善階段，遠未達到「制度化」、「規範化」的程度，因而出現一些變化是正常的事情。科舉考試時間到了宋代以後就基本固定，宋代規定秋取解冬集禮部春考試，實際考試基本是在二月分進行，元代不僅規定了考試月分（二月），而且規定了具體日期（初一至初三的三天），明代改考試具體日期為初九、十二、十五三天，清初改成二月分會試，三月分殿試；乾隆間改會試在三月，

44　五代・王定保，《唐摭言》卷三〈慈恩寺題名遊賞賦詠雜紀〉，載《唐五代筆記小說大觀》下冊，第1608頁，上海：上海古籍出版社，2000年。

45　五代・王定保，《唐摭言》卷八〈別頭及第〉，載《唐五代筆記小說大觀》下冊，第1650頁，上海：上海古籍出版社，2000年。

46　唐・李林甫，《唐六典》卷二〈尚書吏部〉，第28頁，北京：中華書局，1992年。

47　宋・王溥，《唐會要》卷七十五〈選部下〉，第1605頁，上海：上海古籍出版社，2006年。

殿試在四月，遂為永制。[48]

　　綜上所述，唐代進士考試為每年進行一次的常科考試。舉子申送尚書省的時間是每年的孟冬（十月）而非仲冬（十一月）。尚書省禮部考試（開元二十四年以前為吏部主持）在每年的十一月至來年三月之間進行，很具體地說出尚書省考試時間還沒有充分的史料依據，而「考試時間是在三、四月」之說更是難以成立。

48　分別見《宋史》卷一五五〈選舉一〉，第 467 頁、《元史》卷八一〈選舉二〉，第 233 頁、《明史》卷七十〈選舉二〉，第 185 頁、《清史稿》卷一〇八〈選舉三〉，第 418 頁，上海古籍出版社、上海書店，1986 年版《二十五史》。

第三章　唐代科舉科目考述

　　唐代是我國封建社會的繁榮時期，也是科舉制度的發展完善時期。唐代的科舉科目不但數量多，極有可能是設置最多的朝代，而且對後世的影響大，宋元明清各代基本上是沿襲唐代略有損益而已。關於唐代科舉科目的變化情況及其原因，研究者看法不盡相同，本章討論唐代秀才、進士、明經和武舉等科目的變化情況及其原因，重點分析進士科「一枝獨秀」，得以長期延續的原因，從而加深我們對唐代科舉制度的認識。

一、唐代科舉科目概說

　　唐高祖武德四年（621 年）四月十一日，敕諸州學士及早有明經及秀才、俊士、進士，明於理體，為鄉里所稱者，委本縣考試，州長重覆，取其合格，每年十月隨物入貢。[1] 此詔開唐科舉之先聲。

　　《唐六典》卷四〈尚書禮部〉條云：「凡舉試之制，每歲仲冬，率與計偕。其科有六：一曰秀才，（原注：試方略策五條。此科取人稍峻，貞觀已後遂絕。）二曰明經，三曰進士，四曰明法，五曰書，六曰算。」[2]《通典》記載略同，亦

1　五代・王定保，《唐摭言》卷一〈統序科第〉，載《唐五代筆記小說大觀》下冊，第 1576 頁，上海：上海古籍出版社，2000 年。

2　唐・李林甫，《唐六典》卷四〈尚書禮部〉，第 109 頁，北京：中華書局，1992 年。

認為唐代常貢之科為秀才、明經、進士、明法、明書、明算等六項。《新唐書‧選舉志》（卷四四）記載：「其科之目，有秀才，有明經，有俊士，有進士，有明法，有明字，有明算，有一史，有三史，有開元禮，有道舉，有童子。而明經之別，有五經，有三經，有二經，有學究一經，有三禮，有三傳，有史科。此歲舉之常選也。」[3]歐陽修等人的記載雖較唐人所記略詳，但顯凌亂，使人很難一目了然。清人王鳴盛在其《十七史商榷》卷八十一〈取士大要有三〉一目中寫道：「其實若秀才則為尤異之科，不常舉。若俊士與進士，實同名異。若道舉，僅玄宗一朝行之，旋廢。若律、書、算學，雖常行，不見貴。其餘各科不待言。大約終唐世為常選之最盛者，不過明經、進士兩科而已。」[4]稍後些的徐松在其著名的《登科記考》一書中，將唐代的常舉科目作了歸納，是書〈凡例〉中還將明經與諸科作了區別：「所謂諸科者，謂明法、明字、明算、史科、道舉、《開元禮》、童子也，明經不在此數。……凡五經、二經、三經、學究一經、三禮、三傳入明經科，明法以下可考者入諸科。」[5]這就是說，在徐松看來，明法、明字、明算、史科、道舉、《開元禮》、童子科都算是諸科，五經、二經、三經、學究一經、三禮、三傳應入明經科。這種分法未必符合史實，可以看作是徐松的「一家之言」。筆者認為：唐代常舉科目雖然很多，但其中影響較大或時間較長科目只有秀才、進士、明經、武舉等科。

　　唐代制舉始於高祖武德五年（622 年），是年三月詔令京官五品以上及諸州總管、刺史各舉一人。若有志行可錄，才用未申，亦聽自舉。制舉源於兩漢以來的制詔舉人，唐代制舉考試的情況，據杜佑《通典》記載：「其制詔舉人，不有常科，皆標其目而搜揚之。試之日，或在殿廷，天子親臨觀之。試已，糊其名於中考之，文策高者，特授以美官，其次與出身。開元以後，四海晏清，士無賢不肖，恥不以文章達，其應詔而舉者，多則兩千人，少猶不減千人，所收百才有一。」[6]由此看來，在唐代的科舉考試中，制舉占有重要的地位。唐代制舉科目數量，《唐會要》卷七十六〈貢舉中〉記載有六十三科，《文獻通

3　宋‧歐陽修，《新唐書》卷四四〈選舉志〉，第 128 頁，上海：上海古籍出版社、上海書店，1986 年。

4　清‧王鳴盛，《十七史商榷》卷八十一〈取士大要有三〉，第 865 頁，《叢書集成初編》本第 3525 冊。

5　清‧徐松，《登科記考》，〈凡例〉，第 4 頁，北京：中華書局，1984 年。

6　唐‧杜佑撰，王文錦等點校，《通典》卷十五〈選舉三〉，第 357 頁，北京：中華書局，1988 年。

考》卷三十三〈選舉六〉載有五十六科，宋王應麟《困學記聞》認為：「唐制舉之名多至八十有六，凡七十六科。」[7] 其在《玉海》一書中又云：「自志烈秋霜而下凡五十九科，自顯慶三年至大和二年，及第者二百七十人。」[8] 徐松經過對新、舊《唐書》、《唐會要》、《冊府元龜》、《文苑英華》、《雲麓漫鈔》等書的考證，認為唐代制舉科目名稱已超過百數。[9] 今人陳飛認為唐代制舉有廣義和狹義區別，全部數量多達九百八十二個，其中制目六百八十八個，試目二百九十四個，並列有〈唐代制舉科目年表〉。[10] 比較全面地反映了唐代制舉考試的情形。

二、唐代秀才科

　　唐代秀才科是唐代科舉科目中具有代表性的科目，錄用人才注重博識高才。《唐六典》卷二〈尚書吏部〉云：「其秀才試方略策五條，文、理俱高者為上上，文高理平、理高文平者為上中，文、理俱平者為上下，文、理粗通為中上，文劣理滯為不第（原注：此條取人稍峻，自貞觀後遂絕）。」[11] 《通典》卷十五〈選舉三〉載：「初，秀才科等最高，試方略策五條，有上上、上中、上下、中上，凡四等。」[12] 兩書關於考試內容的記載是一致的，即考試方略策（計謀策略）五道題；按考試成績分等錄取。唐代秀才科自武德四年（621年）下詔設科，到永徽元年（650年），三十年間的舉選人數，《文獻通考》卷二十九〈選舉二〉所引《唐登科記總目》記載共二十九名，平均每年僅有一名。秀才科難以興盛的原因，歷代學者進行了較為深入的考證與推測：其一，「舉選不第者，坐其州長」說。杜佑《通典》卷十五〈選舉三〉云：「初，秀才科等最高……貞觀中，有舉而不第者，坐其州長，由是廢絕。」[13] 馬端臨《文

7　宋・王應麟，《困學紀聞》卷十四〈考史〉，第 412 頁，上海：上海古籍出版社 1987 年影印《文淵閣四庫全書》本第 854 冊。

8　宋・王應麟，《玉海》卷一百十五〈選舉・唐制舉〉，第 117 頁，上海：上海古籍出版社 1987 年影印《文淵閣四庫全書》本第 946 冊。

9　清・徐松，《登科記考》，〈凡例〉，第 6 頁，北京：中華書局，1984 年。

10　參見陳飛，《唐代試策考述》，〈第七章〉、〈附錄一〉，北京：中華書局，2002 年。

11　唐・李林甫，《唐六典》卷二〈尚書吏部〉，第 44-45 頁，北京：中華書局，1992 年。

12　唐・杜佑撰，王文錦等點校，《通典》卷十五〈選舉三〉，第 354 頁，北京：中華書局，1988 年。

13　唐・杜佑撰，王文錦等點校，《通典》卷十五〈選舉三〉，第 354 頁，北京：中華書

獻通考》卷二十九〈選舉二〉「舉士」記載相同。宋人高承《事物紀原》卷三亦認為「齊宋以來，州有秀才之舉。隋唐之代，其科最上。正（貞）觀中，有舉而不第者，罪其州長，由是其科廢。」[14] 其二，「取人稍峻」說。李林甫等人所撰之《唐六典》卷二〈尚書吏部〉、卷四〈尚書禮部〉在談及秀才科的考試內容及評分標準，都注明秀才科取人稍峻。封演的《封氏聞見記》卷三〈貢舉〉亦載：「國初，明經取通兩經，先帖本，乃按章疏試墨義策十道；秀才試方略策三道；進士試時務策五道，考功員外郎職當考試。其後，舉人憚於方略之科，為秀才者殆絕，而多走明經進士。」[15] 其三，「眾科之目，進士為尤貴」說。武則天自永徽六年（655 年）被立為皇后，開始參與朝政；光宅元年（684 年）正式稱帝。為了鞏固自身的統治地位，她「不惜爵位，以籠四方豪傑自為助。」[16] 變革科舉制度是武則天籠絡人心的重要舉措，對社會影響很大。德宗時禮部員外郎沈既濟曾就此指出：「初，國家自顯慶以來，高宗聖躬多不康，而武太后任事，參決大政，與天子並。太后頗涉文史，好雕蟲之藝。永隆中始以文章選士。及永淳之後，太后君臨天下二十餘年。當時公卿百辟無不以文章達，因循遐久，浸以成風。至於開元、天寶之中……，五尺童子，恥不言文墨焉。是以進士為士林華選，四方觀聽，希其風采，每歲得第之人，不浹辰而周聞天下。」[17] 所以，有唐一代，自武后以降，「眾科之目，進士為尤貴，而得人亦最為盛，歲貢常不減八、九百人，縉紳雖位極人臣，而不由進士者終不為美。」[18] 今人余子俠認為：「在如此社會氛圍之中，秀才科場門庭冷落自然為情理中事。」以至在開元二十四年（736 年）以後復有秀才舉，「其時進士漸難，而秀才本科無貼經及雜文之限，反易於進士」時，卻未見有士人多趨秀才科而冷落進士科場的記載。[19] 唐代秀才科法定地位高於明經和進士二科，唐初位列諸科之首，故秀才及

局，1988 年。

14　宋・高承，《事物紀原》卷三〈學校貢舉部〉第十六，第 118 頁，《叢書集成》初編本第 1209 冊。

15　唐・封演，《封氏聞見記》卷三〈貢舉〉，載《學海類編》11 函 67 冊，上海：上海涵芬樓，民國九年。

16　宋・歐陽修，《新唐書》卷七六〈后妃傳〉，第 348 頁，上海：上海古籍出版社、上海書店，1986 年。

17　唐・杜佑撰，王文錦等點校，《通典》卷十五〈選舉三〉，第 357 頁，北京：中華書局，1988 年。

18　元・馬端臨，《文獻通考》卷二十九〈選舉二〉，第 275 頁，北京：中華書局，1986 年。

19　余子俠，〈唐代秀才科考論〉，《中國史研究》，1997 年第五期。

第授官品級亦較隋代為高。按唐代科舉敘階之法：「謂秀才上上第正八品上敘，已下遞降一等。至中上第從八品下。明經降秀才三等。進士、明法甲第從九品上，乙第降一等。」[20]

三、唐代進士科

　　唐代進士科設於高祖武德四年（621 年），在所有常科中，進士科因其考試內容在不斷的改革調整中趨於完善，對於優秀人才的選拔起到了積極的推動作用，因而倍受人們重視。唐初進士科考試內容沿襲隋制，只試「時務策」一項，一般為「試時務策五道」。策問是要求應試者對現實社會政治、吏治、教化、生產等問題提出建議，屬於一種政論文。太宗貞觀八年（634 年），詔令「加進士試讀經、史一部」。開始在試策之外，加試儒家經典一部和歷史知識的內容。這是唐代進士科考試的第一次變化。高宗時，對進士科的考試內容又作了一次調整，上元二年（675 年），「加試貢士〈老子策〉」，其中進士科要加試〈老子策〉三條。進士加試〈老子策〉三條，就是在規定的五道策問題中，必須有三道策問關係到《老子》的內容。高宗調露二年（680 年），進士科加試帖經。這一改革緣起於一些讀書人在進士科迎考準備中「不錄史傳，唯讀舊策，共相模擬」。考功員外郎劉思立認為：「進士（科）唯試時務策，恐傷膚淺。請加試雜文兩道，並帖小經。」此議經高宗批准於開耀元年（681 年）貢舉加試中正式實行：「其進士帖一小經及《老子》，（原注：皆經、注兼帖）試雜文兩首，策時務五條。文須洞識文律，策須義理愜當者為通。（原注：若事義有滯、詞句不倫者為不。其經、策全通為甲；策通四、帖通六已上為乙；已下為不第）。」[21]唐代舉子在進士科考中以後，還要通過吏部的選試，才能授官，考中甲第的舉子授官從九品上，考中乙第的舉子授官從九品下。從授官行政級別來看，進士科出身之人並不比其它科目出身的人授官級別高，但又為什麼會出現如《唐摭言》作者所說的「縉紳雖位極人臣，不由進士者，終不為美」的情況呢？原因可能有以下兩點：其一是進士科考試的內容比較難且錄取率比較低。前已述及，進士科考試的內容有帖經、雜文和時務策等，考試範圍較大，對舉子的經史知

識和文律技巧等方面的要求亦較高。僅以雜文論，就包括了箴、表、銘、賦之類的應用公文，既講求文律，又講求文采，取得高分並非易事。唐代進士科每科錄取人數少則幾人，多的也只有三、四十人，誠如唐人詩句所云「桂樹只生三兩枝」。唐代不少人都不是第一次就考中進士的，如韓愈「四舉於禮部方中」。京兆尹李敏求「應進士，八就禮部試不利」。宣州涇縣人許棠「應二十餘舉」始及第，公乘億「三十餘舉」登第。唐人所謂「三十老明經，五十少進士」，即言進士科考中之艱難。其二是因為進士及第者升遷迅速，利祿爵位誘使人們「趨之入鶩」。據統計，唐代進士及第者位及宰相的較之其它科目出身之人要多得多，唐代宰相 368 人，進士出身者 143 人，占 39%；從唐憲宗到唐懿宗期間共有宰相 133 人，其中進士出身者有 98 人，約占宰相總數的 74%，[22] 進士出身者位居高官，特別是位極人臣現象的出現，對人們思想觀念的變化與報考科目的選擇必然產生很大的影響。明乎此，唐代士子競趨進士科就不難理解了。

四、唐代明經科

　　唐代明經科設於高祖武德四年（621 年），是年四月十一日下詔，至五年十月，諸州共貢明經一百四十三人。明經科考試注重經義，要求舉子熟讀並背誦儒家的經典文本與注疏。唐代時把儒家經典分為大經、中經和小經三類，《禮記》、《左傳》為大經，《毛詩》、《周禮》、《儀禮》為中經，《周易》、《尚書》、《公羊傳》、《穀梁傳》為小經。明經科考試的具體科目有二經、三經、五經、學究一經、三禮（即《周禮》、《儀禮》、《禮記》）、三傳（即《左傳》、《公羊傳》、《穀梁傳》）等。二經考試，舉子必須要通大經、小經各一經或通二中經方為合格；三經考試，舉子需要通大經、中經、小經各一經；至於五經考試，舉子則需要大經全通，其它各經任選。《論語》、《孝經》為各種考試的必考內容。唐代明經科考試內容曾有一些變化，如唐高宗上元二年（675 年）詔令將《老子》列為考試內容；儀鳳三年（678 年）又規定《道德經》、《孝經》並為上經，貢舉皆須兼習。武則天稱帝後，於長壽二年（693 年）下令停試《老子》，改試由她自撰的〈臣軌〉兩篇。自此，對於《老子》的考試，隨著唐代政治與文教政策的變化而屢次停廢。但從整體上看變化不大。明

22　吳宗國，〈科舉制與唐代高級官吏的選拔〉，《北京大學學報》，1982 年第一期。

經科的考試方法，據《新唐書・選舉志》（卷四四）記載：「凡明經，先帖文，然後口試，經問大義十條，答時務策三道。」[23] 這就是說，明經科考試分三場，第一場帖文，第二場口試，第三場試策文。首場帖文，亦稱帖經的考試方法為：每經十帖，每帖三言，通六帖以上者為合格。口試的考試方法為：問經義十條，通十條為上上，通八條為上中，通七條為上下，通六條為中上，皆為合格。考時務策三道，通兩道為合格。帖經、口試、時務策三項考試皆合格者，依據成績高低分四等錄取，經吏部試合格可分別授予從八品下、正九品上、正九品下、從九品下的行政級別身分與相應官職。唐代明經科的錄取人數比較秀才、進士等科錄取的人數要多，但明經及第的具體人名可考者卻少得很，這一問題清人徐松在撰寫《登科記考》一書時就感覺到了，《登科記考》一書記載唐初到天寶末將近一百四十年登科者的姓名，明經及第所能考出的只有二十四人，不及唐代明經科正常錄取的一科人數。其因何在？徐松在其《登科記考》的〈凡例〉中提出了自己的看法：「《玉海》引《中興書目》云：『崔氏《登科記》一卷，載進士、諸科姓名。』是諸科之名始於崔氏，樂史沿而不改。所謂諸科者，謂明法、明字、明算、史科、道舉、《開元禮》、童子也，明經不在此數。何以明之？明經每歲及第將二百人，其數倍蓰於進士，而《登科記》總目所載諸科人數皆少於進士。《玉海》云：『《登科記》顓載進士，續之者自元和方列制科。』言進士、制科，對明經為義也。《韓文五百家注》每詳科目，惟牛堪明經及第，注文一無徵引，知明經為記所無矣。」[24] 今人傅璇琮在其《唐代科舉與文學》一書的第五章〈明經〉中，對此進行了探討，傅先生認為，明經的名聲不及進士，但錄取的名額要比進士多，是否可以從及第後授官情況來加以解釋，明經科出身的大多為州縣一級的官吏，在唐代前期還有不少明經出身之人官至宰相；但成為著名文人的卻極少，而唐代的士人，卻往往用文章來衡量人物，進士科中出的文人較多，貶抑明經，是出於受進士科文人的影響，唐代的登科記重點是進士，從推崇進士的角度出發，自然就不記載明經及第的人和姓名；其次，唐代在「安史之亂」時曾實行了「輸財得官」之法，明經可以用納錢而買得，進士則不能。至少在唐代統治階層看來，明經的地位是在進士之下。第三，唐代重進士而輕明經，還表現在考試時對待的禮數上。沈括《夢溪筆談》卷一記載：

23　宋・歐陽修，《新唐書》卷四四〈選舉志〉，第 128 頁，上海：上海古籍出版社、上海書店，1986 年。

24　清・徐松，《登科記考》，〈凡例〉，第 4 頁，北京：中華書局，1984 年。

「禮部貢院試進士日，設香案於階前，主司與舉人對拜，此唐故事也。所坐設位，供張甚盛，有司具茶湯飲漿。至試學究，則悉撤幕氈席之類，亦無茶湯，渴則飲硯水，人人皆黔其吻，非故欲困之，乃防氈幕及供應人私傳所試經義，蓋常有敗者，故事為之防。歐陽文忠有詩：『焚香禮進士，徹幕待經生。』以為禮數重輕如此，其實自有謂也。」傅先生的看法確實新穎獨創，應該是比較符合史實的。筆者以為，關於史載明經較少的原因似乎還可以增加一點：明經科在長期的實施過程中，考試的主要內容與方法變化不大，舉子只要熟讀經文注疏就可以考中，對於經義不一定真正理解，因而所錄取的人就不一定有真才實學；加之取人甚眾，難免泥沙俱下，魚龍混雜，明經出身之人就不能適應封建國家的需要。更值得注意的是，明經科在其實際運作的過程中很少進行有實際意義的改革，這就使得其存在的弊端得不到及時的糾正，為什麼在唐代前期明經出身的人位列高官的較多而後期卻很少？為什麼明經科開始與進士、秀才等科目並稱，而明經、秀才等科目先後湮滅？我想，這是為什麼進士科的《題名錄》、《登科錄》為後人珍藏，而明經科的資料卻很少有人問津的重要原因，也是社會重進士輕明經的重要原因。

五、唐代武科

　　唐代武科創立於武則天長安二年（702 年），據《唐會要》卷五十九〈兵部侍郎〉條記載：「長安二年正月十七日敕：天下諸州，宜教武藝，每年准明經、進士貢舉例送。」[25]《新唐書・選舉志》（卷四四）記載：「又有武舉，蓋其起於武后之時，長安二年，始置武舉。」[26]《資治通鑑》卷二百七記載：「（則天后長安）二年春正月乙酉，初設武舉。」[27] 唐宋兩朝人所撰寫的其它史籍，如《通典》、《冊府元龜》、《玉海》等，均載唐代武舉的創立時間為長安二年，唯《舊唐書・禮儀志》（卷二四）把創立時間記作長安三年，當為長安二年的訛誤。

25　宋・王溥，《唐會要》卷五十九〈尚書省諸司下〉，第 1210 頁，上海：上海古籍出版社，2006 年。

26　宋・歐陽修，《新唐書》卷四四〈選舉志〉，第 129 頁，上海：上海古籍出版社、上海書店，1986 年。

27　宋・司馬光，《資治通鑑》卷二百七〈則天皇后下〉長安二年春正月乙酉，第 1397 頁，上海：上海古籍出版社，1987 年。

　　創立武舉是武則天的歷史功績之一，但武則天為什麼要創立武舉，換句話說，武舉出現於武則天時代有何特定的歷史背景，這一點未見歷史記載。武則天創立武舉，具有多方面的歷史原因。首先，從政治上看，這是武則天革新朝政的需要。創立武科可以使習武之人，特別是那些雖不善文卻嫻於騎射的普通地主階級子弟得以憑籍武藝進入統治集團，從而擴大國家的人才來源，鞏固和加強封建統治基礎。其次，從軍事上看，武則天創立武舉是選拔將帥，建立新的軍事制度的需要。唐太宗貞觀末年，朝廷已有將帥乏人之憂。唐朝政府既需要選拔一定數量的將士充實軍隊，又需要採取措施建立新的募兵制度，激發人們的習武熱情，提高軍隊的戰鬥力，這樣，鄉貢武舉制度便應運而生。第三，武則天創立武舉亦有其個人目的。武則天雖以周代唐，位尊九五，但畢竟是一個有「僭越」之嫌，名不正、言不順的皇帝；況且，以女性稱帝，史無前例，必然會遭到一些人的反對。為了鞏固自身的統治地位，武則天一方面不擇手段翦除政敵，另一方面採取多種手段，培植擴大其親信勢力。顯而易見，大批由武舉選拔的將官充實到軍隊中去，對於武則天掌握軍權，鞏固武氏大周天下是極其重要的。

　　唐武舉創立後，被列為常舉科目，由兵部主持，每年考試一次。武舉考試主要有兩方面要求：一是以騎射及運用武器為主的武藝技能，包括長垛、騎射、馬槍三項，是武舉考試中評定成績高低的標準。二是身材、體力、體能等身體條件和身體素質，包括步射、翹關、負重、材貌、言語等項，是武舉中選的基本條件。唐武舉及第以後，即得到兵部「告身」，取得做官的資格。一般還要經過一段時間的實際鍛煉，再授予官職；也有的人在武舉及第後即參選授官，舉子的身分、納課的年限是決定武舉及第除官的重要條件。唐代武舉及第人數待考。在《唐書》列傳中僅見郭子儀一人。《舊唐書‧郭子儀傳》（卷一二〇）記載：「（郭子儀）始以武舉高等，補左衛長史。」《新唐書‧郭子儀傳》（卷一三七）也有相似記載。《冊府元龜》卷六五〇〈貢舉‧應舉〉記載略詳：「郭子儀，以武舉補左衛長史。累以武藝登科，為諸軍使。」[28] 另據《金石萃編》卷九十二〈郭氏家廟碑〉，郭子儀武舉及第後，授「左衛長上」。「左衛長史」是從六品上職事官，「掌判諸曹、五府、外府稟祿，卒伍、軍團之名數，器械、

28　宋‧王欽若等編纂，周勳初等校訂，《冊府元龜》卷六五〇〈貢舉‧應舉〉，第7505頁，南京：鳳凰出版社，2006年。

車馬之多少，小事得專達，每歲秋贊大將軍考課。」[29] 郭子儀中武舉授「從六品上」官職，與進士及第所授的「從九品下」或「從九品上」相比，說明武舉及第除官高於進士科，至少在武舉創立初期是這樣。[30] 值得注意的是，近年來不少學者利用出土的墓誌資料，對唐代武舉制度進行了進一步較為深入的研究，發表一些很有價值的研究成果。[31]

29　宋・歐陽修，《新唐書》卷四九〈百官志〉，第 140 頁，上海：上海古籍出版社、上海書店，1986 年。

30　參見許友根，《武舉制度史略》，蘇州：蘇州大學出版社，1997 年版第 6-18 頁。

31　參見孟二冬，《登科記考補正》卷二十七附考〈武舉〉條，北京：北京燕山出版社，2003 年。劉琴麗，〈從出土墓誌看唐代的武貢舉〉，載《中國史研究》，2003 年第三期。

第四章　唐代科舉舞弊原因初探

　　關於唐代科舉舞弊的原因，研究者大多從唐代中後期的政治腐敗和社會風氣等方面進行分析，筆者認為，除了政治與社會層面的原因以外，唐代科舉制度自身的不完善也是科舉舞弊現象產生的重要原因，而且極有可能是諸多原因之中最主要的原因。

　　唐代科舉制度的不完善，首先表現為地方州府對舉子資格的審查流於形式，舉子取解「不本鄉貫」，由此引發申送過程中的舞弊現象。

　　唐代科舉常科考生主要來源於兩個方面：一是由學館出身的生徒，一是由州縣推薦的鄉貢。生徒是國子監、弘文館、崇文館以及州縣學館的學生，由所在學校考核合格後，直接申送尚書省參加考試。鄉貢則是不在館學而學有成者，「懷牒自立於州縣」，經資格審查後由所在州縣進行逐級考試，選出合格者按解額申送至京城長安參加尚書省的考試。資格審查、考試選拔和按解額申送是科舉申送制度的三個基本環節。唐代舉子的資格審查主要包括籍貫、身分、品行和才學等方面的內容。資格審查對於保證舉子的品質，維護科舉考試的公正和權威關係極大。但唐代科舉制度正是在這一基礎性環節上出現了許多疏漏，並由此引發申送過程中的舞弊現象。

　　唐初規定，應舉者皆須於本籍貫報名，但這一規定並未能夠得到嚴格執行。唐代地方州府申送尚書省舉子的數量，稱「解額」，是有規定的，唐玄宗開元二十五年（737年）二月「敕應諸州貢士：上州歲貢三人，中州二人，下州一人；

必有才行，不限其數。」[1]到了會昌五年（845 年），解額又很具體地明確到各個州府和國子監等學校。《唐摭言》卷一〈會昌五年舉格節文〉條記載：「公卿百寮子弟及京畿內士人寄客外州府舉士人等修明經、進士業者，並隸名所在監及官學，仍精加考試。所送人數：其國子監明經，舊格每年送三百五十人，今請送三百人；進士，依舊格送三十人；其隸名明經，亦請送二百人；其宗正寺進士，送二十人；其東監同華、河中所送進士，不得過三十人，明經不得過五十人。其鳳翔、山南西道東道、荊南、鄂岳、湖南、鄭滑、浙西、浙東、鄜坊、宣商、涇邠、江南、江西、淮南、西川、東川、陝虢等道，所送進士不得過一十五人，明經不得過二十人。其河東、陳許、汴、徐泗、易定、齊德、魏博、澤潞、幽、孟、靈夏、淄青、鄆曹、兗海、鎮冀、麟勝等道，所送進士不得過一十人，明經不得過十五人。金汝、鹽豐、福建、黔府、桂府、嶺南、安南、邕、容等道，所送進士不得過七人，明經不得過十人。其諸支郡所送人數，請申觀察使為解都送，不得諸州各自申解。諸州府所試進士雜文，據元格併合封送省。准開成三年五月三日敕落下者，今緣自不送所試以來，舉人公然拔解；今諸州府所試，各須封送省司檢勘，如病敗不近詞理，州府妄給解者，試官停見任用闕。」[2]按此規定，解額最多的州府亦只能申送十五名進士、二十名明經。在解額一定的情況下，舉子人數的多少將直接決定錄取率的高低，不加任何限制的異地取解，亦即後世所嚴格禁止的「冒籍」行為，將不可避免地滋生舞弊。

唐代科舉制度對舉子的身分要求，比較具體的記載，一為《唐六典》卷二〈尚書吏部〉條所載：「凡官人身及同居大功已上親，自執工商，家專其業，皆不得入仕。」[3]一見於憲宗元和二年（807 年）十二月關於進士科舉子身分要求的一道敕令：「自今已後，州府所送進士，如跡涉跅狂，兼虧禮教，或曾為官司科罰，或曾任州府小吏，有一事不合入清流者，雖薄有詞藝，並不得申送入。如舉送以後事發，長吏奏停見任，如已停替者殿二年。本試官及司功官見任及已停替，並量事輕重貶降。仍委御史臺常加察訪。」[4]這道敕令顯然是有針

1　五代・王定保，《唐摭言》卷一〈貢舉釐革並行鄉飲酒〉，載《唐五代筆記小說大觀》下冊，第 1576 頁，上海：上海古籍出版社，2000 年。

2　五代・王定保，《唐摭言》卷一〈會昌五年舉格節文〉，載《唐五代筆記小說大觀》下冊，第 1576-1577 頁，上海：上海古籍出版社，2000 年。

3　唐・李林甫，《唐六典》卷二〈尚書吏部〉，第 34 頁，北京：中華書局，1992 年。

4　清・董誥，《全唐文》卷六一〈憲宗皇帝・嚴定應試人事例敕〉，第 653 頁，北京：中華書局影印，1983 年。

對性的，說明在科舉考試中出現了德行有虧、身分不符的考生，旨在糾正這一現象。應該說，敕令內容是明確的，對違反規定行為的處罰也比較嚴厲。但如同對舉子籍貫的要求一樣，對舉子的身分要求也大多停留在書面上，有兩則史料可以說明這一點：一則見於元人辛文房的《唐才子傳》，是書卷八〈邵謁傳〉記載：「謁，韶州翁源人。少為縣廳吏，客至倉卒，令怒其不搘床迎侍，逐去。遂截髻著縣門上，發憤讀書。……咸通七年抵京師，隸國子。時溫庭筠主試，憫擢寒苦，乃榜謁詩三十餘篇，以振公道。……已而釋褐。」[5] 另一則見於《唐摭言》卷八〈為鄉人輕視而得者〉條記載：「許棠，宣州涇縣人，早修舉業。鄉人汪遵者，幼為小吏，洎棠應二十餘舉，遵猶在胥徒；然善為歌詩，而深自晦密。一旦辭役就貢，會棠送客至灞滻間，忽遇遵於途中，棠訊之曰：『汪都（都者吏之呼也）何事至京？』遵對曰：『此來就貢。』棠怒曰：『小吏無禮！』而與棠同硯席，棠甚侮之，後遵成名五年，棠始及第。」[6] 由此可見，法定地位很低的州縣小吏不僅被地方州府舉送，而且還成功地考中了進士。說明唐代舉子中有不能參加科舉考試的州縣小吏。問題在於：這種在現在看來屬於比較典型的舉子和地方官舞弊行為，為什麼無人檢舉告發？相反卻為時人津津樂道，載之史冊？答案只能是：由於取解不本鄉貫，使申送過程中對舉子的身分很難進行全面細緻的審驗，不少地方州府舉子的資格審查工作流於形式，因而出現州縣小吏、工商之子甚至曾為盜賊之人都能得以被舉送並考中進士的現象也就不難理解了。

唐代科舉制度自身的不完善，還表現為考試過程中的「行卷」、「公薦」、「通榜」、「呈榜」等人為因素對考試結果的制約，從而為科舉舞弊提供了條件。

唐代舉子在參加禮部考試前，要進行「行卷」。程千帆在《唐代進士行卷與文學》一書中，對「行卷」作了解釋：「所謂『行卷』，就是應試的舉子將自己的文學創作加以編輯，寫成卷軸，在考試以前送呈當時在社會上、政治上和文學上有地位的人，請求他們向主司即主持考試的禮部侍郎推薦，從而增加自己及第的希望的一種手段。」[7] 投「行卷」是為了「公薦」。所謂「公薦」是

5 傅璇琮主編，《唐才子傳校箋》第三冊，第 453-454 頁，北京：中華書局，1990 年。

6 五代・王定保，《唐摭言》卷八〈為鄉人輕視而得者〉，載《唐五代筆記小說大觀》下冊，第 1648 頁，上海：上海古籍出版社，2000 年。

7 程千帆，《唐代進士行卷與文學》，第 3 頁，上海：上海古籍出版社，1980 年。

唐代一種「臺閣近臣得薦所知之負藝者」的制度。應該說，「行卷」、「公薦」有其可取之處，可以避免一張考卷定取捨，集中多人的意見盡可能公允取士。唐代確實也有出於公心推薦考生的事例，如顧況為白居易延譽，韓愈推獎程昔範之類。但這樣的記載並不多，倒是出於私人目的，為親戚、故舊、子弟，甚至是為了回報賄賂、結交權勢而推薦考生的記載很常見。如果推薦者是高官重臣，無有不成者，《唐語林》卷七〈補遺〉條記載：「王起知舉，將入貢院，請德裕所欲。德裕曰：『安問所欲？借如盧肇、丁稜、姚頡，不可在去流內也。』起從之。」[8]由此可見，「行卷」「公薦」，儘管主觀願望是善良的，但由於其沒有必要措施的保證，在實際運作過程中，逐漸走向人們願望的反面，成為科舉舞弊的條件。

順便說一下，唐代舉子行卷「求知己」的情態，歷來為學者所訴。馬端臨《文獻通考》卷二十九〈選舉二〉注引江陵項氏之言云：「風俗之弊，至唐極矣，王公大人，巍然於上，以先達自居，不復求士，天下之士，什什伍伍，戴破帽，騎蹇驢，未到門百步輒下馬，奉幣刺再拜，以謁於典客者，投其所為之文，名之曰『求知己』。如是而不問，則再如前所為者，名之曰『溫卷』，如是而又不問，則有執贄於馬前，自贊曰：『某人上謁』者。」[9]再如韓愈〈送李願歸盤谷序〉中，說覓舉之人「伺候於公卿之門，奔走於形勢之途。足將進而趑趄，口將言而囁嚅。處穢汙而不羞，觸刑辟而誅戮。」[10]今人也大多以類似的口吻轉錄評述這些記載，並視之為唐代的一種「社會病態」。如一位學者寫道：「廖廖數語，勾出這些書生不知羞恥，小心翼翼，提心吊膽地追隨在達官貴人門下，以求入仕的一副可憐相。」[11]筆者以為，這種評價不夠公允，一方面，上述記載所描繪的舉子們那種卑躬屈節的情態，以及王公大人們高高在上的情形，自然比比皆是，但也並非沒有憑仗真才實學行卷的舉子和憐才愛士的顯人，否則，我們也就難以解釋唐代進士科舉制度何以曾經產生過許多有氣節、有學問、有貢獻的人物這一歷史事實了。[12]另一方面，重要的不是描述所謂「社會病態」的現象，而是尋找形成這種現象的原因，否則就難以解釋這種現象。應該說，導

---

8 宋・王讜，《唐語林》卷七〈補遺〉，第624-625頁，北京：中華書局，1987年。

9 元・馬端臨，《文獻通考》卷二十九〈選舉二〉，第274頁，北京：中華書局，1986年。

10 唐・韓愈，《韓昌黎全集》卷十九〈書六・序一〉，第282頁，北京：中國書店，1991年。

11 陳茂同，《中國古代選官制度》，第132頁，上海：華東師範大學出版社，1994年。

12 程千帆，《唐代進士行卷與文學》，第25頁，上海：上海古籍出版社，1980年。

致這種「社會病態」現象出現的原因是比較複雜的。有封建統治階級「引英雄入轂」的誘惑驅使，有知識階層希冀「朝為田舍郎，暮登天子堂」的心理企盼，也有特定歷史時期所形成的社會氛圍，但唐代科舉制度本身所存在的缺陷則是其中一個主要因素。一個簡單的事實是：這種現象到了宋代以後就已基本絕跡，根本原因是宋代在總結分析前代科舉制度經驗教訓的基礎上，從制度建設上加強了科舉考試的防範舞弊措施，例如嚴格實行了「糊名」、「謄錄」和考官鎖院等制度。試卷上的考生姓名既被糊塗，筆跡又因重新謄錄而無從辨識，固而採取譽望、事先加以推薦的方式，就不再有存在的可能性，而行卷的風尚也就自然隨之消失。[13] 誠如宋人歐陽修在〈論逐路取人劄子〉中所說：「竊以國家取士之制，比於前世，最號至公。……又糊名謄錄而考之，使主司莫知為何方人士，誰氏之子，不得有所憎愛薄厚於其間。故議者謂國家科場之制，雖未復古法，而便於今世。其無情如造化，至公如權衡，祖宗以來不可易之制也。」[14] 因此，把唐代所謂「社會病態」的成因不分青紅皂白地全部歸咎於唐代的讀書人顯然是不公允的。

唐代科舉考試的管理中，有一些做法頗為引人注目，並為後世所借鑑，例如舉子的「結款通保」、入試檢查、尚書複試以及別頭考試等。杜佑《通典》記載的入試檢查情況是：「禮部閱試之日，皆嚴設兵衛，薦棘圍之，搜索衣服，譏訶出入，以防假濫焉。」[15] 然綜觀唐代史冊，發現唐代科舉考試中的規章制度雖然很多，但實際執行的並不多見。或虎頭蛇尾，或偶一為之。以考場而論，入試時檢查是非常嚴格的，以至有的考生因受不了羞辱而放棄考試的記載。[16] 而考場內部的紀律卻又極為鬆懈。可以這樣說，後世考場內不可想像的事情，在

13　程千帆，《唐代進士行卷與文學》，第 89 頁，上海：上海古籍出版社，1980 年。

14　宋・歐陽修，《歐陽修全集》卷十七〈論逐路取人劄子〉，第 894 頁，北京：中國書店，1986 年。

15　唐・杜佑撰，王文錦等點較，《通典》卷十五〈選舉三〉，第 357 頁，北京：中華書局，1988 年。

16　唐・杜牧，《杜牧全集》卷九〈唐故平盧軍節度使巡官隴西李府君墓誌銘〉記載：「有進士李飛自江西來，貌古文高。始就禮部試賦，吏大呼其姓名，熟視符驗，然後入。飛曰『如是選賢耶？即求貢，如是自以為賢耶？』因袖手不出，明日徑返江東。」見上海古籍出版社，1997 年版第 87 頁。又見《新唐書》卷七八〈宗室傳〉記載：「蜀王湛，七世孫戡。年二十，明《六經》，舉進士，就禮部試，吏唱名乃入，戡恥之。明日，徑返江東，隱陽羨里。」上海古籍出版社、上海書店，1986 年版第 354-355 頁。李戡即李飛，見傅璇琮，《唐代科舉與文學》，陝西人民出版社，1986 年版第 99 頁。

唐代卻很常見。《太平廣記》卷二百六十一引《乾𦠤子》記載了這樣一件事情：考生鄭群玉「家寄海濱，頗有生涯」，「比入試，又多齎珍品，烹之坐享，以至繼燭，……突明，竟掣白而去。」[17] 這位紈綺子弟哪裡是來參加考試的，分明是在炫耀自己的富有。這種由於考場紀律鬆弛而引發的「考場奇觀」還可以舉出幾例，《唐摭言》卷十二〈輕佻〉條記載：「（鄭）光業嘗言及第之歲，策試夜，有一同人突入試鋪，為吳語謂光業曰：『必先必先，可以相容否？』光業為輟半鋪之地。其人復曰：『必先必先，諮仗取一杓水。』光業為取。其人再曰：『便乾托煎一碗茶，得否？』光業欣然與之烹煎。」[18]《唐語林》卷七〈補遺〉條記載：「大中三年，李褒侍郎知舉，試〈堯仁如天賦〉。宿州李使君弟瀆不識題，訊同鋪，或曰：『止於堯之如天耳！』瀆不悟，乃為句曰：『雲攢八彩之眉，電閃重瞳之目。』賦成將寫，以字數不足，憂甚。同輩紿之曰：『但一聯下添一者也，當足矣。』褒覽之大笑。」[19] 當然，考場內這種「交頭接耳」式的聊天玩笑與溫庭筠的考場舞弊比較起來，就算不上什麼了。據《新唐書》記載，溫庭筠雖屢試不第，卻素以才思神速，多為人作文而聞名，「大中末，試有司，廉視尤謹，廷筠不樂，上書千餘言，然私占授者已八人。執政鄙其為。」[20] 此事又見載《唐摭言》卷十三〈敏捷〉條：「山北沈侍郎主文年，特召溫飛卿於簾前試之，為飛卿愛救人故也。適屬翌日飛卿不樂，其日晚請開門先出，仍獻啟千餘字。或曰潛救八人矣。」[21] 事情發生在唐宣宗大中九年（855年），中書舍人沈詢權知貢舉。沈主司素知溫庭筠「愛救人」的品行，特命「於簾前試之」，然溫氏「救」人為樂。自己的考卷寫了一千餘字，還為同考八人充當了「槍手」。此說雖近荒唐，不足全信。但亦並非空穴來風，唐代考場管理鬆弛，槍替之手有用武之地，當是有可能的。考場紀律的鬆弛為主考官的舞弊也提供了方便，以考試方法為例：問義是唐代科舉考試的主要方法之一，基

17　宋・李昉，《太平廣記》卷二百六十一〈鄭群玉〉，第 2043 頁，北京：中華書局，1961 年。

18　五代・王定保，《唐摭言》卷十二〈輕佻〉，載《唐五代筆記小說大觀》下冊，第 1688 頁，上海：上海古籍出版社，2000 年。

19　宋・王讜，《唐語林》卷七〈補遺〉，第 638 頁，北京：中華書局，1987 年。

20　宋・歐陽修，《新唐書》卷九一〈溫廷筠傳〉，第 383 頁，上海：上海古籍出版社、上海書店，1986 年。

21　五代・王定保，《唐摭言》卷十三〈敏捷〉，載《唐五代筆記小說大觀》下冊，第 1693 頁，上海：上海古籍出版社，2000 年。

本要求是由考官當眾對舉子進行考試，並隨即宣布評定成績的結果，這有利於瞭解考生對經典的掌握情況，也有利於對考官的監督。但實際上真正按規定實行公開考試的並不多見，考官往往是在沒有監督的情況下對考生進行考試，極易滋生舞弊現象。因此，落第舉子對此也常懷不滿，放榜後屢有喧鬧貢闈之事，指責主考官徇私舞弊，取捨不公。為了解決這一問題，玄宗開元二十五年（737年）和天寶十一載（752年）朝廷兩次重申，舉人口試，宜對眾考定，並須當場宣布考試結果。[22]

　　唐代科舉考試主考官在確定錄取名單之前，通常會邀請一些有身分、有地位的人，依據考生考試成績和社會聲名，共同決定錄取名單，謂之「通榜」。與「公薦」不同之處在於：主考官是主動邀請別人參加評定等第，而非被動接受別人推薦考生。通榜可能會使主考官的錄取工作做的穩妥一些，這是通榜之「利」處，如貞元八年（792年）陸贄知貢舉，「考文章甚詳」，同時，「亦由梁補闕蕭王郎中礒佐之。梁舉八人無有失者，其餘則王皆與謀焉。」[23]是年所錄二十三人，數年之內，居臺省者十餘人。然而，通榜實質上是兩漢薦舉制的遺風，在唐代實際操作中也絕非是一項程序規範的工作，因而其「弊」處顯而易見，不僅參與通榜之人可以影響主考官，凡有一定權勢的人均可以借此影響、甚至是左右主考官；而主考官則「有脅於權勢，或撓於親故，或累於子弟，皆常情所不能免者。」[24]《續玄怪錄》卷二〈李岳州〉條記載了貞元二年（786年）李俊應進士舉，故人國子祭酒包佶為其向考官請托一事：「岳州刺史李公俊，興元中舉進士，連不中第。次年，有故人國子祭酒通春官包佶者，援成之。榜前一日，例以名聞執政。……乃變服伺祭酒出，隨之到子城東北隅，逢春官懷其榜，將赴中書。祭酒揖問曰：『前言遂否？』春官曰：『誠知獲罪，負荊不足以謝。然迫於大權，難副高命。』祭酒自以交春官深，意謂無阻，待俊之怒色甚峻。今乃不成，何面相見，因曰：『季布所以名重天下者，能立然諾。今君不副然諾。移妄於某，蓋以某官閑也。平生交契，今日絕矣。』不揖而行。

22　宋・王欽若等編纂，周勳初等校訂，《冊府元龜》卷六五○〈貢舉部・條制二〉，
　　第7393頁，南京：鳳凰出版社，2006年。

23　唐・韓愈，《韓昌黎全集》卷十八〈與祠部陸員外書〉，第261頁，北京：中國書店，
　　1991年。

24　宋・洪邁，《容齋四筆》卷五〈韓文公薦士〉，第702頁，上海：上海古籍出版社
　　1987年影印《文淵閣四庫全書》本第851冊。

春官遽追之曰：『迫於豪權，留之不得。竊恃深顧，外於形骸，見責如此，寧得罪於權右耳。請同尋榜，揩名填之。』祭酒開榜，見李公夷簡，欲揩。春官急曰：『此人宰相處分，不可去。』指其下李溫曰：『可矣。』遂揩去溫字，注俊字。及榜出，俊名果在已前所揩處。」[25] 李俊中舉在小說家筆下乃為鬼神相助所致，不足盡據；更何況貞元二年（786 年）即由包佶知貢舉放榜。[26] 但其「細節真實」，能在一定程度上反映唐代科舉考試中考官與故舊的關係。靠權勢左右主考官的事例不勝枚舉，尤以唐玄宗時宰相楊國忠為其子考明經一事的表現最為典型。[27]

　　除了通榜之外，還有主考官向宰相呈榜之例。《唐摭言》卷八〈誤放〉條記載：貞元四年（788 年），劉太真知貢舉，「將放榜，先巡宅呈宰相。榜中有姓朱人及第，宰相以朱泚近大逆，未欲以此姓及第，亟遣易之。」[28]《雲谿友議》卷下〈因嫌進〉條記載：「元和二年，崔侍郎邠重知貢舉，酷搜江湖之士。初春將放二十七人及第，潛持名來呈相府，才見首座李公。公問：『吳武陵及第否？』主司恐是舊知，遽言：『吳武陵及第也。』其榜尚在懷袖，忽報中使宣口敕，且揖禮部從容，遂注武陵姓字，呈上李公。公曰：『吳武陵至是粗人，何以當其科第？』禮部曰：『吳武陵德行雖即未聞，文筆乃堪採錄。名已上榜，不可卻焉。』」[29] 這種向宰相呈榜之制在文宗太和八年（834 年）被明令禁止，是年中書門下奏：「進士放榜，舊例，禮部侍郎皆將及第人名先呈宰相，然後放榜。伏以委任有司，固當精慎，宰相先知取捨，事匪至公。今年以後，請便令放榜，不用先呈人名，其及第人所試雜文，及鄉貫三代名諱，並當日送中書門下，便合定例。敕旨依奏。」[30] 武宗會昌三年（843 年）以後正式被廢止。此外，亦有皇帝直接干預主司錄取一事。唐玄宗時曾讓禮部放王如泚進士及第，

25　唐‧李復言，《續玄怪錄》卷二〈李岳州〉，載《唐五代筆記小說大觀》上冊，第 434-436 頁，上海：上海古籍出版社，2000 年。

26　清‧徐松，《登科記考》卷十二，第 441 頁，北京：中華書局，1984 年。

27　唐‧鄭處誨，《明皇雜錄》卷上，載《唐五代筆記小說大觀》上冊，第 957 頁，上海：上海古籍出版社，2000 年。

28　五代‧王定保，《唐摭言》卷八〈誤放〉，載《唐五代筆記小說大觀》下冊，第 1647 頁，上海：上海古籍出版社，2000 年。

29　唐‧范攄，《雲谿友議》卷下〈因嫌進〉，載《唐五代筆記小說大觀》下冊，第 1302 頁，上海：上海古籍出版社，2000 年。

30　宋‧王溥，《唐會要》卷七十六〈貢舉中‧進士〉，第 1635-1636 頁，上海：上海古籍出版社，2006 年。

被宰相李林甫頂了回去，這只是特例。[31] 一般情況下，皇帝是有權決定是否錄取的。《唐摭言》卷八〈已落重收〉條記載：「顧非熊，況之子，滑稽好辯，陵轢氣焰子弟，為眾所怒。非熊既為所排，在舉場三十年，屈聲聒人耳。長慶中，陳商放榜，上怪無非熊名，詔有司追榜放及第。」[32]《唐摭言》卷九〈敕賜及第〉條記載：「韋保義，咸通中以兄在相位，應舉不得，特敕賜及第，擢入內庭。」「永寧劉相鄴，字漢藩，咸通中自長春宮判官，召入內庭，特敕賜及第。」[33]

　　科舉制度區別於察舉制、九品中正制的一個重要標誌是科舉制度具有開放性，所有符合條件的人均可「懷牒自立於州縣」報名參加考試；具有平等性，一切「以程文為去留」，考試面前人人平等。而唐代科舉制度中的行卷、公薦、通榜、呈榜等做法，無疑為人為干涉科舉考試的結果提供了條件，使得這種開放性和平等性得不到有效的制度化的充分保證和實現，這是唐代科舉在制度建設上的重要缺陷，也是唐代科舉考試中舞弊現象出現的主要原因。

　　從制度層面考察唐代科舉舞弊的原因，可以使我們獲得以下幾方面的認識：第一，唐代科舉舞弊固然與政治腐敗和社會風氣有直接關係，但這並不是科舉舞弊現象出現的全部原因，科舉舞弊的關鍵是制度本身的不完善所致。唐代科舉制度中，雖然開始了「以程文為去留」，以文取人，但「文」尚未離「人」。法治若與人治並行，「法治」就不可能不受到「人治」的掣肘，明乎此，也就能明瞭唐代的「以文取士」為什麼常常會變成「以人取士」，從而明瞭唐代科舉舞弊的真正原因。第二，解決科舉舞弊問題不能寄希望於制度以外的東西，譬如寄希望於社會風氣的好轉，而只能是靠科舉制度自身的自我完善。唐代開始的「別頭試」、「糊名」、「覆試」等做法，儘管是斷續進行的，甚至有偶一為之的，但其效果是顯著的，影響是深遠的。宋代在總結唐代經驗教訓的基礎上，實行了「鎖院」、「糊名」和「謄錄」等多種舉措，科舉考試時只見「文」不見「人」，因而「行卷」、「公薦」也就失去了意義，「通榜」、「呈榜」亦成為不可能。宋代科舉風氣為之一變，其因蓋如此。第三，現代之高考雖不能與古代之科舉同日而語，但僅就考試制度而言，則是基本相同的。當今中國

31　宋・王讜，《唐語林》卷一〈德行〉，第 57 頁，北京：中華書局，1987 年。

32　五代・王定保，《唐摭言》卷八〈已落重收〉，載《唐五代筆記小說大觀》下冊，第 1648-1649 頁，上海：上海古籍出版社，2000 年。

33　五代・王定保，《唐摭言》卷九〈敕賜及第〉，載《唐五代筆記小說大觀》下冊，第 1655 頁，上海：上海古籍出版社，2000 年。

在沒有一種更好的制度取代高考之前，高考將長期存在是不爭的事實。那麼，如何克服高考中的舞弊現象，諸如「入試非正身」的槍手，「入學非正身」的替身等等，則有借鑑古代科舉制度經驗教訓之必要，從高考制度本身的不完善處入手尋找原因，採取對策，可能是一條根本解決問題的途徑。

在唐代科舉制度的研究中，有學者認為唐代科舉「弊少且防弊之法亦疏」，[34] 筆者認為，唐代科舉在科舉發展史上處於一個比較特殊的過渡階段，唐代科舉舞弊與防弊措施，也與後世有較大的區別，將唐代科舉與後世科舉進行簡單類比而得出「弊少且防弊之法亦疏」的結論，與史實並不相符。

首先，唐代科舉制度尚處於生長狀態，希冀一種不夠成熟的制度「弊少」是不太現實的，實際上，唐代科舉考試中出現的不少舞弊現象在後世是不可想像的；而後世出現的大部分舞弊情況，在唐代卻已經初見端倪。

科舉制度是隋唐統治者在矯正前代「察舉制」、「九品中正制」等用人制度弊端基礎上而實行的一種新型的選拔人才制度，在唐代初期的官吏隊伍中，科舉出身者只占很小的比例；到了唐代中後期，隨著科舉制度的實施，尤其是科舉出身者躋身高層人數的逐步增加，使得科舉中第成為士人入仕的「正途」，能夠中舉，不僅事關舉子個人的榮辱，在很大程度上能影響到一個家族的盛衰，誠如王定保所言：「科第之設，草澤望之起家，簪紱望之繼世。孤寒失之，其族餒矣；世祿失之，其族絕矣。」[35] 然而，由於科舉考試的錄取名額有限，加之諸多社會因素的制約，能夠金榜題名者畢竟是極少數，更多的舉子只能是皓首青燈，苦苦追求而不得一售，於是違規犯禁，甚或鋌而走險，以種種舞弊手段獲取「功名」的現象就不可避免地產生，舞弊者中有舉子，也有考官；有平民，也有權貴。舞弊手法亦多種多樣：

一是抄襲行卷。唐代舉子在參加省試前，要向禮部投遞自己平時寫作的詩文，以便讓主考官在錄取時參考，謂之「公卷」；同時向社會上達官貴人或著名學者呈送自己的作品，拜託這些人為自己揄揚聲名，增加自己及第的可能，謂之「行卷」。科舉主考官在錄取時很注重舉子的譽望，有的主考官還會邀集

34　鄧嗣禹，《中國考試制度史》，載《民國叢書》第五編，第 25 本，第 110 頁，上海：上海書店，1996 年。

35　五代・王定保，《唐摭言》卷九〈好及第惡登科〉，載《唐五代筆記小說大觀》下冊，第 1654 頁，上海：上海古籍出版社，2000 年。

一些人共同酌定錄取名單，因此，舉子「行卷」作品水準如何，對於能否中舉
關係極大。然而並非所有的舉子都能拿出令自己滿意也能讓別人賞識的作品，
於是有人便抄襲別人的詩文，署上自己的名字投獻，《唐摭言》卷二〈爭解元〉
條記載：唐人楊衡的表兄弟竊取了他的詩文應舉及第，楊衡知道後，就到長安
找到這位表兄弟，很氣憤地問道：我那「一一鶴聲飛上天」的詩句還在嗎？表
兄弟回答：「此句知兄最惜，不敢輒偷。」[36]類似楊衡表兄弟竊取別人詩文的做
法屢見史載，曾慥《類說》卷十一引《芝田錄》記載：「盧君出牧衢州，有一
士投贄。公開卷，閱其文十篇皆公所制也，密語曰：『非秀才之文。』對曰：『某
苦心夏課，知已不一，非假手也。』公曰：『此某所為文，兼能暗誦否？』客詞窮，
吐實曰：『得此文，無名姓，不知是員外撰述。』惶懼欲去。公曰：『此雖某
所制，亦不示人，秀才但有之。』留連厚恤。比去，問其所之，曰：『汴州梁
尚書也，是某親丈人，須住旬日。』公曰：『大樑尚書乃親表，與君若是內戚，
即某與君合是至親。此說想又妄耳。』其人戰灼若無所容。公曰：『不必如此。
前時惡文及大樑親表，一時奉獻。』」[37]類似情節的故事還見載於《大唐新語》
之〈李生借親戚〉條、《唐詩紀事》卷四十七〈李播〉條和《唐語林》卷七〈補
遺〉條，說明是時舉子竊取文卷已成風氣，以至成為人們茶餘飯後的談資了。

　　二是關節請托。唐代舉子在考試前往往要打通關節，請托權要，有的是公
開進行的，如《封氏聞見記》卷三〈貢舉〉條記載：「元宗時，士子殷盛，每
歲進士至省者常不減千餘人。在館諸生更相造詣，互結朋黨以相漁奪，號之為
『棚』，推聲望者為『棚頭』。權門貴戚，無不走謁，以此熒惑主司視聽。」[38]
更多的則是私下交易，如《冊府元龜》卷六五一〈貢舉部〉條記載：「（貞元）
十一年，禮部侍郎呂渭知貢舉，結附戶部侍郎判度支裴延齡。延齡之子操舉進
士，文詞非工，渭擢之登第，為正人嗤鄙。渭連知三舉，後因入閣，遺失請托
文記，遂出為潭州刺史。」[39]這位禮部侍郎如果不遺失「請托文記」，其舞弊的

36　五代‧王定保，《唐摭言》卷二〈爭解元〉，載《唐五代筆記小說大觀》下冊，第
　　1589頁，上海：上海古籍出版社，2000年。

37　宋‧曾慥，《類說》卷十一〈惡文親表一時奉獻〉，第197頁，上海：上海古籍出版
　　社1987年影印《文淵閣四庫全書》本第873冊。

38　唐‧封演，《封氏聞見記》卷三〈貢舉〉，載《學海類編》11函67冊，上海：上海涵芬樓，
　　民國九年。

39　宋‧王欽若等編纂，周勳初等校訂，《冊府元龜》卷六五○〈貢舉部‧謬濫〉，第
　　7511頁，南京：鳳凰出版社，2006年。

情況也許永遠不會為外人所知。

　　唐代科舉舞弊者的請托方式多種多樣，大致說來，有如下幾種：

　　權貴者托以勢。前文已述，唐文宗時裴思謙之所以能夠高中狀元，靠的是大宦官仇士良的關係，主考官高鍇面對炙手可熱的大宦官仇士良的請托無可奈何，惟有屈服。

　　富有者托以財。《新唐書‧宋之問傳》（卷二〇二）記載，宋之問於景龍間遷任考功員外郎，職掌貢舉。先是諂事太平公主，後又攀附安樂公主，因而得罪太平。唐中宗欲起用為中書舍人，「太平發其知貢舉時賕餉狼籍，下遷汴州長史，未行，改越州長史。」[40]《太平廣記》卷三百四十八〈牛生〉條引《會昌解頤錄》云河東牛生自赴舉，經人指點，至京城一酒樓坐定：「有數人少年上樓來，中有一人白衫。坐定，忽曰：『某本只有五百千，今請添至七百千，此外即力不及也。』一人又曰：『進士及第，何惜千緡？』牛生知其貨及第矣，及出揖之，白衫少年即主司之子。生曰：『某以千貫奉郎君，別有二百千奉諸公酒食之費，不煩他議也。』少年許之，果登上第，歷任臺省。」[41]

　　一般的舉子惟能托以才。唐玄宗時王維得以被京兆府推薦為解頭，後又能在省試時一舉得第中狀頭，靠的是其十篇「舊詩清越者」，一曲「琵琶之新聲怨切者」。如果沒有詩篇和音樂聲打動公主，「妙年潔白，風姿都美」的王維在公主眼裡充其量只是個「戲子」而已。中唐時，太學博士吳武陵推薦杜牧，水部郎中張籍推薦朱慶餘以及韓愈等人為多名舉子延譽，看中的都是舉子的才氣。應該說，在法律上托以才是允許的，然而，舉子真正純粹地「托以才」的並不多見，而是往往與「托以貴」或「托以財」緊密地結合在一起的。

　　親故者托以情。唐代出於私人目的，為親戚、故舊、子弟，甚至是為了回報賄賂、結交權勢而推薦考生的記載很常見。僅從《唐語林》一書中就可以找到幾條記載：「李尚書蟻性仁愛，厚於中外親戚，時推為首。嘗為一薄，遍記內外宗族姓名，及其所居郡縣，置於左右。歷官南曹。牧守及選人相知者赴所任，常閱籍以囑之。」[42]「唐尚書特，太和六年，尉渭南，為京兆府試進士官。

40　宋‧歐陽修，《新唐書》卷二〇二〈文藝中‧宋之問傳〉，第 614 頁，上海：上海古籍出版社、上海書店，1986 年。

41　宋‧李昉，《太平廣記》卷三百四十八〈牛生〉，第 2758 頁，北京：中華書局，1961 年。

42　宋‧王讜，《唐語林》卷一〈德行〉，第 21 頁，北京：中華書局，1987 年。

杜丞相悰時為京兆尹，將托親知間等第（原注：時重十人內為等第）。召公從容，兼命茶酒。及語舉人，則趨而下階，俯伏不對。杜公竟不敢言而止。」[43]「令狐綯以姓氏少，宗族有歸投者，多慰薦之。繇是遠近趨走，至有胡氏添『令』者。進士溫庭筠戲為詞曰：『自從元老登庸後，天下諸胡悉帶令。』」[44]

在唐代舉子請托中，最為人所不恥的是托以色。《北夢瑣言》卷四〈祖系圖進士榜〉條記載；「唐進士宇文翃，雖士族子，無文藻，酷愛上科，有女及笄，真國色也。朝之令子弟求之不得。時竇璠年逾耳順，方謀繼室，其兄諫議，叵有氣焰，能為人致登第。翃嫁女與璠，璠為言之元昆，果有所獲。」[45]宇文翃為了自己能進士及第，竟將十幾歲的女兒嫁給了六、七十歲的老翁，手段卑劣，令人不恥，即使在唐代，人亦「甚鄙之」。

三是洩漏考題。在唐代科舉舞弊案中，高宗時考官洩漏考題一案影響較大。據《封氏聞見記》卷三〈貢舉〉條記載：「龍朔中，敕右史董思恭與考功員外郎權原崇同試貢舉。思恭，吳士，泄進士問目，三司推，贓汙狼籍。後於西堂輪次告變，免死除名，流梧州。」[46]也有考官是因私情而泄題的，《唐國史補》卷下記載：「崔元翰為楊崖州所知，欲拜補闕，懇曰：『願得進士』。由此獨步場中，然亦不曉呈試，故先求題目為地。崔敖知之。旭日都堂始開，敖盛氣白侍郎曰：『若試〈白雲起封中賦〉，敖請退。』侍郎為其所中，愕然換其題，是歲二崔俱捷。」[47]此事發生在德宗建中二年（781年），是年禮部侍郎于邵知貢舉。前列董思恭貪贓泄題，身敗名裂，險些送了性命；而于邵因情泄題，卻未見有何處分。《舊唐書·宣宗紀》（卷一八下）還記載了大中九年吏部試宏辭科泄題一事：「三月試宏詞舉人，漏泄題目，為御史臺所劾，侍郎裴諗改國子祭酒，郎中周敬復罰兩月俸料，考試官刑部郎中唐枝出為處州刺史，監察御史馮顓罰一月俸料。其登科十人並落下。」[48]這說明不僅在禮部考試時有洩漏考

43　宋・王讜，《唐語林》卷三〈方正〉，第205頁，北京：中華書局，1987年。

44　宋・王讜，《唐語林》卷七〈補遺〉，第648頁，北京：中華書局，1987年。

45　五代・孫光憲，《北夢瑣言》卷四〈祖系圖進士榜〉，載《唐五代筆記小說大觀》下冊，第1835頁，上海：上海古籍出版社，2000年。

46　唐・封演，《封氏聞見記》卷三〈貢舉〉，載《學海類編》11函67冊，上海：上海涵芬樓，民國九年。

47　唐・李肇，《唐國史補》卷下，載《唐五代筆記小說大觀》上冊，第194頁，上海：上海古籍出版社，2000年。

48　後晉・劉昫，《舊唐書》卷一八下〈宣宗紀〉，第85頁，上海：上海古籍出版社、

題現象，在吏部考試中同樣存在這種舞弊現象。

　　四是權貴把持。在唐代科舉舞弊中，權貴把持科舉現象極為突出，這是唐代科舉區別於後世科舉的一個重要特點。據《資治通鑑》卷二百十六〈天寶十二載〉記載：「國忠子喧舉明經，學業荒陋，不及格。禮部侍郎達奚珣畏國忠權勢，譴其子昭應尉撫先白之。撫伺國忠入朝上馬，趨至馬下，國忠意其子必中選，有喜色。撫曰：『大人白相公，郎君所試，不中程式，然亦未敢落也。』國忠怒曰：『我子何患不富貴，乃令鼠輩相賣！』策馬不顧而去。撫惶遽書白其父曰：『彼恃挾貴勢，令人慘嗟，安可復與論曲直！』遂置喧上第。」[49] 在權傾朝野的宰相楊國忠要脅下，考官無可奈何。不過，楊國忠畢竟還把科舉當成回事，讓楊喧參加了考試，而且參加的是明經科考試，相比之下，宗室李實的做法就毫無道理可言了。德宗貞元年間，李實任京兆府尹，恃寵強愎，為政苛猛，貞元十九年（803 年）禮部侍郎權德輿知貢舉，李實私下向權推薦了舉子，未能如願，於是，他便寫了一份二十人的名單交給主考官，威脅說：「可依此第之；不爾，必出外官，悔無及也。」這就是說，主考官權德輿不僅要錄取名單上的二十人，而且連名次先後也不能變化；如果權德輿不聽話，就要被趕出京城。史載權德輿「雖不從，然頗懼其誣奏」。[50]

　　應該指出的是，科舉考試舞弊活動絕大多數還是在不為人所知道的「地下」進行的，上述羅列的只是我們現在從文獻中能夠看到的一部分，可以肯定地說，實際上存在的舞弊現象比我們羅列的情況多得多，然而僅從羅列的情況來看，我們已經很難得出唐代科舉「弊少」的結論來了。

　　其次，唐代科舉考試的防弊措施亦未見其「疏」，從舉子的資格審核到考試的現場管理乃至及第後的複試檢查，每一個環節上都有相應的防止舞弊的措施，而且，唐代懲治舞弊的做法亦與後世極為相似。

　　一是審核資格。唐代舉子報名參加科舉考試時，地方州府和尚書省的戶部要先後進行資格審查，嚴格「考核資敘郡縣鄉里名籍，父祖官名，內外族姻」，

　　　　上海書店，1986 年。

49　宋・司馬光，《資治通鑑》卷二百十六〈玄宗下〉天寶十二載冬十月戊寅，第 1473 頁，
　　　上海：上海古籍出版社，1987 年。

50　後晉・劉昫，《舊唐書》卷一三五〈李實傳〉，第 450 頁，上海：上海古籍出版社、
　　　上海書店，1986 年。

嚴禁「選人詐冒資蔭」。對於「詐冒資蔭」者，太宗時曾有「敕令自首，不首者死」的規定。[51] 資格審查的規定，不僅有利於保證舉子的推薦品質，而且可以有效地防止冒籍行為，憲宗元和年間，又有強調這項規定的敕令，[52] 為了使資格審查的規定得以落實，文宗開成元年還作出了貢舉人在考試前須「合保」的規定，具體做法是，舉人於禮部納家狀後，五名舉子自相擔保，「其衣冠則以親姻故舊，久同遊處者；其江湖之士，則以封壤接近，素所諳知者為保。」如果有不符合報考條件的人參加考試，而相保之人又「自相隱蔽」，一經糾舉，則同保之人三年不得參加科舉考試。[53] 舉子在進入貢院參加考試時，還須出示有關證件，並接受檢查，杜牧《杜牧全集》卷九〈李府君墓誌銘〉記載了進士李飛不堪忍受檢查之辱，拒絕參加考試而「徑返江東」的故事，[54] 可見當時舉子進貢院檢查的手續應該是比較嚴格。

　　二是限制考官。唐代知貢舉的考官在錄取時有比較大的權限，一般情況下，知貢舉擬定的名單都不會有大的變化，因此，如何限制考官的權力以杜絕舞弊現象的出現，就顯得非常必要。唐代採取的措施主要是：第一，考官鎖院。唐代考官鎖院雖不及後世嚴格，但考官接到任命後入住貢院當是事實。權德輿曾在德宗貞元十八、十九、二十一年三次知貢舉，期間寫過一首〈貢院對雪，以絕句代八行，奉寄崔閣老〉詩：「寓宿春闈歲欲除，嚴風密雪絕雙魚。思君獨步西垣裡，日日含香草詔書。」[55] 貞元十一年禮部侍郎呂渭知貢舉時，亦曾給前任考官寫過一首貢院詩：「獨坐貢闈裡，愁多芳草生。仙翁咋日事，應見此時情。」[56] 第二，當眾評卷。《唐會要》卷七十五〈貢舉上・帖經條例〉記載，玄宗開元二十五年，禮部侍郎姚奕奏准：經義考試「所問明經大義日，須對同舉人考試。應能否共知，取捨無愧，有功者達，可不勉歟！」天寶十一載七月，

51　宋・司馬光，《資治通鑑》卷一百九十二〈太宗上〉貞觀元年春正月己亥，第 1286 頁，上海：上海古籍出版社，1987 年。

52　宋・王溥，《唐會要》卷七十六〈貢舉中・進士〉，第 1634 頁，上海：上海古籍出版社，2006 年。

53　宋・王溥，《唐會要》卷七十六〈貢舉中・進士〉，第 1636 頁，上海：上海古籍出版社，2006 年。

54　唐・杜牧，《杜牧全集》卷九〈李府君墓誌銘〉，第 87 頁，上海：上海古籍出版社，1997 年。

55　清・彭定求，《全唐詩》卷三百二十二，第 1699 頁，石家莊：河北人民出版社，1993 年。

56　清・彭定求，《全唐詩》卷三百七，第 1635 頁，石家莊：河北人民出版社，1993 年。

朝廷又強調了這一規定：「舉人帖及口試，並宜對眾考定，更唱通否。」[57] 由此可見，當眾評卷的目的非常明確，既可以限制考官私下交易，又可以使考生瞭解考場情形。第三，試卷詳覆。唐代科舉考試中，帖經、墨義等客觀題可以當眾評定，詩賦、策文等主觀題則需要考官斟酌批閱，主觀題批閱是否公允，常會引起人們的猜忌，尤其是一些落第的舉子不服主考官的判卷，「率多喧訟」，結夥滋事。[58] 為此，唐代在開元二十五年（737 年）頒布了試卷詳覆的規定：「其應試進士等唱第迄，具所試雜文及策，送中書門下詳覆。」[59] 如果覆核過程中發現有舞弊現象，可以推翻禮部的錄取決定，重新考試錄取，如唐穆宗長慶元年（821 年）禮部侍郎錢徽知貢舉，所取進士三十四人，經王起、白居易等人對其中的十四人進行重試，竟有十人不合格，錢徽為此受到貶職處分。[60] 這樣做，對嚴肅科場紀律，公允錄取考生顯然是有必要的。第四，別頭考試。所謂別頭考試，是指「禮部侍郎掌貢舉，其親故即試於考功」的一種考試規定。唐代在權貴子弟能否參加科舉考試問題上有過爭議，一度時期曾禁止權貴子弟參加考試。別頭考試實際上是一種防止舞弊的方法，旨在限制權貴子弟的特權。

三是立法明示。唐代限制科舉舞弊最有影響的措施，當是在國家法典中明確地為科舉考試立法，規定了有關政策界限，其主要內容是：「凡貢舉非其人者，廢舉者，校試不以實者，皆有罰。」[61] 具體的政策界限是：諸貢舉非其人，及應貢舉而不貢舉者，一人徒一年，二人加一等，罪止徒三年。所謂「貢舉非其人」，是指考生德行乖僻，不如舉狀，而被地方州府和各級學校妄相推薦；所謂「應貢舉而不貢舉」，是指有才堪利用的人才而「蔽而不舉」。上述兩種情況均屬犯法，但處罰尺度有區別：「若使名實乖違，即是不如舉狀，縱使試得及第，亦退而獲罪。如其德行無虧，唯試策不及第，減乖僻者罪二等。率五分得三分及第者，不坐。謂試五得三，試十得六之類，所貢官人皆得免罪。若貢五得二，

57　宋・王溥，《唐會要》卷七十五〈貢舉上・帖經條例〉，第 1631 頁，上海：上海古籍出版社，2006 年。

58　唐・封演，《封氏聞見記》卷三〈貢舉〉，載《學海類編》11 函 67 冊，上海：上海涵芬樓，民國九年。

59　唐・杜佑撰，王文錦等點校，《通典》卷十五〈選舉三〉，第 356 頁，北京：中華書局，1988 年。

60　宋・王欽若等編纂，周勳初等校訂，《冊府元龜》卷六五〇〈貢舉部・條制二〉，第 7399 頁，南京：鳳凰出版社，2006 年。

61　宋・歐陽修，《新唐書》卷四四〈選舉志〉，第 128 頁，上海：上海古籍出版社、上海書店，1986 年。

科三人之罪；貢十得三，科七人之罪。但有一人德行乖僻，不如舉狀，即以乖僻科之。縱使得第者多，並不合共相准折。」[62] 儘管這樣的法律條文在實踐中不一定得到全部實施，但其畢竟對唐代科舉制度的正常實施提供了法律依據和政策支持，在科舉制度的發展史上是有一定積極意義的。

認為唐代科舉「弊少且防弊之法亦疏」的學者，主要通過比較唐代科舉與後世科舉的實施情況而得出結論的，其實，唐代科舉在科舉制度發展史上處於一個比較特殊的過渡階段。唐代科舉的舞弊現象與防弊措施，也與後世有較大的區別。

第一，唐代科舉處於「薦舉制」向「考選制」的過渡時期。唐代取士採名譽，重素望，社會輿論和家族門第是考官決定取捨的主要依據，相比之下，舉子的考試成績卻顯得並不十分重要，這是察舉、九品中正等「薦舉」選人方法的遺風，很多在後世不可想像的舞弊行為，諸如舉子行卷、大臣公薦以及考官通榜等，在唐代都是公開進行的「合法」行為。然而，由「合法」到「違法」只有一步之遙，唐代法律上允許薦舉，但並不允許徇私，如果薦賢者出於公心，如史籍上所記載的顧況為白居易延譽，韓愈推獎程昔範之類，確係佳話；如果薦賢者出於私人目的，為親戚、故舊、子弟，甚至是為了回報賄賂、諂媚權勢而薦舉舉子，則就很難避免舞弊了。同樣的道理，主考官出於什麼動機錄取人才，也直接取決於他是在公正地履行職責，為國家選拔人才，還是在藉機徇私舞弊。事實上，唐代科舉舞弊絕大多數是在「合法」的幌子下進行的「違法交易」。我們不能因為「行卷」、「公薦」和「通榜」等屬於「合法」行為而否認其中客觀存在的舞弊事實，這是我們考察唐代科舉舞弊現象時所應該注意到的問題。

第二，唐代科舉處於「人治」向「法治」的過渡時期。唐代是一個比較重視法制建設的朝代，唐初即參照《隋律》而制訂了《唐律》，高宗永徽年間，長孫無忌等人奉詔撰擬《唐律疏議》，其中關於科舉制度的實施有專門的條文。然而在封建時代，將整個龐大的國家機器納入「法治」的軌道並非易事，科舉的運作決定於人，成文的法規和人際關係雖然都是影響科舉的重要因素，但微妙的人際關係往往能破壞法制而不能達到「以法為治」的效果。以科舉舞弊案件而言，高宗時右史董思恭洩漏考題案，原判死刑，後「告變免死」。仔細閱

62　劉俊義，《唐律疏義箋解》，第 697-698 頁，北京：中華書局，1996 年。

讀這段史料，不難發現高宗、武后對董思恭「百代寒微」的出身問題很重視，《冊府元龜》卷一五二〈帝王部・明罰〉記載了高宗托語董思恭的一段話：「汝是百代寒微，未及倫伍，只如右史，簡英俊為之，為汝薄解文章，所以不次擢授，計應少自勉勵，深荷恩榮，遂敢狼籍取錢，自觸刑網。」[63]《唐語林》卷八〈補遺〉條在記載董案的時候，特別強調了董思恭的籍貫問題，說董是「吳士，輕脫」，頗有輕蔑之意。[64]如若董思恭起家關隴，出身豪族，高宗、武后是否還會置之死地，恐怕就很難說了。同樣是進士試，也同樣是考官洩漏考題，建中二年（781年）的于邵卻未見有何處分，情節不同可能是個原因，因為于邵沒有「髒汙狼籍」；而于邵的父祖皆為高官是不是更主要的原因呢？由此看來，科舉考試中「人治」因素的存在，一方面使得科舉舞弊殊難避免；另一方面又使科舉舞弊的「發案率」大打折扣。這是我們考察唐代科舉舞弊現象時所應該注意的又一個問題。

　　第三，唐代科舉處於「重德行」向「重才學」的過渡時期。科舉考試應注重考生的德行還是注重考生的才學在唐代是有爭議的。考試制度的理想源始於春秋戰國時期的尚賢政治，儒家最早提出了國家要任用賢才、惟德是任的觀念，孔子主張「賢人」的塑造有待於教育的力量，希望透過教育陶冶而培養出成德的「君子」。君子正，天下也就得治，因此，國君和賢人的行為應該為天下的表率，而國君任用輔佐人才也必須以德性出眾為取捨標準。[65]至少在理論上講，選拔人才以德為先的原則在察舉制度、九品中正制度以及科舉制度的創立初期是得到體現的。注重舉子的德行，有利於選拔封建國家所需要的政治統治人才，形成社會品評人才的價值標準和價值取向；但是，過分地強調舉子的德行要求，必然會忽視乃至放棄對舉子的才學等方面的要求，在一定程度上疏忽考試環節的嚴謹，從而滋生舞弊現象，唐代前期科舉考試中防範舞弊的措施，比較多地集中於舉子的資格審核、相互擔保等方面，中後期則逐步提出了親屬迴避、考官鎖院等要求。宋代建立不久，就從科舉考試的所有環節上強化管理，尤其強調「一切以程文為去留」，舉子的才學成了唯一的錄取依據，從此，科舉的道德意義開始喪失，降至明清，朝廷關心的是如何防止舞弊，維持考試的公正，

63　宋・王欽若等編纂，周勳初等校訂，《冊府元龜》卷一五二〈帝王部・明罰〉，第1699頁，南京：鳳凰出版社，2006年。

64　宋・王讜，《唐語林》卷八〈補遺〉，第714頁，北京：中華書局，1987年。

65　劉欽仁，《立國的宏規》，第260頁，臺北：聯經出版事業公司，1982年。

所以對彌封、謄抄、對讀諸事極其講究，而八股格式之日趨嚴格，也是為了使得評分公允。在這種趨勢之下，考試制度的道德意義就完全捐棄了。[66] 唐人判斷科舉考試是否舞弊主要著眼於舉子是否具有應有的道德素質，後世判斷科舉考試是否舞弊則主要著眼於舉子是否具有應有的才學要求，如若我們比較客觀地從道德和才學兩個層面上來觀察唐代的科舉制度，應該不會得出「唐代科舉弊少且防弊之法亦疏」的結論來。

66　劉欽仁，《立國的宏規》，第 288 頁，臺北：聯經出版事業公司，1982 年。

中篇

　　唐代進士科考試一般每年舉行一次，應產生狀元兩百八十人左右，現在所能知道姓名的唐代狀元大約有一百六十餘人，本篇第五、六、七章以明人徐應秋《玉芝堂談薈》、清人徐松《登科記考》等史書所載唐代狀元為研究對象，分別考辨唐代前期、中期和後期進士科狀元的史料來源和身分真偽，第八章簡要分析今人著述中誤載唐代狀元的情形。

第五章　唐代前期進士科狀元考辨

　　唐代前期大致是從唐高祖武德元年（618 年）開始，到唐玄宗天寶十五載（756 年）結束，前後近一百四十年時間。主要在位的皇帝是高祖李淵、太宗李世民、高宗李治、武后、中宗李顯、睿宗李旦以及玄宗李隆基等七位皇帝。唐代前期是封建政治、經濟和文化教育持續發展時期，作為選拔人才的科舉制度也在前代的基礎上不斷發展完善，儘管科舉選士沒有成為唐代前期官吏選拔的主要管道，科舉制度本身也存在諸多不完善之處，[1] 但是，科舉制度強大的生命力開始顯現，至遲到武則天統治時期，科舉考試的影響在社會上就已經形成，科舉出身、尤其是進士科出身開始逐漸受到社會的關注。本章對這一時期的三十七名進士科狀元逐一進行考辨。

一、顏康成

　　唐高宗永徽二年（651 年）進士科狀元。是年進士及第二十五人。

　　顏康成，徐松《登科記考》卷二十七〈附考 • 進士科〉載於科年不詳的進士名單中，周臘生《唐代狀元奇談 • 唐代狀元譜》一書列為唐高宗永徽二年（651 年）進士科狀元，並且認定是「目前所知最早的一位有確切記載的唐代

1　參見吳宗國，〈科舉制與唐代高級官吏的選拔〉，載《北京大學學報》1982 年第一期；張邦煒，〈略論唐代科舉制度的不成熟性〉，載中國唐史學會《唐史學會論文集》，第 225-234 頁，陝西人民出版社，1986 年。

狀元」。[2]

　　雍正《山東通志》卷一五〈選舉一〉記載：「顏康成：曲阜人，狀元，學士。」乾隆《曲阜縣誌》卷四十二〈學校・貢舉〉亦云：「永徽二年：顏康成以進士第一人及第。」同書卷八十九〈鼎甲列傳〉有顏康成事蹟的小傳：「顏康成，父育德，太子通事舍人，司經、校訂書史；祖即思魯也。康成以唐永徽二年進士第一人及第，擢官制科，太子舍人、崇文學士，其所表見不傳。」（乾隆甲申新修《曲阜縣誌》，聖化堂藏板），顏康成未見史載，其祖父顏思魯見於《新唐書・袁朗傳》（卷二〇一），云思魯武德初與房玄齡、虞世南等人同為秦王府記室參軍事，官從六品上。[3]由此可見，顏康成為唐高宗永徽二年進士科狀元說當有所本。

　　關於地方誌資料能否作為考證唐代科舉考試的史料使用，徐松的觀點很鮮明，在其《登科記考》一書的〈凡例〉中指出：「圖經、家乘，例載科目，而近世府廳州縣誌襲謬承訛，動遭指摘。……顏師古《漢書注》云：『私譜之文，出於閭巷，家自為說，事非經典，苟引先賢，妄相假託。』今同斯例，概就刊落。惟見於《永樂大典》所引者，皆宋元舊笈，事有可徵，盡行採錄。」[4]這就是說，徐松《登科記考》所徵引的地方誌書，僅限於宋元時期編著者，明清所修，由於以訛傳訛之處太多，所以除《永樂大典》以外一概不取。徐松用以論證自己觀點的論據中有一條涉及到唐代狀元，「至譜牒之詳，宜推聖胄，然《闕里文獻考》所載元和五年狀元孔敏行、咸通四年狀元孔振、中和三年狀元孔拯，考之傳記，往往牴牾。」[5]當代學者大多肯定徐松的嚴謹態度和做法，如點校《登科記考》的趙守儼認為徐松的這種嚴謹的態度和做法，對於我們今天編選資料，也是值得借鑑的。[6]但並不完全同意徐松的觀點，陳尚君在其〈《登科記考》正補〉一文中認為徐松「態度審慎，但並不科學。文獻傳誤，所在皆有，即使唐人碑誌，亦難必其不誤，關鍵是要仔細考證，去偽存真。明清方志訛誤甚多，

2　周臘生，《唐代狀元奇談・唐代狀元譜》，第 183 頁，北京：紫禁城出版社，2002 年。

3　宋・歐陽修，《新唐書》卷二〇一〈文藝上・袁朗傳〉，第 611 頁，上海：上海古籍出版社、上海書店，1986 年。

4　清・徐松，《登科記考》，〈凡例〉，第 2 頁，北京：中華書局，1984 年。

5　清・徐松，《登科記考》，〈凡例〉，第 2 頁，北京：中華書局，1984 年。

6　清・徐松，《登科記考》趙守儼點校說明，第 4 頁，北京：中華書局，1984 年。

但也保存了不少今已失傳的宋元志的舊文，多有可與史乘相參者」，[7]明嘉靖刊本《休寧涫田程氏宗譜》係據宋時譜牒增修，保存了不少唐代科舉資料，具有很高的史料價值，因而成為陳尚君〈《登科記考》正補〉一文重要的參考文獻。

　　顏康成是否為唐代進士科狀元，在沒有發現新的史料之前，筆者贊同陳尚君、周臘生等學者的觀點，應該確認顏康成的狀元身分。

二、宋守節

　　唐高宗咸亨元年（670 年）進士科狀元。是年進士及第五十四人，可考者有宋守節、杜審言、高瑾、李問政等四人。

　　元人辛文房《唐才子傳》卷一〈杜審言〉條記載：「審言，字必簡，京兆人。預之遠裔。咸亨元年宋守節榜進士，為隰城尉。」[8]所謂「咸亨元年宋守節榜進士」，意即杜審言中進士的年分是高宗咸亨元年（670 年），是科狀元為宋守節。然元釋圓至《箋注唐賢絕句三體詩法》（明廣陵錢元卿刻本）卷十四云：「杜審言，子美之祖，襄陽人，咸亨元年杜易簡榜進士。」明人徐應秋《玉芝堂談薈》卷二〈歷代狀元〉條亦云：「高宗咸亨元年，進士五十四人，狀元杜易簡，」[9]查《舊唐書・杜易簡傳》（卷一九○上），「杜易簡，襄州襄陽人，……登進士第。累轉殿中侍御史，咸亨中為考功員外郎。」[10]《新唐書・杜審言傳》（卷二○一）云：「從祖兄易簡，九歲能屬文，長博學為岑文本所器，擢進士補渭南尉，咸亨初歷殿中侍御史。」後改考功員外郎。[11]高宗咸亨年號凡五年，如若杜易簡為咸亨元年狀元，斷無在咸亨年間任官高至考功員外郎之理。顯然，杜易簡並非是咸亨元年的進士科狀元，而是咸亨年間的知貢舉。因此，徐松《登科記考》卷二總章三年條以《唐才子傳》為據係宋守節為該年狀元。總章三年亦即咸亨元年，《舊唐書・高宗紀》（卷五）云：「（三年）三月甲戌朔，大

7　中國唐代文學學會主編，《唐代文學研究》第四輯，第 294 頁，桂林：廣西師範大學出版社，1993 年。

8　傅璇琮主編，《唐才子傳校箋》第一冊，第 66-67 頁，北京：中華書局，1987 年。

9　明・徐應秋，《玉芝堂談薈》卷二〈歷代狀元〉，第 46 頁，上海：上海古籍出版社 1987 年影印《文淵閣四庫全書》本第 883 冊。

10　後晉・劉昫，《舊唐書》卷一九○上〈文苑上・杜易簡傳〉，第 601 頁，上海：上海古籍出版社、上海書店，1986 年。

11　宋・歐陽修，《新唐書》卷二○一〈文藝上・杜審言傳〉，第 612 頁，上海：上海古籍出版社、上海書店，1986 年。

赦天下，改元為咸亨元年。」[12]

三、弓嗣初

唐高宗咸亨二年（671 年）進士科狀元。

在唐人編選唐代詩歌集中，洺州人高正臣編有《高氏三宴詩集》三卷，該書卷上錄有弓嗣初，作者小傳云：「咸亨進士一人。」[13] 按「一人」前似脫「第」字。宋人計有功《唐詩紀事》卷七記載：「嗣初，咸亨二年第一人登第。」[14]

徐松《登科記考》卷二咸亨二年條云：「不貢舉」，下注「按《唐詩紀事》：『弓嗣初，咸亨二年第一人登第。』『二年』疑四五年之訛。」[15] 徐松謂咸亨二年不貢舉，當本宋末元初人馬端臨所著《文獻通考》卷二十九〈選舉二〉所引《唐登科記總目》。[16]

弓嗣初是否是狀元，是否是唐高宗咸亨二年進士科狀元？要回答這一問題，首先要考證一下咸亨二年是否確實如馬端臨所說的「不貢舉」。岑仲勉在〈登科記考訂補〉一文中指出，《文獻通考》所錄之〈登科記〉，唐人已經屢修，通考之說，未必盡信。如高宗永徽四年，據通考「不貢舉，應制及第三人」。然按《千唐》景龍三年〈雍州美原縣丞王景之墓誌〉則云：「永徽四年，鄉貢進士及第」，似是年固有進士者。[17] 又《唐代墓誌匯編》（垂拱○三四）所載〈大唐故宣州參軍事許君（堅）墓誌並序〉云：「君諱堅，字惟貞，高陽新城人也。……年廿五，本州明經舉，對策高第，授儒林郎。……以調露元年六月廿五日終於私館，春秋卅有三。」[18] 據此可推知許堅登第時間是在咸亨二年，《文獻通考》所云「咸亨二年不貢舉」顯係誤記。既然《文獻通考》所云「咸亨二

---

12 後晉·劉昫，《舊唐書》卷五〈高宗下〉，第 19 頁，上海：上海古籍出版社、上海書店，1986 年。

13 唐·高正臣，《高氏三宴詩集》，第 3 頁，上海：上海古籍出版社 1987 年影印《文淵閣四庫全書》本第 1332 冊。

14 宋·計有功撰，王仲鏞校箋，《唐詩紀事校箋》卷七，第 164 頁，北京：中華書局，2007 年。

15 清·徐松，《登科記考》卷二，第 58 頁，北京：中華書局，1984 年。

16 元·馬端臨，《文獻通考》卷二十九〈選舉二〉，第 277 頁，北京：中華書局，1986 年。

17 岑仲勉，〈登科記考訂補〉，載《歷史語言研究所集刊》第十一冊，第 87 頁，北京：中華書局，1987 年。

18 周紹良主編，《唐代墓誌匯編》垂拱○三四，第 751 頁，上海：上海古籍出版社，1992 年。

年不貢舉」係誤記，則徐松否定弓嗣初是咸亨二年進士科狀元的依據也就不復存在，其推測弓嗣初可能是咸亨四、五年進士科狀元之說更是無從談起。其次，要看弓嗣初有無可能是咸亨二年進士科狀元。唐人林寶《元和姓纂》卷一〈太原弓氏〉條記述弓嗣初家族三代情況時云：「離石公生志和、志宏、志元、彭祖。志宏，陳州刺史，生嗣宗，祠部員外；嗣業，洛州司馬。志元，右金吾將軍、相州刺史、陽國公。彭祖，揚府長史、蒲州刺史、晉陽公，生嗣初、嗣說。嗣初，雍州司功。」[19] 可見太原弓氏乃高門望族，嗣初父輩、兄弟輩中有多人入仕且擔任要職，唐代科舉考試中還存在薦舉制的殘餘，門蔭仍在科舉制內發揮作用，故出身高官重臣家庭的子弟在科舉考試中處於絕對優勢。弓嗣初的家庭背景可以為其提供非常重要的入仕幫助。第三，在清代學者編著的作品中，肯定弓嗣初狀元身分的也大有人在。清代康熙年間刊刻的《全唐詩》卷七十二收錄弓嗣初詩二首，作者小傳云：「弓嗣初，登咸亨二年進士第一人。」[20] 四庫館臣在《四庫全書總目・高氏三宴詩集提要》中云：「弓嗣初、高瑾、周彥暉並曰『咸寧進士』，唐無咸寧號，高宗曾改元咸亨，『寧』字定係『亨』字之誤，茲並為改正云。」[21] 四庫館臣說是。按《唐詩紀事》卷七，《高氏三宴詩集》的時間順序是：「〈上元夜效小庾體詩〉六人，以春字為韻，長孫正隱為序。」「〈晦日宴高氏林亭〉，凡二十一人，皆以華字為韻。陳子昂為序。」「〈晦日重宴〉，八人，皆以池字為韻，周彥暉為之序。」三宴皆是調露二年（680 年）初之事。咸亨、調露是高宗的兩個年號，咸亨年號前後有五年時間（670-674 年），調露年號只有兩年時間（679-680 年）。弓嗣初、高瑾、周彥暉等好友在咸亨年間先後考中進士，幾年後相聚在高氏林亭飲酒吟詩，是唐代文人雅士常見之事。

綜上考述，弓嗣初為唐高宗咸亨二年（671 年）進士科狀元，史有明載，合情合理，應予確認。

弓嗣初家族多人在武則天以周代唐後的永昌元年（689 年）先後被誅殺，據《新唐書・則天皇后紀》（卷四）載，永昌元年八月甲申，殺張光輔、洛州司馬弓嗣業、洛陽令弓嗣明、陝州參軍弓嗣古、流人徐敬真。丁未，殺相州刺

19　唐・林寶，《元和姓纂》卷一，第 521 頁，上海：上海古籍出版社 1987 年影印《文淵閣四庫全書》本第 890 冊。

20　清・彭定求，《全唐詩》卷七十二，第 367 頁，石家莊：河北人民出版社，1993 年。

21　清・紀昀，《四庫全書總目・高氏三宴詩集提要》，第 2 頁，上海：上海古籍出版社 1987 年影印《文淵閣四庫全書》本第 1332 冊。

史弓志元、蒲州刺史弓彭祖、尚方監王令基。[22]

四、程行諶

唐高宗上元元年（674年）進士科狀元。是年進士及第五十七人，重試及第十一人。可考者有程行諶、周彥暉、張守貞、李撝等四人，吏部考功員外郎王方慶知貢舉。

徐松《登科記考》卷二十七〈附考・進士科〉錄作程行謀，考云：「蘇頲〈程行謀神道碑〉：『公名則，字行謀，世以字行。志大好學，首中甲科。初補潞城尉。』」[23]趙守儼點校《登科記考》注云：「（字行謀），原脫『謀』字，據《文苑英華》卷八八九補。又岑仲勉〈讀全唐詩劄記〉據《郎官考》卷十五以為『謀』當作『諶』。」[24]岑說是。《唐尚書省郎官石柱題名考》卷十五〈金部郎中〉、《唐御史臺精舍題名考》卷二〈殿中侍御史兼內供奉〉均作「程行諶」。程行諶「首中甲科」，當是指他中過進士科的狀元，但沒有說明科份。周臘生《唐代狀元譜・唐代狀元奇談》考證云：「據蘇頲碑文，行諶開元十四年卒，年83歲，再設他30來歲奪魁，則為上元元年（674年）甲戌科狀元，而《記考》本年狀元正好空缺。」[25]筆者採納此說。

程行諶，名則，字行諶，世以字行。鄭州（今河南鄭州）人。《全唐文》卷二五八載蘇頲〈御史大夫贈右丞相程行謀神道碑〉云：「曾祖諱慶，隋長子令；祖諱德淹，隋太康令；考諱藥王，皇秋浦令。」進士及第後，程行諶初補潞城尉，後歷任金部郎中、長安令、刑部侍郎兼檢校宋王府長史、揚州大都督府長史、鴻臚卿等職。開元十四年（726年）於洛陽去世，享年八十三歲。[26]諡曰「貞」。[27]

22　宋・歐陽修，《新唐書》卷四〈則天皇后紀〉，第17頁，上海：上海古籍出版社、上海書店，1986年。

23　清・徐松，《登科記考》卷二十七〈附考・進士科〉，第1038頁，北京：中華書局，1984年。

24　清・徐松，《登科記考》卷二十七〈附考・進士科〉，第1038頁，北京：中華書局，1984年。

25　周臘生，《唐代狀元奇談・唐代狀元譜》，第185頁，北京：紫禁城出版社，2002年。

26　清・董誥，《全唐文》卷二五八〈御史大夫贈右丞相程行謀神道碑〉，第2614頁，北京：中華書局影印，1983年。

27　《新唐書》卷一二九〈裴子餘傳〉云：「子餘事繼母以孝聞，補鄠縣尉。時同舍李朝隱、程行諶以文法稱，而子餘以儒顯，或問優劣於長史陳崇業，業答曰：『蘭菊異芳，胡有廢者？』……卒，諡曰孝。時程行諶諡貞。中書令張說歎曰：『二諡可無愧矣！』」見《新唐書》卷一二九〈裴子餘傳〉，上海古籍出版社、上海書店，1986年版第464頁。

五、鄭益

唐高宗上元二年（675 年）進士科狀元。是年進士及第四十五人，可考者有鄭益、沈佺期、宋之問、劉希夷、梁載言、張鷟、陳該、附不疑、魏愨等九人。吏部考功員外郎騫味道知貢舉。

鄭益，滎陽（今河南滎陽）人，元釋圓至《箋注唐賢三體詩法》（明廣陵錢元卿刻本）卷十四云：「沈佺期，字雲卿，相州內黃人。上元二年，鄭益榜進士。」辛文房《唐才子傳》卷一〈沈佺期〉條亦云：「佺期，字雲卿，相州人。上元二年鄭益榜進士。」[28] 同卷〈劉希夷〉條亦載：「希夷，字廷芝，潁川人。上元二年鄭益榜進士。」[29] 雍正《河南通志》卷四十五〈選舉二〉唐進士、乾隆《滎陽縣誌》卷八〈選舉志〉唐進士均載鄭益為唐高宗上元二年（675 年）進士科狀元。徐松《登科記考》卷二據《唐才子傳》係鄭益為上元二年（675 年）進士科狀元。[30]

《新唐書・宰相世系表》（卷七五上）載有兩位鄭益，一為鄭勉之子，一為鄭荃之子。傅璇琮主編的《唐五代人物傳記資料綜合索引》謂「未能確認是否即是一人」。[31] 查《新唐書・宰相世系表》（卷七五上）所載鄭勉之子鄭益的家世為：祖鄭玄縱，千牛長史。父鄭勉，紫微舍人。兄鄭豐，無錫尉。侄（豐子）鄭立言，蕭主簿；鄭立則，左驍衛兵曹參軍。[32] 在時間上，這位鄭益與高宗上元二年及第之狀元鄭益最為接近，有可能即為一人。

六、許旦

唐中宗嗣聖元年（684 年）進士科狀元。是年進士及第十六人，可考者有許旦、陳子昂、康庭芝、鄭繇、郜貞鉉、梁知微等六人。吏部考功員外郎劉奇知貢舉。

辛文房《唐才子傳》卷一〈陳子昂〉條記載：「子昂字伯玉，梓州人。開

28　傅璇琮主編，《唐才子傳校箋》第一冊，第 75 頁，北京：中華書局，1987 年。

29　傅璇琮主編，《唐才子傳校箋》第一冊，第 96-97 頁，北京：中華書局，1987 年。

30　清・徐松，《登科記考》卷二，第 61 頁，北京：中華書局，1984 年。

31　傅璇琮主編，《唐五代人物傳記資料綜合索引》，第 716 頁，北京：中華書局，1982 年。

32　宋・歐陽修，《新唐書》卷七五上〈宰相世系表〉，第 331 頁，上海：上海古籍出版社、上海書店，1986 年。

耀二年許旦榜進士。」[33] 徐松《登科記考》卷二開耀二年〈陳子昂〉條考云：「《永樂大典》引《潼川志》：『陳子昂，文明初舉進士。』」[34] 又趙儋〈故拾遺陳公旌德之碑〉亦云子昂年二十四，文明元年進士，與《才子傳》異。[35] 考碑言射策高第在高宗崩之前，當以《才子傳》為是。盧藏用〈陳子昂別傳〉：「年二十一，始東入咸京，游大學。歷抵群公，都邑靡然屬目矣。由是為遠近所籍甚，以進士對策高第。」[36] 由此可見，陳子昂進士及第年分有歧說，一為開耀二年（682 年），此說為徐松所採納，並以此為據係許旦為是年狀元。一為文明元年（684 年），岑仲勉在〈陳子昂及其文集之事蹟〉一文中針對徐松的觀點反駁說：「按〈碑〉言『文明元年進士』，與諫靈駕入京書自稱『梓州射洪縣草莽臣』及〈塵尾賦〉『甲申歲，天子在洛陽，余始解褐』合。〈碑〉繼云：『其年，高宗崩於洛陽宮，靈駕將西歸於乾陵，公乃獻書闕下』。『年』是專指靈駕入京事，『高宗崩』一句，係靈駕句之引起，舊史常見此等敘法（參拙著《唐史餘瀋》），非謂高宗文明元年乃崩，徐氏不善會其意也。」[37] 實際上，仔細研究一下兩《唐書》的記載，陳子昂之進士登第年也是非常清楚的。《舊唐書‧陳子昂傳》（卷一九〇中）云：「舉進士。會高宗崩，靈駕將還長安，子昂詣闕上書，盛陳東都形勝，可以安置山陵，關中旱儉，靈駕西行不便。……則天召見奇其對，拜麟臺正字。」[38]《新唐書》本傳亦云：「文明初，舉進士。時高宗崩，將遷梓宮長安，於是關中無歲，子昂盛言東都勝塏，可營山陵。……武后奇其才，召見金華殿。子昂貌柔野，少威儀，而占對慷慨，擢麟臺正字。」[39] 可見陳子昂進士登第年應是文明元年，亦即嗣聖元年（684 年），是年狀元許旦也應相應移正。

33 傅璇琮主編，《唐才子傳校箋》第一冊，第 101-103 頁，北京：中華書局，1987 年。

34 清‧徐松，《登科記考》卷二，第 71 頁，北京：中華書局，1984 年。

35 清‧董誥，《全唐文》卷七三二〈大唐劍南東川節度觀察處置等使戶部尚書兼御史大夫梓州刺史鮮于公為故拾遺陳公建旌德之碑〉，第 7548 頁，北京：中華書局影印，1983 年。

36 清‧董誥，《全唐文》卷二三八〈陳子昂別傳〉，第 2412 頁，北京：中華書局影印，1983 年。

37 傅璇琮主編，《唐才子傳校箋》第一冊，第 104 頁，中華書局，1987 年。

38 後晉‧劉昫，《舊唐書》卷一九〇中〈文苑中‧陳子昂傳〉，第 603 頁，上海：上海古籍出版社、上海書店，1986 年。

39 宋‧歐陽修，《新唐書》卷一〇七〈陳子昂傳〉，第 416 頁，上海：上海古籍出版社、上海書店，1986 年。

　　按許旦，《登科記考》卷二開耀二年（682 年）進士科引《唐才子傳》作許旦，孫映逵《唐才子傳校注》卷一〈陳子昂〉條考證云：「《佚存》本『旦』作『且』，形近致訛。」[40]

七、吳師道

　　武則天垂拱元年（685 年）進士科狀元。是年進士及第二十七人，可考者有吳師道、顏元孫等兩人。吏部考功員外郎劉奇知貢舉。

　　《唐摭言》卷一〈試雜文〉條記載：「垂拱元年，吳師道等二十七人及第，後敕批云：『略觀其策，並未盡善。若依令式，及第者唯只一人；意欲廣收其材，通三者並許及第。』」[41]

　　按吳師道，一作吳道師。唐林寶《元和姓纂》卷三云：「齊道州別駕（吳）安誕，居鄲縣，五世孫道師，唐吏部侍郎。」[42]《唐尚書省郎官石柱題名考》卷八亦作「道師」。又作吳道古，《太平廣記》卷一百七十八〈試雜文〉條引《唐摭言》云：「垂拱元年，吳道古等二十七人及第。」[43]此處所言吳道古與今本《唐摭言》不同，是版本不同還是傳抄錯誤，亦未可知。《玉芝堂談薈》卷二〈歷代狀元〉條亦云：「垂拱元年，狀元吳道古」。[44]徐松《登科記考》卷二光宅二年（光宅二年即垂拱元年，是年正月丁未改元。見《舊唐書·本紀》）云狀元吳師道，注引《玉芝堂談薈》，亦與今本所言吳道古不同。

　　吳師道進士科狀元及第後，又曾應制舉賢良方正，《文苑英華》卷四八二載有吳師道賢良方正策五道。[45]吳師道仕歷具體情況不詳，從《元和姓纂》、《開元占經》等書記載可知其先後任過吏部司勳員外郎、倉部司勳員外郎、戶部郎中以及銀青光祿大夫檢校祕書監等職，官終正四品上的吏部侍郎。[46]

40　孫映逵，《唐才子傳校注》，第 63 頁，北京：中國社會科學出版社，1991 年。

41　五代·王定保，《唐摭言》卷一〈試雜文〉，載《唐五代筆記小說大觀》下冊，第 1582 頁，上海：上海古籍出版社，2000 年。

42　唐·林寶，《元和姓纂》卷三，第 562 頁，上海：上海古籍出版社 1987 年影印《文淵閣四庫全書》本第 890 冊。

43　宋·李昉，《太平廣記》卷一百七十八〈試雜文〉，第 1324 頁，北京：中華書局，1961 年。

44　明·徐應秋，《玉芝堂談薈》卷二〈歷代狀元〉，第 46 頁，上海：上海古籍出版社 1987 年影印《文淵閣四庫全書》本第 883 冊。

45　宋·李昉，《文苑英華》卷四八二〈策〉，第 2461-2464 頁，北京：中華書局，1966 年。

46　清·勞格、趙鉞，《唐尚書省郎官石柱題名考》卷八〈司勳員外郎〉，月河精舍叢書，

八、陳伯玉

武則天垂拱三年（687 年）進士科狀元。是年進士及第六十五人。

《玉芝堂談薈》卷二〈歷代狀元〉條云：「垂拱三年狀元陳伯玉。」[47]徐松《登科記考》卷三據《玉芝堂談薈》係陳伯玉為垂拱三年（687 年）進士科狀元。[48]

按唐代著名詩人陳子昂，字伯玉。有人以為陳子昂就是垂拱三年進士科狀元，並寫了大段的生平介紹，甚誤。[49]

九、姚仲豫

中宗神龍元年（705 年）進士科狀元。是年進士六十一人，重試及第十二人，可考者有姚仲豫、褚璆、張思鼎、楊相如等四人。吏部考功員外郎崔湜知貢舉。

《淳熙三山志》卷二十六〈人物類一・科名〉條云：「神龍元年，丙午，姚仲豫榜，薛令之，字珍君，長溪人，終左補闕、太子侍讀。」[50]按此處記載有誤，神龍元年為乙巳年（705 年），二年為丙午年（706 年）。《玉芝堂談薈》卷二〈歷代狀元〉條亦載：「神龍元年，進士六十一人，狀元姚仲豫。」[51]

徐松《登科記考》卷四據《淳熙三山志》、《玉芝堂談薈》等書記載係姚仲豫為神龍二年（706 年）進士科狀元，其考證云：「《淳熙三山志》、《玉芝堂談薈》皆載神龍元年。惟《三山志》注明丙午，則『元』為『二』字之訛矣。」[52]

按薛令之確實為神龍二年（706 年）福建長溪籍進士，曾官左補闕、太子

光緒丙戌本。

47　明・徐應秋，《玉芝堂談薈》卷二〈歷代狀元〉，第 46 頁，上海：上海古籍出版社 1987 年影印《文淵閣四庫全書》本第 883 冊。

48　清・徐松，《登科記考》卷三，第 84 頁，北京：中華書局，1984 年。

49　王金中編著，《中國狀元辭典》，第 5-6 頁，香港：香港新世紀出版社，1992 年。順便說一下，王氏此書將徐松《登科記考》一書中列在進士科的第一個人均作狀元對待，實際上很多人都不是狀元而只是進士，參見本書第八章〈今人著述中誤載之唐代狀元〉。

50　宋・梁克家，《淳熙三山志》卷二十六〈人物類一・科名〉，第 350 頁，上海：上海古籍出版社 1987 年影印《文淵閣四庫全書》本第 484 冊。

51　明・徐應秋，《玉芝堂談薈》卷二〈歷代狀元〉，第 46 頁，上海：上海古籍出版社 1987 年影印《文淵閣四庫全書》本第 883 冊。

52　清・徐松，《登科記考》卷四，第 139 頁，北京：中華書局，1984 年。

侍讀，而且有可能是福建歷史上的第一位進士，但姚仲豫卻不是神龍二年進士科的狀元。

　　《太平廣記》卷四百九十四〈薛令之〉條引《閩川名士傳》云：「神龍二年，閩長溪人薛令之登第。」[53]《唐摭言》卷十五〈閩中進士〉條云：「薛令之，閩中長溪人，神龍二年及第，累遷左庶子。」[54] 宋人王讜《唐語林》卷五〈補遺〉條云：「薛令之，閩之長溪人，神龍二年，趙彥昭下進士及第，後為左補闕兼太子侍講。」[55] 計有功《唐詩紀事》卷二十、《輿地紀勝》卷一二八〈福建路·福州·人物〉等書記載相同。薛令之早於貞元八年（792年）進士科登第的歐陽詹，由於韓愈〈歐陽生哀辭並序〉一文中有「閩越之人舉進士繇詹始」的說法，後世因之，以致產生了誰是福建歷史上第一位進士的疑問。《韓詩五百家注》云：歐陽詹字行周，泉州晉江人，退之同年進士。「此言閩人舉進士，自詹始，及觀林蘊〈泉山銘敘〉，則謂閩川貞元以前，未有文進者也，因廉使李邲公錡興啟庠序，請獨孤常州及為記，中有辭云：『縵胡之纓，化為青衿。』其兄藻與友歐陽詹，繼登正第，以其年考之，則藻之登第，又在詹之前。然長溪薛令之以中宗神龍二年擢第，則又在藻之前矣。退之謂由詹始，豈考之未詳耶？」[56] 由此可見，唐中宗神龍二年（706年）及第的長溪籍進士薛令之確實是福建歷史上第一位進士。然考諸史實，姚仲豫卻不是神龍二年進士科的狀元，清龔嘉俊等主修《杭州府志》（乾隆刊本）卷一〇七〈選舉志〉一「唐制科」引《唐登科記》云：「神龍二年才膺管樂科：褚璆，錢塘人。元年進士，禮部員外郎。」同卷〈唐進士〉亦云：「神龍元年乙巳姚仲豫榜：褚璆，見制科。《康熙志》列開元十三年，《乾隆志》據《唐登科記》更正。」此言「神龍元年乙巳姚仲豫榜」乃據《唐登科記》而定，應當可信。徐松亦注意到《淳熙三山志》、《玉芝堂談薈》皆載為神龍元年。但僅以《三山志》注明丙午，就認定「元」為「二」字之訛誤，遽移姚仲豫為神龍二年丙午榜，似嫌武斷。

53　宋·李昉，《太平廣記》卷四百九十四〈薛令之〉，第4059頁，北京：中華書局，1961年。

54　五代·王定保，《唐摭言》卷十五〈閩中進士〉，載《唐五代筆記小說大觀》下冊，第1707頁，上海：上海古籍出版社，2000年。

55　宋·王讜，《唐語林》卷五〈補遺〉，第451頁，上海：上海古籍出版社，1987年。

56　唐·韓愈，《韓昌黎全集》卷二十二〈哀辭·祭文一〉，第309頁，北京：中國書店，1991年。

　　唐中宗神龍元年（705 年）進士科人數，宋末元初人馬端臨《文獻通考》卷二十九〈選舉二〉引《唐登科記總目》云「進士六十一人，重試及第十二人」。[57] 對此記載，後人理解不一，明人徐應秋《玉芝堂談薈》理解為進士及第六十一人，其中含有對全部或部分及第者進行重試又錄取的十二人，總人數就是六十一人。[58] 今人蕭源錦編著的《狀元史話》理解為原先進士及第六十一人，對落第者再重試，又錄取十二人，總人數就是七十三人。[59] 實際上，還有兩種理解，一種是原先進士及第六十一人，對所有及第者進行重試，結果十二人及第，總人數只有十二人。另一種理解是原先進士及第六十一人，對部分及第者進行重試，其中有十二人及第。若部分及第重試者的人數已經知道，是年進士錄取總數很容易確定；若部分及第重試者的人數不能知道，則錄取總數就是一個難以確定的數字。這類問題源在唐人登科錄中的記載，今人研究科舉制度時大多根據自己的理解來認定，故而是眾說紛紜。實際上，如果對《文獻通考》所引《唐登科記總目》中類似記載進行研究，不難發現唐人登科錄記載進士及第人數的一般寫法。為了便於說明問題，現選擇具有代表性的三次重試情況加以分析：

　　唐高宗上元元年（674 年），是年進士五十七人，重試及第十一人。《唐摭言》卷一〈鄉貢〉條記載：「咸亨五年，七世伯祖鸞臺鳳閣龍石白水公，時任考功員外郎下覆試十一人，內張守貞一人鄉貢。」[60] 王定保此處所言「下覆試十一人」與《唐登科記總目》所言「重試及第十一人」完全相同，然而這一年究竟有多少人進士及第，兩書均未說明。《唐登科記總目》中有關「重試」情況的類似記載還有高宗「開耀二年進士五十五人，重試及第十一人」，《唐摭言》卷一〈鄉貢〉條則云：「開耀二年，劉思立下五十一人，內雍思泰一人（鄉貢）。」[61] 如果兩書記載不誤，則可以推測開耀二年（682 年）原錄進士五十五人，對部分及第進士進行重試，錄取十一人，是年實際錄取進士五十一人。由此可見，要瞭解「重試及第」的確切涵義，或者說要知道這一年究竟有多少人進士

57　元・馬端臨，《文獻通考》卷二十九〈選舉二〉，第 277 頁，北京：中華書局，1986 年。

58　明・徐應秋，《玉芝堂談薈》卷二〈歷代狀元〉，第 46 頁，上海：上海古籍出版社 1987 年影印《文淵閣四庫全書》本第 883 冊。

59　蕭源錦，《狀元史話》，第 60 頁，重慶：重慶出版社，1992 年。

60　五代・王定保，《唐摭言》卷一〈鄉貢〉，載《唐五代筆記小說大觀》下冊，第 1581 頁，上海：上海古籍出版社，2000 年。

61　五代・王定保，《唐摭言》卷一〈鄉貢〉，載《唐五代筆記小說大觀》下冊，第 1581 頁，上海：上海古籍出版社，2000 年。

及第，關鍵是要弄清楚該年參加覆試的是全部及第進士還是部分及第進士？如若是部分及第進士，具體有多少人？在沒有充分的史料說明上述兩個問題的情況下，要把上元元年、開耀二年等年分的及第進士人數說清楚是不大可能的。

　　唐穆宗長慶元年（821 年），是年進士三十三人，駁下十人，重試十四人，諸科三十八人。按《唐摭言》卷十四〈主司失意〉條記載：「長慶元年二月十七日，侍郎錢徽下三十三人，三月二十三日重試落第十人，徽貶江州刺史。」[62]《冊府元龜》卷六四〇〈貢舉部・條制二〉云：「穆宗長慶元年三月敕：『今年禮部侍郎錢徽下進士及第鄭朗等一十四人，重試聞奏。』四月詔曰：『……孔溫業、趙存約、竇洵直所試粗通，與及第，盧公亮等十人並落下』。」[63]《舊唐書・錢徽傳》（卷一六八）記載略詳：「（段）文昌赴鎮，辭日內殿面奏，言徽所放進士鄭朗等十四人，皆子弟藝薄，不當在選中。穆宗以其事訪於學士元稹、李紳二人，對與文昌同。遂命中書舍人王起、主客郎中知制誥白居易於子亭重試。內出題目〈孤竹管賦〉、〈鳥散餘花落詩〉，而十人不中選。詔曰：『……孔溫業、趙存約、竇洵直所試粗通，與及第。裴譔特賜及第。鄭朗等十人並落下』。」[64]此外，《唐會要》卷七十六、《舊唐書・穆宗紀》等書記載大致相同，可見，《文獻通考》所引《唐登科記總目》「（穆宗長慶元年）進士三十三人，駁下十人，重試十四人」內容不誤，次序稍紊，應作：「進士三十三人，重試十四人，駁下十人。」該年重試的對象是部分及第進士（十四人），實際及第人數應是未參加重試的十九人，再加上重試錄取的三人，特賜及第一人，合計二十三人。

　　唐昭宗乾寧二年（895 年），是年進士二十五人，重放一十五人，落下十人，諸科三人。按《容齋四筆》卷六〈乾寧覆試進士〉條云：「唐昭宗乾寧二年試進士，刑部尚書崔凝下二十五人，放榜後宣詔翰林學士陸扆、祕書監馮渥入內，各贈衣一副及毯被，於武德殿前覆試，但放十五人。自狀頭張貽範以下重落，其六人許再入舉場，四人所試最下，不許再入。蘇楷其一也，……崔凝坐貶合

62　五代・王定保，《唐摭言》卷十四〈主司失意〉，載《唐五代筆記小說大觀》下冊，第 1699 頁，上海：上海古籍出版社，2000 年。

63　宋・王欽若等編纂，周勛初等校訂，《冊府元龜》卷六四〇〈貢舉部・條制二〉，第 7399 頁，南京：鳳凰出版社，2006 年。

64　後晉・劉昫，《舊唐書》卷一六八〈錢徽傳〉，第 528 頁，上海：上海古籍出版社、上海書店，1986 年。

州刺史。」[65]《舊唐書・哀帝紀》（卷二十）云：「（蘇）楷，尚書循之子，凡劣無藝。乾寧二年應進士登第，後物論以為濫，昭宗命翰林學士陸扆、祕書監馮渥覆試黜落，永不許入舉場。……楷目不知書，手僅能執筆。」[66]王貞白〈御試後進詩〉亦云：「三時賜食天廚近，再宿偷吟禁漏清。二十五家齊拔宅，人間已寫上升名。」注云：「是年初放二十五人，後覆汰止放十五人也。」[67]該年重試的對象是全部及第的二十五名進士，因而重試錄取的十五人就是該年實際錄取的進士人數。

綜上，唐代進士科舉考試中的所謂重試，就是基於某種特殊的原因，對所有及第進士（或者部分及第進士）進行重新考試，並按照考試的實際情況重新錄取的一種做法。如果是對所有的及第進士進行重試，則重試錄取的人數就是該年進士科考試實際及第的人數，如唐昭宗乾寧二年（895 年）的進士科考試。如果是對部分及第進士進行重試，則重試錄取的人數加上未參加重試的及第進士人數就是該年進士科考試實際及第的人數，如唐穆宗長慶元年（821 年）的進士科考試。而如果無法確知重試對象是全部及第進士還是部分及第進士，則該年的進士及第人數就很難確定，如唐高宗上元元年（674 年）的進士科考試。《唐登科記總目》所言唐中宗神龍元年（705 年）「進士六十一人，重試及第十二人」，也應作如是理解，確定是年進士及第的人數還需要找尋新的佐證史料，遽言該年進士及第六十一人或者進士及第七十三人，都是不很穩妥的。

十、常無名

唐玄宗開元元年（713 年）進士科狀元。是年進士七十一人，重奏六人，可考者有常無名、張子容、王灣、程南銳、趙子卿、趙自勵、梁獻、李日用、昔安仁、韋洽等十人。房光庭知貢舉。

《全唐文》卷四二〇載有常袞〈叔父故禮部員外郎墓誌銘〉，銘文云：常無名，河內溫人，既冠，進士擢第。其年拔萃登科。[68]常無名進士及第年分，史

65　宋・洪邁，《容齋四筆》卷六〈乾寧覆試進士〉，第 710 頁，上海：上海古籍出版社 1987 年影印《文淵閣四庫全書》本第 851 冊。

66　後晉・劉昫，《舊唐書》卷二〇下〈哀帝紀〉，第 107 頁，上海：上海古籍出版社、上海書店，1986 年。

67　清・彭定求，《全唐詩》卷七百一，第 3782 頁，石家莊：河北人民出版社，1993 年。

68　清・董誥，《全唐文》卷四二〇〈叔父故禮部員外郎墓誌銘〉，第 4293 頁，北京：中華書局影印，1983 年。

書記載不一。元辛文房《唐才子傳》卷一〈張子容〉條云：「子容，襄陽人。開元元年常無名榜進士。」[69] 同卷〈王灣〉條亦云：「灣，開元十一年常無名榜進士。」[70] 按開元元年即先天二年，是年十二月庚寅朔改元，宋計有功《唐詩紀事》卷二十三〈張子容〉條即云「子容乃先天二年進士」。[71] 張子容、王灣和常無名三人同年，是知常無名的進士及第年分應為開元元年（或云先天二年），即西元 713 年。然清人徐松在其《登科記考》卷五景雲三年進士常無名下考云：「狀元。《唐才子傳》以開元元年為常無名榜。考常袞〈叔父故禮部員外郎墓誌銘〉云：『諱無名，河內溫人。既冠，進士擢第。其年拔萃登科。』按拔萃科即此年之手筆俊拔、超越流輩科也。是進士擢第在此年。無名卒於天寶三年，年五十六歲。是年二十四歲，故曰既冠。」[72] 徐考依此並係張子容為景雲三年（或云先天元年，即西元 712 年）進士及第，注曰：「今從常無名改在是年。」今人傅璇琮箋注《唐才子傳》卷一〈張子容〉條時亦採徐說，並云：「按據《冊府元龜》、《唐會要》所載，常無名乃為先天元年制舉手筆俊拔超越流輩科登科，據常袞所作墓誌銘，常無名之制科與進士科為同年，則其進士登科即應在先天元年。……徐《考》說是，子容之進士登第年應移前一年在先天元年。」[73] 由此可見，徐松《登科記考》係常無名進士及第年分的主要依據是《冊府元龜》、《唐會要》等書記載的常無名中制舉手筆俊拔超越流輩科的史實。考《冊府元龜》卷六四五〈貢舉部‧科目〉條：「玄宗先天元年十二月，制令京文武官及朝集使五品以上，各舉堪充將帥者一人，又有……手筆俊拔超越流輩科。」[74] 確言常無名制舉登科在先天元年。然《唐會要》卷七十六〈貢舉中〉條明言，常無名（無名作無咎）中先天二年手筆俊拔超越流輩科。[75]《容齋續筆》卷十二〈唐制舉科

69　傅璇琮主編，《唐才子傳校箋》第一冊，第 156-157 頁，北京：中華書局，1987 年。

70　傅璇琮主編，《唐才子傳校箋》第一冊，第 189 頁，北京：中華書局，1987 年，注：此處云王灣開元十一年進士及第，誤。《文淵閣四庫全書》本《唐才子傳》即作元年，又，《唐才子傳校箋》本有考證，見第一冊第 189 頁。

71　宋‧計有功撰，王仲鏞校箋，《唐詩紀事校箋》卷二十三，第 606 頁，北京：中華書局，2007 年。

72　清‧徐松，《登科記考》卷五，第 157 頁，北京：中華書局，1984 年。

73　傅璇琮主編，《唐才子傳校箋》第一冊，第 157 頁，北京：中華書局，1987 年。

74　宋‧王欽若等編纂，周勳初等校訂，《冊府元龜》卷六四五〈貢舉部‧科目〉，第 7445 頁，南京：鳳凰出版社，2006 年。

75　宋‧王溥，《唐會要》卷七十六〈貢舉中‧制科舉〉，第 1643 頁，上海：上海古籍出版社，2006 年。

目〉條引《登科記》錄先天元年九月詔宣勞使所舉諸科九人，亦無手筆俊拔超越流輩科。[76] 聯繫《唐詩紀事》、《唐才子傳》諸書記載，疑《冊府元龜》所載「先天元年」為「先天二年」之誤；即使《冊府元龜》所載不誤，徐松單以《冊府元龜》所載為是，亦難令人信服。陳尚君在《唐才子傳校箋》第五冊補正中云：「《文苑英華》卷一八一〈省試詩〉有張子容及缺名者的〈長安早春〉詩，即是年試。先天二年即開元元年，此年十二月改元。《登科記考》卷五謂子容先天元年及第，未允。」[77] 陳說是，常無名進士及第年分應為開元元年（或云先天二年），即西元 713 年。

　　常無名，河內溫（今河南溫縣）人。《新唐書・宰相世系表》（卷七五下）載常無名出新豐常氏，曾祖常緒，咸安令。祖常毅，杞王府司馬。父常楚珪，雍王府文學。常無名兄弟四人，分別是常無名，禮部員外郎；常無為，三原丞；常無欲，未載官職；常無求，右補闕。常無名四子，分別是常著，侍御史；常曾，弘農令；常普，戶部郎中；常魯，渭南尉。[78]

　　考常袞〈叔父故禮部員外郎墓誌銘〉：「賓客諱無名，字某，河內溫人也。曾祖渠州咸安令諱緒。王父杞王司馬諱毅，皇考慶王文學諱楚珪。……府君即文學之第三子。……長子侍御史著。……次子宏農縣令曾。叔子大理評事普。季子渭南尉魯。」[79] 比較《新唐書・宰相世系表》不難發現，兩書記載常無名之父常楚珪官職不同，《墓誌》載為慶王府文學，《新表》載為雍王府文學；兩書記載常無名兄弟排行亦不同，《墓誌》載常無名是常楚珪第三子，《新表》載為長子。常袞乃常無名親姪，天寶十四載進士科狀元及第，先後在代宗、德宗兩朝為相，其所作常無名之墓誌銘，是考察常氏家族和常無名生平事蹟的第一手資料，應當可信；尤其是《墓誌》中關於常無名是常楚珪第三子的說法，更沒有理由懷疑。至於常無名兄弟四人的排行，宋樂史《廣卓異記》卷十九〈兄弟四人進士及第〉條引自唐《登科記》的一則記載亦云：「右按《登科記》，

76　宋・洪邁，《容齋續筆》卷十二〈唐制舉科目〉，第 497 頁，上海：上海古籍出版社 1987 年影印《文淵閣四庫全書》本第 851 冊。

77　傅璇琮主編，《唐才子傳校箋》第五冊，第 26 頁，北京：中華書局，1995 年。

78　宋・歐陽修，《新唐書》卷七五下〈宰相世系表〉，第 337 頁，上海：上海古籍出版社、上海書店，1986 年。

79　清・董誥，《全唐文》卷四二〇〈叔父故禮部員外郎墓誌銘〉，第 4293-4294 頁，北京：中華書局影印，1983 年。

常無欲並弟無為、無名、無求，皆進士及第。無欲、無名，又拔萃入高等。」[80]

又考清趙鉞、勞格撰《唐尚書省郎官石柱題名考》卷十一〈戶部郎中〉部分未見載無名三子常普，故《墓誌》所載其為大理評事亦當可信。四子常魯則見載〈戶部郎中〉條，疑《新表》誤以為普官。今人岑仲勉《郎官石柱題名新考訂》考訂〈戶部郎中〉條常魯云：「入蕃使判官魯之具官為監察御史，見《會要》九七。盟清水、《舊唐書・吐番傳》及《會要》均作建中四年正月。勞氏疑《新唐書》表將魯與普之名位互倒，是也。」[81]

十一、李昂

唐玄宗開元二年（714 年）進士科狀元。是年進士十七人，可考者有李昂、孫逖、于休烈等三人。吏部考功員外郎王邱知貢舉。

《唐才子傳》卷一〈李昂〉條云：「昂，開元二年王丘下狀元及第。」[82]開元二年進士科考試共錄取十七人，李昂居首。主考官王丘，一作王邱，是尚書省吏部的考功員外郎，《永樂大典》賦字韻注云：「開元二年，王邱員外知貢舉，始有八字韻腳。是年賦〈旗賦〉，以『風日雲野，軍國清蕭』為韻。」[83]《玉芝堂談薈》卷二〈歷代狀元〉條載是年狀元為孫逖，徐松《登科記考》按語云：「按《新・舊書》皆不言逖進士及第，或以《才子傳》有『第一人及第』之語，誤為狀元也。俟考。」[84]《唐才子傳》卷一〈孫逖〉條云：「逖，博州人，……開元二年，舉手筆俊拔、哲人奇士隱淪屠釣及文藻宏麗等科第一人及第。」[85]孫逖「中開元二年進士科狀元」一說無任何佐證，徐松所疑甚是。

李昂狀元的籍貫、家世和官職等情況，《芒洛塚墓遺文》卷中〈大唐故吉州刺史隴西李府君墓誌銘〉有助於我們考證，該墓誌主李昊，乃李昂之仲兄，銘文云：「君諱昊，字守賢，隴西成紀人也。道德有後，模楷相承，蔚能文為世家，茂清閥為士族。曾祖和州刺史綱，大父絳州別駕壽，烈考左羽林衛長上

80　宋・樂史，《廣卓異記》卷十九〈兄弟四人進士及第〉，載《筆記小說大觀》第一冊（合訂第一本），第 263 頁，揚州：江蘇廣陵古籍刻印社，1983 年。

81　岑仲勉，《郎官石柱題名新考訂》（一），第 78 頁，上海：上海古籍出版社，1984 年。

82　傅璇琮主編，《唐才子傳校箋》第一冊，第 161 頁，北京：中華書局，1987 年。

83　清・徐松，《登科記考》卷五，第 172 頁，北京：中華書局，1984 年。

84　清・徐松，《登科記考》卷五，第 172 頁，北京：中華書局，1984 年。

85　傅璇琮主編，《唐才子傳校箋》第一冊，第 165 頁，北京：中華書局，1987 年。

令終。……府君即羽林之第二子也。與季弟考功員外、吏部郎中昂，幼差肩學詩，尋比跡入仕。考功以文詞著稱，而府君兼忠信知名。……至德元年，除黃州刺史，又除吉州刺史。」（羅振玉編，《芒洛塚墓遺文》卷中）這段銘文告訴我們：第一，李昂望出隴西成紀。陳尚君據〈李昊墓誌〉銘辭「長河東直，滑臺孤嶼。世有明德，及於君子。」考證李昊、李昂兄弟為滑臺白馬（今河南滑縣）人。[86] 第二，李昂出身世宦之家，曾祖父李綱官為和州刺史，《新唐書・地理志》載和州為上州，刺史為從三品；祖父李壽官為絳州別駕，絳州為雄州，別駕為從四品下；父親李令終官為左羽林衛長上，《新唐書・職官志》載十六衛長上為從九品下。李昂家族自唐初以來，已呈衰微之勢。第三，李昂與二哥李昊年齡相仿，先後入仕為官，李昂官吏部考功員外郎、考功郎中，李昊官黃州刺史、吉州刺史。

　　李昂官職並不十分顯赫，但他在歷史上卻頗有影響。開元二十四年（736年），李昂以吏部考功員外郎的身分主持科舉考試，因為他對當時考試中出現的「請托」之風十分反感，於是在考試前夕集中考生宣布：「文之美惡，悉知之矣，考校取捨，存乎至公，如有請托於時，求聲於人者，當首落之。」[87] 誰知時間不長，李昂的外舅就來為鄰居李權說情，希望李昂能在錄取時關照。李昂大怒，當著所有考生的面指斥李權文章中的瑕疵，藉以辱之。李權不服，說禮尚往來，來而不往非禮也。拙文的毛病，您已經給我指出來了；您的佳作，我可以談一點看法嗎？李昂說有何不可。李權繼續說「耳臨清渭洗，心向白雲閑」是您的詩句嗎？李昂承認是的。李權說從前唐堯年老力衰，厭倦天下，欲讓位於許由，許由不願意聽這樣的話才跑到河邊去洗耳；現在天子正年富力強，並沒有把天下讓給您，您說「耳臨清渭洗」究竟是什麼意思呢？李昂一時語塞，無言以對。這件考官與考生爭執的事情發生後，朝野上下議論紛紛，不少人認為由考功員外郎（從六品上）主持科場，職位太低，威望不高，於是，唐玄宗決定把科舉考試的主考權由吏部移給禮部，一般由禮部侍郎（正四品下）主持。這是唐代科舉制度發展史上一個很重要的轉捩點。李昂人微言輕，試圖以一己之力改變社會風氣，盡顯文人情態，然其作為一位正直的主考官形象，卻因此

86　傅璇琮主編，《唐才子傳校箋》第五冊，第30-31頁，北京：中華書局，1995年。

87　宋・計有功撰，王仲鏞校箋，《唐詩紀事校箋》卷十七，第457頁，北京：中華書局，2007年。

而永載史冊。

十二、范崇凱

　　唐玄宗開元四年（716年）進士科狀元。是年進士十六人，可考者有范崇凱、薛邕、史翔、李胐、張均等五人。吏部考功員外郎邵昪知貢舉。

　　《玉芝堂談薈》卷二〈歷代狀元〉條云：「（開元）四年，進士十六人，狀元范崇凱。」[88] 徐松《登科記考》卷五以《玉芝堂談薈》為據係范崇凱為開元四年進士科狀元。[89]

　　范崇凱，字金卿，資州內江（今四川內江）人，據南宋祝穆《方輿勝覽》卷六十三〈資州〉條記載：范崇凱「善屬文，明皇命作〈華萼賦〉，入奏為第一。弟元凱。」[90]華萼樓，乃唐玄宗李隆基在長安東郊所築之宮，華萼，語出《詩經・小雅・常棣》「常棣之華，鄂不韡韡；凡今之人，莫如兄弟」之義。華鄂即華萼，唐玄宗開元二年以舊邸為興慶宮，後於宮之西南建樓，其西題為「華萼相輝之樓」，南曰「勤政務本之樓」。登樓可以望見憲、薛、申、歧諸弟邸第。范崇凱、張甫、高蓋等被薦舉的文士游住於此，並以華萼樓為題作賦，其中范崇凱所作之賦最為明皇讚賞，稱之為「天下第一」。范崇凱弟元凱，亦以文才自負，曾有詩云：「洛陽紙價因兄貴，蜀地紅箋因弟貧。南北東西九千里，除兄與弟更無人。」時人稱為「梧岡雙鳳」。

　　范崇凱是否是進士科狀元，曾有人提出質疑，基本依據是范崇凱所作〈華萼樓賦〉雖被唐玄宗讚賞為「天下第一」，但〈華萼樓賦〉不是這一年的進士科考試試題，這個「天下第一」不可能是進士科考試的第一人。當年進士科考試的賦題為〈丹甑賦〉，以「周有豐年」為韻。《文苑英華》卷八六〈賦〉八六〈符瑞〉三載有薛邕、史翔於是年考試所作之《丹甑賦》。[91]明人楊慎在《升庵詩話》誤把〈華萼樓賦〉當作試題，並稱范崇凱為唐代蜀士中首選者，徐應秋羅列歷代狀元時將范崇凱係於開元四年，清人徐松依據《玉芝堂談薈》係范

88　明・徐應秋，《玉芝堂談薈》卷二〈歷代狀元〉，第47頁，上海：上海古籍出版社1987年影印《文淵閣四庫全書》本第883冊。

89　清・徐松，《登科記考》卷五，第184頁，北京：中華書局，1984年。

90　宋・祝穆，《方輿勝覽》卷六十三〈資州・人物・范崇凱〉，第1020頁，上海：上海古籍出版社1987年影印《文淵閣四庫全書》本第471冊。

91　宋・李昉，《文苑英華》卷八六〈賦〉，第390-391頁，北京：中華書局，1966年。

崇凱為狀元，後世方志因之不改。[92] 這裡涉及到兩個問題：一是范崇凱是否以〈華萼樓賦〉得中進士科狀元；二是徐應秋羅列歷代狀元時是否以《升庵詩話》為依據。〈華萼樓賦〉確實不是開元四年進士科考試的試題，而是開元十三年的試題，《玉海》卷一百六十四引《登科記》云：「開元十三年進士試〈華萼樓賦〉。」[93]《文苑英華》卷四九收高蓋、王諲、張甫、陶舉、敬括〈華萼樓賦〉，皆以「〈華萼樓賦〉一首並序」為韻，為同年試。因而范崇凱不可能以〈華萼樓賦〉得中進士科狀元。其次，徐應秋羅列歷代狀元時是否以《升庵詩話》為依據尚待證實，從徐氏所列狀元絕大部分為《文獻通考》等史書所證實來看，其參考的書籍絕對不是一、二個人的文集，以徐氏所載與楊慎的文集所載相同，遽定後者為前者的依據，而且似乎還是唯一的依據，似嫌草率，也難以令人信服。

范崇凱仕歷無考，大詩人李白曾作〈贈范金卿二首〉詩，見《全唐詩》卷一百六十八。從詩中「范宰不買名，弦歌對前楹」可知，范崇凱曾入仕為官，且很有聲名。資州曾立有「四賢堂」，祭祀王褒、范崇凱、李鼎祚、董鈞等四人。（宋・王象之，《輿地紀勝》卷一百五十七〈資州・景物下・四賢堂〉）

十三、王維

唐玄宗開元九年（721 年）進士科狀元。是年進士三十八人，可考者有王維、薛據、寇坅等三人。吏部考功員外郎員嘉靜知貢舉。

王維，太原祁（今山西祁縣）人，後徙家於蒲州（山西永濟），乃唐代著名詩人，然其何年及進士第則有多說：其一，開元元年說。王勳成〈王維進士及第之年及生年新考〉一文認為：「由《集異記》知，王維先天元年為京兆府解頭，時年十九；第二年即開元元年進士及第。由此推算，其生年當為武后延載元年；上元二年卒，享年六十八歲。」[94] 此說與《新唐書・王維傳》（卷二〇二）「王維，開元初，擢進士」的記載一致。[95] 其二，開元五年說。明徐應秋《玉

92　蔡東洲、李勇先，〈巴蜀狀元考〉，載《社會科學研究》，1994 年第四期。

93　宋・王應麟，《玉海》卷一百六十四〈宮室・樓・華萼樓〉，第 286 頁，上海：上海古籍出版社 1987 年影印《文淵閣四庫全書》本第 947 冊。

94　王勳成，〈王維進士及第之年及生年新考〉，載《華中師範大學學報》（人文社會科學版），2001 年第一期。

95　宋・歐陽修，《新唐書》卷二〇二〈文藝中・王維傳〉，第 615 頁，上海：上海古籍出版社、上海書店，1986 年。

芝堂談薈》卷二〈歷代狀元〉條記載：「（開元）五年，進士二十五人，狀元
王維。」[96] 其三，開元九年說。唐姚合《極玄集》卷上云：「王維，字摩詰，河
東人，開元九年進士。」[97]《舊唐書・文苑傳》、《郡齋讀書志》卷四上均謂
王維開元九年進士擢第。其四，開元十九年說。《唐才子傳》卷二〈王維〉條云：
維字摩詰，太原人，「開元十九年狀元及第。」[98]《登科記考》卷七以《唐才子傳》
所載為據係王維於是年狀元，並考證云：「《舊書・文苑傳》：『王維父處廉。
維開元九年進士擢第。』按『九』上脫『十』字。」[99] 按開元元年說雖有一些新
意，但其主要依據是《集異記》卷二〈王維〉條的記載。然眾所周知，《集異記》
是以口頭傳說資料為依據的，其中關於王維通過岐王引見，夤緣公主而得中京
兆府解頭的故事色彩很濃，尤其是將時已任職南康郡別駕的張九皋作為與王維
爭解元的對象，更屬無稽之談。開元五年說係孤證，未知何據。開元十九年說
乃辛文房「一家之言」，徐氏《登科記考》對《唐才子傳》的記載幾乎全部採納，
而對唐宋人的說法卻視而不見，殊難理解。因此，筆者以為學術界已經定論的
開元九年說應該給予肯定。[100]

　　《舊唐書・王維傳》（卷一九〇下）云：「王維字摩詰，太原祁人。父處廉，
終汾州司馬，徙家于蒲，遂為河東人。維開元九年進士擢第，事母崔氏以孝聞。
與弟縉俱有俊才，博學多藝亦齊名，閨門友悌，多士推之。」[101]

　　王維在仕進道路上並不順利，初任太樂丞，即因伶人舞黃獅子事被貶濟州
司倉參軍。開元二十一年改任右拾遺、後遷監察御史。開元二十五年奉使出塞，
在涼州河西節度使兼任判官，開元末年回長安任殿中侍御史，天寶十五載，身
為給事中的王維被安祿山叛軍俘虜，接受偽職。「安史之亂」以後，由於其弟

96　明・徐應秋，《玉芝堂談薈》卷二〈歷代狀元〉，第 47 頁，上海：上海古籍出版社
　　1987 年影印《文淵閣四庫全書》本第 883 冊。

97　唐・姚合，《極玄集》卷上，第 151 頁，上海：上海古籍出版社 1987 年影印《文淵
　　閣四庫全書》本第 1332 冊。

98　傅璇琮主編，《唐才子傳校箋》第一冊，第 290 頁，北京：中華書局，1987 年。

99　清・徐松《登科記考》卷七，第 258 頁，北京：中華書局，1984 年。

100　關於王維進士及第年分，可參見傅璇琮主編《唐才子傳校箋》第一冊（中華書局，
　　1987 年，第 290-291 頁）、陳鐵民《王維新論》（北京師範學院出版社，1990 年，第
　　57-71 頁）和周紹良〈唐才子傳・王維傳箋證〉（《文獻》2002 年第三期，第 52 頁）
　　等論著。

101　後晉・劉昫，《舊唐書》卷一九〇下〈文苑下・王維傳〉，第 607 頁，上海：上海
　　古籍出版社、上海書店，1986 年。

王縉的幫助方得以免受處罰，晚年歷任中書舍人、尚書右丞，世稱「王右丞」。

王維在文學藝術方面很有造詣。在詩詞上，王維是盛唐山水詩派的主要代表人物，與孟浩然合稱「王孟」；畫亦特臻其妙，體涉古今，非繪者之所及也，曾自為詩云：「宿世謬詞客，前身應畫師。」[102] 蘇軾〈書摩詰藍田煙雨圖〉云：「味摩詰之詩，詩中有畫；觀摩詰之畫，畫中有詩。」[103] 音樂行家，演奏琵琶〈鬱輪袍〉，聲調哀切，滿坐動容，當非一般文人所能為。

十四、源少良

唐玄宗開元十一年（723 年）進士科狀元。是年進士三十一人，可考者有源少良、崔顥等兩人。

唐代狀元史料大多失載，現存能夠反映源少良科舉事蹟的是元人的兩則記載，辛文房所撰《唐才子傳》卷一〈崔顥〉條云：「顥，汴州人。開元十一年源少良下及進士第。」[104] 所謂「源少良下及進士第」，意即源少良為開元十一年知貢舉主持科舉考試，錄取了崔顥為這一科的進士，源少良的身分應是吏部考功員外郎。同時代僧人圓至在其《箋注唐賢三體詩法》（明廣陵錢元卿刻本）卷十則云：「崔顥，汴州人。開元十一年源少良榜進士，累官至司勳員外，天寶十三年卒。」所謂「源少良榜進士」，意即源少良為開元十一年進士科狀元，崔顥與源少良同榜及第，源少良的身分應是剛剛及第尚未釋褐入仕的「前鄉貢進士」。辛文房、圓至兩說迥異則必有一誤。

查明人徐應秋《玉芝堂談薈》卷二〈歷代狀元〉條記載：「（開元）十一年，進士三十一人，狀元源少良。」[105] 徐氏所載之開元十一年進士及第人數，與宋末元初人馬端臨《文獻通考》卷二十九〈選舉二〉所引《唐登科記總目》所載相同，當有所本。然清人徐松在撰寫《登科記考》一書時，則以《唐才子傳》為據，否認《玉芝堂談薈》的記載，是書卷七開元十一年進士科〈崔顥〉條下考云：「《唐才子傳》：『崔顥，汴州人。開元十一年源少良下及進士第。』」

102　清・彭定求，《全唐詩》卷一百二十五，第 588 頁，石家莊：河北人民出版社，1993 年。

103　宋・蘇軾等，《蘇氏文集》卷九三，載《三蘇全書・集部》，第 65 頁，北京：語文出版社，2001 年。

104　傅璇琮主編，《唐才子傳校箋》第一冊，第 197 頁，北京：中華書局，1987 年。

105　明・徐應秋，《玉芝堂談薈》卷二〈歷代狀元〉，第 47 頁，上海：上海古籍出版社 1987 年影印《文淵閣四庫全書》本第 883 冊。

又於本年「知貢舉：源少良」下考云：「《玉芝堂談薈》以源少良為是年狀元，誤也。」[106] 由於徐松《登科記考》一書影響很大，後世學者研究唐代科舉制度特別是唐代狀元時，大多以此為據，故現今出版的《狀元大典》、《狀元史話》一類的書籍沒有一本收有源少良的詞條，即使在源少良狀元的故鄉河南，地方誌書亦未見收載。實際上，只要我們留心有關源少良的史料並稍加分析，應該能夠確認源少良的狀元身分，從而給這位狀元以應有的歷史地位。

　　源少良，鄴郡安陽（今河南安陽）人，兩《唐書》無傳，《新唐書‧宰相世系表》（卷七五上），記載源少良祖父源誠心，官洛州司馬；父源匡讚，官國子祭酒；兄源伯良、源幼良，同時記載源少良官為司勳員外郎。[107] 按宋代歐陽修等人撰寫《唐書》之慣例，〈宰相世系表〉所載官職一般即為傳主之最高官職，就是說，源少良官終從六品上的司勳員外郎。清人孫星衍《寰宇訪碑錄》卷三「天竺山監察御史源少良等題名，正書，天寶六載正月。浙江錢塘。」[108] 勞格、趙鉞合撰之《唐尚書省郎官石柱題名考》（月河精舍叢書）卷八記載：「石刻源少良等題名，監察御史源少良、陝縣尉陽陵、此郡太守張守信，天寶六載正月廿三日同遊，杭州摩崖。」《唐御史臺精舍題名考》（月河精舍叢書）卷三又載：「石刻源少良等題名，監察御史源少良、陝縣尉陽陵、此郡太守張守信，天寶六載正月廿三日同遊，浙江錢塘。」三書均載源少良為監察御史，按唐代官制，監察御史為正八品下職事官。又據今人岑仲勉《郎官石柱題名新考訂》考證，源少良約在天寶九載（750 年）前後任司勳員外郎，與同榜進士崔顥相先後。既然源少良天寶六載（747 年）方官正八品下的監察御史，天寶九載（750 年）官從六品上的司勳員外郎，則斷無在二、三十年前的開元十一年（723 年）擔任吏部重要職位考功員外郎之理；退一步講，即使源少良仕途蹭蹬，數十年一直官居六品，《新唐書‧宰相世系表》（卷七五上）也應載其為「考功員外郎」，而無只云「司勳員外郎」之理。辛文房《唐才子傳》卷一關於崔顥為「源少良下及進士第」乃「源少良榜進士及第」之誤甚明。

106　清‧徐松，《登科記考》卷七，第 238 頁，北京：中華書局，1984 年。

107　宋‧歐陽修，《新唐書》卷七五上〈宰相世系表〉，第 335 頁，上海：上海古籍出版社、上海書店，1986 年。

108　清‧孫星衍，《寰宇訪碑錄》卷三，平津館叢書第三函第九冊，嘉慶壬戌雕。

十五、賈季陽

唐玄宗開元十二年（724 年）進士科狀元。是年進士二十一人。可考者有賈季陽、蔡希周、郭湜等三人。

明人徐應秋《玉芝堂談薈》卷二〈歷代狀元〉條云：「（開元）十二年，進士二十一人，狀元賈季陽。」[109] 徐氏所載之開元十二年進士及第人數，與馬端臨《文獻通考》卷二十九引《唐登科記總目》所載相同，當有所本。然徐松《登科記考》則以《唐才子傳》為據，確定杜綰為開元十二年狀元。是書卷七開元十二年進士科〈祖詠〉條下考云：「《唐才子傳》：『祖詠，洛陽人。開元十二年杜綰榜進士。』」又於本年「知貢舉：賈季陽」下考云：「按《玉芝堂談薈》記唐代狀元，每以知貢舉誤為狀頭。此年以賈季陽為狀元，知亦為知貢舉之誤矣。故據以載之，復駁正如此。」[110]

按唐代詩人祖詠〈終南山望餘雪〉一詩膾炙人口，其中進士的經過亦很有戲劇性，宋人錢易《南部新書》「乙」云：「祖詠試〈雪霽望終南〉詩，限六十字。成至四句，納主司。詰之，對曰：『意盡。』」[111] 計有功《唐詩紀事》卷二十〈祖詠〉條亦記此事：「有司試〈終南山望餘雪〉詩，詠賦云：『終南陰嶺秀，積雪浮雲端。林表明霽色，城中增暮寒。』四句即納於有司。或詰之，詠曰：『意盡。』」[112] 祖詠中進士年分史有明載，唐人姚合《極玄集》載祖詠小傳曰：「開元十三年進士。」元釋圓至在其《箋注唐賢三體詩法》（明廣陵錢元卿刻本）卷十四亦云：「祖永，開元十三年杜綰榜進士。」明人高棅《唐詩品匯》、顧應祥《唐詩類鈔》等書均載祖詠為「開元十三年進士」。徐松以元人辛文房《唐才子傳》等襲誤記載為據，否定徐應秋《玉芝堂談薈》關於開元十二年進士科狀元賈季陽的記載，似嫌武斷；尤其是因為《玉芝堂談薈》一書中曾出現過將知貢舉誤為狀頭的事情，便想當然地臆斷賈季陽就是當年的知貢舉，當屬失考。

109　明・徐應秋，《玉芝堂談薈》卷二〈歷代狀元〉，第 47 頁，上海：上海古籍出版社 1987 年影印《文淵閣四庫全書》本第 883 冊。
110　清・徐松，《登科記考》卷七，第 239 頁，北京：中華書局，1984 年。
111　宋・錢易，《南部新書》乙，載《宋元筆記小說大觀》第一冊，第 300 頁，上海：上海古籍出版社，2001 年。
112　宋・計有功撰，王仲鏞校箋，《唐詩紀事校箋》卷二十，第 503 頁，北京：中華書局，2007 年。

十六、杜綰

唐玄宗開元十三年（725 年）進士科狀元。是年進士及第人數未見史載，可考者有杜綰、祖詠、丁仙芝、高蓋、王諲、張甫、陶翼、敬括等八人。吏部考功員外郎趙冬曦知貢舉。

唐人姚合《極玄集》上載祖詠小傳曰：「開元十三年進士。」[113] 元釋圓至在其《箋注唐賢三體詩法》（明廣陵錢元卿刻本）卷十四亦云：「祖永，開元十三年杜綰榜進士。」

杜綰，京兆杜陵（今陝西西安）人，開元十三年進士及第後，又於開元二十三年（735 年）應制舉王霸科。《新唐書・宰相世系表》（卷七二上）載杜綰家世為：曾祖杜瑤。祖杜玄道，左千牛。父杜含章，定州司法參軍。杜綰，官京兆府司錄參軍。兄杜繹。姪（繹子）杜孟寅、杜亞。子杜黃裳。孫（黃裳子）杜勝、杜載。[114] 按《全唐文》卷四九七載有權德輿〈東都留守檢校吏部尚書判東都尚書省事扶風縣伯杜亞神道碑〉云：「公諱亞，字次公。曾祖元道，皇右千牛。王父含章，皇上郡司馬，贈岳州刺史。考繹，皇忻州秀容縣令，贈左散騎常侍。又云公從父弟太子賓客黃裳。」[115] 姓名、世系與《新唐書・宰相世系表》合。同書卷六三一載呂溫〈故河中節度使檢校司空平章事杜公夫人李氏墓誌銘〉云：「夫人趙郡李氏，有子五人，長曰載，河南府功曹參軍；次曰翁歸，前太常寺奉禮郎；次曰寶符，前河南府參軍；次曰義符，宏文館明經。」[116] 又周紹良主編《唐代墓誌匯編》（大中〇五九）載〈唐故文林郎國子助教楊君墓誌銘〉云：「君諱宇，字子麻，弘農華陰人。夫人京兆杜氏，故相國黃裳之孫，復州刺史寶符之女。」[117] 可見《新唐書・宰相世系表》失載杜綰孫（黃裳子）翁歸、寶符、義符三人名。〈唐故京兆杜氏夫人墓誌銘〉云：「夫人曾大父諱含章，

113　唐・姚合，《極玄集》卷上，載《唐人選唐詩》，第 323 頁，上海：上海古籍出版社，1978 年。

114　宋・歐陽修，《新唐書》卷七二上〈宰相世系表〉，第 250 頁，上海：上海古籍出版社、上海書店，1986 年。

115　清・董誥，《全唐文》卷四九七〈唐故東都留守東都汝州防御使銀青光祿大夫檢校吏部尚書判東都尚書省事兼御史大夫上柱國扶風縣開國伯贈太子少傅杜公神道碑銘並序〉，第 5066-5067 頁，北京：中華書局影印，1983 年。

116　清・董誥，《全唐文》卷六三一〈故河中節度使檢校司空平章事杜公夫人李氏墓誌銘〉，第 6365 頁，北京：中華書局影印，1983 年。

117　周紹良主編，《唐代墓誌匯編》大中〇五九，第 2294-2295 頁，上海：上海古籍出版社，1992 年。

任左千牛，累贈鄭州刺史。大父諱縮，任京兆府司錄，累贈尚書左僕射。父諱黃裳，任檢校司空、同中書門下平章事，兼河中、晉、絳、慈、隰等州節度使，累贈太尉。」該墓誌撰者為「朝議郎、前守太子少詹事、上柱國、新野縣開國男，食邑三百戶杜寶符」，乃誌主之弟。[118] 綜上所考，可知杜縮三代世系非常清晰，有多人在朝廷或地方任職，而且從杜縮開始，其家族政治勢力呈上升趨勢，其子黃裳位極人臣為憲宗朝宰相，標誌著京兆杜氏家族進入李唐的核心統治階層。

十七、嚴迪

唐玄宗開元十四年（726年）進士科狀元。是年進士三十一人，可考者有嚴迪、儲光羲、崔國輔、綦毋潛、左光胤等五人。吏部考功員外郎嚴挺之知貢舉。

《唐才子傳》卷一〈儲光羲〉條云：「光羲，兗州人。開元十四年嚴迪榜進士。」[119] 同書卷二記載山陰人崔國輔、荊南人綦毋潛均於開元十四年嚴迪榜進士及第。

嚴迪事蹟未見史載，其子墓文在江蘇省鎮江市出土，為後人研究嚴氏家族提供了十分難得的資料。據《考古》（1985年第二期）所載〈唐故馮翊嚴氏二子權厝墓文〉：「嚴氏子昆曰冗，弟曰房，皇益州新繁縣尉仁楷之曾孫，皇尚書兵部郎中識玄之孫，鄭州長史迪之子。……天寶十年，大人自濟源令黜官，二子隨侍□辰，……十四年，大人承恩移江寧丞。雙旆北遷，遂寄於延陵租坊。……乾元二年歲次已亥。」此文為嚴迪另一子所撰，文中所言「大人」即為嚴迪。據墓文可知嚴氏家族望出馮翊，延陵有租坊。嚴迪祖父嚴仁楷，官新繁縣尉。父親嚴識玄，官兵部郎中。又：嚴迪之父墓誌銘亦有可徵，對其家世背景情況的記載更為詳細，張希迴撰開元六年（718年）正月十四日〈大唐故朝議大夫行尚書兵部郎中上柱國馮翊嚴府君（識玄）墓誌銘並序〉云：「公諱識玄，字識玄，馮翊重泉人也。……曾祖偉，隋以文行見推，舉孝廉，官終高梁縣令。祖弘信，懷才抱器，舉孝廉，皇朝歷雲陽縣主簿、坊州錄事參軍。父仁楷，學業傳家，儒風習祖，才高命舛，仕不得途，皇朝應詔舉授新繁縣尉。……（公）永淳年，以鄉貢進士擢第，又應文藻流譽科舉及第，授襄州安養縣尉。」[120]

118　清・毛鳳枝輯撰，《關中石刻文字新編》卷四〈唐故京兆杜氏夫人墓誌銘〉，杭州：會稽顧燮光金佳石好樓，民國二十四年。

119　傅璇琮主編，《唐才子傳校箋》第一冊，第211-213頁，北京：中華書局，1987年。

120　吳鋼主編，《全唐文補遺》（第三輯），第53頁，西安：三秦出版社，1996年。

按開耀二年（682 年）二月癸未改元永淳，永淳二年（683 年）十二月己酉改元弘道，則墓誌所云「永淳中」當為永淳二年。

嚴迪狀元及第後，曾官鄭州長史、濟源縣令、江寧縣丞等，卒於肅宗乾元二年（759 年）後。

《全唐文》卷四〇三載有嚴迪〈對張侯下綱判〉一文，作者小傳云：「迪，天寶時擢書判拔萃科。」[121]

十八、李嶷

唐玄宗開元十五年（727 年）進士科狀元。是年進士一十九人，可考者有李嶷、王昌齡、常建、杜頵、陸據等五人。吏部考功員外郎嚴挺之知貢舉。

《唐才子傳》卷二〈王昌齡〉條云：「昌齡字少伯，太原人。開元十五年李嶷榜進士，授汜水尉。」[122] 元釋圓至《箋注唐賢三體詩法》（明廣陵錢元卿刻本）卷十五云：「常建，開元十五年李嶷榜進士。」

李嶷，趙郡贊皇（今河北贊皇）人，《全唐文》卷四九六載權德輿〈李公（巽）遺愛碑銘並序〉云：「公字令叔，趙郡贊皇人，曾祖知讓，皇河南府長水主簿。祖承允，皇任朝散大夫、江州別駕。考嶷，皇右武衛錄事參軍，代名文行。為北州冠族。」[123]

《新唐書‧宰相世系表》（卷七二上）載李嶷家世與任職同，惟李嶷父作「承胤」，與上引碑文中「承允」記載不一。[124] 唐芮挺章所編《國秀集》目錄亦云：「右武衛錄事李嶷。」[125] 唐殷璠編《河岳英靈集》卷下評價李嶷〈淮南秋夜呈同僚〉、〈少年行〉等詩時云：「嶷詩鮮潔有規矩，其〈少年行〉三

121　清‧董誥，《全唐文》卷四〇三〈對張侯下綱判〉，第 4127 頁，北京：中華書局影印，1983 年。

122　傅璇琮主編，《唐才子傳校箋》第一冊，第 250-253 頁，北京：中華書局，1987 年。

123　清‧董誥，《全唐文》卷四九六〈大唐湖南都團練觀察處置等使朝散大夫檢校左散騎常侍持節都督潭州諸軍事兼潭州刺史御史中丞雲騎尉賜紫金魚袋李公（巽）遺愛碑銘並序〉，第 5053 頁，北京：中華書局影印，1983 年。

124　宋‧歐陽修，《新唐書》卷七二上〈宰相世系表〉，第 264 頁，上海：上海古籍出版社、上海書店，1986 年。

125　唐‧芮挺章，《國秀集》，載《唐人選唐詩》，第 128 頁，上海：上海古籍出版社，1978 年。

首，詞雖不多，翩翩然佚氣在目也。」[126]「翩翩然佚氣」，《文淵閣四庫全書》所收《河岳英靈集》作「翩翩然俠氣」。[127]

今河南省焦作市西王封鄉西馮村北的一座小山坡處，立有一塊〈李嶷墓碑〉，碑係方座蟠龍首，高 250 釐米，寬 98 釐米，厚 26 釐米，該碑於 1982 年 11 月公布為焦作市文物保護單位。碑文簡略記載了李嶷的生平事蹟。云李嶷為唐代人，官授黃州都督府君曹參軍、簡州長史。此碑文所載李嶷是否就是開元十五年進士科狀元李嶷，尚待史料的證實。[128]

十九、虞咸

唐玄宗開元十六年（728 年）進士科狀元。是年進士二十人，可考者有虞咸、賀蘭進明等兩人。吏部郎中嚴挺之再知貢舉。

《唐才子傳》卷二〈賀蘭進明〉條云：「進明，開元十六年虞咸榜進士及第。」[129]《全唐文》卷四〇〇〈虞咸〉小傳云：「咸，開元時擢書判拔萃科。」[130]

《太平廣記》卷一百〈屈突仲任〉引《紀聞》云：「同官令虞咸頗知名，開元二十三年春往溫縣。」[131] 同官，乃唐代京兆府之屬縣，在今陝西省銅川市。據此可知虞咸狀元及第後曾任同官縣令，在社會上有一定的知名度。

《全唐文》卷四〇〇載有虞咸〈對太室擇嗣判〉一文。[132]

二十、王正卿

唐玄宗開元十七年（729 年）進士科狀元。是年進士二十六人，可考者有王正卿、樊系等兩人。吏部考功員外郎趙不為知貢舉。

《太平廣記》卷二百七十七〈樊系〉引《定命錄》云：「員外郎樊系未應

126 唐・殷璠，《河岳英靈集》卷下，載《唐人選唐詩》，第 113 頁，上海：上海古籍出版社，1978 年。

127 唐・殷璠，《河岳英靈集》卷下，第 60 頁，上海：上海古籍出版社 1987 年影印《文淵閣四庫全書》本第 1332 冊。

128 http://henan.sina.com.cn/tour/tournews/2009-07-13/090016848.html，2021-07-23

129 傅璇琮主編，《唐才子傳校箋》第一冊，第 270 頁，北京：中華書局，1987 年。

130 清・董誥，《全唐文》卷四〇〇，第 4091 頁，北京：中華書局影印，1983 年。

131 宋・李昉，《太平廣記》卷一百〈屈突仲任〉，第 667 頁，北京：中華書局，1961 年。

132 清・董誥，《全唐文》卷四〇〇〈對太室擇嗣判〉，第 4091 頁，北京：中華書局影印，1983 年。

舉前一年，嘗夢及第。榜出，王正卿為榜頭，一榜二十六人。明年方舉，登科之後，果是王正卿為首，人數亦同。」[133] 按《文獻通考》卷二十九〈選舉二〉所引《唐登科記總目》，開元二十九年間，進士及第人數為二十六人的只有開元十七、十八兩年，徐松《登科記考》係王正卿為開元十七年進士科狀元，[134]今從之。

二十一、崔明允

唐玄宗開元十八年（730 年）進士科狀元。是年進士二十六人，可考者有崔明允、陶翰、薛捴等三人。吏部考功員外郎劉日政知貢舉。

《唐才子傳》卷二〈陶翰〉條載：「翰，潤州人。開元十八年崔明允下進士及第。」[135] 徐松《登科記考》卷七據此係崔明允為開元十八年知貢舉。[136] 實際上，據《唐會要》卷七十六〈貢舉中・制科舉〉條記載，崔明允於天寶元年方與顏真卿同為文辭秀逸科登第。[137] 唐代制科舉及第即可授職事官，由《金石萃編》（掃葉山房民國十年石印本）卷八六〈慶唐觀金錄齋頌〉所云「朝議郎、左拾遺內供奉博陵崔明允篆」，天寶二年十月建。知崔於制科及第後被授從八品上的左拾遺，如若崔明允早在開元十八年（730 年）即為從六品上之考功員外郎，則斷無於十二年之後再應制科獲從八品上的左拾遺之理。點校《登科記考》的趙守儼於是年「知貢舉：崔明允」下獻疑云：「崔明允又見卷九天寶元年文詞秀逸科。本年知貢舉疑為進士登第之誤。」[138] 傅璇琮、陶敏均認為「所疑甚是」，「崔明允下」乃「崔明允榜」之誤（見《唐才子傳校箋》一冊第281頁、五冊第 54 頁），惟傅、陶兩位先生將趙守儼先生所疑誤為徐松所疑，當改。

崔明允，博陵安平（今河北安平）人，《新唐書・宰相世系表》（卷七二下）載其家世云：祖父崔誠，官刑部郎中。崔明允，官禮部員外郎。[139]

133　宋・李昉，《太平廣記》卷二百七十七〈獎系〉，第3200頁，北京：中華書局，1961年。

134　清・徐松，《登科記考》卷七，第254頁，北京：中華書局，1984年。

135　傅璇琮主編，《唐才子傳校箋》第一冊，第279-280頁，北京：中華書局，1987年。

136　清・徐松，《登科記考》卷七，第256頁，北京：中華書局，1984年。

137　宋・王溥，《唐會要》卷七十六〈貢舉中・制科舉〉，第1644頁，上海：上海古籍出版社，2006年。

138　清・徐松，《登科記考》卷七，第256頁，北京：中華書局，1984年。

139　宋・歐陽修，《新唐書》卷七二下〈宰相世系表〉，第283頁，上海：上海古籍出版社、上海書店，1986年。

著名詩人岑參曾作〈鞏北秋興，寄崔明允〉詩，見《全唐詩》卷一百九十八。

二十二、徐徵

唐玄宗開元二十一年（733 年）進士科狀元。是年進士二十五人（《玉芝堂談薈》作二十四人），可考者有徐徵、劉眘虛、房安禹、元德秀、王端、閻伯璵、劉長卿等七人。吏部考功員外郎李彭年知貢舉。

《唐才子傳》卷一〈劉眘虛〉條載：「眘虛，崧山人。……開元十一年徐徵榜進士。」[140] 同書卷二〈劉長卿〉條又載：「長卿字文房，河間人。……開元二十一年徐徵榜及第。」[141]《玉芝堂談薈》卷二〈歷代狀元〉則云：「（開元）二十年，進士二十四人，狀元徐徵。」[142] 對此三說，徐松《登科記考》依據《唐才子傳》所載係徐徵為開元二十一年狀元，同時標明《玉芝堂談薈》的記載，但未加考辨。[143] 傅璇琮在《唐才子傳校箋》一書中認為：「《玉芝堂談薈》所載唐歷年狀元姓名，亦間有錯訛，未足為信據。」而《唐才子傳》卷二〈劉長卿〉條關於「長卿，……開元二十一年徐徵榜及第」的記載，則與姚合《極玄集》卷下〈劉長卿〉條、《郡齋讀書志》卷四上別集類和《直齋書錄解題》卷十九詩集類上等書的記載一致，傾向於徐徵為開元二十一年進士科狀元。[144] 此說可從。

徐徵仕歷不詳，兩《唐書》均載其為李林甫構陷致死，《新唐書‧玄宗紀》（卷五）云：天寶五載，「十二月甲戌，殺贊善大夫杜有鄰……左威衛參軍徐徵。」[145]《新唐書‧宰相世系表》（卷七五下）載：「徵，少監。」其父徐有業，未載官職；其子徐漢，字淵寧，水部員外郎。[146] 按此徐徵或另有他人，不太可能是唐代狀元徐徵，因為徐徵為李林甫等人構陷而死時，僅官左威衛參軍，與祕書少監相距甚遠。

140　傅璇琮主編，《唐才子傳校箋》第一冊，第 185-186 頁，北京：中華書局，1987 年。

141　傅璇琮主編，《唐才子傳校箋》第一冊，第 311-313 頁，北京：中華書局，1987 年。

142　明‧徐應秋，《玉芝堂談薈》卷二〈歷代狀元〉，第 47 頁，上海：上海古籍出版社 1987 年影印《文淵閣四庫全書》本第 883 冊。

143　清‧徐松，《登科記考》卷八，第 265 頁，北京：中華書局，1984 年。

144　傅璇琮主編，《唐才子傳校箋》第一冊，第 313 頁，北京：中華書局，1987 年。

145　宋‧歐陽修，《新唐書》卷五〈玄宗紀〉，第 22 頁，上海：上海古籍出版社、上海書店，1986 年。

146　宋‧歐陽修，《新唐書》卷七五下〈宰相世系表〉，第 342 頁，上海：上海古籍出版社、上海書店，1986 年。

二十三、李琚

　　唐玄宗開元二十二年（734 年）進士科狀元。是年進士二十九人，可考者有李琚、張階、韓液、閻防、張茂之、顏真卿、杜鴻漸、郗純、魏績、梁洽、王澄、申堂構、李蒙等十三人。吏部考功員外郎孫逖知貢舉。

　　《廣卓異記》卷十九〈進士狀元卻為宏詞頭〉條引《登科記》云：「右按《登科記》，李琚，開元二十二年進士狀元及第，當年宏詞頭登科。」[147]《唐才子傳》卷二〈閻防〉條亦載：「防，河中人。開元二十二年李琚榜及第。」[148]

　　《唐代墓誌匯編》（天寶一二四）載有〈唐故河南府洛陽縣尉頓丘李公墓誌銘〉，墓誌由前大理寺評事張階作序，洛陽縣尉韓液銘文，洛陽縣尉蔡希寂書寫。序云：「公諱琚，字公珮，以天寶戊子二月乙巳反素復始於東京毓德里私第。自生之歲正月甲乙凡三百廿三甲乙矣。其季於亡六之四而奇五焉。七月丁酉與夫人河東薛氏合葬於洛陽東北原，懷故緩也。公其先漢郎中令敢之後，七代祖宋殿中將軍方叔，門慶大來，生後魏元恭皇后。至皇興中，緣兩漢後父之重，追封頓丘王。王有才子八人，五為王，二為公，一為侯矣。尺一封拜，舉集其家，同日五侯，其榮不大，繇是名其族為頓丘李，亦曰五王李焉。方叔生陳留王誕，誕生度支尚書器哲，哲曾孫尉氏縣令忱，公之大父也。烈考仁偉，無祿早世。公生於衰緒，緇抱而孤，長於昌期，噫鳴遂晚，家在漳鄴，時來洛京，山東大人咸器異之。……側聞雅論，公以筆推雄。洎開元二十二載，尚書考功郎孫公，天下詞伯，噴以〈五庫詩〉備題，候群子之去就。公含毫有得，詞理甚鮮，俾孫公至今道之。其勇於效能忽復兼擅有如是者。遂以鄉貢進士擢第。是冬也，朝廷命天官舉博學宏詞，超絕流輩，利將以大厭詳延之望，而會府高張英詞，必扣長鳴者千計，中俊者六人，公其褒然，益動時聽。明年，授公祕書省校書郎，轉右驍衛倉曹參軍，換河南府洛陽縣尉，視事再歲而終。……則予與公泉今洛陽尉韓液，皆同年擢桂之客，同舍校文之郎。」[149] 由〈李琚墓誌〉可知：李琚望出頓丘，居住在漳鄴，即今河北臨漳縣西南鄴鎮。生於唐武則天證聖元年（695 年），開元二十二年（734 年）以鄉貢進士及第，同年應博

147　宋・樂史，《廣卓異記》卷十九〈進士狀元卻為宏詞頭〉，載《筆記小說大觀》第一冊（合訂第一本），第 264 頁，揚州：江蘇廣陵古籍刻印社，1983 年。
148　傅璇琮主編，《唐才子傳校箋》第一冊，第 345 頁，北京：中華書局，1987 年。
149　周紹良主編，《唐代墓誌匯編》天寶一二四，第 1619-1620 頁，上海：上海古籍出版社，1992 年。

學宏詞科登第。先後任職祕書省校書郎、右驍衛倉曹參軍，天寶七載（748 年）於河南府洛陽縣尉去世，春秋五十有三。張階、韓液與李琚同年進士及第後，又曾同時任職祕書省校書郎。

《全唐文》卷三七七載有李琚〈公孫宏開東閣賦〉，作者小傳云：「琚，頓丘人，開元中進士，官石山令。」[150] 此與〈李琚墓誌〉所載官職不一，未知孰是？

二十四、賈季鄰

唐玄宗開元二十三年（735 年）進士科狀元。是年進士二十七人，可考者有賈季鄰、李頎、蕭穎士、李華、趙驊、李崿、張南容、楊拯、張量、鄒象先、朱□、柳芳、韋牧等十三人。吏部考功員外郎孫逖再任知貢舉。

《唐才子傳》卷二〈李頎〉條載：「頎，東川人。開元二十三年賈季鄰榜進士及第。」[151]《唐詩鼓吹》卷四亦載：「李頎，東川人。開元中賈季鄰榜進士，調新鄉尉。」[152]《登科記考》卷八開元二十三年進士科以《唐才子傳》為據定賈至為開元二十三年進士科狀元。考云：「李華〈三賢論〉：『長樂賈至幼鄰，名重當時。』」[153] 同書卷九天寶十載明經科「賈至」條下注云：「按賈至已於開元二十三年進士及第，此以進士又應明經也。」[154] 實際上，這是徐松疏忽所致，誤將《唐才子傳》上記載的賈季鄰寫成了賈幼鄰，亦即寫成了賈至，然後再將兩個人的事蹟作為一個人來考察，矛盾之處就不可避免了。據《新唐書・賈至傳》（卷一一九）記載，賈至，字幼鄰，擢明經第，解褐單父尉。[155] 唐代人重進士輕明經，素有「三十老明經，五十少進士」之說。康駢《劇談錄》一書所記元積明經及第後拜訪李賀被拒見受辱的故事，雖屬小說家戲言，但卻生動地反映了唐人對明經出身之人的輕視心理。如若賈季鄰進士科狀元及第後再去應

150　清・董誥，《全唐文》卷三七七〈公孫宏開東閣賦〉，第 3830 頁，北京：中華書局影印，1983 年。

151　傅璇琮主編，《唐才子傳校箋》第一冊，第 351-354 頁，北京：中華書局，1987 年。

152　金・元好問，《唐詩鼓吹》卷四，第 435 頁，上海：上海古籍出版社 1987 年影印《文淵閣四庫全書》本第 1365 冊。

153　清・徐松，《登科記考》卷八，第 275 頁，北京：中華書局，1984 年。

154　清・徐松，《登科記考》卷九，第 322 頁，北京：中華書局，1984 年。

155　宋・歐陽修，《新唐書》卷一一九〈賈至傳〉，第 442 頁，上海：上海古籍出版社、上海書店，1986 年。

試明經科，那就等於是「錦襖子上著莎衣」，是一件不可思議的事情；退一步說，即使賈季鄰進士科狀元及第後又去應試明經科，那麼在各種史籍中不可能沒有反映。徐松雖然也注意到了事情很特殊，但未予深究，故有是誤。

賈季鄰祖籍河東臨汾（今山西臨汾），後遷浮陽（今河北滄州市東南），《新唐書·宰相世系表》（卷七五下）載賈季鄰官長安主簿。祖父賈處澄，官涇陽令。父賈玄嶂。兄賈季良，官奉天尉。子賈苕、賈巖。[156]《資治通鑑》卷二百十六天寶十一載三月乙巳有「長安尉賈季鄰」的記載。[157]

二十五、崔曙

唐玄宗開元二十六年（738年）進士科狀元。是年進士二十七人，可考者有崔曙、鄭相如、薛維翰等三人。禮部侍郎姚奕知貢舉。

《直齋書錄解題》卷十九〈詩集類〉上載〈崔曙集〉一卷，唐崔曙撰，開元二十六年進士狀頭。[158]《唐詩紀事》卷二十〈崔曙〉條云：「曙，開元二十六年登進士第。」[159]《登科記考》卷八據此係崔曙為開元二十六年（738年）狀元。[160]

崔曙，一作崔署，《唐才子傳》云為宋州人，然從其〈送薛據之宋州〉中「我生早孤賤，淪落居此州」的詩句來看，宋州非其本貫，而只是因淪落居住此州。唐時宋州屬河南道，即今河南省商丘市。雍正《河南通志》卷四十五〈選舉二〉唐代進士條載崔曙為歸德人，開元二十六年登第。明清時歸德亦為今河南省商丘市。崔曙籍貫可能為定州，即今河北保定。[161]

《封氏聞見記》卷四〈明堂〉云：「開元中，改明堂為聽政殿，頗毀徹，

156　宋·歐陽修，《新唐書》卷七五下〈宰相世系表〉，第338頁，上海：上海古籍出版社、上海書店，1986年。

157　宋·司馬光，《資治通鑑》卷二百十六〈玄宗下〉天寶十一載三月乙巳，第1471頁，上海：上海古籍出版社，1987年。

158　宋·陳振孫，《直齋書錄解題》卷十九〈詩集類〉，第559頁，上海：上海古籍出版社，1987年。

159　宋·計有功撰，王仲鏞校箋，《唐詩紀事校箋》卷二十，第539頁，北京：中華書局，2007年。

160　清·徐松，《登科記考》卷八，第290頁，北京：中華書局，1984年。

161　魏雋如，〈保定的「狀元」、「三元」及其歷史影響〉，載《保定師專學報》2001年第三期。

而宏規不改。頂上金火珠迴出空外，望之赫然。省司試舉人，作〈明堂火珠詩〉，進士崔曙詩最清拔，其詩曰：『正位開重屋，凌空大火珠。夜來雙月滿，曙後一星孤。天淨光微滅，煙生望若無。還知聖明代，國寶在神都。』」[162]《太平廣記》卷一百九十八〈崔曙〉條引《明皇雜錄》云：「唐崔曙應進士舉，作〈明堂火珠〉詩，續有佳句曰：『夜來雙月滿，曙後一星孤。』其言深為工文士推服。」[163]《唐詩紀事》卷二十言崔曙以是詩（〈試明堂火珠詩〉）得名，《文苑英華》卷一八六〈省試七〉亦錄此詩，《唐詩類苑》卷一八七錄此詩題為〈奉試明堂火珠〉。

崔曙狀元及第後，曾任河內（今河南沁陽）縣尉，開元二十七年（739 年）病逝，如其〈明堂火珠詩〉所云「曙後一星孤」，遺下獨女星星。「曙後星孤」成為人死後僅遺孤女之典實。

崔曙工詩，然現存文獻中所見不多，《河岳英靈集》下載其詩六首，《國秀集》卷下載其詩五首。《全唐詩》卷一百五十五錄存其詩十五首編為一卷，《全唐文》卷三五五收其〈瓢賦〉一篇。唐代詩人殷璠評價崔曙詩時云：「曙詩言辭款要，情興悲涼；送別登樓，俱堪下淚。」[164]

二十六、李岑

唐玄宗開元二十七年（739 年）進士科狀元。是年進士二十四人，可考者有李岑、程諫、呂諲、南巨川等四人。禮部侍郎崔翹知貢舉。

《浯田程氏宗譜》卷二載六十五世：「諱元諫祖，字仲幾，開元二十七年侍郎崔翹下擢進士第（注：〈蕢苰賦〉、〈美玉詩〉，狀頭李岑），再遷藍田尉，累遷著作郎、大理司直、越騎都尉、汾州巡官，入為衛尉卿、京兆府尹，終於密州刺史。」[165]此譜提及的狀元李岑，徐松《登科記考》卷九以《文苑英華》為據係為天寶四載進士，似為誤載。

162　唐・封演，《封氏聞見記》卷四〈明堂〉，載《學海類編》11 函 67 冊，上海：上海涵芬樓，民國九年。

163　宋・李昉，《太平廣記》卷一百九十八〈崔曙〉，第 1485 頁，北京：中華書局，1961 年。

164　宋・計有功撰，王仲鏞校箋，《唐詩紀事校箋》卷二十，第 539 頁，北京：中華書局，2007 年。

165　中國唐代文學學會主編，《唐代文學研究》第四輯，第 322 頁，桂林：廣西師範大學出版社，1993 年。

　　《浯田程氏宗譜》所載程元諫進士及第當有所本。《全唐文》卷三七四有
程諫〈蓂莢賦〉、〈對升高判〉文二篇，作者小傳云：「諫字仲幾，休寧人，
靈洗七世孫。開元二十七年進士，再選藍田尉，累遷著作郎、大理司直、汾州
巡官，入為衛尉卿、京兆少尹，終密州刺史。」[166] 按程諫，當即程元諫，《弘
治徽州府志》卷六〈選舉・科第・唐〉亦作「程諫，休寧人，開元二十七年
進士。」《萬姓統譜》卷五十三亦載：「程諫，字仲幾，休寧人，靈洗七世孫。
開元二十七年進士，再選藍田尉，累遷著作郎、大理司直、汾州巡官，入為衛
尉卿、京兆少尹，終密州刺史。所蒞並有政績。」[167] 因此，程譜所載李岑為是
年狀元亦當可信。

　　是年進士科考題能夠證實。《文苑英華》卷八八〈賦〉八八〈符瑞〉五收
有程元諫〈蓂莢賦〉，注云：「以呈瑞聖朝為韻。」呂諲所作同。[168] 又《容齋續筆》
卷十三〈試賦用韻〉條云：「唐以賦取士，而韻數多寡平側次敘，元無定格，
故有三韻者，〈花萼樓〉賦以題為韻是也。有四韻者，〈蓂莢賦〉以『呈瑞聖
朝』……為韻。」[169]

　　唐代有多位李岑，《全唐詩》錄有兩位，卷二百五十二錄有〈東峰亭
各賦一物得棲煙鳥〉詩，作者小傳云：「李岑，天寶、大曆間人。」[170] 卷
二百五十八錄有另一位李岑詩兩首，作者小傳云「天寶中宋州刺史」，[171] 遷升
似亦不致如此之速。李岑曾官工部員外郎，見《文苑英華》卷三九二〈中書制誥〉
賈至制。[172]

二十七、王閱

　　唐玄宗天寶元年（742年）進士科狀元。是年進士二十三人，可考者有王閱、
柳載、趙涓、于益、崔珪璋、李□、李華、許登、盧沼、李挺、王伷等十一人。
禮部侍郎韋陟知貢舉。

166　清・董誥，《全唐文》卷三七四〈蓂莢賦〉，第3804頁，北京：中華書局影印，1983年。
167　明・凌迪知，《萬姓統譜》第一冊，卷五十三，第806頁，成都：巴蜀書社，1995年。
168　宋・李昉，《文苑英華》卷八八〈賦〉，第399頁，北京：中華書局，1966年。
169　宋・洪邁，《容齋續筆》卷十三〈試賦用韻〉，第502-503頁，上海：上海古籍出版
　　社1987年影印《文淵閣四庫全書》本第851冊。
170　清・彭定求，《全唐詩》卷二百五十二，第1338頁，石家莊：河北人民出版社，1993年。
171　清・彭定求，《全唐詩》卷二百五十八，第1357頁，石家莊：河北人民出版社，1993年。
172　宋・李昉，《文苑英華》卷三九二〈中書制誥〉，第1997頁，北京：中華書局，1966年。

《廣卓異記》卷十九〈進士狀元卻為拔萃頭〉條引《登科記》云：「右按《登科記》，王閱，天寶元年進士狀元及第。八年拔萃頭登科。」[173] 是知王閱進士科狀元及第後，又於天寶八載（749 年）應拔萃科登第。

二十八、劉單

唐玄宗天寶二年（743 年）進士科狀元。是年進士二十六人，可考者有劉單、邱為、孟彥深、張謂、喬琳、衛庭訓等六人。禮部侍郎達奚珣知貢舉。

《唐才子傳》卷二〈丘為〉條云：「為，嘉興人。初累舉不第，歸山讀書數年。天寶初，劉單榜進士。」[174] 徐松《登科記考》卷九據此定劉單為天寶二年進士科狀元。按《登科記考》卷一貞觀元年進士條〈敬播〉下考云：「《舊書‧儒學傳》：『敬播，蒲州河東人。貞觀初舉進士。』凡《新‧舊書》言某某初者，皆係於元年下。後仿此。」[175] 此處以「天寶初，劉單榜進士」為據定劉單為天寶二年狀元，似與前說不一。考《登科記考》卷九以〈廣卓異記〉引《登科記》定王閱為天寶元年狀元，以《唐才子傳》之岑參傳中關於「天寶三年趙岳榜第二人及第」定趙岳為天寶三年狀元，三年之中惟天寶二年無以屬，故以劉單歸之，傅璇琮先生認為「似亦可通」。[176]

劉單，兩《唐書》無傳。《元和姓纂》卷五載有禮部侍郎劉單，歧山人。[177]《太平廣記》卷一百七十九〈閻濟美〉條引《乾饌子》云：閻濟美「三舉及第，初舉劉單侍郎下雜文落第，二舉坐王侍郎雜文落第。」[178]《舊唐書‧高仙芝傳》（卷一○四）載劉單曾任安西副都護四鎮都知兵馬使高仙芝之判官，可能是劉單步入仕途的開始。天寶六載九月，高仙芝討小勃律國還，令劉單草告捷書，並遣中使判官王廷芳告捷，時任四鎮節度使的夫蒙靈詧不悅，靈詧曾謂劉單曰：「聞爾能作捷書。」單恐懼請罪。時任右錄事參軍掌書記的岑參有〈武威送劉

173　宋‧樂史，《廣卓異記》卷十九〈進士狀元卻為拔萃頭〉，載《筆記小說大觀》第一冊（合訂第一本），第 264 頁，揚州：江蘇廣陵古籍刻印社，1983 年。

174　傅璇琮主編，《唐才子傳校箋》第一冊，第 375 頁，北京：中華書局，1987 年。

175　清‧徐松，《登科記考》卷一，第 10 頁，北京：中華書局，1984 年。

176　傅璇琮主編，《唐才子傳校箋》第一冊，第 376 頁，北京：中華書局，1987 年。

177　唐‧林寶，《元和姓纂》卷五，第 616 頁，上海：上海古籍出版社 1987 年影印《文淵閣四庫全書》本第 890 冊。

178　宋‧李昉，《太平廣記》卷一百七十九〈閻濟美〉，第 1335 頁，北京：中華書局，1961 年。

單判官赴安西行營，便呈高開府〉詩，其中有「中歲學兵符，不能守文章。功業須及時，立身有行藏」等句。[179] 另有〈武威送劉判官赴磧西行軍〉詩云：「火山五月行人少，看君馬去疾如鳥。都護行營太白西，角聲一動胡天曉。」[180] 杜甫有〈劉少府新畫山水障歌〉詩，注於奉先尉劉單宅作。知劉單曾官奉先尉。《舊唐書・楊炎傳》（卷一一八）云：「元載自作相，常選擇朝士有文學才望者一人，厚遇之，將以代己。初引禮部郎中劉單，單卒，引吏部侍郎薛邕。」[181]《新唐書・楊炎傳》（卷一四五）劉單作「禮部侍郎」，與《元和姓纂》所載同。徐松《登科記考》卷九天寶二年進士科〈劉單〉條下注云：「《元和姓纂》有禮部侍郎劉單，歧山人，當即此人。《舊書・楊炎傳》：『元載自作相，嘗選擇朝士有文學才望者一人，厚遇之，將以代己。初引禮部郎中劉單，單卒，引吏部侍郎薛邕。』恐《姓纂》作『侍郎』誤。」[182] 按前引《太平廣記》有「劉單侍郎下雜文落第」，是知劉單官禮部侍郎當有所本。

二十九、趙岳

　　唐玄宗天寶三載（744年）進士科狀元。是年進士二十九人，可考者有趙岳、岑參、楊賁、喬潭、王伯倫等五人。禮部侍郎達奚珣知貢舉。

　　按天寶三載進士科狀元史載不一，《唐才子傳》卷三〈岑參〉條云：「參，南陽人，文本之後。天寶三年，趙岳榜第二人及第。」[183] 然《玉芝堂談薈》卷二〈歷代狀元〉條云：「（天寶）三年，進士二十九人，狀元羊襲吉。」天寶三載並未分兩都考試，故一科考試不可能出現兩名狀元，上述兩說必有一誤。

　　考「天寶三年趙岳榜」之說當本唐人杜確〈岑嘉州詩集序〉，是書云：「（岑參）天寶三載進士高第，解褐右內率府兵曹參軍。」[184] 宋人晁公武《郡齋讀書志》卷四上別集類《岑參集》十卷條、陳振孫《直齋書錄解題》卷十九詩集類上《岑

179　清・彭定求，《全唐詩》卷一百九十八，第961頁，石家莊：河北人民出版社，1993年。

180　清・彭定求，《全唐詩》卷二百一，第993頁，石家莊：河北人民出版社，1993年。

181　後晉・劉昫，《舊唐書》卷一一八〈楊炎傳〉，第412頁，上海：上海古籍出版社、上海書店，1986年。

182　清・徐松，《登科記考》卷九，第304頁，北京：中華書局，1984年。

183　傅璇琮主編，《唐才子傳校箋》第一冊，第439-440頁，北京：中華書局，1987年。

184　唐・杜確，〈岑嘉州詩集序〉，見《四部叢刊初編》〈岑嘉州詩〉卷首，上海書店1989年3月據商務印書館1926年版重印，第111冊。又見《全唐文》卷四五九，中華書局影印，1983年版第4692頁。

嘉州集》八卷均載岑參為「天寶三載進士」。徐松《登科記考》卷九天寶三載即以《唐才子傳》和〈岑嘉州詩集序〉為據係岑參為天寶三載趙岳榜進士，因與《玉芝堂談薈》不合，徐松懷疑《玉芝堂談薈》所載天寶三年狀元羊襲吉之「三年」為「五年」之誤。[185]

　　《玉芝堂談薈》「天寶三年羊襲吉榜」之說所載進士及第人數，與馬端臨《文獻通考》卷二十九〈選舉二〉引《唐登科記總目》所載相同，當有所本。孫映逵校箋《唐才子傳》一書中〈岑參〉條時亦主此說：「岑參〈初授官題高冠草堂〉詩（見《全唐詩》卷二○○）云：『三十始一命。』依天寶三載（七四四）及第授官之說，向上推其生年為開元三年（七一五）。然與岑參〈秋夕讀書幽興獻兵部李侍郎〉詩（《全唐詩》卷二○一，作於廣德元年，即七六三年秋，詩有『年紀蹉跎四十強』之句）印證，四十九歲而稱『四十強』，難通。疑杜〈序〉『三』為『五』字之訛。晁、陳二志及《才子傳》皆沿襲此誤。岑參當於天寶五載（七四六）趙岳榜及第、授官，其年三十歲，據此推算，其生年為開元五年（七一七）。」[186] 陳尚君在〈岑參傳〉補箋中不同意孫映逵的看法：「箋據岑參〈初授官題高冠草堂〉詩中『三十始一命』之句，推其生年，以為生於開元五年（七一七），及第年則疑為天寶五年（七四六），以合三十之數。今按日本文化廳藏唐寫本《新撰類林鈔》卷四，傳為日僧空海書，有岑參此詩，作『四十始一命』，是其文尚有異說。且古人詩中所述年壽，凡『三十』、『四十』云云，皆取其約數，並非確歲。且唐人及第後，尚須至吏部銓選，方始授官，唐人且有登第多年而未得授官者。故『初授官』與及第未必即同年之事。箋據詩推生年，僅能得其大約之年，復據以疑登第之『三年』為『五年』之誤，似未妥。」[187] 今從之，仍列趙岳為天寶三載狀元。

三十、羊襲吉

　　唐玄宗天寶五載（746 年）進士科狀元。是年進士二十一人，禮部侍郎達奚珣知貢舉。

　　《登科記考》卷九天寶五載進士科「羊襲吉」下考云：「《玉芝堂談薈》

185　清・徐松，《登科記考》卷九，第 312 頁，北京：中華書局，1984 年。
186　傅璇琮主編，《唐才子傳校箋》第一冊，第 441 頁，北京：中華書局，1987 年。
187　傅璇琮主編，《唐才子傳校箋》第五冊，第 80 頁，北京：中華書局，1995 年。

於六年楊護之前，載三年狀元羊襲吉。按三年狀元為趙岳，則『三』字恐『五』字之訛，附此俟考。」[188] 羊襲吉未發現新的資料，仍從之。

三十一、楊護

唐玄宗天寶六載（747年）進士科狀元。是年進士二十三人，可考者有楊護、李澥、石鎮、蔣至、包佶、孫鎣、劉蕡等七人。禮部侍郎李岩知貢舉。

《唐才子傳》卷三〈包佶〉條云：「佶字幼正，天寶六年楊護榜進士。」[189]《玉芝堂談薈》卷二〈歷代狀元〉條亦云：「（天寶）六年，進士二十二人，狀元楊護。」按《談薈》所載是年進士人數與《文獻通考》卷二十九〈選舉二〉引《唐登科記總目》所載不同，徐松《登科記考》卷九天寶六載進士科主《文獻通考》「二十三人」說，按語云：「《玉芝堂談薈》作二十二人。《雲麓漫鈔》：『天寶六年，楊護榜試〈罔兩賦〉。』按《文苑英華》，〈罔兩賦〉以『道德希夷仁美』為韻。」[190]

楊護，華州華陰（今陝西華陰）人，《新唐書・宰相世系表》（卷七一下）載楊護官終水部郎中，其父楊暹，官汾陰令；兄楊譚，官廣州都督。[191]

《舊唐書・代宗紀》（卷一一）載有大曆八年（773年）楊護任殿中侍御史時的一則軼事：「癸未，晉州男子郇謨以麻辮髮，持竹筐及葦席，哭於東市，請進三十字，如不稱旨，請裹屍於席筐。上召見，賜衣館之禁中。內二字曰『監團』，欲去諸道監軍、團練使也。丁亥，貶左巡使、殿中侍御史楊護，以其抑郇謨而不上聞也。」[192] 此事又見載於《舊唐書・元載傳》（卷一一八）所附之〈郇謨傳〉：「（大曆）八年七月，晉州男子郇謨以麻辮髮，持竹筐及葦席，哭於東市，人問其故，對曰：『有三十字請獻於上，若無堪便以竹筐貯屍，棄之於野。』京兆府以聞，上即召見，賜衣館於禁內客省。其獻三十字各論一事，其要者團字監字。團者，請罷諸州團練使；監者，請罷諸道監軍使。殿中御史

188　清・徐松，《登科記考》卷九，第312頁，北京：中華書局，1984年。

189　傅璇琮主編，《唐才子傳校箋》第一冊，第463頁，北京：中華書局，1987年。

190　清・徐松，《登科記考》卷九，第312-313頁，北京：中華書局，1984年。

191　宋・歐陽修，《新唐書》卷七一下〈宰相世系表〉，第243頁，上海：上海古籍出版社、上海書店，1986年。

192　後晉・劉昫，《舊唐書》卷一一〈代宗紀〉，第43頁，上海：上海古籍出版社、上海書店，1986年。

楊護職居左巡，郇謨哭市，護不聞奏。上以為蔽匿，貶連州桂陽縣丞員外置。」[193]

三十二、楊譽

唐玄宗天寶七載（748年）進士科狀元。是年進士二十四人，可考者有楊譽、包何、李嘉祐、權皋、郭珍岑、李棲筠、廖廣等七人。禮部侍郎李岩再知貢舉。

《唐才子傳》卷三〈包何〉條云：「何字幼嗣，潤州延陵人，包融之子也。與弟佶俱以詩鳴，時稱『二包』。天寶七年楊譽榜及第。」[194] 同卷〈李嘉祐〉條亦載：「嘉祐字從一，趙州人。天寶七年楊譽榜進士，為祕書正字。」[195] 徐松《登科記考》卷九天寶七載進士科據《唐才子傳》係楊譽為是年狀元。[196]

《文苑英華》卷一三八〈賦〉一三八〈鳥獸〉八載有楊譽所作〈紙鳶賦〉。[197]

三十三、李巨卿

唐玄宗天寶十載（751年）進士科狀元。是年進士二十人，可考者有李巨卿、錢起、謝良輔、魏璀、陳季、莊若訥、王邕、孫翌仁、房寬、李徵、袁傪等十一人。兵部侍郎李麟權知貢舉。

《唐才子傳》卷四〈錢起〉條載：「起字仲文，吳興人。天寶十年李巨卿榜及第。」[198] 《玉芝堂談薈》卷二〈歷代狀元〉條亦云：「（天寶）十年，進士二十人，狀元李臣卿。」[199] 按「李臣卿」當即「李巨卿」之誤。徐松《登科記考》卷九據此係李巨卿為天寶十載進士科狀元。[200]

錢起登第年有兩說：一為天寶十載說。唐人姚合《極玄集》卷上云：「錢起，字仲文，吳興人。天寶十載進士。」[201] 《舊唐書·錢徽傳》（卷一六八）亦云：「錢

---

193 後晉·劉昫，《舊唐書》卷一一八〈元載傳〉附〈郇謨傳〉，第411頁，上海：上海古籍出版社、上海書店，1986年。

194 傅璇琮主編，《唐才子傳校箋》第一冊，第460-461頁，北京：中華書局，1987年。

195 傅璇琮主編，《唐才子傳校箋》第一冊，第473-474頁，北京：中華書局，1987年。

196 清·徐松，《登科記考》卷九，第318頁，北京：中華書局，1984年。

197 宋·李昉，《文苑英華》卷一三八〈賦〉，第639頁，北京：中華書局，1966年。

198 傅璇琮主編，《唐才子傳校箋》第二冊，第35-37頁，北京：中華書局，1989年。

199 明·徐應秋，《玉芝堂談薈》卷二〈歷代狀元〉，第47頁，上海：上海古籍出版社1987年影印《文淵閣四庫全書》本第883冊。

200 清·徐松，《登科記考》卷九，第322頁，北京：中華書局，1984年。

201 唐·姚合，《極玄集》卷上，載《唐人選唐詩》，第330頁，上海：上海古籍出版社，1978年。

徽字蔚章，吳郡人。父起，天寶十年登進士第。」[202]《永樂大典》卷二三六八引《蘇州府志》云：天寶十載，侍郎李麟知舉，試〈豹鳥賦〉、〈湘靈鼓瑟〉詩。錢起。[203]《困學紀聞》卷十八云：「錢起名在第六，〈豹鳥賦〉。」[204]今錢起所作即有〈豹鳥賦〉、〈湘靈鼓瑟〉詩，而此又為天寶十載進士之試題。據此，錢起當為天寶十載進士及第。一為天寶九載說。《舊唐書‧錢徽傳》載錢起為天寶十載登進士第，又云是年知貢舉者為李暐。而李暐知貢舉年則在天寶九載。《唐詩紀事》卷二十七〈賈邕〉條云：「邕，天寶九年李暐侍郎下登第。」[205]《郡齋讀書志》卷四上別集類上亦謂錢起之座主為李暐。兩說比較，以唐人姚合《極玄集》所載為最早，結合《玉芝堂談薈》所載錢起及第年之狀元人名與《唐才子傳》相同，當以「十載說」為是。

三十四、楊憑

唐玄宗天寶十二載（753 年）進士科狀元。是年進士五十六人，可考者有楊憑、鮑防、皇甫曾、張繼、李清、長孫鑄、劉太沖、鄭愕、劉舟、殷少野、鄔載、房由、王崇俊等十三人。禮部侍郎陽浚知貢舉。

《唐才子傳》卷三〈鮑防〉條云：「防字子慎，天寶十二年楊憑榜進士，襄陽人也。」[206]同卷〈皇甫曾〉條亦載：「曾字孝常，冉之弟也。天寶十二年楊憑榜進士。」[207]《玉芝堂談薈》卷二〈歷代狀元〉條記載略有不同：「（天寶）十二年，進士五十六人，狀元楊眾。」[208]徐松《登科記考》卷九天寶十二載進士科據《唐才子傳》係楊憑為是年狀元，並考云：「《玉芝堂談薈》作『楊眾』，蓋字型相近致訛。」[209]

202 後晉‧劉昫，《舊唐書》卷一六八〈錢徽傳〉，第 528 頁，上海：上海古籍出版社、上海書店，1986 年。

203 《永樂大典》卷二三六八，第 1064 頁，北京：中華書局，1986 年。

204 宋‧王應麟，《困學紀聞》卷十八〈評詩〉，第 463 頁，上海：上海古籍出版社 1987 年影印《文淵閣四庫全書》本第 854 冊。

205 宋‧計有功撰，王仲鏞校箋，《唐詩紀事校箋》卷二十七，第 748 頁，北京：中華書局，2007 年。

206 傅璇琮主編，《唐才子傳校箋》第一冊，第 493 頁，北京：中華書局，1987 年。

207 傅璇琮主編，《唐才子傳校箋》第一冊，第 570 頁，北京：中華書局，1987 年。

208 明‧徐應秋，《玉芝堂談薈》卷二〈歷代狀元〉，第 47 頁，上海：上海古籍出版社 1987 年影印《文淵閣四庫全書》本第 883 冊。

209 清‧徐松，《登科記考》卷九，第 328 頁，北京：中華書局，1984 年。

三十五、楊紘

唐玄宗天寶十三載（754年）進士科狀元。是年進士三十五人，可考者有楊紘、韓翃、元結、尹徵、劉太真、呂渭等六人。禮部侍郎陽浚再知貢舉。

《唐才子傳》卷四〈韓翃〉條云：「翃字君平，南陽人。天寶十三載楊紘榜進士。」[210]《玉芝堂談薈》卷二〈歷代狀元〉條記載略有不同：「（天寶）十三年，進士三十五人，狀元楊肱。」[211] 徐松《登科記考》卷九天寶十三載進士科據《唐才子傳》係楊紘為是年狀元，並注云：「《玉芝堂談薈》作『楊肱』。」[212] 按《玉芝堂談薈》作「楊肱」當為「楊紘」形近之誤。

楊紘，華州華陰（今陝西華陰）人，《新唐書·宰相世系表》（卷七一下）載楊紘祖父楊潤，字溫玉，官國子祭酒、湖城公。父楊侃，官白水令。兄楊磧。弟楊繪、楊綰，楊綰字公權，相代宗。[213] 按《舊唐書·楊再思傳》（卷九○）云「再思弟季昭為考功郎中，溫玉為戶部侍郎。」[214]《舊唐書·楊綰傳》（卷一一九）云：「楊綰字公權，華州華陰人也。祖溫玉，則天朝為戶部侍郎、國子祭酒。父偘，開元中醴泉令，皆以儒行稱。」[215] 比較新、舊《唐書》所載楊紘家族，世系相同，惟其父姓名與官職名稱不同。未知孰是？

楊紘登第年，其弟楊綰中制舉詞藻宏麗科第一人。《舊唐書·楊綰傳》（卷一一九）云：天寶十三載，玄宗試博通墳典、洞曉玄經、詞藻宏麗、軍謀出眾等制科舉人。「時登科者三人，綰為之首。」[216]

三十六、常袞

唐玄宗天寶十四載（755年）進士科狀元。是年進士三十五人，可考者有

210 傅璇琮主編，《唐才子傳校箋》第二冊，第20頁，北京：中華書局，1989年。

211 明·徐應秋，《玉芝堂談薈》卷二〈歷代狀元〉，第47頁，上海：上海古籍出版社1987年影印《文淵閣四庫全書》本第883冊。

212 清·徐松，《登科記考》卷九，第331頁，北京：中華書局，1984年。

213 宋·歐陽修，《新唐書》卷七一下〈宰相世系表〉，第244頁，上海：上海古籍出版社、上海書店，1986年。

214 後晉·劉昫，《舊唐書》卷九○〈楊再思傳〉，第351頁，上海：上海古籍出版社、上海書店，1986年。

215 後晉·劉昫，《舊唐書》卷一一九〈楊綰傳〉，第413頁，上海：上海古籍出版社、上海書店，1986年。

216 後晉·劉昫，《舊唐書》卷一一九〈楊綰傳〉，第413頁，上海：上海古籍出版社、上海書店，1986年。

常袞、于邵、李□等三人。禮部侍郎陽浚三知貢舉。

《舊唐書‧常袞傳》（卷一一九）云：「常袞，京兆人也。父無為，三原縣丞，以袞累贈僕射。袞天寶末舉進士。」[217] 于邵〈與常相公書〉云：「昔常陪相公鄉里之舉，時應神州甲乙之選。……相公當時，袞然居天下第一，愚實不佞，忝從斯列。」[218] 徐松《登科記考》卷九天寶十四載係常袞為是年進士科狀元，考云：「十三載為楊紘榜，十五載為盧庚榜，故知常袞在是年。」[219]

常袞，字夷甫，京兆（今陝西西安）人。《新唐書‧宰相世系表》（卷七五下）載常袞出新豐常氏，曾祖常毅，杞王府司馬。祖常楚珪，雍王府文學。父常無為，三原丞。兄常皆，司農卿。[220] 據《舊唐書‧常袞傳》（卷一一九），常袞狀元及第後「歷太子正字，累授補闕、起居郎。寶應二年，選為翰林學士、考功員外郎中、知制誥，依前翰林學士。永泰元年，遷中書舍人。……代宗甚顧遇之，加集賢院學士。大曆元年遷禮部侍郎，仍為學士。」[221] 自大曆十年（775 年）開始，連續三年出任知貢舉，大曆十二年（777 年）拜門下侍郎同中書門下平章事，兼太清、太微宮使和崇文館、弘文館大學士，與楊綰同掌樞務。德宗繼位，初貶河南少尹，再貶為潮州刺史。楊炎入相，於建中元年（780 年）遷常袞為福建觀察使，四年（783 年）正月卒，時年五十五歲。

唐代常氏狀元有開元元年（713 年）的常無名和天寶十四載（755 年）的常袞，入相者惟常袞。

常袞是唐代歷史上一位比較有作為的狀元。常袞在政治上生性清直，不妄交遊。在中書舍人任上，宦官魚朝恩恃權寵兼領國子監事，常袞上疏代宗以為不可；時朝廷多事，西部邊境地區連為寇盜，常袞多次上書分析利害。任禮部侍郎主持科舉考試，宦官劉忠翼、涇原節度使馬璘多次請託，希望在子弟參加

217　後晉‧劉昫，《舊唐書》卷一一九〈常袞傳〉，第 415 頁，上海：上海古籍出版社、上海書店，1986 年。

218　清‧董誥，《全唐文》卷四二六〈與常相公書〉，第 4340 頁，北京：中華書局影印，1983 年。

219　清‧徐松，《登科記考》卷九，第 337-338 頁，北京：中華書局，1984 年。

220　宋‧歐陽修，《新唐書》卷七五下〈宰相世系表〉，第 337 頁，上海：上海古籍出版社、上海書店，1986 年。

221　後晉‧劉昫，《舊唐書》卷一一九〈常袞傳〉，第 415 頁，上海：上海古籍出版社、上海書店，1986 年。

考試和入學兩館生中給予關照，均被拒絕。入相後，秉公選拔官吏，非文學之
士不用。常袞在文學上也很有造詣，著作頗豐。《新唐書・藝文志》（卷六○）
著錄常袞文集十卷、《詔集》六十卷；《全唐文》收其二百五十多篇文章；《全
唐詩》存其詩九首。

三十七、盧庚

　　唐玄宗天寶十五載（756 年）進士科狀元。是年進士三十三人，可考者有
盧庚、郎士元、皇甫冉、令狐峘、關播、封演等六人。禮部侍郎陽浚四知貢舉。

　　《唐才子傳》卷三〈郎士元〉條云：「士元，字君冑，中山人也。天寶
十五載盧庚榜進士。」[222] 同卷〈皇甫冉〉條亦載：「冉字茂政，安定人，避地
來寓丹陽。……天寶十五年盧庚榜進士。」[223] 徐松《登科記考》卷九天寶十五
載進士科據《唐才子傳》係盧庚為是年狀元。[224]

　　按《新唐書・宰相世系表》（卷七三上）載有盧庚，係盧鈞之弟。盧鈞，
字子和，元和四年（809 年）進士擢第，又書判拔萃登科，官太子太師。既然
兄盧鈞為憲宗元和四年進士及第，則弟盧庚絕無於天寶十五載（756 年）進士
科狀元及第之可能。故《唐才子傳》所載之盧庚並非盧鈞之弟盧庚，而是另有
其人。查《全唐文》卷三七五載有玄宗時人盧庚，有〈梓潼神鼎賦〉傳世。《文
苑英華》卷八六〈賦〉八六〈符瑞〉三亦收有〈梓潼神鼎賦〉。盧庚與韋應物
友善，大曆中韋應物游淮揚時曾作〈寄盧庚〉詩寄之。又元釋圓至在其《箋注
唐賢三體詩法》（明廣陵錢元卿刻本）卷十六云：「郎士元，字君冑，中山人。
天寶十五載盧庚榜進士。」大曆凡十四年（766-779 年），此盧庚與《唐才子傳》
所云盧庚當即一人，因為不僅庚、庚字型相近，而且生活年代相同。由此來看，
《唐五代人物傳記資料綜合索引》二一一頁注一所云「《全文》三七五有盧庚，
與此盧庚或同是一人。庚、庚未知孰是」的疑問可以得到解釋。[225]

222　傅璇琮主編，《唐才子傳校箋》第一冊，第 522-523 頁，北京：中華書局，1987 年。

223　傅璇琮主編，《唐才子傳校箋》第一冊，第 562-564 頁，北京：中華書局，1987 年。

224　清・徐松，《登科記考》卷九，第 339 頁，北京：中華書局，1984 年。

225　傅璇琮主編，《唐五代人物傳記資料綜合索引》，第 211 頁，北京：中華書局，1982 年。

第六章　唐代中期進士科狀元考辨

　　唐代中期大致是從唐肅宗至德二年（757年）開始，到唐敬宗寶曆二年（826年）結束，前後七十餘年。先後在位的是肅宗李亨、代宗李豫、德宗李适、順宗李誦、憲宗李純、穆宗李恒、敬宗李湛等七位皇帝。唐代到了玄宗時期，達到了鼎盛時期。與此同時，封建政治統治的腐敗日益顯現，各種社會矛盾逐漸加深，並最終導致了延續八年之久的「安史之亂」（755-763年）的發生，之後，唐王朝便開始由極盛走向衰落，由統一國家走向藩鎮割據局面。這一時期，先後舉行進士科考試六十八次，由於受到國家政治、經濟、軍事等諸多因素的影響，考試形式比較複雜，所以實際錄取的狀元有可能多於考試的次數，首先是肅宗至德二年（757年）進士科分為長安、江淮、成都和江東四處考試，一年有可能產生四名狀元。其次是代宗永泰元年（765年）至大曆十年（775年）兩都分舉，在前後十一年的兩都考試中，有可能錄取了二十二名狀元。本章將對這一時期有記載的四十九位狀元逐一進行考辨。

三十八、洪源

　　唐代宗寶應二年（763年）進士科狀元。是年進士二十七人，可考者有洪源、古之奇、耿緯、杜黃裳、高郢、鄭錫、喬琛等七人，禮部侍郎蕭昕知貢舉。

　　《唐才子傳》卷三〈古之奇〉條載：「之奇，寶應二年禮部侍郎洪源下及第，與耿湋同時。」[1] 所謂「寶應二年禮部侍郎洪源下及第」，意即洪源官禮部

1　傅璇琮主編，《唐才子傳校箋》第一冊，第672頁，北京：中華書局，1987年。

侍郎，任寶應二年科舉考試的主考官（知貢舉）。同書卷四〈耿湋〉條又云：「湋，河東人也。寶應二年洪源榜進士。與古之奇為莫逆之交。」[2] 所謂「寶應二年洪源榜進士」，意即洪源是寶應二年進士科考試的第一人（狀元）。兩卷記載自相矛盾且特別明顯，若非傳抄刊刻錯誤，則必為辛文房疏忽大意所致。

查元釋圓至《箋注唐賢三體詩法》（明廣陵錢元卿刻本）卷十：「耿湋，寶應二年洪源榜進士。」又寶應二年知貢舉乃禮部侍郎蕭昕。《白香山詩集》卷十三有〈與諸同年賀座主侍郎新拜太常同宴蕭尚書亭子〉詩，注云：「座主於蕭尚書下及第。」[3] 白居易於貞元十六年（800 年）進士及第，是年知貢舉為中書舍人（一作中書侍郎）的高郢。

由此可見，《唐才子傳》所載古之奇「寶應二年禮部侍郎洪源下及第」，應為「寶應二年洪源榜及第」，或者「寶應二年禮部侍郎蕭昕下及第」之誤。同理，《永樂大典》卷一〇八八九引作「辛文房《唐才子傳》：之奇，寶應二年禮部侍郎洪源考不及第。」[4] 徐應秋《玉芝堂談薈》卷二〈歷代狀元〉所載「肅宗寶應元年，進士二十七人，狀元洪源」。[5]《全唐詩》卷二百六十八〈耿湋小傳〉云「耿湋，字洪源，河東人」。[6] 均為誤載。

三十九、楊棲梧

唐代宗廣德二年（764 年）進士科狀元。是年進士二十五人，可考者有楊棲梧、蘇渙、李汲等三人。禮部侍郎楊綰知貢舉。

《唐才子傳》卷三〈蘇渙〉條載：「渙，廣德二年楊棲梧榜進士。」[7]《登科記考》卷十據此係楊棲梧為廣德二年進士科狀元。[8] 唐代詩人蘇渙中進士僅見於《唐才子傳》一書記載，傅璇琮認為「此或得於宋元時傳世之唐登科記」。[9]

2　傅璇琮主編，《唐才子傳校箋》第二冊，第 31-32 頁，北京：中華書局，1989 年。

3　唐・白居易，《白香山詩集》卷十三〈與諸同年賀座主侍郎新拜太常同宴蕭尚書亭子〉，第 187 頁，上海：上海古籍出版社 1987 年影印《文淵閣四庫全書》本第 1081 冊。

4　《永樂大典》卷一〇八八九，第 4503 頁，北京：中華書局，1986 年。

5　明・徐應秋，《玉芝堂談薈》卷二〈歷代狀元〉，第 47 頁，上海：上海古籍出版社 1987 年影印《文淵閣四庫全書》本第 883 冊。

6　清・彭定求，《全唐詩》卷二百六十八，第 1403 頁，石家莊：河北人民出版社，1993 年。

7　傅璇琮主編，《唐才子傳校箋》第一冊，第 675 頁，北京：中華書局，1987 年。

8　清・徐松，《登科記考》卷十，第 362 頁，北京：中華書局，1984 年。

9　傅璇琮主編，《唐才子傳校箋》第一冊，第 675 頁，北京：中華書局，1987 年。

　　《文苑英華》卷五三六〈判〉二十四收有楊棲梧〈對舍嫡孫立庶子判〉一文，[10]《全唐文》卷四二六載楊棲梧小傳時云：「棲梧，肅宗時擢書判拔萃科。」[11]

四十、皇甫徹

四十一、蕭遘

　　唐代宗永泰元年（765 年）進士科狀元，是年開始分上都長安和東都洛陽兩處貢舉考試，禮部侍郎官號皆以知兩都為名。每歲兩地別放及第。是年進士人數兩都合計二十七人，可考者有皇甫徹、蕭遘、徐申、盧虔等四人。徐松《登科記考》卷十永泰元年「進士二十七人」注云：「按自兩都分置貢舉，惟永泰二年言兩都共若干人，其餘不言者，缺東都之數，只載上都也。大曆三年高拯詩可證。」[12] 是年上都知貢舉為尚書左丞楊綰，東都知貢舉為禮部侍郎賈至。

　　皇甫徹，滄州（今河北滄州）人。《全唐文補遺》（第四輯）載有劉玄章撰〈唐故朝議郎使持節撫州諸軍事守撫州刺史柱國皇甫公（煒）墓誌銘並序〉云：「公姓皇甫氏，安定朝那人也。……皇朝齊州刺史諱胤，公之曾大父也。齊州生蜀州刺史諱徹，永泰初登進士第，首冠群彥。由尚書郎出蜀郡守。文學政事，為時表儀。」[13] 所謂「首冠群彥」，當是指皇甫徹為是年進士科狀元，《文苑英華》卷三八三唐薛廷珪撰〈授長安縣尉直弘文館楊贊禹左拾遺鄠縣鄭縠右拾遺制〉中即云楊贊禹「連中殊科，首冠群彥」，而楊贊禹正是大順元年（890 年）進士科狀元。[14]《因話錄》卷三〈商部下〉云：柳璟「在名場淹屈，及擢第首冠諸生。」[15] 柳璟即為唐敬宗寶曆元年（825 年）進士科狀元。惟銘文沒有說明皇甫徹是東都還是上都進士科考試的狀元。又：《全唐文補遺》（第八輯）載有王良士撰〈唐故劍南西川節度副使檢校尚書吏部郎中兼御史中丞安定皇甫公（澈）墓誌銘並序〉：「唐貞元壬午歲，節度副使、中丞皇甫公寢疾終於成都官舍。……公名澈，皇朝洛陽丞、贈兵部侍郎諱寡過之曾孫，唐州刺史幹遂之孫，齊州刺

10　宋・李昉，《文苑英華》卷五三六〈判〉，第 2739 頁，北京：中華書局，1966 年。

11　清・董誥，《全唐文》卷四三六，第 4443 頁，北京：中華書局影印，1983 年。

12　清・徐松，《登科記考》卷十，第 363 頁，北京：中華書局，1984 年。

13　吳鋼主編，《全唐文補遺》〈第四輯〉，第 232-233 頁，西安：三秦出版社，1997 年。

14　宋・李昉，《文苑英華》卷三八三〈中書制誥〉，第 1955 頁，北京：中華書局，1966 年。

15　唐・趙璘，《因話錄》卷三〈商部下〉，載《唐五代筆記小說大觀》上冊，第 847 頁，上海：上海古籍出版社，2000 年。

史胤之少子，工部侍郎韋公述之甥也。……含章挺秀，弱歲能文。自進士甲科，釋褐祕書省正字，至於是官，凡九命焉。其間再為御史、尚書郎，歷硤、蜀二州刺史。享年六十。」[16] 此外，《全唐文補遺》（千唐誌齋新藏專輯）錄有劉允章撰〈唐故福建都團練觀察處置等使中大夫使持節福州諸軍事守福州刺史兼御史中丞柱國安定縣開國男食邑三百戶賜紫金魚袋贈左散騎常侍安定皇甫（燠）墓誌銘並序〉：「公諱燠，字廣熙，安定人也。……曾大父胤，皇齊州刺史。大父徹，皇蜀州刺史，贈右散騎常侍。父曙，皇汝州刺史，贈吏部尚書。」[17] 按王良士撰〈皇甫澈墓誌〉與劉允章撰〈皇甫燠墓誌〉、劉玄章撰〈皇甫煒墓誌〉、所載皇甫氏家族背景資料一致，惟一不同之處是官蜀州刺史皇甫公的姓名，前者云皇甫澈，後者云皇甫徹。皇甫徹卒於貞元壬午歲（貞元十八年，802 年），享年六十，則其於永泰元年（765 年）進士科及第時二十三歲。

　　徐應秋《玉芝堂談薈》卷二〈歷代狀元〉條於肅宗寶應元年（應為代宗寶應二年）洪源榜與大曆四年齊映榜之間有狀元蕭遘，附注云年分無考。[18] 徐松《登科記考》卷十附蕭遘於永泰元年進士科俟考，今仍從之。又咸通五年有同名進士蕭遘，兩《唐書》有傳。

四十二、齊映

　　唐代宗大曆四年（769 年）進士科狀元。是年上都進士二十六人，兩都進士可考者有齊映、李益、冷朝陽、鄭儋、賈全等五人。上都，禮部侍郎薛邕知貢舉；東都，權知留守張延賞知貢舉。

　　《唐才子傳》卷四〈李益〉條云：「李益字君虞，隴西姑臧人。大曆四年齊映榜進士，調鄭縣尉。」[19] 同卷〈冷朝陽〉條亦載：「朝陽，金陵人。大曆四年齊映榜進士及第。」[20]《玉芝堂談薈》卷二〈歷代狀元〉云：「大曆四年進士二十六人，狀元齊映。」[21] 徐松《登科記考》卷十大曆四年進士科據《唐才子傳》、

16　吳鋼主編，《全唐文補遺》〈第八輯〉，第 108 頁，西安：三秦出版社，2005 年。

17　吳鋼主編，《全唐文補遺》〈千唐誌齋新藏專輯〉，第 408-409 頁，西安：三秦出版社，2005 年。

18　明・徐應秋，《玉芝堂談薈》卷二〈歷代狀元〉，第 47 頁，上海：上海古籍出版社 1987 年影印《文淵閣四庫全書》本第 883 冊。

19　傅璇琮主編，《唐才子傳校箋》第二冊，第 91-92 頁，北京：中華書局，1989 年。

20　傅璇琮主編，《唐才子傳校箋》第二冊，第 106-107 頁，北京：中華書局，1989 年。

21　明・徐應秋，《玉芝堂談薈》卷二〈歷代狀元〉，第 47 頁，上海：上海古籍出版社

《玉芝堂談薈》所載係齊映為是年狀元，注云：「五百家韓注樊氏曰：『《登科記》，齊映大曆五年進士第。』按言五年誤，《玉芝堂談薈》亦作四年。」[22]作四年是。

　　《舊唐書·齊映傳》（卷一三六）云：「齊映，瀛州高陽人，父玭，試太常少卿、兼檢校工部郎中。映登進士第，應博學宏辭，授河南府參軍。」「映於東都舉進士及宏辭時，張延賞為河南尹，東都留守，厚映。」[23]是知齊映為大曆四年東都試進士科狀元。柳宗元〈先君石表陰先友記〉云：「齊映，南陽人，為相，以文敏顯用。」[24]按齊映乃瀛州高陽人，作南陽誤。

　　宋人魏仲舉編《五百家注釋韓昌黎集》卷一九〈送齊暭下第序〉樊注：「齊映兄弟六人，昭、旼、暭、照、煦，無有暷者。按《登科記》，暭貞元十一年登進士第。」《登科記考》卷十四貞元十一年進士科條按：暷與「暭」字形相近而訛。[25]又：《唐代墓誌匯編》（貞元一一九）載〈唐故相州臨河縣尉張府君墓誌銘並序〉云：「女三人：……次適於高陽齊氏……齊氏有三子，長曰暭，試祕書省校書郎，次曰暖，監察御史；皆以文第於春官，並佐戎府。」[26]按此墓誌銘立於貞元十八年十一月七日，墓誌所言齊暭兄弟三人，與樊注雖不相符，但其登第的時間一致，疑樊注所言兄弟六人包括從兄弟在內。

　　據《舊唐書》本傳，齊映後歷官御史中丞，給事中，中書舍人，貞元二年（786年）拜平章事。貞元十一年（795年）七月卒，年四十八，贈禮部尚書。

四十三、李摶

四十四、李玕

　　唐代宗大曆五年（770年）進士科狀元。是年上都進士二十六人，兩都進士可考者有李摶、李玕、李端、顧少連、衛准、韋重規等六人。上都，禮部侍

1987年影印《文淵閣四庫全書》本第 883 冊。

22　清·徐松，《登科記考》卷十，第 371 頁，北京：中華書局，1984 年。

23　後晉·劉昫，《舊唐書》卷一三六〈齊映傳〉，第 453 頁，上海：上海古籍出版社、上海書店，1986 年。

24　唐·柳宗元，《柳河東全集》卷十二〈表誌〉，第 125 頁，北京：中國書店，1991 年。

25　清·徐松，《登科記考》卷十四，第 500 頁，北京：中華書局，1984 年。

26　周紹良主編，《唐代墓誌匯編》貞元一一九，第 1924 頁，上海：上海古籍出版社，1992 年。

郎薛邕知貢舉；東都，留守張延賞知貢舉。

《唐才子傳》卷四〈李端〉條云：「端，趙州人，嘉祐之姪也。……大曆五年李摶榜進士及第，授祕書省校書郎。」[27]元釋圓至《箋注唐賢三體詩法》（明廣陵錢元卿刻本）卷十亦云：「李端，趙州人，大曆五年李摶榜進士。」《登科記考》卷十大曆五年進士科據《唐才子傳》所載係李摶為是年狀元。按《登科記考》原作李搏，趙守儼校正云：「《佚存叢書》本《唐才子傳》作『摶』，不作『搏』。《唐詩紀事》卷六一、《全文》（應為《全詩》）卷六六七有李搏，為乾符進士，時代不合。疑作『摶』是。」[28]

《玉芝堂談薈》卷二〈歷代狀元〉云：「（大曆）五年進士二十七人，狀元王儲。」[29]進士人數、狀元姓名皆與《唐才子傳》記載不一，未知何據？按《文苑英華》卷三〈賦〉三〈天象〉三〈寅賓出日賦〉錄有王儲大曆十四年考試之賦文，注云：「大曆十四年，王儲作魁。」[30]《唐才子傳》卷四〈竇常〉條載：「常字中行，叔向之子也。京兆人。大曆十四年王儲榜及第。」[31]是知王儲乃大曆十四年進士科狀元。

任華〈夏夜對雨餞李玗擢第還鄭州序〉云：「今年東都秀才登第者，凡十數人，隴西李玗為之稱首。且宗伯方以拔淹滯湑勤舊為務，而玗則年甫二十餘，豈張公意耶？其如考舊文則上等，試文策又上等，欲以年少棄，可乎？不可也。」[32]按張公指的是東都試知貢舉張延賞，李玗在東都試進士科（唐人每以秀才指代進士、以孝廉指代明經）考試中「稱首」，則為狀元無疑。清人徐松《登科記考》一書中關於兩都試狀元的記載思路不很清晰，如果只能考出一名狀元，無論是上都還是東都試的狀元，一般均載為是年狀元，如大曆四年東都狀元齊映。只有一次例外，就是大曆十年丁澤為東都第一，徐松卻視而不見，列丁澤為一般進士而云狀元無考；但如果兩都試的狀元都能考出，則只記載上都試的

27　傅璇琮主編，《唐才子傳校箋》第二冊，第71-73頁，北京：中華書局，1989年。

28　清・徐松，《登科記考》卷十，第375頁，北京：中華書局，1984年。

29　明・徐應秋，《玉芝堂談薈》卷二〈歷代狀元〉，第47頁，上海：上海古籍出版社1987年影印《文淵閣四庫全書》本第883冊。

30　宋・李昉，《文苑英華》卷三〈賦〉，第21頁，北京：中華書局，1966年。

31　傅璇琮主編，《唐才子傳校箋》第二冊，第210-211頁，北京：中華書局，1989年。

32　清・董誥，《全唐文》卷三七六〈夏夜對雨餞李玗擢第還鄭州序〉，第3823頁，北京：中華書局影印，1983年。

狀元為是年狀元，而置東都試的狀元於不顧，如大曆五年係上都李搏為是年狀元，而置東都李玕於一般進士之列，顯然不妥。[33]

四十五、王溆

唐代宗大曆六年（771 年）進士科狀元。是年上都進士二十八人，兩都進士可考者有王溆、章八元、路季登、沈竦、趙需、張惟儉、盧景亮、楊於陵、裴佶、鄭絪、陳京、于申等十二人。上都，禮部侍郎劉單知貢舉；東都，留守張延賞知貢舉。

《唐才子傳》卷四〈章八元〉條云：「八元，睦州桐廬人。……大曆六年，王淑榜第三人進士。」[34]《登科記考》卷十大曆六年進士科據《唐才子傳》係王溆為是年狀元。[35]按王溆，前引《唐才子傳校箋》作王淑，未知孰是？

四十六、張式

唐代宗大曆七年（772 年）進士科狀元。是年上都進士三十三人，兩都進士可考者有張式、暢當、王仲堪、王楚、胡珦等五人。上都，禮部侍郎張謂知貢舉。

柳宗元〈先君石表陰先友記〉云：「張式，南陽人。」韓注：「大曆七年進士。」[36]《唐才子傳》卷四〈暢當〉條亦云：「當，河東人。大曆七年，張式榜及第。」[37]《登科記考》卷十大曆七年進士科系張式為是年狀元。[38]

按張式，南陽（今河南鄧州）人，其家世見載於《舊唐書‧張正甫傳》（卷一六二），曾祖張大禮，官坊州刺史。祖張紹貞，官尚書右丞。父張沘，官蘇州司馬。弟張正甫，德宗貞元二年（786 年）進士科狀元。子張元夫、張傑夫、張征夫及侄（正甫子）張毅夫先後登進士第，其中張元夫官至中書舍人、汝州刺史。[39]

33　周臘生，《唐代狀元奇談‧唐代狀元譜》，第 300 頁，北京：紫禁城出版社，2002 年。

34　傅璇琮主編，《唐才子傳校箋》第一冊，第 109-110 頁，北京：中華書局，1987 年。

35　清‧徐松，《登科記考》卷十，第 377 頁，北京：中華書局，1984 年。

36　唐‧柳宗元，《柳河東全集》卷十二〈表誌〉，第 128 頁，北京：中國書店，1991 年。

37　傅璇琮主編，《唐才子傳校箋》第二冊，第 114-115 頁，北京：中華書局，1989 年。

38　清‧徐松，《登科記考》卷十，第 379 頁，北京：中華書局，1984 年。

39　後晉‧劉昫，《舊唐書》卷一六三〈張正甫傳〉，第 513 頁，上海：上海古籍出版社、上海書店，1986 年。

張式狀元及第後，曾官尚書駕部郎中、知制誥，貞元九年遷虢州刺史，十六年為河南尹、水陸轉運使，卒後贈陝州大都督，謚曰簡。[40]

四十七、楊憑

唐代宗大曆九年（774 年）進士科狀元。是年上都進士三十二人，兩都進士可考者有楊憑、張莒、鄭轅、韓滉、王濯、史延、閻濟美、楊瑒等八人。上都，禮部侍郎張謂知貢舉。東都，留守蔣渙知貢舉。

《廣卓異記》卷十九〈兄弟二人狀元及第〉條引《登科記》云：「右按《登科記》，楊憑，大曆九年狀元及第。弟□（凝），大曆十三年亦狀元及第。」[41]柳宗元〈為李京兆祭楊凝郎中文〉云：「唯是伯仲，並為士則，連擢首科，迭居顯職。」童注：「大曆九年，憑中進士第。十三年，凝中進士第。」[42]《登科記考》卷十大曆九年進士科系楊憑為是年狀元。[43]

楊憑，虢州弘農（今河南靈寶）人。《新唐書・楊憑傳》（卷一六一）云：「楊憑，字虛受，一字嗣仁，虢州弘農人，少孤，其母訓道有方，長善文辭，與弟凝、凌皆有名，大曆中踵擢進士第，時號『三楊』。」[44]《新唐書・宰相世系表》（卷七一下）載楊憑家世云：曾祖楊元政，官司勳郎中。祖楊志元，官殿中侍御史。父楊成名，未載官職。楊憑，字虛受，官刑部侍郎、京兆尹。弟楊凝，字懋功，官司封郎中。弟楊凌，未載官職。[45]按柳宗元《柳河東集注》卷十三〈亡妻弘農楊氏誌〉云：「亡妻弘農楊氏諱某。高祖，皇司勳郎中諱某。司勳生殿中侍御史諱某。殿中生醴泉縣尉諱某。醴泉生今禮部郎中憑。」原注云：「貞元十五年公時為集賢殿正字，公蓋憑之婿，憑嘗為禮部郎中，而諸本誤作

40　清・勞格、趙鉞，《唐尚書省郎官石柱題名考》卷二〈左司員外郎〉，月河精舍叢書，光緒丙戌本。

41　宋・樂史，《廣卓異記》卷十九〈兄弟二人狀元及第〉，載《筆記小說大觀》第一冊（合訂第一本），第 264 頁，揚州：江蘇廣陵古籍刻印社，1983 年。

42　唐・柳宗元，《柳河東集注》卷四十，第 802 頁，上海：上海古籍出版社 1987 年影印《文淵閣四庫全書》本第 1076 冊。

43　清・徐松，《登科記考》卷十，第 383 頁，北京：中華書局，1984 年。

44　宋・歐陽修，《新唐書》卷一六一〈楊憑傳〉，第 524 頁，上海：上海古籍出版社、上海書店，1986 年。

45　宋・歐陽修，《新唐書》卷七一下〈宰相世系表〉，第 246 頁，上海：上海古籍出版社、上海書店，1986 年。

凝，非是，觀其祭楊詹事文可見矣。」[46] 據此可知楊憑父親楊成名曾官醴泉縣尉。又《全唐文》卷七三○錄存楊淩（一作陵）〈元日奏事上殿不脫劍履判〉一文，作者小傳云：「淩字恭履，太子詹事憑子。官侍御史。」[47] 是知楊憑弟楊淩官侍御史，可補《新表》之闕，惟言淩為憑之子，誤。楊憑狀元及第後，歷官起居舍人、禮部郎中、太常少卿等，貞元十八年（802 年）出任湖南觀察使，永貞元年（805 年）轉任江西觀察使。元和二年（807 年）入朝為左散騎常侍，四年（809 年）遷升京兆尹，因御史中丞李夷簡彈劾，被貶臨賀尉。官終太子詹事。元和十二年（817 年）卒。

《全唐詩》卷二百八十九錄存楊憑〈邊塞行〉等詩十九首，[48]《全唐文》卷四七八錄存〈賀老人星見表〉、〈唐廬州刺史本州團練使羅珦德政碑〉等兩文。[49]

四十八、丁澤

唐代宗大曆十年（775 年）進士科狀元。是年上都進士二十七人，兩都進士可考者有丁澤、崔恒、崔種、盧士閡、王建、蘇子華等六人。上都，禮部侍郎常袞知貢舉。東都，留守蔣渙知貢舉。

《登科記考》卷十一大曆十年進士科錄有進士丁澤，注云：「《文苑英華》作丁春澤。注引《登科記》作丁澤，今從之。《唐詩紀事》，丁澤為東都第一。」[50] 按《唐詩紀事》卷三十四丁澤小傳云：「澤，大曆十年試〈龜負圖〉詩，為東都第一。」[51] 所謂「東都第一」，當即為是年狀元。《唐才子傳》卷四〈王建〉條云：「建字仲初，潁川人。大曆十年丁澤榜第二人及第。」譚優學認為，詩

46　唐・柳宗元，《柳河東集注》卷十三，第 124 頁，上海：上海古籍出版社 1987 年影印《文淵閣四庫全書》本第 1076 冊。參見《柳河東全集》卷十三〈亡妻弘農楊氏誌〉，第 142 頁，北京：中國書店，1991 年。

47　清・董誥，《全唐文》卷七三○〈元日奏事上殿不脫劍履判〉，第 7528 頁，北京：中華書局影印，1983 年。

48　清・彭定求，《全唐詩》卷二百八十九，第 1543-1544 頁，石家莊：河北人民出版社，1993 年。

49　清・董誥，《全唐文》卷四七八〈賀老人星見表〉，第 4884 頁，北京：中華書局影印，1983 年。

50　清・徐松，《登科記考》卷十一，第 387 頁，北京：中華書局，1984 年。

51　宋・計有功撰，王仲鏞校箋，《唐詩紀事校箋》卷三十四，第 940 頁，北京：中華書局，2007 年。

人王建不可能在大曆十年考中進士，大曆十年丁澤榜第二人及第之王建，可能是曾任光州刺史一職之王建。[52] 所謂「丁澤榜第二人及第」云云，亦指丁澤為是年狀元。

《全唐詩》卷二百八十一載丁澤〈龜負圖〉詩中有「還尋九江去，安肯曳泥途」等句，按《舊唐書‧地理志》（卷四○）云：「江州，中，隋九江郡，武德四年平林士弘，置江州，領湓城、潯陽、彭澤三縣。」[53] 疑丁澤為江州（古九江）人。

四十九、黎逢

唐代宗大曆十二年（777 年）進士科狀元。《唐登科記總目》載是年進士十二人，《登科記考補正》載可考者有黎逢、周澈、鄭余慶、任公叔、楊系、張昔、丁位、元友直、楊凌、崔績、裴達、張季略、沈迴等十三人。禮部侍郎常袞知貢舉。

《唐摭言》卷一〈兩都貢舉〉條云：「自大曆十一年停東都貢舉，是後不置。」[54]《冊府元龜》卷六四○〈貢舉部‧條制二〉云：「（大曆）十年五月，詔今年諸色舉人並赴上都集。」注云：「時禮部侍郎常袞以貢舉人合謁見，異於選人，併合上都集，舉舊章也。」[55] 故是年只有上都長安一處舉行科舉考試。

黎逢，兩《唐書》無傳，《唐詩紀事》卷三十六黎逢小傳云：「逢，登大曆十二年進士第。」[56]《唐摭言》卷五〈以其人不稱才試而後驚〉條云：「黎逢氣貌山野，及第年，初場後至，便於簾前設席。主司異之，謔其生疏，必謂文詞稱是，專令人伺之，句句來報。初聞云：『何人徘徊？』曰：『亦是常言。』既而將及數聯，莫不驚歎，遂擢為狀元。」[57] 黎逢於建中元年（780 年）再中制

52　傅璇琮主編，《唐才子傳校箋》第二冊，第 150-152 頁，北京：中華書局，1989 年。

53　後晉‧劉昫，《舊唐書》卷四○〈地理志〉，第 200 頁，上海：上海古籍出版社、上海書店，1986 年。

54　五代‧王定保，《唐摭言》卷一〈兩都貢舉〉，載《唐五代筆記小說大觀》下冊，第 1582 頁，上海：上海古籍出版社，2000 年。

55　宋‧王欽若等編纂，周勳初等校訂，《冊府元龜》卷六四○〈貢舉部‧條制二〉，第 7397 頁，南京：鳳凰出版社，2006 年。

56　宋‧計有功撰，王仲鏞校箋，《唐詩紀事校箋》卷三十六，第 995 頁，北京：中華書局，2007 年。

57　五代‧王定保，《唐摭言》卷五〈以其人不稱才試而後驚〉，載《唐五代筆記小說大觀》下冊，第 1624 頁，上海：上海古籍出版社，2000 年。

舉「經學優深科」，建中三年（782 年）官監察御史。

《全唐詩》卷一百九十載有韋應物〈答貢士黎逢〉（時任京兆功曹），詩云：「如彼昆山玉，本自有光輝。鄙人徒區區，稱歎亦何為。」[58] 是知黎逢在考試前曾向時任京兆功曹的韋應物「行卷」。同書卷四百二十五載有白居易〈秦中吟〉十首，其中〈傷友〉詩句有：「死生不變者，唯聞任與黎。」[59] 任指任公叔，黎即黎逢，任黎生死之交頗為時人讚譽。

《文苑英華》卷五〇〈賦〉五〇〈宮室〉四錄有大曆十二年（777 年）進士科考試之賦題〈通天臺賦〉，[60]《全唐詩》卷二百八十八收有黎逢〈小苑春望宮池柳色〉、〈夏首猶清和〉詩兩首。《全唐文》卷四八二載其〈貢舉人見於含元殿賦〉、〈人不學不知道賦〉等八篇賦文。[61]

五十、楊凝

唐代宗大曆十三年（778 年）進士科狀元。是年進士二十一人，可考者有楊凝、衛次公、仲子陵、姜公輔等四人。禮部侍郎潘炎知貢舉。

《廣卓異記》卷十九〈兄弟二人狀元及第〉條引《登科記》云：「右按《登科記》，楊憑，大曆九年狀元及第。弟□（凝），大曆十三年亦狀元及第。」[62] 柳宗元〈為李實祭楊凝郎中文〉云：「唯是伯仲，並為士則，連擢首科，迭居顯職。」童注：「大曆九年，憑中進士第。十三年，凝中進士第。」[63]《新唐書・韋貫之傳》（卷一六九）云：「綬，貫之兄。舉孝廉，又貢進士，禮部侍郎潘炎將以為舉首，綬以其友楊凝親老，故讓之，不對策輒去，凝遂及第。」[64]《永樂大典》卷二三六八引《蘇州府志》亦云楊凝為大曆十三年進士科第一人及第。[65]

58 清・彭定求，《全唐詩》卷一百九十，第 919 頁，石家莊：河北人民出版社，1993 年。

59 清・彭定求，《全唐詩》卷四百二十五，第 2220 頁，石家莊：河北人民出版社，1993 年。

60 宋・李昉，《文苑英華》卷五〇〈賦〉，第 226 頁，北京：中華書局，1966 年。

61 清・董誥，《全唐文》卷四八二〈貢舉人見於含元殿賦〉，第 4921-4925 頁，北京：中華書局影印，1983 年。

62 宋・樂史，《廣卓異記》卷十九〈兄弟二人狀元及第〉，載《筆記小說大觀》第一冊（合訂第一本），第 264 頁，揚州：江蘇廣陵古籍刻印社，1983 年。

63 唐・柳宗元，《柳河東集注》卷四十，第 802 頁，上海：上海古籍出版社 1987 年影印《文淵閣四庫全書》本第 1076 冊。

64 宋・歐陽修，《新唐書》卷一六九〈韋貫之傳〉附〈韋綬傳〉，第 545 頁，上海：上海古籍出版社、上海書店，1986 年。

65 《永樂大典》卷二三六八，第 1064 頁，北京：中華書局，1986 年。

《登科記考》卷十一大曆十三年進士科系楊凝為是年狀元。[66]

　　楊凝，虢州弘農（今河南靈寶）人。權德輿〈兵部郎中楊君集序〉云：「君諱凝，字懋功。……早歲違難於江湖間，與伯氏嗣仁、叔氏恭履修天爵，振儒行，東吳賢士大夫號為三楊。」[67] 其兄楊憑於大曆九年（774 年）考中上都進士科狀元，弟楊凌於大曆十二年進士及第。按徐松《登科記考》卷十一大曆十一年進士科列有楊凌，考云：「柳宗元〈與楊京兆憑書〉：『丈人以文律通流，當世叔仲，鼎立天下，號為文章家。』童宗說注引《登科記》：『大曆九年，楊憑中進士；十三年，楊凝中進士；十一年，楊凌中進士。皆有名，時號三楊。』《唐詩紀事》：『凌字恭履，最善文章。』」[68] 楊凌中進士當為大曆十二年，《四部叢刊初編》本《增廣注釋音辨唐柳先生集》卷三十童注作「十二年」[69]；《四庫全書》本《柳河東集注》卷三十〈與楊京兆憑書」注亦作「十二年」[70]。今人周臘生著《唐代狀元奇談・唐代狀元譜》「楊憑」傳云：「其弟楊凝於大曆十三年（778 年）狀元及第，楊凌亦為同榜進士。」[71] 未知何據？

　　狀元及第後，楊凝歷官協律郎、侍御史、起居郎、司封員外郎、右司郎中、兵部郎中等職，貞元十九年（804 年）卒。

　　楊凝在文學上有一定的影響，《新唐書・藝文志》（卷六〇）載〈楊凝集〉二十卷，《全唐詩》卷二百九十載其有集二十卷，僅存一卷。錄存其〈送別詩〉等三十九首。

五十一、王儲

　　唐代宗大曆十四年（779 年）進士科狀元。是年進士二十人，可考者有王儲、周渭、袁同直、竇常、卞俛、奚陟、王表、朱遂、趙博宣、獨孤綬等十人。禮部侍郎潘炎知貢舉。

66　清・徐松，《登科記考》卷十一，第 398 頁，北京：中華書局，1984 年。

67　清・董誥，《全唐文》卷四八九〈兵部郎中楊君集序〉，第 4997 頁，北京：中華書局影印，1983 年。

68　清・徐松，《登科記考》卷十一，第 393 頁，北京：中華書局，1984 年。

69　《增廣注釋音辨唐柳先生集》卷三十，見《四部叢刊初編》集部，上海：上海書店 1989 年 3 月據商務印書館 1926 年版重印，第 117 冊。

70　唐・柳宗元，《柳河東集注》卷三十，第 712 頁，上海：上海古籍出版社 1987 年影印《文淵閣四庫全書》本第 1076 冊。

71　周臘生，《唐代狀元奇談・唐代狀元譜》，第 297 頁，北京：紫禁城出版社，2002 年。

　　《文苑英華》卷三〈賦〉三〈天象〉三〈寅賓出日賦〉錄有王儲大曆十四年考試之賦文，注云：「大曆十四年，王儲作魁。」[72]《唐才子傳》卷四〈竇常〉條載：「常字中行，叔向之子也。京兆人。大曆十四年王儲榜及第。」[73]《玉芝堂談薈》卷二〈歷代狀元〉條亦云王儲為大曆狀元，惟作「五年」，當為誤載。

五十二、魏弘簡

　　唐德宗建中元年（780年）進士科狀元。是年進士二十一人（《唐摭言》引作二十二人），可考者有魏弘簡、辛惲、唐次、孔戣、杜兼、田敦、崔遂等七人。禮部侍郎令狐峘知貢舉。

　　柳宗元〈唐故尚書戶部郎中魏府君墓誌〉云：「府君諱弘簡，字曰裕之，以文行知名，既冠，而德禮聞於鄉黨，……由進士策賢良，連居科首。」韓注：「建中元年，弘簡中進士第。貞元元年，又中賢良。」[74] 所謂「由進士策賢良，連居科首。」當是指弘簡在進士、賢良等科考試中均居榜首。

　　魏弘簡祖籍綿州（今四川綿陽），先世以科舉起家，世代簪纓，祖父魏緄，官太常主簿。父魏萬成，官尚書膳部員外郎兼江陵少尹。

　　科舉及第後，魏弘簡初授太子校書，後歷任桂管、江西、福建、宣歙四府判官副使，累遷協律郎、大理評事，三為御史。貞元十二年（796年）後拜度支員外，轉戶部郎中。貞元二十年（804年）九月三十日不疾而歿。以年四十七推之，建中元年（780年）中進士科狀元時二十三歲，貞元元年（785年）中賢良科時二十八歲。

五十三、崔元翰

　　唐德宗建中二年（781年）進士科狀元。是年進士十七人，可考者有崔元翰、崔敖、崔備、張惟素、（鄭）秉彝、鄭元均、于公異、崔黃左、高孚等九人。禮部侍郎于邵知貢舉。

　　《廣卓異記》卷十九〈進士狀元卻為制舉頭〉條引《登科記》云：「右按《登科記》，崔元翰，建中二年進士狀元及第。貞元四年賢良方正直言極諫科

72　宋·李昉，《文苑英華》卷三〈賦〉，第21頁，北京：中華書局，1966年。

73　傅璇琮主編，《唐才子傳校箋》第二冊，第210-211頁，北京：中華書局，1989年。

74　唐·柳宗元，《柳河東全集》卷九〈表銘碣誄〉，第95頁，北京：中國書店，1991年。

頭登科。」[75]錢易《南部新書》「丙」載云：「崔元翰晚年取應，咸為首捷：京兆解頭，禮部狀頭，宏詞敕頭，制科三等敕頭。」[76]《東觀奏記》卷中云：「詞科之盛，本以京兆府等第級。建中二年，崔元翰、崔敖、崔備三人，府元、府副、府第三人。于召知貢舉放及第，並依府列，蓋推崇藝實，不能易也。」[77]

崔元翰，滑州靈昌（今河南滑縣西南）人，兩《唐書》有傳，《舊唐書》本傳（卷一三七）云：「崔元翰者，博陵人，進士擢第，博學宏詞制科，又應賢良方正直言極諫科，三舉皆升甲第，年已五十餘。」[78]《新唐書》本傳（卷二〇三）云：「崔元翰，名鵬，以字行。父良佐，……擢明經甲科，補湖城主簿，以母喪遂不仕。」「元翰舉進士、博學宏辭、賢良方正皆異等。」[79]按《新唐書・宰相世系表》（卷七二下），元翰出博陵第三房崔氏，曾祖崔潛，濟州刺史，祖崔承構，鳳閣舍人，父崔良佐，湖城薄。[80]

狀元及第後，崔元翰先後入李勉、馬燧幕府，歷官太常博士、禮部員外郎、知制誥等。為人勤奮好學，老而不倦，思致精密，為時所稱。然性格剛直，不容於時，掌知制誥不二年左遷比部郎中，貞元十一年（795年）卒，時年六十七。

《新唐書・藝文志》（卷六〇）載崔元翰有文集三十卷，《全唐文》收錄十三篇，《全唐詩》收錄七首，可見其文集在清代時已大部不存。

五十四、薛展

唐德宗建中四年（783年）進士科狀元。是年進士二十七人，可考者有薛展、武元衡、韋同正、韋純、柳潤、熊執易、韓弇等七人，其中武元衡於元和二年

75　宋・樂史，《廣卓異記》卷十九〈進士狀元卻為制舉頭〉，載《筆記小說大觀》第一冊（合訂第一本），第264頁，揚州：江蘇廣陵古籍刻印社，1983年。

76　宋・錢易，《南部新書》丙，載《宋元筆記小說大觀》第一冊，第311頁，上海：上海古籍出版社，2001年。

77　唐・裴廷裕，《東觀奏記》卷中，載《筆記小說大觀》第一冊（合訂第一本），第157頁，揚州：江蘇廣陵古籍刻印社，1983年。

78　後晉・劉昫，《舊唐書》卷一三七〈崔元翰傳〉，第455頁，上海：上海古籍出版社、上海書店，1986年。

79　宋・歐陽修，《新唐書》卷二〇三〈文藝下・崔元翰傳〉，第617頁，上海：上海古籍出版社、上海書店，1986年。

80　宋・歐陽修，《新唐書》卷七二下〈宰相世系表〉，第285頁，上海：上海古籍出版社、上海書店，1986年。

（807 年）拜為門下侍郎、平章事。禮部侍郎李紓知貢舉。

《唐才子傳》卷四〈武元衡〉條云：「元衡字伯蒼，河南人。建中四年薛展榜進士。」[81] 徐松《登科記考》卷十一建中四年進士科以《唐才子傳》為據係薛展為是年狀元。[82]

薛展仕歷待考，今僅見《唐尚書省郎官石柱題名考》卷二十二載其為祠部員外郎。[83]

五十五、鄭全濟

唐德宗貞元元年（785 年）進士科狀元。是年進士三十三人，可考者有鄭全濟、麴信陵、羊士諤、陸灃、姚系、盧汀、錢徽、崔從、崔頌、崔廷、獨孤寔、薛存誠等十二人。禮部侍郎鮑防知貢舉。

元釋圓至《箋注唐賢絕句三體詩法》（明廣陵錢元卿刻本）卷十：「羊士諤，貞元元年鄭全濟榜進士，憲宗以與呂溫善，貶資州刺史。」《唐才子傳》卷五〈麴信陵〉條云：「信陵，貞元元年鄭全濟榜及第，仕為舒州望江縣令，卒。」[84]《容齋五筆》卷七〈書麴信陵事〉云：「信陵以正（貞）元元年鮑防下及第，為（第）四人，以六年作望江令。」[85]

乾隆《榮陽縣誌》卷八〈選舉志〉「唐進士」條載「鄭全濟，貞元元年中狀元。」雍正《河南通志》卷四十五〈選舉二〉「唐進士」條載鄭全濟為榮陽人，惟云其中進士科狀元在貞元二年，未知何據？

五十六、張正甫

唐德宗貞元二年（786 年）進士科狀元。是年進士二十七人，可考者有張正甫、竇牟、竇易直、李夷簡、李俊、李棱、張賈、皇甫鏞、張署、齊據、劉闢等十一人。禮部侍郎鮑防知貢舉未畢事，國子祭酒包佶放榜。

81　傅璇琮主編，《唐才子傳校箋》第二冊，第 207 頁，北京：中華書局，1989 年。

82　清・徐松，《登科記考》卷十一，第 420 頁，北京：中華書局，1984 年。

83　清・勞格、趙鉞，《唐尚書省郎官石柱題名考》卷二十二〈祠部員外郎〉，月河精舍叢書，光緒丙戌本。

84　傅璇琮主編，《唐才子傳校箋》第二冊，第 369-371 頁，北京：中華書局，1989 年。

85　宋・洪邁，《容齋五筆》卷七〈書麴信陵事〉，第 842 頁，上海：上海古籍出版社1987 年影印《文淵閣四庫全書》本第 851 冊。

《舊唐書‧張正甫傳》（卷一六二）云：「張正甫，字踐方，南陽人。曾祖大禮，坊州刺史，祖紹貞，尚書右丞，父泚，蘇州司馬。正甫登進士第。」[86]《唐才子傳》卷四〈竇牟〉條云；「牟字貽周，貞元二年張正甫榜進士。」[87]《永樂大典》卷二三六八引《蘇州府志》云：「貞元二年，張正甫，第一人，常侍。」[88]民國《吳縣誌》卷十一〈選舉表〉三亦云：「張正甫，貞元二年，第一人，歷官常侍。」

按張正甫貞元二年進士科狀元及第，諸書記載一致。惟張氏之籍貫，《舊唐書》云「南陽人」，即今河南省鄧州人。而蘇州地方誌則云「吳縣人」，即今江蘇省吳縣人。查《舊唐書》：「正甫兄式，大曆中進士登第。」[89]柳宗元〈先君石表陰先友記〉云：「（張）式，南陽人。」[90]《唐才子傳》卷四〈暢當〉條載：「當，河東人。大曆七年，張式榜及第。」[91]知張正甫之兄張式乃大曆七年（772年）進士科狀元。《舊唐書‧張正甫傳》又載張正甫子張毅夫亦「登進士第」，[92]《蘇州府志》、《吳縣誌》等書均未載張式、張毅夫。既然張正甫之兄、之子均為南陽人，則張正甫亦當為南陽人。至於蘇州地方誌為何記載張正甫為吳縣人，原因可能有二：一是張正甫之父張泚曾官蘇州司馬，移家蘇州，正甫幼時求學於蘇州，或於蘇州發解。二是張正甫本人曾官蘇州刺史，《舊唐書‧憲宗紀》（卷一五）云：元和八年冬十月己巳，「以蘇州刺史張正甫為湖南觀察使。」[93]

張正甫貞元二年（786年）狀元及第後，入襄州刺史兼御史大夫、山南東道節度觀察使樊澤幕下，後遷監察御史，不久因于頔陷害，被貶郴州長史，累遷殿中侍御史、戶部員外郎、司封員外郎、戶部郎中。元和八年（813年），以蘇州刺史為湖南觀察使，十二年（817年）自同州刺史為河南尹，十五年（820

86　後晉‧劉昫，《舊唐書》卷一六二〈張正甫傳〉，第513頁，上海：上海古籍出版社、上海書店，1986年。

87　傅璇琮主編，《唐才子傳校箋》第二冊，第218頁，北京：中華書局，1989年。

88　《永樂大典》卷二三六八，第1064頁，北京：中華書局，1986年。

89　後晉‧劉昫，《舊唐書》卷一六二〈張正甫傳〉，第513頁，上海：上海古籍出版社、上海書店，1986年。

90　唐‧柳宗元，《柳河東全集》卷十二〈表誌〉，第128頁，北京：中國書店，1991年。

91　傅璇琮主編，《唐才子傳校箋》第二冊，第114頁，北京：中華書局，1989年。

92　後晉‧劉昫，《舊唐書》卷一六二〈張正甫傳〉，第513頁，上海：上海古籍出版社、上海書店，1986年。

93　後晉‧劉昫，《舊唐書》卷一五〈憲宗紀〉，第61頁，上海：上海古籍出版社、上海書店，1986年。

年）改華州刺史，入拜左散騎常侍、集賢殿學士轉工部尚書，大和五年（831年）為檢校兵部尚書、太子詹事，六年（832年）以吏部尚書致仕，八年（834年）八十三歲時去世，贈太子太師。

張正甫仕歷主要見載於《舊唐書》本傳，但訛誤之處較多，如本傳云：「改河南尹。由尚書右丞為同州刺史，入拜散騎常侍、集賢殿學士判院事。」《白居易集》卷四九〈張正甫可為同州刺史制〉云：「尚書右丞、賜紫金魚袋張正甫，……可持節同州諸軍事守同州刺史，充本州防禦使。」白居易知制誥在元和十五年。《冊府元龜》卷五九六云：「尚書右丞張正甫封敕疏奏，不答，留中不下。……至明年，張正甫改為同州刺史。」[94]又按《舊唐書・憲宗紀》元和十二年八月，「戊辰，以同州刺史張正甫為河南尹。」可知歷官次序與年代均誤。[95]韓愈〈舉張正甫自代狀〉云：張正甫「懷剛毅之姿，疾惡如仇讎，見善若饑渴。備更內外，灼有名聲，年齒雖高，氣力逾勵，甘貧苦節，不愧神明，可謂古之老成，朝之碩德。」[96]

五十七、牛錫庶

唐德宗貞元三年（787年）進士科狀元。是年進士三十三人，可考者有牛錫庶、謝登、趙儆、裴堪、裴垍等五人。禮部侍郎薛播知貢舉未畢事，禮部尚書蕭昕放榜。

《太平廣記》卷一百八十〈牛錫庶〉條引《逸史》云：「牛錫庶，性靜退寡合，累舉不第。貞元元年，因問日者，曰：『君明年合狀頭及第』。……明年果狀頭及第。」[97]《玉泉子》記載相同。[98]《唐摭言》卷八〈遭遇〉條亦曰：「貞元二年，牛錫庶、謝登，蕭少保下及第。」[99]徐松《登科記考》卷十二貞元三年

94　宋・王欽若等編纂，周勳初等校訂，《冊府元龜》卷五九六〈掌禮部・謚法第二〉，第6582頁，南京：鳳凰出版社，2006年。

95　郁賢皓，《唐刺史考全編》卷四，〈京畿道・同州（馮翊郡）〉，第132頁，合肥：安徽大學出版社，2000年。

96　唐・韓愈，《韓昌黎全集》卷四十〈表狀三〉，第468頁，北京：中國書店，1991年。

97　宋・李昉，《太平廣記》卷一百八十〈牛錫庶〉，第1339頁，北京：中華書局，1961年。

98　唐・闕名，《玉泉子》，載《唐五代筆記小說大觀》下冊，第1432頁，上海：上海古籍出版社，2000年。

99　五代・王定保，《唐摭言》卷八〈遭遇〉，載《唐五代筆記小說大觀》下冊，第1646頁，上海：上海古籍出版社，2000年。

進士科以《太平廣記》和《唐摭言》為據係牛錫庶為是年狀元。[100] 今從之。

五十八、盧頊

唐德宗貞元五年（789 年）進士科狀元。是年進士三十六人，可考者有盧頊、楊居源、崔簡、馬逢、王叔雅、嚴公弼、張正元、裴度、胡證、羅玠、杜羔、竇平、吳仲舒、李夷亮、李方叔、盧士玫、李修、盧長卿、韋乾度、李遜、李道古、劉元鼎、田伯、馮魯、麴澹、張汾、楊衡、李君何、周弘亮、曹著、陳翥等三十二人。禮部侍郎劉太真知貢舉。

《唐才子傳》卷五〈馬逢〉條云：「逢，關中人。貞元五年盧頊榜進士。」[101] 徐松《登科記考》卷十二貞元五年進士科以《唐才子傳》為據係盧頊為是年狀元。[102]

盧頊，兩《唐書》無傳，《新唐書‧宰相世系表》（卷七三上）載盧氏源出姜姓，祖籍范陽。盧頊祖盧寰，未載官職。父盧政，檢校郎中。盧頊兄弟七人行五。兄盧瑗，歙州刺史。盧珣，未載官職。盧瑾，河中少尹。盧璠，未載官職。弟盧玠、盧珙，皆未載官職。盧頊子盧戎、孫盧蔚。[103] 按長慶三年十月二十二日盧方撰〈唐故太常寺太祝范陽盧（直）君墓誌銘〉云：「直字本愚，臨汝郡長史府君諱寰之曾孫，潞府右司馬府君諱珣之次子。」[104]〈唐故宣州宣城縣尉范陽盧（宏）府君並夫人博陵崔氏墓誌銘〉云：「宏字子器。曾祖寰。考璠，進士擢第，終歸州牧。」[105] 是知盧頊之祖父盧寰官臨汝郡長史，兄盧珣，官潞府右司馬，盧璠，官歸州牧（刺史）。又大和五年十一月八日〈范陽盧（景修）府君墓誌〉云：「君諱景修，字子從，小字馹郎，姓盧氏，范陽人也。曾祖諱寰，臨汝郡長史；祖諱政，太子中允、贈越州都督；父諱琬，檢校太子右

100 清‧徐松，《登科記考》卷十二，第 442 頁，北京：中華書局，1984 年。

101 傅璇琮主編，《唐才子傳校箋》第二冊，第 413-414 頁，北京：中華書局，1989 年。

102 清‧徐松，《登科記考》卷十二，第 451 頁，北京：中華書局，1984 年。

103 宋‧歐陽修，《新唐書》卷七三上〈宰相世系表〉，第 294 頁，上海：上海古籍出版社、上海書店，1986 年。

104 周紹良主編，《唐代墓誌彙編》長慶〇二三，第 2074-2075 頁，上海：上海古籍出版社，1992 年。

105 周紹良主編，《唐代墓誌彙編》咸通〇〇一，第 2380 頁，上海：上海古籍出版社，1992 年。

庶子致仕。……君即庶子之第四子也。……其仲兄景南護喪歸於洛陽。」[106] 由此誌可知盧政尚有子盧琬，亦即盧項尚有兄弟　人。盧琬有子多人，第二子曰盧景南，第四子曰盧景修。

《太平廣記》卷三百四十〈盧項〉條引《通幽錄》云：「貞元六年十月，范陽盧項家於錢塘，妻弘農楊氏。其姑王氏早歲出家，隸邑之安養寺，項宅於寺之北里。……項家貧，假食於郡內郭西堰，堰去其宅數十步。」[107] 是知盧項進士及第後曾遷家錢塘，住其出家的姑姑附近。其時可能尚未入仕，故而還因家貧需要外出「假食」。《冊府元龜》卷一六五〈帝王部・招懷三〉云：「（貞元）十一年九月，昭義軍節度使掌書記、試祕書郎盧項為洺州別駕，知州事，賜緋魚袋，賞有功也。時元誼據洺州，項白於節度王虔休，請入城說下之，項見誼為陳利害，誼請隨項歸朝，故項不次授官，誼亦不赴京師。」[108] 元和七年（812 年）八月十六日盧項為其嫂（璠妻）所撰墓誌時署名「朝請大夫使持節澤州諸軍事守澤州刺史賜紫金魚袋盧項撰」。[109] 結合《新唐書・宰相世系表》（卷七三上）載盧項為澤州刺史，可知盧項仕歷大致為：貞元十年以後為昭義軍節度使王虔休辟為試祕書郎掌書記，十一年因說服元誼歸朝有功授洺州別駕、知州事，元和年間官澤州刺史。

五十九、尹樞

唐德宗貞元七年（791 年）進士科狀元。是年進士三十人，可考者有尹樞、陸復禮、林藻、令狐楚、王履貞、彭伉、蕭俛、皇甫鎛、房次卿、薛放、獨孤寔、竇楚、孟簡等十三人。禮部侍郎張濛知貢舉未畢事，刑部侍郎杜黃裳放榜。

《玉泉子》載：「杜黃裳知貢舉，聞尹樞時名籍籍，乃微服訪之。問場中名士，樞唯唯。黃裳乃具告曰：『某即今年主司也，受命久矣，唯得一人，其他相煩指列。』樞聳然謝曰：『既辱下問，敢有所隱！』即言子弟崔元略，孤寒有材藻令狐楚數人。黃裳大喜。其年樞狀頭及第，試〈珠還合浦賦〉成，或

106　周紹良主編，《唐代墓誌匯編》大和〇四四，第 2126 頁，上海：上海古籍出版社，1992 年。

107　宋・李昉，《太平廣記》卷三百四十〈盧項〉，第 2695 頁，北京：中華書局，1961 年。

108　宋・王欽若等編纂，周勳初等校訂，《冊府元龜》卷一六五〈帝王部・招懷三〉，第 1836 頁，南京：鳳凰出版社，2006 年。

109　見《唐代墓誌匯編》元和〇五三〈劍南東川節度推官殿中侍御史內供奉盧公夫人崔氏墓誌銘〉，上海古籍出版社，1992 年版，第 1986 頁。

假寐，夢人告曰：『何不序珠來去之意？』既寤，乃改數句。及謝恩，黃裳謂之曰：『序珠來去之意，如有神助。』」[110]《太平廣記》卷一百八十引〈閩川名士傳〉記載略同。尹樞中狀元頗具戲劇色彩，《唐摭言》卷八〈自放狀頭〉條有具體描述。[111]《唐詩紀事》卷五〈令狐楚〉條、《唐才子傳》卷五〈令狐楚〉條以及《玉芝堂談薈》卷二〈歷代狀元〉條等均記載尹樞為貞元七年進士科狀元。

按尹樞，閬州閬中（今四川閬中）人，其弟尹極於元和八年（813年）進士科狀元及第。道光《保寧府志》卷三十六〈選舉志〉和卷四十二〈人物志〉、民國《閬中縣誌》卷二十二〈人物志〉一均載尹樞、尹極兄弟並擅文名，時稱「梧桐雙鳳」。閬中城現有一座規模很大的「狀元坊」，也是因為紀念尹樞兄弟狀元及第修建的。

尹樞仕歷無考，新出〈唐故揚州高郵縣尉尉遲府君（恕）墓誌銘並序〉，署：「將仕郎守懷州修武縣尉尹樞撰。」[112]此墓誌撰寫於貞元十四年（798年）六月十三日，作者與狀元尹樞同名，且生活年代接近，有可能即為一人。《全唐詩》卷二百七十六載有盧綸〈送尹樞令狐楚及第後歸覲〉，詩云：「佳人比香草，君子即芳蘭。寶器金罍重，清音玉珮寒。貢文齊受寵，獻禮兩承歡。鞍馬並汾地，爭迎陸與潘。」[113]《全唐文》卷六一九收錄尹樞是年考試賦文〈華山仙掌賦〉。[114]

六十、賈稜

唐德宗貞元八年（792年）進士科狀元。是年進士二十三人，洪興祖《韓子年譜》引《科名記》云：「貞元八年陸贄主司，試〈明水賦〉、〈御溝新柳詩〉。其人賈稜、陳羽、歐陽詹、李博、李觀、馮宿、王涯、張季友、齊孝若、劉遵古、許季同、侯繼、穆贊、韓愈、李絳、溫商、庾承宣、員結、胡諒、崔群、邢冊、

110　唐・闕名，《玉泉子》，載《唐五代筆記小說大觀》下冊，第1436頁，上海：上海古籍出版社，2000年。

111　五代・王定保，《唐摭言》卷八〈自放狀頭〉，載《唐五代筆記小說大觀》下冊，第1645-1646頁，上海：上海古籍出版社，2000年。

112　毛陽光主編，《洛陽流散唐代墓誌匯編續集》二四三，第488頁，北京：國家圖書館出版社，2018年。

113　清・彭定求，《全唐詩》卷二百七十六，第1472頁，石家莊：河北人民出版社，1993年。

114　清・董誥，《全唐文》卷六一九〈珠還合浦賦〉，第6251頁，北京：中華書局影印，1983年。

裴光輔、萬瑞，是年一榜多天下孤雋偉傑之士，號龍虎榜。」（見《韓子年譜》卷三）是知該年進士二十三人全部可考。兵部侍郎陸贄權知貢舉。

《唐才子傳》卷五〈王涯〉條云：「涯字廣津。貞元八年賈稜榜及第。」[115]《登科記考》卷十三以此係賈稜為貞元八年進士科狀元。[116]

賈稜，祖籍河東臨汾（今山西臨汾）人，因避葛榮之難遷居浮陽（今河北滄州），《元和姓纂》卷七〈賈氏〉云：「（賈）處澄生元禕，元禕生季鄰、季良，奉天尉。季良生岌，檢校員外。岌生稜、穜。稜，大理評事。季鄰，長安主簿。生岊、巖。」[117]《新唐書·宰相世系表》（卷七五下）亦載賈稜官大理評事。祖父季良，奉天尉。父賈岌，檢校員外郎。弟賈穜，字嘉穎，未載官職。賈稜為德宗時宰相賈耽族叔，玄宗開元二十三年進士科狀元賈季鄰姪孫。[118]

《文苑英華》卷一八八載有賈稜是年省試〈御溝新柳〉詩。[119]

在唐代科舉史上，貞元八年（792年）一榜因才俊薈萃，所錄進士有多人在政治、文學等方面很有成就，故被稱為「龍虎榜」，其中歐陽詹、韓愈等人的文學成就尤為突出。

六十一、苑論

唐德宗貞元九年（793年）進士科狀元。是年進士三十二人，可考者有苑論、穆寂、幸南容、柳宗元、劉禹錫、談元茂、張復元、馬徵、鄧文佐、武儒衡、許志雍、邱絳、邱穎、薛公達、衛中行、裴杞、陳璀、吳祕、李宗和、陳祜、崔約等二十一人。戶部侍郎顧少連權知貢舉。

苑論，字言揚，馬邑（今山西朔州市東北馬邑）人，柳宗元〈送苑論登第後歸覲詩序〉云：「八年冬，余與馬邑苑言揚（原注：論，字言揚，齊大夫苑何忌之後），聯貢於京師。自時而後，車必掛轄，席必交袵。量其志，知其達於昭代；究其文，辯其勝於太常。探而討之，則明韜於樸厚之質，行浮於休顯

115　傅璇琮主編，《唐才子傳校箋》第二冊，第419-421頁，北京：中華書局，1989年。

116　清·徐松，《登科記考》卷十三，第463頁，北京：中華書局，1984年。

117　唐·林寶，《元和姓纂》卷七，第672頁，上海：上海古籍出版社1987年影印《文淵閣四庫全書》本第890冊。

118　宋·歐陽修，《新唐書》卷七五下〈宰相世系表〉，第338頁，上海：上海古籍出版社、上海書店，1986年。

119　宋·李昉，《文苑英華》卷一八八〈詩〉，第922頁，北京：中華書局，1966年。

之問。遊公卿之間，質直而不犯，恪謹而不懾。交同列之群以誠信聞，余拜而兄之，以為執誼而固，臨節不奪，在兄而已。是歲，小司徒顧公守春官之缺，而權擇士之柄。明年春，同趨權衡之下，並就重輕之試。觀其掉鞅於術藝之場，游刃乎文翰之林，風雨生於筆劄，雲霞發於簡牘，左右圜視，朋儕拱手，甚可壯也。二月丙子，有司題甲乙之科，揭於南宮，余與兄又聯登焉。」[120]《唐才子傳》卷五〈柳宗元〉條亦云：「宗元字子厚，河東人。貞元九年苑論榜第進士，又試博學宏辭。」[121] 徐松《登科記考》卷十三貞元九年進士科以此為據係苑論為是年狀元。[122]

《全唐文補遺》（第九輯）錄載〈唐故中書舍人集賢院學士安陸郡太守苑公（咸）墓誌銘並序〉，作者署「遺孫朝議郎前殿中侍御史內供奉賜緋魚袋論撰」。誌文云：「有唐故中書舍人、集賢殿學士、安陸郡太守、館陶縣開國男苑公，以至德三年正月廿九日，薨於揚州之官舍，享年卌九。……遺孫論、詢、詀等。……公諱咸，字咸，其先帝嚳之後。……因家馬邑，今為馬邑善陽人也。……封上柱國、芮國公，累遷左金吾衛大將軍、安撫等州諸軍事、安州刺史，食實封三千戶，諡曰忠諱君璋，公之高祖也。生洺武衛大將軍、汾代甘等州刺史、武威郡公諱孝文，公之曾祖也。生（疑有闕字）州司法參軍事諱問，公之王父也。生贈濟陽郡太守諱操，公之皇考也。……（公）七歲誦詩書，日數千言，十五能文，十八應鄉賦，恥以文字進，以經濟為己任。開元中，聲明文物，振邁漢魏；求名之士，難於登天。公當此時，年始弱冠，為曲江公張九齡表薦。玄宗親臨前殿策試，除太子校書，仍留集賢院。……長男籍，大曆中授河南府伊陽縣尉，不幸早世。……遺孫論等。」[123] 按墓誌述苑論家世較為清晰，祖苑咸，官至安陸郡太守；父苑籍，官河南府伊陽縣尉；苑論官朝議郎前殿中侍御史、內供奉賜緋魚袋。論有二弟：苑詢、苑詀。

《太平廣記》卷二百四十二〈苑詀〉條引《乾饌子》云：「唐尚書裴冑鎮江陵，常與苑論有舊，論及第後，更不相見，但書劄通問而已。論弟詀方應舉，過江陵，行謁地主之禮，客將見詀名曰，秀才之名，雖字不同，且難於尚書前

120　唐・柳宗元，《柳河東全集》卷二十二〈序一〉，第257頁，北京：中國書店，1991年。
121　傅璇琮主編，《唐才子傳校箋》第二冊，第459-461頁，北京：中華書局，1989年。
122　清・徐松，《登科記考》卷十三，第478頁，北京：中華書局，1984年。
123　吳鋼主編，《全唐文補遺》（第九輯），第389頁，西安：三秦出版社，2007年。

為禮，如何，會詶懷中有論舊名紙，便謂客將曰，某自別有名，客將見日晚，

倉遽遽將名入，胄喜曰，苑大來也，屈入，詶至中庭，胄見貌異，及坐，揖曰，

足下第幾，詶對曰，第四，胄曰，與苑大遠近，詶曰，家兄。又問曰，足下正

名何？對曰，名論，又曰，賢兄改名乎？詶曰，家兄也名論，公庭將吏，於是

皆笑，及引坐，乃陳本名名詶，既逡巡於便院，俄而遠近悉知。」[124] 可見苑論

兄弟多人，四弟名詶。按《舊唐書・裴胄傳》（卷一二二）載裴胄曾領宣歙、

湖南、江西、荊南諸鎮。

六十二、陳諷

　　唐德宗貞元十年（794年）進士科狀元。是年進士二十八人，可考者有陳諷、

范傳正、李逢吉、陳通方、李虛中、王播、鄭澣（一作鄭涵）、豆盧署、柳立、

李頎、席夔、齊昭、張仲孚、陳九流（一作陳左流）、張彙、柳道倫、郭遵、

豆盧榮、竇從直、邵偓等二十人。禮部侍郎顧少連知貢舉。

　　《廣卓異記》卷十九〈進士狀元卻為宏詞頭〉條引《登科記》云：「右按《登

科記》，陳諷，貞元十年進士狀元及第，當年宏詞頭登科。」[125] 徐松《登科記考》

卷十三貞元十年進士科以《廣卓異記》為據係陳諷為是年狀元。[126]

　　《文苑英華》卷九八八載呂溫〈祭座主故兵部尚書顧公文〉稱貞元十年歲

次甲申月日，門生侍御史王播、監察御史陳諷等人，「以清酌之奠祭於座主。」[127]

《劉賓客嘉話錄》又云：「陳諷、張復元各注畿縣尉，請換縣，允之。既而張

卻請不換，鄭滂子引張，才入門，報已定，不可改。時人服之。」[128] 是知京畿

縣尉、監察御史可能是陳諷經吏部試後所授之早期官職。據清人勞格、趙鉞所

撰之《唐尚書省郎官石柱題名考》卷三〈吏部郎中〉考證，陳諷曾官吏部郎中、

司勳郎中、金部郎中、倉部員外郎等職。《舊唐書・鄭余慶傳》（卷一五八）

載有陳諷參與修訂朝廷儀禮一事：（元和）十三年，「憲宗以余慶諳練典章，

朝廷禮樂制度有乖故事，專委余慶參酌施行，遂用為詳定使。余慶復奏刑部侍

124　宋・李昉，《太平廣記》卷二百四十二〈苑詶〉，第1869頁，北京：中華書局，1961年。

125　宋・樂史，《廣卓異記》卷十九〈進士狀元卻為宏詞頭〉，載《筆記小說大觀》第一
　　　冊（合訂第一本），第264頁，揚州：江蘇廣陵古籍刻印社，1983年。

126　清・徐松，《登科記考》卷十三，第488頁，北京：中華書局，1984年。

127　宋・李昉，《文苑英華》卷九八八〈祭文〉，第5196頁，北京：中華書局，1966年。

128　唐・韋絢，《劉賓客嘉話錄》，載《唐五代筆記小說大觀》上冊，第820頁，上海：
　　　上海古籍出版社，2000年。

郎韓愈、禮部侍郎李程為副使，左司郎中崔郾、吏部郎中陳珮、刑部員外郎楊嗣復、禮部員外郎庾敬休，並充詳定判官。朝廷儀制、吉凶五禮，咸有損益焉。」[129] 按文中所云「吏部郎中陳珮」即為陳諷，參見《唐會要》卷三十九及岑仲勉《郎官石柱題名新考訂》之一〈左司郎中〉（崔郾）條和〈吏部郎中〉（陳諷）條。

陳諷是年省試詩〈冬日可愛〉詩，載於《文苑英華》卷一八一〈詩〉三一〈省試詩〉二。[130]

六十三、李程

唐德宗貞元十二年（796年）進士科狀元。是年進士三十人，可考者有李程、孟郊、馮審、張仲方、李方古、崔郾、蕭鍊、湛賁、崔護、喬弁、崔弘禮、何堅等十二人。禮部侍郎呂渭知貢舉。

《廣卓異記》卷十九〈進士狀元卻為宏詞頭〉條引《登科記》云：「右按《登科記》，李程，貞元十二年進士狀元及第，十三年宏詞頭登科。」[131]《舊唐書・李程傳》（卷一六七）云：「程，貞元十二年進士擢第，又登宏辭科。」[132]《唐才子傳》卷五〈孟郊〉條云：「郊字東野，洛陽人。……貞元十二年李程榜進士，時年五十矣。調溧陽尉。」[133] 徐松《登科記考》卷十四貞元十二年進士科系李程為是年狀元。[134]

李程，字表臣，隴西成紀（今甘肅秦安）人。出唐宗室大鄭王房，為襄邑恭王李神符（唐高祖李淵的堂弟）的五世孫。父李鷫，官滁州刺史，兄李倨，官池州刺史。子李廓，元和十三年（818年）進士，官武寧軍節度使、檢校工部尚書。[135]

---

129 後晉・劉昫，《舊唐書》卷一五八〈鄭余慶傳〉，第502頁，上海：上海古籍出版社、上海書店，1986年。

130 宋・李昉，《文苑英華》卷一八一〈詩〉三十一，第885頁，北京：中華書局，1966年。

131 宋・樂史，《廣卓異記》卷十九〈進士狀元卻為宏詞頭〉，載《筆記小說大觀》第一冊（合訂第一本），第264頁，揚州：江蘇廣陵古籍刻印社，1983年。

132 後晉・劉昫，《舊唐書》卷一六七〈李程傳〉，第527頁，上海：上海古籍出版社、上海書店，1986年。

133 傅璇琮主編，《唐才子傳校箋》第二冊，第502-505頁，北京：中華書局，1989年。

134 清・徐松，《登科記考》卷十四，第502頁，北京：中華書局，1984年。

135 宋・歐陽修，《新唐書》卷七〇上〈宗室世系表〉，第212頁，上海：上海古籍出版

　　狀元及第後，李程累辟使府，貞元二十年，入朝為監察御史，其年秋，召充翰林學士。順宗即位，為王叔文所排擠，罷學士，三遷為員外郎。元和中，出為劍南西川節度行軍司馬。十年，入為兵部郎中，尋知制誥。韓弘為淮西都統，詔程銜命宣諭。明年，拜中書舍人，權知京兆尹事。十二年，權知禮部貢舉。十三年四月，拜禮部侍郎。六月，出為鄂州刺史、鄂岳觀察使。入為吏部侍郎，封渭源男，食邑三百戶。敬宗即位之五月，以本官同平章事。尋加中書侍郎，進封彭原郡公。寶曆二年，罷相，檢校兵部尚書、同平章事、太原尹、北京留守、河東節度使。太和四年三月，檢校尚書左僕射、平章事、河中尹、河中晉絳節度使。六年，就加檢校司空。七月，征為左僕射。七年六月，檢校司空、汴州刺史、宣武軍節度使。九年，復為河中晉絳節度使，就加檢校司徒。開成元年五月，複入為右僕射，兼判太常卿事。十一月，兼判吏部尚書銓事。二年三月，檢校司徒，出為襄州刺史、山南東道節度使。五年正月，武宗即位，改任東都留守。會昌二年（842 年）卒，享年七十七歲。

　　《全唐詩》卷三百六十八現存李程〈春臺晴望〉等詩五首。[136] 是年省試〈日五色賦〉（以「日麗九華聖符土德」為韻）見載於《文苑英華》卷五〈賦〉五〈天象〉五。[137]

六十四、鄭巨源

　　唐德宗貞元十三年（797 年）進士科狀元。是年進士二十（《玉芝堂談薈》載是年進士三十人，此依《文獻通考》）人，可考者有鄭巨源、郭炯、陳詡、宋迪、獨孤申叔、裴操、万俟造、高允中、李衡□等九人。禮部侍郎呂渭再知貢舉。

　　《玉芝堂談薈》卷二〈歷代狀元〉條云：「（貞元）十三年，進士三十人，狀元鄭巨源。」[138]《登科記考》卷十四貞元十三年進士科以《玉芝堂談薈》為據係鄭巨源為是年狀元。[139]

　　　　社、上海書店，1986 年。

136　清・彭定求，《全唐詩》卷三百六十八，第 1955 頁，石家莊：河北人民出版社，1993 年。

137　宋・李昉，《文苑英華》卷五〈賦〉五，第 28 頁，北京：中華書局，1966 年。

138　明・徐應秋，《玉芝堂談薈》卷二〈歷代狀元〉，第 47 頁，上海：上海古籍出版社 1987 年影印《文淵閣四庫全書》本第 883 冊。

139　清・徐松，《登科記考》卷十四，第 514 頁，北京：中華書局，1984 年。

六十五、李隨

唐德宗貞元十四年（798年）進士科狀元。是年進士二十人，可考者有李隨、李翱、張仲素、呂溫、權長孺、獨孤郁、王起、王季友、許康佐、呂鏵、王損之、呂價等十二人。又盧元輔、李正叔、李建、李逢、張隸初、蕭節、時元左、李宗衡、鄭素等九人見呂溫祭文，其年未詳，附此俟考。尚書左丞顧少連權知貢舉。

《唐才子傳》卷五〈張仲素〉條云：「仲素，字繪之。貞元十四年李隨榜進士，與李翱、呂溫同年。」[140] 同卷〈呂溫〉條亦云：「溫字和叔，河中人。……貞元十四年李隨榜及第。中宏辭。」[141] 徐松《登科記考》卷十四貞元十四年進士科以《唐才子傳》為據係李隨為是年狀元。[142]

李隨，唐代同名者尚有多人。一為玄宗開元時宗室李琳之子李隨，乃高宗子許王之孫，官靈昌太守，封夔國公，見《新唐書・三宗諸子傳》（卷八一）。二為姑臧房肅宗相李揆侄李隋，官祕書監。見《新唐書・宰相世系表》（卷七二上）。又見《舊唐書・穆宗紀》（卷一六）所載之祕書少監李隨，當為一人。[143] 岑仲勉《郎官石柱題名新考訂》（一二）〈戶部員外郎〉云：「抑隨、隋二字唐人通用，未能據此以斥隋之不合也。」[144] 三為《舊唐書・禮儀志》（卷二四）天寶十載太子中允李隨。四為令狐峘〈顏真卿碑〉、殷亮〈顏真卿行狀〉、《舊唐書・張巡傳》、《新唐書・玄宗紀》、《新唐書・顏真卿傳》等書記載之濟南太守李隨。此外尚有《舊五代史》李專美之曾祖父光祿卿李隨。從時代上看，李揆之侄隋較為接近。[145]

李隨，祖籍隴西成紀，後遷鄭州（今河南鄭州），代為冠族，曾祖李宣，字景信，官給事中。祖李成裕，官祕書監。伯父李揆，字端卿，相肅宗。父李

140 傅璇琮主編，《唐才子傳校箋》第二冊，第 527-529 頁，北京：中華書局，1989 年。

141 傅璇琮主編，《唐才子傳校箋》第二冊，第 537-540 頁，北京：中華書局，1989 年。

142 清・徐松，《登科記考》卷十四，第 518 頁，北京：中華書局，1984 年。

143 後晉・劉昫，《舊唐書》卷一六〈穆宗紀〉，第 68 頁，上海：上海古籍出版社、上海書店，1986 年。

144 岑仲勉，《郎官石柱題名新考訂》（一二），第 89 頁，上海：上海古籍出版社，1984 年。

145 貞元十四年進士科狀元究為李揆之侄隋抑或另有他人，尚需有新的資料予以證實，本書暫列其為是年狀元。

均之，未見載官職或未仕。子李正範，官庫部郎中。[146] 李隨狀元及第後曾官戶部員外郎，穆宗長慶三年（823 年）官祕書少監，《舊唐書‧穆宗紀》（卷一六）載其奏請造當司圖書印一面，獲得穆宗准許。[147] 官終祕書監。[148]

六十六、封孟紳

唐德宗貞元十五年（799 年）進士科狀元。是年進士十七人，可考者有封孟紳、張籍、王炎、李景儉、邵楚萇、裴頊、孟寂、俞簡、韋□等九人。中書舍人高郢權知貢舉。

《唐詩紀事》卷三十九云：「孟紳，貞元十五年高郢下進士第一人，終於太常卿。」[149]《唐才子傳》卷五〈張籍〉條云：「籍字文昌，和州烏江人也。貞元十五年封孟紳榜及第。」[150]《玉芝堂談薈》卷二〈歷代狀元〉條云：「（貞元）十五年，進士十七人，狀元封孟紳。」[151] 徐松《登科記考》卷十四貞元十五年進士科以封孟紳為是年狀元。[152]

按封孟紳，其名史載不一，《全唐詩》卷四百六十四收錄封氏〈賦得行不由徑〉詩一首，作者名下原注：「一作孟對。又作孟封。」《全唐文》卷九四六封孟申下收錄〈信及豚魚賦〉一篇。清人勞格《讀書雜識》卷八〈讀全唐文劄記〉云：「申」疑作「紳」。吳汝煜在校箋《唐才子傳》一書〈張籍傳〉時云：「《全唐文》實本於《文苑英華》，《英華》卷四三〈賦〉四三〈帝德〉三收此篇正作『封孟申』。疑《才子傳》及勞說誤。」[153] 陳尚君認為「所疑非是」。其補正云：「《全唐文》固本於《英華》，而《英華》所署作者姓名訛誤者，

146 參見《舊唐書》卷一二六〈李揆傳〉，上海：上海古籍出版社、上海書店，1986 年版，第 429 頁；《新唐書》卷七二上〈宰相世系表〉，上海：上海古籍出版社、上海書店，1986 年版第 252 頁。

147 後晉‧劉昫，《舊唐書》卷一六〈穆宗紀〉，第 68 頁，上海：上海古籍出版社、上海書店，1986 年。

148 宋‧歐陽修，《新唐書》卷七二上〈宰相世系表〉，第 252 頁，上海：上海古籍出版社、上海書店，1986 年。

149 宋‧計有功撰，王仲鏞校箋，《唐詩紀事校箋》卷三十九，第 1079 頁，北京：中華書局，2007 年。

150 傅璇琮主編，《唐才子傳校箋》第二冊，第 552-557 頁，北京：中華書局，1989 年。

151 明‧徐應秋，《玉芝堂談薈》卷二〈歷代狀元〉，第 47 頁，上海：上海古籍出版社 1987 年影印《文淵閣四庫全書》本第 883 冊。

152 清‧徐松，《登科記考》卷十四，第 524 頁，北京：中華書局，1984 年。

153 傅璇琮主編，《唐才子傳校箋》第二冊，第 558 頁，北京：中華書局，1989 年。

所在多有，不可盡從。如卷一八九即又誤作封孟封。《唐詩紀事》卷三九作封孟紳，與《才子傳》同，足證辛氏不誤。」[154] 此說可從。

封孟紳狀元及第後仕歷不詳，僅見《唐詩紀事》卷三十九載其官終太常卿。[155]

六十七、陳權

唐德宗貞元十六年（800 年）進士科狀元。是年進士十七人，[156] 可考者有陳權、吳丹、鄭俞、白居易、李□、王鑑、杜元穎、陳昌言、陸□、崔韶等十人。中書舍人高郢權知貢舉。

《唐才子傳》卷五〈戴叔倫〉條云：「叔倫字幼公，潤州金壇人。……貞元十六年陳權榜進士。」[157] 徐松《登科記考》卷十四貞元十六年進士科以《唐才子傳》為據係陳權為是年狀元。[158] 按《登科記考》所載陳權為貞元十六年狀元當有所本，然《唐才子傳》所云戴叔倫為是年進士則屬誤載，叔倫卒於貞元五年（789 年），春秋五十八，何來貞元十六年中進士之說？[159]

六十八、班肅

唐德宗貞元十七年（801 年）進士科狀元。是年進士十八人，可考者有班肅、辛殆庶、李彥方、羅讓、徐至、鄭方、劉積中、杜省躬、杜周士、樂伸、元宗簡等十一人。禮部侍郎高郢知貢舉。

《柳河東集》卷二二〈送班孝廉擢第歸東川覲省序〉云：「隴西辛殆庶，猥稱吾文宜敘事，晨持縑素，以班孝廉之行為請，……屬者舉鄉里，登春官，獲居其甲焉。」韓注：「殆庶與班肅同年進士。」「貞元十七年，禮部侍郎高郢知貢舉，班肅第一。」[160] 班肅第一，即言班肅為是年狀元。至於柳文為何不

154　傅璇琮主編，《唐才子傳校箋》第五冊，第 258 頁，北京：中華書局，1995 年。

155　宋・計有功撰，王仲鏞校箋，《唐詩紀事校箋》卷三十九，第 1079 頁，北京：中華書局，2007 年。

156　按《唐登科記總目》載是年進士十九人，著名詩人白居易是年中進士，其登科後詩云：「慈恩塔下題名處，十七人中最少年。」作為當事人的記載應該更為可信。

157　傅璇琮主編，《唐才子傳校箋》第二冊，第 518-520 頁，北京：中華書局，1989 年。

158　清・徐松，《登科記考》卷十四，第 531 頁，北京：中華書局，1984 年。

159　孟二冬，《登科記考補正》卷二十七，第 1190 頁，北京：北京燕山出版社，2003 年。

160　唐・柳宗元，《柳河東全集》卷二十二〈序一〉，第 259 頁，北京：中國書店，1991 年。

按習慣稱班肅為「秀才」（進士）而稱「孝廉」（明經），清人徐松認為可能是班肅先第明經之故。[161] 其說待進一步證實。今人岑仲勉則認為：「至宗元送者是否班肅，非得班氏世系等證之，尚無從解決也。」[162]

按班肅，衛州汲（今河南衛輝）人，《元和姓纂》卷四載其家世為：「（班）思簡，唐春官員外。生景倩，吏部侍郎、祕書監。生鈞、杭、懸、渙、宏、映、榮。宏，戶部尚書。生肅，肅生震。震，夔州刺史。」[163]《舊唐書‧班宏傳》（卷一二三）云：「班宏，衛州汲人也。祖思簡，春官員外郎。父景倩，祕書監。宏少舉進士。」[164]《新唐書‧班宏傳》（卷一四九）記載略同。[165]

《新唐書‧皇甫鎛傳》（卷一六七）載云：穆宗始聽政，貶門下侍郎平章事皇甫鎛為崖州司戶參軍。「前坊州刺史班肅以嘗僚，獨餞於野。朝廷義之，擢為司封員外郎。」[166]《元稹集》卷四十七〈制誥〉載〈班肅授尚書司封員外郎制敕〉云：「朝議郎、前坊州刺史、賜緋魚袋班肅：馳競之徒，能於寒暑之際，不以憂畏移其厚薄之道者鮮也。聞爾為祠部員外郎，值吾黜奸之日。遊其門者，莫不跧鼠奔迸，懼罹其身。唯爾私分不渝，進退有素，搢紳之論，有以多之。復爾中臺，以厚吾俗。勉慎其始，無輕所從。可行尚書司封員外郎，余如故。」[167] 由此可知，班肅狀元及第後，曾為皇甫鎛僚佐，且兩人之間的關係密切。後任祠部員外郎、坊州刺史，元和十五年（820年）官司封員外郎，不久遷升倉部郎中。[168]

《全唐文》卷七二四收錄班肅〈笙磬同音賦〉一篇。[169]

161　清‧徐松，《登科記考》卷十五，第541頁，北京：中華書局，1984年。

162　岑仲勉，《郎官石柱題名新考訂》（六），第42頁，上海：上海古籍出版社，1984年。

163　唐‧林寶，《元和姓纂》卷四，第595頁，上海：上海古籍出版社1987年影印《文淵閣四庫全書》本第890冊。

164　後晉‧劉昫，《舊唐書》卷一二三〈班宏傳〉，第424頁，上海：上海古籍出版社、上海書店，1986年。

165　宋‧歐陽修，《新唐書》卷一四九〈班宏傳〉，第503頁，上海：上海古籍出版社、上海書店，1986年。

166　宋‧歐陽修，《新唐書》卷一六七〈皇甫鎛傳〉，第541頁，上海：上海古籍出版社、上海書店，1986年。

167　唐‧元稹，《元稹集》卷四十七〈班肅授尚書司封員外郎制敕〉，第504-505頁，北京：中華書局，1982年。

168　岑仲勉，《郎官石柱題名新考訂》（一七），第117頁，上海：上海古籍出版社，1984年。

169　清‧董誥，《全唐文》卷七二四〈笙磬同音賦〉，第7457頁，北京：中華書局影印，1983年。

六十九、徐晦

唐德宗貞元十八年（802 年）進士科狀元。是年進士二十三人，可考者有徐晦、尉遲汾、侯雲長、韋紓、沈杞、李翊、崔琯、樊陽源、馮定、楊歸厚、楊嗣復、許稷等十二人。中書舍人權德輿權知貢舉。

《永樂大典》引《莆陽志》云：「貞元十八年，徐晦，狀元。」[170]《玉芝堂談薈》卷二〈歷代狀元〉條云：「（貞元）十八年，進士二十三人，狀元徐敏。」[171]徐松《登科記考》卷十五貞元十八年進士科以徐晦為是年狀元。考云：《玉芝堂談薈》作「徐敏」，誤。[172]

《新唐書・宰相世系表》（卷七五上）載有北祖上房徐氏，春官尚書、枝江郡公徐筠之子徐晦，不詳仕歷。岑仲勉《郎官石柱題名新考訂》（五）〈司封郎中〉條考云：「徐晦，元和十年任，原引北祖上房之晦，與有功為同輩，非其人也，應刪去待考。《全唐詩》六函二劉禹錫〈寄唐州楊八歸厚詩〉：『何況遷喬舊同伴，一雙先入鳳凰池。』注云：『時徐晦、楊嗣復二舍人與唐州同年及第』」。[173]因此，北祖上房之徐晦非貞元十八年進士科狀元，狀元徐晦另有其人。

《舊唐書・徐晦傳》（卷一六五）云：「徐晦，進士擢第，登直言極諫制科，授櫟陽尉，皆自楊憑所薦，及憑得罪貶臨賀尉，交親無敢祖送者，獨晦送至藍田與憑言別。時故相權德輿與憑交分最深，知晦之行，因謂晦曰：『今日送臨賀，誠為厚矣。無乃為累乎？』晦曰：『晦自布衣受楊公之眷，方茲流播，爭忍無言而別？如他日相公為奸邪所譖，失意於外，晦安得與相公輕別？』德輿嘉其真懇，大稱之於朝，不數日，御史中丞李夷簡請為監察。晦白夷簡曰：『生平不踐公門，公何取信而見獎拔？』夷簡曰：『聞君送楊臨賀不顧犯難，肯負國乎？』由是知名。歷殿中侍御史、尚書郎，出為晉州刺史，入拜中書舍人。寶曆元年出為福建觀察使，二年入為工部侍郎，出為同州刺史兼御史中丞。大和四年徵拜兵部侍郎，五年為太子賓客，分司東都。晦性強直，不隨世態。當

170　清・徐松，《登科記考》卷十五，第 553 頁，北京：中華書局，1984 年。

171　明・徐應秋，《玉芝堂談薈》卷二〈歷代狀元〉，第 47 頁，上海：上海古籍出版社 1987 年影印《文淵閣四庫全書》本第 883 冊。

172　清・徐松，《登科記考》卷十五，第 553 頁，北京：中華書局，1984 年。

173　岑仲勉，《郎官石柱題名新考訂》（五），第 37 頁，上海：上海古籍出版社，1984 年。

官守正，惟嗜酒太過，晚年喪明乃至沉廢。以禮部尚書致仕。開成三年三月卒，贈兵部尚書。」[174]《新唐書・楊憑傳》（卷一六一）亦云：「徐晦者，字大章，第進士，賢良方正，擢櫟陽尉。」[175]

按徐晦中賢良方正能直言極諫制科的時間史載不一，《唐會要》卷七十六〈貢舉中〉條云：「（元和）二年四月，賢良方正能直言極諫制科，牛僧孺、皇甫湜、李宗閔、李正封、吉宏宗、徐晦、賈餗、王起、郭球、姚袞、庚威及第。」[176]《冊府元龜》卷六四五〈貢舉部・科目〉條記載相同。[177]然《廣卓異記》卷七〈制科同年四相〉條云，元和三年，賢良方正、能直言極諫制科十一人登科。其後牛僧孺、李宗閔、王起、賈餗四人相次拜相。[178]是知徐晦中賢良方正能直言極諫制科的時間應為元和三年（808 年）。

〈重修承旨學士壁記〉云：「徐晦，元和九年七月二十三日自東都留守判官都官員外郎充翰林學士，十年七月二十三日轉司封郎中，十二年二月十一日出守本官。」（見《翰苑群書》上）

徐晦嗜酒太過以至晚年喪明一事，白居易〈吟四雖詩〉云：「眼雖病，猶勝於徐郎中。」注：「徐郎中晦因疾喪明。」白居易家貧多故，十五六始知有進士，苦節讀書。二十已來，晝課賦，夜課書，間又課詩，嚴重影響了眼睛的視力，「瞥瞥然如飛蠅垂珠在眸子中也，動以萬數。」[179]白居易眼病不輕，而徐晦更甚之，故有白氏此詩。

七十、賈餗

唐德宗貞元十九年（803 年）進士科狀元。是年進士二十人，可考者有賈餗、

174　後晉・劉昫，《舊唐書》卷一六五〈徐晦傳〉，第 521 頁，上海：上海古籍出版社、上海書店，1986 年。

175　宋・歐陽修，《新唐書》卷一六一〈楊憑傳〉，第 524 頁，上海：上海古籍出版社、上海書店，1986 年。

176　宋・王溥，《唐會要》卷七十六〈貢舉中・制科舉〉，第 1645 頁，上海：上海古籍出版社，2006 年。

177　宋・王欽若等編纂，周勳初等校訂，《冊府元龜》卷六四五〈貢舉部・科目〉，第 7447 頁，南京：鳳凰出版社，2006 年。

178　宋・樂史，《廣卓異記》卷七〈制科同年四相〉，載《筆記小說大觀》第一冊（合訂第一本），第 245 頁，揚州：江蘇廣陵古籍刻印社，1983 年。

179　清・董誥，《全唐文》卷六七五〈與元九書〉，第 6890 頁，北京：中華書局影印，1983 年。

曹景伯、侯喜、李楚、胡直鈞、鄭式方、李蟠、崔鄲、鄭居中等九人。禮部侍郎權德輿知貢舉。

《舊唐書・賈餗傳》（卷一六九）云：「賈餗，字子美，河南人。祖渭，父寧。餗進士擢第。又登制策甲科，文史兼美，四遷至考功員外郎。」[180]《登科記考》卷十五進士科以此為據係賈餗為貞元十九年進士。[181]雍正《河南通志》卷四十五〈選舉志〉載賈餗為河南洛陽人，長慶二年（822年）狀元。同治《河南府志》卷二八〈選舉志〉記載相同。賈餗為狀元說當有所本，然云長慶二年狀元及第似不可能，因為長慶元年（821年）時，穆宗有詔命考功員外郎賈餗策召賢良，同考官有中書舍人白居易、繕部郎中陳岵。[182]賈餗不可能在考功員外郎任上再去報考進士科，而是早在多年前就已經考中進士，又登制策甲科，四遷至考功員外郎。周臘生認為：「賈餗確為狀元，但奪魁不在長慶二年，而在貞元十九年，即《記考》所載其進士及第之年。地方誌所載奪魁時間不確，《記考》之誤乃在名次上。」[183]此說可從。

《新唐書・宰相世系表》（卷七五下）云：賈餗字子美，相文宗，出河南賈氏，世居姑臧。祖賈曹，父賈寧，均未載官職。兄賈竦，官著作郎。[184]《新唐書・賈餗傳》（卷一七九）云：賈餗「少孤，客江、淮間，從父全觀察浙東，餗往依之，全尤器異，收恤良厚。」[185]《舊唐書・賈餗傳》（卷一六九）云：長慶初，賈餗以考功員外郎知制誥，遷庫部郎中。四年，為張又新所構，出任常州刺史。「太和初，入為太常少卿。二年，以本官知制誥。三年七月，拜中書舍人。四年九月，權知禮部貢舉。五年，榜出後，正拜禮部侍郎。凡典禮闈三歲，所選士七十五人，得其名人多至公卿者。七年五月，轉兵部侍郎。八年十一月，遷京兆尹、兼御史大夫。九年四月，檢校禮部尚書、潤州刺史、浙西

180　後晉・劉昫，《舊唐書》卷一六九〈賈餗傳〉，第531頁，上海：上海古籍出版社、上海書店，1986年。

181　清・徐松，《登科記考》卷十五，第564頁，北京：中華書局，1984年。

182　後晉・劉昫，《舊唐書》卷一六〈穆宗紀〉，第67頁，上海：上海古籍出版社、上海書店，1986年。

183　周臘生，《唐代狀元奇談・唐代狀元譜》，第304頁，北京：紫禁城出版社，2002年。

184　宋・歐陽修，《新唐書》卷七五下〈宰相世系表〉，第338頁，上海：上海古籍出版社、上海書店，1986年。

185　宋・歐陽修，《新唐書》卷一七九〈賈餗傳〉，第564頁，上海：上海古籍出版社、上海書店，1986年。

觀察使。制出未行，拜中書侍郎、同平章事，進金紫階，封姑臧男，食邑三百戶。
未幾，加集賢殿學士，監修國史。其年十一月，李訓事發，兵交殿廷，禁軍肆掠。
餗易服步行出內，潛身人間。翌日，自投神策軍，與王涯等皆族誅。餗雖中立
自持，然不能以身犯難，排斥奸纖，脂韋其間，遂至覆族。逢時多僻，死非其罪，
世多冤之。」[186]

七十一、武翊黃

唐憲宗元和元年（806 年）進士科狀元。是年進士二十三人，可考者有武
翊黃、柳公權、皇甫湜、陸暢、張復、李紳、李顧言、韋淳（處厚）、崔公信、
王正雅、張勝之、韓佽、李虞仲、高鉄、韋表微、庾敬休等十六人。中書舍人
崔邠權知貢舉。

在唐代科舉史上，武翊黃以其「連中三頭」而聞名，《唐語林》卷六〈補
遺〉條云：「武翊黃，府送為解頭，及第為狀頭，宏詞為敕頭，時謂『武三頭』，
冠於一時。」[187]《南部新書》「己」亦載此事：「武翊皇以『三頭』冠絕一代……
解頭、狀頭、宏詞敕頭，是謂『三頭』。」[188] 章孝標〈錢塘贈武翊黃〉詩云「天
人科第上三頭」當指此事。[189]《唐才子傳》卷六〈李紳〉條又云：「紳字公垂，
亳州人。元和元年武翊黃榜進士，與皇甫湜同年，補國子助教。」[190] 徐松《登
科記考》卷十六即依辛傳等載武翊黃為元和元年狀元。[191] 元釋圓至《箋注唐賢
三體詩法》（明廣陵錢元卿刻本）卷十四、《玉芝堂談薈》卷二〈歷代狀元〉
條均載元和元年狀元張又新。[192] 張又新為元和九年進士科狀元，詳見本書「張
又新」條考辨。

按武翊黃，河南緱氏（今河南偃師）人，兩《唐書》無傳，《新唐書 ·

186　後晉・劉昫，《舊唐書》卷一六九〈賈餗傳〉，第 531 頁，上海：上海古籍出版社、
　　上海書店，1986 年。

187　宋・王讜，《唐語林》卷六〈補遺〉，第 598 頁，北京：中華書局，1987 年。

188　宋・錢易，《南部新書》己，載《宋元筆記小說大觀》第一冊，第 334 頁，上海：上
　　海古籍出版社，2001 年。

189　清・彭定求，《全唐詩》卷五百六，第 2726 頁，石家莊：河北人民出版社，1993 年。

190　傅璇琮主編，《唐才子傳校箋》第三冊，第 40-42 頁，北京：中華書局，1990 年。

191　清・徐松，《登科記考》卷十六，第 584 頁，北京：中華書局，1984 年。

192　明・徐應秋，《玉芝堂談薈》卷二〈歷代狀元〉，第 47 頁，上海：上海古籍出版社
　　1987 年影印《文淵閣四庫全書》本第 883 冊。

宰相世系表》（卷七四上）載云：武翊黃，字坤輿，大理卿。其父武元衡，字
伯蒼，相憲宗。祖武就，字廣成，潤州司馬。[193]

七十二、王源中

唐憲宗元和二年（807年）進士科狀元。是年進士二十八人，可考者有王
源中、竇鞏、孫簡、崔咸、張存則、李正封、白行簡、錢眾仲、楊敬之、費冠卿、
張後餘、王參元、張弘、權璩、齊熙、韋楚材、吳武陵等十七人。禮部侍郎崔
邠知貢舉。

《唐才子傳》卷四〈竇鞏〉條云：「鞏字友封，……元和二年王源中榜進
士。」[194]徐松《登科記考》卷十七元和二年進士科以《唐才子傳》為據係王源
中為是年狀元。[195]

王源中，《新唐書‧宰相世系表》（卷七二中）云出瑯琊王氏，杭州別
駕潤子，官天平節度使。[196]《新唐書‧王源中傳》（卷一六四）云：源中字正
蒙，擢進士、宏辭，累遷左補闕，轉戶部郎中、侍郎，擢翰林學士，進承旨學
士。出為山南西道節度使，入拜刑部侍郎，未幾又領天平節度使。開成三年（838
年）卒，贈尚書右僕射。[197]《新唐書》本傳記載王源中仕歷尚有缺失，《唐會
要》卷八十〈諡法下〉載：「宣武，贈太師范希朝。」注云：「太常博士馮定
請諡忠武，禮部員外郎王源中駁，請下太常重定。」[198]岑仲勉《郎官石柱題名
新考訂》（二〇）〈禮部員外郎王源中〉條云：「范希朝元和九年卒，議諡者
有禮部員外郎王源中。」[199]是知元和九年（814年）前後王源中曾官禮部員外郎。
《翰林學士壁記注補八》〈敬宗〉條考證云：王源中自敬宗寶曆二年（826年）
九月二十四日以戶部郎中充翰林學士。三年正月八日權知中書舍人，文宗大和

193　宋‧歐陽修，《新唐書》卷七四上〈宰相世系表〉，第314頁，上海：上海古籍出版
　　社、上海書店，1986年。

194　傅璇琮主編，《唐才子傳校箋》第二冊，第241-243頁，北京：中華書局，1989年。

195　清‧徐松，《登科記考》卷十七，第620頁，北京：中華書局，1984年。

196　宋‧歐陽修，《新唐書》卷七二中〈宰相世系表〉，第267頁，上海：上海古籍出版
　　社、上海書店，1986年。

197　宋‧歐陽修，《新唐書》卷一六四〈王源中傳〉，第532頁，上海：上海古籍出版社、
　　上海書店，1986年。

198　宋‧王溥，《唐會要》卷八十〈諡法〉，第1760頁，上海：上海古籍出版社，2006年。

199　岑仲勉，《郎官石柱題名新考訂》（二〇），第142頁，上海：上海古籍出版社，1984年。

二年（828 年）二月五日正拜。十一月五日，遷戶部侍郎知制誥。三年十二月，加承旨。八年（834 年）四月二十日，遷禮部尚書出院。[200]

王源中為人淡泊名利，處理政務簡約得當，時人稱美。惟嗜酒過度，雖留下很多趣聞，卻也每每誤事。《南部新書》「王」記載：「王源中字正蒙，在內署嗜酒，當召對，方沉醉不能起。及醉醒，同列告之。源中但懷憂惕，殊無悔恨。他日又以醉不任赴召，遂不得大用。開成三年十一月，薨於鄆州節度使。又曾賜酒十金甌，酒飲皆盡，甌亦隨賜。」[201]

七十三、韋瓘

唐憲宗元和四年（809 年）進士科狀元。是年進士二十人，可考者有韋瓘、鮑溶、郭承嘏、楊汝士、盧商、趙蓍、盧鈞、李行修、范傳質、陳至、張徹、王陟等十二人。中書舍人張弘靖權知貢舉。

唐莫休符著《桂林風土記》所載〈碧潯亭〉云：「韋舍人瓘，年十九入闕選進士舉，二十一進士狀頭。榜下，除左拾遺。於時名重縉紳，指期直上。」[202]《唐宋科場異聞錄》卷一引《續定命錄》：「太原王陟，貞元初應進士舉，時京師有善筮者，號垣下生。陟從筮焉。卦成，久不言，又大嗟異，謂陟曰：『據此，郎君後二十三年及第，是歲狀頭後兩年而生，郎君待此人同年及第。某故訝之。』後及第，謁主司，各通姓名。韋瓘直立，陟忽憶垣下生言，問之，韋答曰：『某年一十九歲。』陟遽謂曰：『先輩貞元四年生，所隱祇二年，何不誠若是？』乃取垣下生所記示眾，眾大驚，瓘由此以實告。」（呂相燮輯，見同治庚午味經堂書坊本）《唐才子傳》卷六〈鮑溶〉條亦云：「溶字德源。元和四年韋瓘榜第進士。」[203]

徐松《登科記考》卷十七元和四年進士科以《桂林風土記》、《唐才子傳》等書所載為據，係韋瓘為是年狀元。按語云：「按此（指韋瓘）與韋珩之弟同名，

200 岑仲勉，《郎官石柱題名新考訂》附《翰林學士壁記注補》（八），第 281-282 頁，上海：上海古籍出版社，1984 年。

201 宋・錢易，《南部新書》王，載《宋元筆記小說大觀》第一冊，第 374 頁，上海：上海古籍出版社，2001 年。

202 唐・莫休符，《桂林風土記》，〈碧潯亭〉，載《學海類編》第 118 冊，上海：上海涵芬樓，民國九年。

203 傅璇琮主編，《唐才子傳校箋》第三冊，第 52 頁，北京：中華書局，1990 年。

別是一人。」[204]

　　韋瓘，京兆萬年（今陝西西安）人。《新唐書・宰相世系表》（卷七四上）載韋瓘，字茂弘，出龍門公房，父韋正卿、兄韋珩，皆未載官職。[205]《新唐書・韋夏卿傳》（卷一六二）云：「韋夏卿，字雲客，京兆萬年人。少邃於學，善文辭，大曆中與弟正卿同舉賢良方正，皆策高第。……正卿子瓘，字茂弘，及進士第。仕累中書舍人，與李德裕善，德裕任宰相，罕接士，唯瓘往請無間也。李宗閔惡之，德裕罷貶為明州長史，會昌末，累遷楚州刺史，終桂管觀察使。」[206]韋瓘實於大中二年（848年）二月遷桂管觀察使，年底改任太僕卿，分司東都。

　　《全唐文》卷六九五載有韋瓘〈浯溪題壁記〉等三文。[207]

七十四、李顧行

　　唐憲宗元和五年（810年）進士科狀元。是年進士三十二人，可考者有李顧行、李仍叔、陳彥博、王璠、崔蟲、崔元儒、楊虞卿、唐扶、孔敏行、錢識、孟琯、裴大章等十二人。禮部侍郎崔樞知貢舉。

　　《太平廣記》卷一百五十四〈陳彥博〉條引《前定錄》云：陳彥博「以元和五年崔樞侍郎及第，上二人李顧行、李仍叔。」[208]《玉芝堂談薈》卷二〈歷代狀元〉條云：「（元和）五年，進士三十二人，狀元李顧行。」[209]徐松《登科記考》卷十八元和五年進士科以李顧行為是年狀元。[210]按《全唐文》卷七八八云李顧行「元和六年進士」，未詳何據。

204　清・徐松，《登科記考》卷十七，第643頁，北京：中華書局，1984年。又：岑仲勉認為《桂林風土記》所載之韋瓘與《新唐書・韋夏卿傳》所載之韋瓘實為同一人。參見岑仲勉《隋唐史》第438頁，中華書局，1982年。

205　宋・歐陽修，《新唐書》卷七四上〈宰相世系表〉，第310頁，上海：上海古籍出版社、上海書店，1986年。

206　宋・歐陽修，《新唐書》卷一六二〈韋夏卿傳〉，第526頁，上海：上海古籍出版社、上海書店，1986年。

207　清・董誥，《全唐文》卷六九五〈浯溪題壁記〉，第7140-7142頁，北京：中華書局影印，1983年。

208　宋・李昉，《太平廣記》卷一百五十四〈陳彥博〉，第1107頁，北京：中華書局，1961年。

209　明・徐應秋，《玉芝堂談薈》卷二〈歷代狀元〉，第47頁，上海：上海古籍出版社1987年影印《文淵閣四庫全書》本第883冊。

210　清・徐松，《登科記考》卷十八，第647頁，北京：中華書局，1984年。

　　李顧行狀元及第後曾任監察御史、金部員外郎等職。《舊唐書‧馮定傳》（卷一六八）云：「寶曆二年，長壽縣尉馬洪沼告郢州刺史馮定，詔監察御史李顧行鞫之。」[211]《唐尚書省郎官石柱題名考》卷十六〈金部員外郎〉載有李顧行。[212]

七十五、李固言

　　唐憲宗元和七年（812年）進士科狀元。是年進士二十九人，可考者有李固言、李漢、陳夷行、李珏、歸融、賈餗、姚嗣卿、鄭魴等八人。兵部侍郎許孟容權知貢舉。

　　《唐宋科場異聞錄》卷二引《三峰集》云：「李固言未第時，行古柳下，聞有彈指聲。固言問之，曰：『吾柳神九烈君也，已用柳汁染子衣矣，科第無疑。果得藍袍，當以棗糕祠我。』固言許之，未幾狀元及第。」（呂相變輯，見同治庚午味經堂書坊本）《唐摭言》卷二云李固言元和七年等第末為狀元。[213]《太平廣記》卷一百五十五〈李固言〉條引《酉陽雜俎》云：「相國李固言，元和六年，下第遊蜀。遇一姥，言『郎君明年芙蓉鏡下及第，後二紀拜相，當鎮蜀土，某已不復見郎君出將之榮也，願以季女為托。』明年，果狀頭及第。」[214]又引《蒲錄紀傳》云：「李固言初未第時，過洛。有胡盧先生者，知神靈間事，曾詣而問命。先生曰：『紗籠中人，勿復相問。』及在長安，寓歸德里。人言聖壽寺中有僧，善術數。乃往詣之，僧又謂曰：『子紗籠中人。』是歲元和七年，許孟容以兵部侍郎知舉。固言訪中表間人在場屋之近事者，問以求知遊謁之所（未詳姓氏）。斯人且以固言文章，甚有聲稱，必取甲科。因紿之曰：『吾子須首謁主文，仍要求見。』固言不知其誤之，則以所業徑謁孟容。孟容見其著述甚麗，乃密令從者延之，謂曰：『舉人不合相見，必有嫉才者。』使詰之，固言遂以實對。孟容許第固言於榜首，而落其教者姓名。乃遣祕焉。既第，再謁聖壽寺，問紗籠中之事。僧曰：『吾常於陰府往來，有為相者，皆以形貌，用碧紗籠於

211　後晉‧劉昫，《舊唐書》卷一六八〈馮定傳〉，第529頁，上海：上海古籍出版社、上海書店，1986年。

212　清‧勞格、趙鉞，《唐尚書省郎官石柱題名考》卷十六〈金部員外郎〉，月河精舍叢書，光緒丙戌本。

213　五代‧王定保，《唐摭言》卷二〈等第末為狀元〉，載《唐五代筆記小說大觀》下冊，第1586頁，上海：上海古籍出版社，2000年。

214　宋‧李昉，《太平廣記》卷一百五十五〈李固言〉，第1111頁，北京：中華書局，1961年。

廡下。故所以知。』固言竟出入將相，皆驗焉。」[215] 又引《感定錄》云：「元和初，進士李固言就舉。忽夢去看榜，見李固言第二人上第。及放榜，自是顧言，亦第二人。固言其年又落。至七年，許孟容下狀頭登第。」[216]

《唐摭言》卷二云李固言是年為「等第末狀元」，所謂「等第」，係指京兆府推薦的考生中前十名，這前十名考生考上進士的大抵在七、八個人以上，有的時候連錄取的名次都沒有區別。如果情況不是這樣，京兆府往往還具牒禮部詢問「落由」。

《新唐書・宰相世系表》（卷七二上）載李固言三代家世：固言出趙郡李氏南祖房，祖李並，揚州左司馬，父李峴（按舊傳作「現」），盧江令，李固言，字仲樞，相文宗。[217]《太平廣記》卷一百八十〈李固言〉條引《唐摭言》云：「李固言生於鳳翔莊墅，性質厚，未熟造謁。」[218] 是知李固言祖籍趙郡（今河北趙縣），出生在鳳翔（今陝西鳳翔）。

李固言，兩《唐書》有傳，《新唐書・李固言傳》（卷一八二）云：「固言，字仲樞，其先趙人。擢進士甲科，江西裴堪、劍南王播皆表署幕府。後歷官戶部郎中、給事中、太子賓客、尚書右丞。李德裕輔政，出為華州刺史。俄而李宗閔復用，召為吏部侍郎，進御史大夫。太和九年，宗閔得罪，李訓、鄭注用事，訓欲自取宰相，乃先以固言為門下侍郎、同中書門下平章事，旋出為山南西道節度使，訓自代其處。訓敗，文宗頗思之，復召為平章事，仍判戶部。俄以門下侍郎平章事為西川節度使，詔云詔雅樂即臨皋館送之。讓還門下侍郎，乃檢校尚書左僕射。武宗立，召授右僕射。會崔珙、陳夷行以僕射為宰相，改檢校司空兼太子少師，領河中節度使。以疾復為少師，遷東都留守。宣宗初，還右僕射。後以太子太傅分司東都。卒，年七十八，贈太尉。」[219]《舊唐書・李固言傳》（卷一七三）記載略同。[220]

215　宋・李昉，《太平廣記》卷一百五十五〈李固言〉，第1112頁，北京：中華書局，1961年。

216　宋・李昉，《太平廣記》卷一百五十五〈李固言〉，第1112頁，北京：中華書局，1961年。

217　宋・歐陽修，《新唐書》卷七二中〈宰相世系表〉，第255頁，上海：上海古籍出版社、上海書店，1986年。

218　宋・李昉，《太平廣記》卷一百八十〈李固言〉，第1343頁，北京：中華書局，1961年。

219　宋・歐陽修，《新唐書》卷一八二〈李固言傳〉，第569頁，上海：上海古籍出版社、上海書店，1986年。

220　後晉・劉昫，《舊唐書》卷一七三〈李固言傳〉，第543頁，上海：上海古籍出版社、上海書店，1986年。

七十六、尹極

唐憲宗元和八年（813年）進士科狀元。是年進士三十人，可考者有尹極、舒元輿、張蕭遠、王含、楊漢公等五人。中書舍人韋貫之權知貢舉。

《玉芝堂談薈》卷二〈歷代狀元〉條云：「（元和）八年，狀元尹極。」注云：「閬州人，樞弟。」[221]《登科記考》卷十八元和八年進士科以《談薈》為據係尹極為是年狀元。[222]

七十七、張又新

唐憲宗元和九年（814年）進士科狀元。是年進士二十七人，可考者有張又新、李德垂、殷堯藩、高鍇、陳商、盧載等六人。禮部侍郎韋貫之知貢舉。

張又新所著之〈煎茶水記〉云：「元和九年春，予初成名，與同年生期於薦福寺，余與李德垂先至。」[223]《唐摭言》卷二載：「張又新時號張三頭，進士狀頭，宏詞敕頭，京兆解頭。」[224]《廣卓異記》卷十九〈進士狀元卻為宏詞頭〉引《登科記》云：「右按《登科記》，張又新，元和九年進士狀元及第。十二年宏詞頭登科。」[225]

張又新，深州陸澤（今河北深州市西南）人。《舊唐書‧張薦傳》（卷一四九）云：「張薦，字孝舉，深州陸澤人，祖鷟，……子又新、希復，皆登進士第。」[226]《新唐書‧張又新傳》（卷一七五）云：「張又新，字孔昭，工部侍郎薦之子。元和中及進士高第。」[227]狀元及第後，張又新應辟為廣陵從事，歷官左、右補闕，祠部員外郎，山南東道行軍司馬，汀州、涪州刺史，官終左

221　明‧徐應秋，《玉芝堂談薈》卷二〈歷代狀元〉，第47頁，上海：上海古籍出版社1987年影印《文淵閣四庫全書》本第883冊。

222　清‧徐松，《登科記考》卷十八，第655頁，北京：中華書局，1984年。

223　清‧董誥，《全唐文》卷七二一〈煎茶水記〉，第7420頁，北京：中華書局影印，1983年。

224　五代‧王定保，《唐摭言》卷二〈爭解元〉，載《唐五代筆記小說大觀》下冊，第1589頁，上海：上海古籍出版社，2000年。

225　宋‧樂史，《廣卓異記》卷十九〈進士狀元卻為宏詞頭〉，載《筆記小說大觀》第一冊（合訂第一本），第264頁，揚州：江蘇廣陵古籍刻印社，1983年。

226　後晉‧劉昫，《舊唐書》卷一四九〈張薦傳〉附〈張又新傳〉，第485-486頁，上海：上海古籍出版社、上海書店，1986年。

227　宋‧歐陽修，《新唐書》卷一七五〈張又新傳〉，第556頁，上海：上海古籍出版社、上海書店，1986年。

司郎中。

　　張又新人性傾邪，為宰相李逢吉鷹犬，名在「八關十六子」之目。善為詩，恃才多輇藉。其淫蕩之行，卒見於篇。嘗曰：「我少年擅美名，意不欲仕宦，惟得美妻，平生足矣。」娶楊虔州女，有德無色，殊怏怏。後過淮南，李紳筵上得一歌姬，與之偕老，其狂斐類此。喜嗜茶，恨在陸羽後，自著〈煎茶水記〉一卷，及詩文多篇行於世。[228]

　　《全唐詩》卷五百四十九載有趙嘏〈送張又新除溫州〉：「東晉江山稱永嘉，莫辭紅旆向天涯。凝弦夜醉松亭月，歇馬曉尋溪寺花。地與剡川分水石，境將蓬島共煙霞。卻愁明詔徵非晚，不得秋來見海槎。」[229]

七十八、鄭澥

　　唐憲宗元和十一年（816 年）進士科狀元。是年進士三十三人，可考者有鄭澥、姚合、任疇、廖有方、周匡物、令狐定、皇甫曙、劉端夫、李行方、楊之罘、周師厚、陳傳、盧諫卿等十三人。中書舍人李逢吉權知貢舉。

　　《永樂大典》引《清漳志》云：元和十一年，鄭澥狀元。[230]《唐才子傳》卷六〈姚合〉條云：「合，陝州人，宰相崇之曾孫也。以詩聞。元和十一年，李逢吉知貢舉，有夙好，因拔泥塗，鄭解榜及第。」[231]《玉芝堂談薈》卷二〈歷代狀元〉條云：「（元和）十一年，進士三十二人，狀元鄭獬。」[232]《登科記考》卷十八元和十一年進士科系鄭澥為是年狀元，考云：「《唐才子傳》作『鄭解』，《玉芝堂談薈》作『鄭獬』，當從〈御史臺精舍題名碑〉作『鄭澥』。《唐詩紀事》作『高澥』，誤。」[233]

　　《河南通志》卷四十五〈選舉志〉二〈唐進士〉條云鄭解為滎陽人。乾隆《滎陽縣誌》卷八〈選舉志‧唐進士〉條亦載鄭解為元和十一年狀元。

　　鄭澥狀元及第後，曾入山南東道李愬幕中掌書記。《舊唐書‧李愬傳》（卷

228　傅璇琮主編，《唐才子傳校箋》第三冊，第 62 頁，北京：中華書局，1990 年。
229　清‧彭定求，《全唐詩》卷五百四十九，第 2992 頁，石家莊：河北人民出版社，1993 年。
230　清‧徐松，《登科記考》卷十八，第 663 頁，北京：中華書局，1984 年。
231　傅璇琮主編，《唐才子傳校箋》第三冊，第 114-117 頁，北京：中華書局，1990 年。
232　明‧徐應秋，《玉芝堂談薈》卷二〈歷代狀元〉，第 47 頁，上海：上海古籍出版社 1987 年影印《文淵閣四庫全書》本第 883 冊。
233　清‧徐松，《登科記考》卷十八，第 663 頁，北京：中華書局，1984 年。

一三三）云：元和十二年十月，李愬「將襲蔡州，其月七日，使判官鄭澥告師
期於裴度。」[234] 按鄭澥實為李愬掌書記。《新唐書・藝文志》二（卷五八）載：「鄭
澥，《涼國公平蔡錄》」。注云：「字蘊士，李愬山南東道掌書記、開州刺史。」[235]
《直齋書錄解題》卷五：《涼國公平蔡錄》一卷。唐山南東道掌書記鄭澥蘊士
撰。涼國公者，李愬也。[236]《資治通鑑》卷二百四十元和十二年冬十月甲子：「遣
掌書記鄭澥至郾城，密白裴度。」[237]

　　《唐尚書省郎官石柱題名考》卷十五〈金部郎中〉條載有鄭澥，又見御史
臺右側侍御兼殿中題名。[238]

七十九、獨孤樟

　　唐憲宗元和十三年（818 年）進士科狀元。是年進士三十二人，可考者有
獨孤樟、李廓、李石、柳仲郢、王洙、樂坤、劉軻、潘存實、陳彤、薛庭老等
十人。中書舍人庾承宣權知貢舉。

　　《永樂大典》引《清漳志》云：「元和十三年，獨孤樟狀元。」[239]《唐才子傳》
卷六〈李廓〉條云：「廓，宰相李程之子也。……元和十三年獨孤樟榜進士，
調司經局正字，出為鄠縣令。」[240]《玉芝堂談薈》卷二〈歷代狀元〉條云：「（元
和）十三年，進士三十二人，狀元獨孤梓。」[241] 誤。

八十、韋諶

　　唐憲宗元和十四年（819 年）進士科狀元。是年進士三十一人，可考者有
韋諶、章孝標、陳去疾、馬植、李讓夷、張庾、韋中立、楊牢、程昔範等九人。

234　後晉・劉昫，《舊唐書》卷一三三〈李晟傳〉附〈李愬傳〉，第 444 頁，上海：上海
　　　古籍出版社、上海書店，1986 年。

235　宋・歐陽修，《新唐書》卷五八〈藝文志〉二，第 159 頁，上海：上海古籍出版社、
　　　上海書店，1986 年。

236　宋・陳振孫，《直齋書錄解題》卷五，第 145 頁，上海：上海古籍出版社，1987 年。

237　宋・司馬光，《資治通鑑》卷二百四十〈憲宗中〉元和十二年冬十月甲子，第 1650 頁，
　　　上海：上海古籍出版社，1987 年。

238　清・勞格、趙鉞，《唐尚書省郎官石柱題名考》卷十五〈金部郎中〉，月河精舍叢書，
　　　光緒丙戌本。

239　清・徐松，《登科記考》卷十八，第 673 頁，北京：中華書局，1984 年。

240　傅璇琮主編，《唐才子傳校箋》第三冊，第 128-129 頁，北京：中華書局，1990 年。

241　明・徐應秋，《玉芝堂談薈》卷二〈歷代狀元〉，第 47 頁，上海：上海古籍出版社
　　　1987 年影印《文淵閣四庫全書》本第 883 冊。

中書舍人庾承宣權知貢舉。

《玉芝堂談薈》卷二〈歷代狀元〉條云：「（元和）十四年，進士三十一人，狀元韋謎。」[242]《登科記考》卷十八元和十四年進士科以《談薈》為據係韋謎為是年狀元。[243]今人陳尚君〈《登科記考》正補〉元和十四年云：程昔範《浯田程氏宗譜》卷二錄六十八世：「諱昔範祖，字予齊，兄弟幼孤自立，力學能文。憲宗元和十四年舍人庾承宣下擢進士第（原注：〈王師如時雨賦〉、〈騏驥長鳴詩〉，狀頭韋謎，與章孝標同升）。」後錄其初學及擢第後事蹟，與《因話錄》卷三、《唐語林》卷三大致相同。所錄座主、所試賦詩及韋、章二人事，皆與徐《考》相合。徐氏因《唐語林》云昔範為庾承宣知舉時登第而係於十三年承宣第一年知舉時，未允，當移正。[244]

韋謎，一名損，岑仲勉《郎官石柱題名新考訂》（二二）祠部員外郎「韋謎」條考云：「勞氏引《新唐書》表南皮公房頌子『損，初名謎」，無歷官。按韋損之名，唐有多人，一為祠部（舊誤度支）、倉部郎中之韋損，屬鄖城公房，肅、代間人。二為祠部員外之韋謎改名韋損，屬南皮公房，文、宣間人。三為小逍遙公房之韋希損，非名損，未嘗為郎官（倉中），卒開元七年，《姓纂》及《新唐書》表誤稱曰『韋損』，勞格沿之。四為倉部員外之韋塤，塤、損字甚相肖，郎官柱刻原訛為韋損，勞格沿之，敬、文間人，卒會昌元年，未知出之何房。」[245]從時間上看，文、宣間人，出南皮公房之祠部員外韋謎，即後改名之韋損，應為元和十四年進士科狀元及第之韋謎。

《新唐書・宰相世系表》（卷七四上）載韋謎祖籍京兆杜陵，曾祖韋見素，相玄宗。祖韋倜，官給事中。父韋頌，官庫部郎中。[246]韋謎後官刑部尚書、武昌節度使等職。[247]

242　明・徐應秋，《玉芝堂談薈》卷二〈歷代狀元〉，第 47 頁，上海：上海古籍出版社 1987 年影印《文淵閣四庫全書》本第 883 冊。

243　清・徐松，《登科記考》卷十八，第 675 頁，北京：中華書局，1984 年。

244　陳尚君，〈《登科記考》正補〉，載《唐代文學研究》第四輯，第 339 頁，桂林：廣西師範大學出版社，1993 年。

245　岑仲勉，《郎官石柱題名新考訂》（二二），第 164-165 頁，上海：上海古籍出版社，1984 年。

246　宋・歐陽修，《新唐書》卷七四上〈宰相世系表〉，第 310 頁，上海：上海古籍出版社、上海書店，1986 年。

247　參見〈唐故處州刺史趙府君墓誌〉，載周紹良主編《唐代墓誌匯編》咸通〇二一，第

八十一、盧儲

　　唐憲宗元和十五年（820年）進士科狀元。是年進士二十九人，可考者有盧儲、鄭亞、盧戡、呂述、裴虔餘、施肩吾、唐持、姚康、崔碬、陳越石、盧弘正、李中敏、陳曾等十三人。太常少卿李建權知貢舉。

　　計有功《唐詩紀事》卷五十二〈盧儲〉條云：「李翱江淮典郡，儲以進士投卷，翱禮待之，置文卷幾案間。因出視事，長女及笄，閒步鈴閣前，見文卷，尋繹數回，謂小青衣曰：此人必為狀頭。迨公退，李聞之，深異其語，乃令賓佐至郵舍，具語於儲，選以為婿。儲謙辭久之，終不卻其意，越月隨計。來年果狀頭及第，才過關試，徑赴嘉禮。催妝詩曰：昔年將去玉京游，第一仙人許狀頭。今日幸為秦晉會，早叫鸞鳳下妝樓。」[248] 李翱女慧眼識才，並因此找到了自己的如意郎君，留下了科舉史上的一段佳話。明人楊臣錚、蕭良龍著《龍文鞭影》〈六魚〉條云：「冥鑒季達，預識盧儲。」[249] 即用李翱女慧眼識才的典故。

　　《唐才子傳》卷六〈施肩吾〉條亦載：「肩吾字希聖，睦州人。元和十五年盧儲榜進士第後，謝禮部陳侍郎云：『九重城裡無親識，八百人中獨姓施。』不待除授，即東歸。張籍群公吟餞，人皆知有仙風道骨，寧戀人間升斗耶？而少存箕潁之情，拍浮詩酒，搴擘煙霞。」[250]

　　《玉芝堂談薈》卷二〈歷代狀元〉條云：「文宗太和元年，狀元盧儲。」[251] 大和元年（827年）狀元為李部，是一位在科舉史上很有影響的人物，其及第之年當不會有誤。（詳見下考）《全唐詩》卷三百六十九收錄盧儲〈催妝〉詩等兩首，作者小傳云：「盧儲，貞元間人。擢進士第一，詩二首。」所云「貞元間人」，當為「元和間人」之誤。

　　據《范陽盧氏宗譜（宗泰公相關宗支譜、史、考）》，盧儲：唐元和十五

2394頁，上海：上海古籍出版社，1992年。又見〈唐方鎮年表考證〉，載《二十五史補編》，第7531頁，北京：中華書局，1986年。

248　宋・計有功撰，王仲鏞校箋，《唐詩紀事校箋》卷五十二，第1427頁，北京：中華書局，2007年。

249　明・楊臣錚，《龍文鞭影》〈六魚〉，第60頁，北京：華齡出版社，2002年。

250　傅璇琮主編，《唐才子傳校箋》第三冊，第139-140頁，北京：中華書局，1990年。

251　明・徐應秋，《玉芝堂談薈》卷二〈歷代狀元〉，第47頁，上海：上海古籍出版社1987年影印《文淵閣四庫全書》本第883冊。

年（820 年）庚子科狀元。仕至吏部尚書，太子太保。[252]

八十二、杜詩禮

唐穆宗長慶元年（821 年）進士科狀元。是年進士三十三人，重試十四人，駁下十人，實際錄取進士二十三人。可考者有杜詩禮、李躔、李款、盧鐈、盧簡求、崔璈、裴譔、皇甫弘、孔溫業、趙存約、竇洵直、陶喬、金雲卿、姚勗等十四人。禮部侍郎錢徽知貢舉，中書舍人王起、主客郎中知制誥白居易重試。

《東文選》卷八十四崔瀣〈送奉使李中父還朝序〉云：「進士取人本盛於唐。長慶初，有金雲卿者，始以新羅賓貢題名杜師禮榜，由此至天祐終，凡登賓貢科者，五十有八人。」[253]金雲卿為新羅賓貢，史有明載，孟二冬《登科記考補正》卷十九，長慶元年（821 年）進士補正云：

金雲卿，《玉海》卷一百十六〈咸平賓貢〉條：「《登科記》：長慶元年辛丑賓貢一人金雲卿。」此為《記考》所失載。考《冊府元龜》卷九八〇〈外臣部・通好〉：「敬宗初即位，雞林人前右監門衛率府兵曹參軍金雲卿進狀，請充入本國宣慰副使，從之。」又《舊唐書・新羅國傳》（卷一九九上）載：會昌元年七月，敕：「歸國新羅官、前入新羅宣慰副使、前充兗州都督府司馬、賜緋魚袋金雲卿，可淄州長史。」《唐會要》卷九十五〈新羅〉所記同。其年代與《登科記》所記金雲卿長慶元年賓貢進士相吻合。按《三國史記》卷四十六〈薛聰傳〉附載：「朴仁範、元傑、巨仁、金雲卿、金垂訓輩，雖僅有文字傳者，而史失行事，不得立傳。」據上文可補其闕。[254]

既然可以確認金雲卿的進士身分和及第年分，則是年狀元杜師禮亦當可以確認。

杜師禮，襄州襄陽（今湖北襄樊）人，《元和姓纂》卷六〈杜氏〉條云：杜元志，考功郎中、杭州刺史，生杜逢時、杜緯、杜孝輔、杜參謨、杜嶠。杜孝輔，大理丞，生杜虔、杜信、杜賢、杜應、杜鸞、杜清。杜清，檢校員外，

252　參見〈盧氏祖先功績彪炳千秋〉，載「中華盧氏網」之「盧氏文化・盛舉美談」。http://www.zhlsw.cn 2021-07-23。

253　崔瀣，〈送奉使李中父還朝序〉，載《東文選》卷八十四，韓國民族文化刊行會，1994 年 3 月，第 346 頁。

254　孟二冬，《登科記考補正》卷十九，第 781 頁，北京：北京燕山出版社，2003 年。

生杜師仁、杜師義、杜師禮。杜師仁，吉州刺史。[255]《新唐書·宰相世系表》（卷七二上）〈襄陽杜氏〉條亦云：杜元志，考功郎中、杭州刺史，生杜逢時、杜暐（按《元和姓纂》卷六作「緯」）、杜孝輔、杜參謨、杜嶠。杜孝輔，大理寺丞，生杜虔、杜信、杜賢、杜應、杜鸞、杜清。杜清，檢校員外郎，生杜師古（按此云師古為誤載，師古為暐孫。當從《元和姓纂》卷六作師仁）、杜義符、杜師禮。杜師古，吉州刺史。杜義符，初名師義。杜師禮生杜翦，字文垂。[256]

八十三、鄭冠

唐穆宗長慶三年（823年）進士科狀元。是年進士二十八人，可考者有鄭冠、袁不約、顧師邕、李敬方、韓湘、李餘、徐凝、李景述等八人。禮部侍郎王起知貢舉。

《唐才子傳》卷六〈袁不約〉條云：「不約，字還樸，長慶三年鄭冠榜進士。」[257]同書卷七〈李敬方〉條亦云：「敬方，字中虔，長慶三年鄭冠榜進士。」[258]《登科記考》卷十九長慶三年以《唐才子傳》為據係鄭冠為是年狀元。[259]

大和二年（828年）閏三月，鄭冠又在制舉軍謀宏遠堪任將帥科考試中及第。《唐大詔令集》卷一百六〈政事·制舉〉條〈放制舉人敕〉云：「軍謀宏遠堪任將帥科舉第四等鄭冠、李拭等，皆直躬遵道，博古知微，敷其遠猷，志在宏益，實能攻朕闕政，究天人交際之理，極皇王通變之義。指切精洽，粲然可觀。既效才於明世，宜旌能於受祿。」[260]《唐會要》卷七十六〈貢舉中·制科舉〉載鄭冠「軍謀宏達堪任將帥科」及第，「達」當為「遠」形近之誤。[261]

鄭冠仕歷史載不詳，《唐尚書省郎官石柱題名考》卷十一〈戶部郎中〉條

255　唐·林寶，《元和姓纂》卷六，第653頁，上海：上海古籍出版社1987年影印《文淵閣四庫全書》本第890冊。

256　宋·歐陽修，《新唐書》卷七二上〈宰相世系表〉，第251頁，上海：上海古籍出版社、上海書店，1986年

257　傅璇琮主編，《唐才子傳校箋》第三冊，第144頁，北京：中華書局，1990年。

258　傅璇琮主編，《唐才子傳校箋》第三冊，第227頁，北京：中華書局，1990年。

259　清·徐松，《登科記考》卷十九，第715頁，北京：中華書局，1984年。

260　宋·宋敏求，《唐大詔令集》卷一百六〈政事·制舉〉，第502頁，上海：學林出版社，1992年。

261　宋·王溥，《唐會要》卷七十六〈貢舉中·制科舉〉，第1646頁，上海：上海古籍出版社，2006年。

載有鄭冠，前有崔璵、路縉等人，後有韋有翼、竇洵直等人，是知鄭冠曾官戶部郎中。[262]

八十四、李群

唐穆宗長慶四年（824年）進士科狀元。是年進士三十三人，可考者有李群、韓琮、韋楚老、李甘、韓昶、唐沖、薛庠、袁都、韋昌明等九人。中書舍人李宗閔權知貢舉。

《唐摭言》卷二〈爭解元〉條云：「合淝李郎中群，始與楊衡、符載等，同隱廬山，號『山中四友』。先是封川李相遷閣長，會有名郎出牧九江郡者，執辭之際，屢以文柄迎賀於公。公曰：『誠如所言，廬山處士四人，倘能計偕，當以到京兆先後為齒。』既，公果主文。於是擁旌旗，造柴關，激之而笑。時三賢皆膠固，惟合淝公年十八，矍然曰：『及其成功，一也！』遂束書就貢。比及京師，已鎖貢院，乃捶院門請引見。公問其所止。答云：『到京後時，未遑就館。』合淝神質瑰秀，主副為之動容。因曰：『不為作狀頭，便可延於吾廬矣。』」[263]《唐才子傳》卷六〈韓琮〉條云：「琮，字成封，長慶四年李群榜進士及第。」[264]

李群，兩《唐書》無傳。《唐尚書省郎官石柱題名考》卷十二〈戶部員外郎〉載云：「《新宗室表》（上）蔡王房：少府監澪子群，福州戶曹參軍。又蔣王房：監察御史裡行乘子群，連江令。《宰相表》趙郡李氏東祖房：任城令琇子群，奉先丞。」[265]可見唐代有多位李群，岑仲勉《郎官石柱題名新考訂》（一二）考證〈戶部員外郎〉條「李群」時云：「勞徵蔡王房、蔣王房、趙郡東祖房同姓名者三人，是否即此李群，難以鉤稽，茲不具論。至《才子傳》六長慶四年狀頭六名李群，下距大和五為前後八年，以年歷計之，當即《舊唐書・宋申錫傳》所載大和五年之拾遺李群，然與前三個李群有無相關，用是不可知也。此外勞未引及者更有《摭言》二之合淝李郎中群，問題尤複雜，可參《史語所集刊》

262　清・勞格、趙鉞，《唐尚書省郎官石柱題名考》卷十一〈戶部郎中〉，月河精舍叢書，光緒丙戌本。

263　五代・王定保，《唐摭言》卷二〈爭解元〉，載《唐五代筆記小說大觀》下冊，第1589頁，上海：上海古籍出版社，2000年。

264　傅璇琮主編，《唐才子傳校箋》第三冊，第154頁，北京：中華書局，1990年。

265　清・勞格、趙鉞，《唐尚書省郎官石柱題名考》卷十二〈戶部員外郎〉，月河精舍叢書，光緒丙戌本。

九本拙著《跋唐摭言》二四八——五〇頁，《讀全唐文劄記》三五六頁，又《讀全唐詩劄記》一一二頁。總言之，廬山四友應為符載、楊衡、李元象及王簡言，似無『李群』其人。」[266] 近年出土的〈崔防墓誌〉、〈崔防夫人鄭氏墓誌〉等考古資料提供了部分信息。

　　〈崔防墓誌〉署名「朝議郎、守尚書比部郎中、分司東都、上柱國李群撰」，誌文云：「府君享年六十有九。開成四年七月十四日寢疾終于鄭州管城裡之私第。夫人榮陽鄭氏，皇湖州烏程縣令釭之女。有男二人：曰希言，曰擇希。言先公不祿。」（引者注：此句標點有誤，應為「有男二人：曰希言，曰擇。希言先公不祿。」參見下引〈崔防夫人鄭氏墓誌〉）女三人：「長嫁孫履方，前任宣州南陵縣尉。次嫁尚書比部郎中李群。次在室。……托以公之族望、出身、所歷任，命群次第紀述之，鑱於石，以虞陵谷亡。」[267]

　　〈崔防夫人鄭氏墓誌〉署名「侄文林郎、守宋州單父縣主簿崔沈謹述」，誌文云：「夫人鄭氏，父諱釭，皇湖州烏程縣令。夫人……有子五人。長男曰希顏，次鐸，秉訓修進，咸為哲儒，不幸悉夭壯歲。長女適樂安孫履方。次適趙郡李群，皆良婿也。」[268]

　　李群家世相關史料極少，近年出土的李鄩撰大中三年（849 年）七月四日〈唐故濠州刺史渤海李公墓誌銘〉，彌足珍貴，為研究李群的字號籍貫、家族世系、仕宦經歷及其社會關係提供了難得的一手資料。

〈唐故濠州刺史渤海李公墓誌銘〉

從叔浙江東道觀察判官將仕郎監察御史裡行鄩撰

有唐渤海李公諱群，字處一，少負名節於江淮間，凡江淮遊學有道之士，莫不從公與處，於是名譽日籍甚，布流於京師。劉刑部伯芻嘗為給事中，名壓當時，聞公之道，乃馳書謝曰：子能與予之友崔氏四人俱賦薦乎？我善執事者，為子請為有司，將以成子。其時劉不果請是，公與四子者，亦皆不來，優遊益自得。事太君裴氏以孝

266　岑仲勉，《郎官石柱題名新考訂》（一二），第 90 頁，上海：上海古籍出版社，1984 年。

267　中國社會科學院考古研究所編著，〈偃師杏園唐墓〉，第 325-326 頁，北京：科學出版社，2001 年。

268　中國社會科學院考古研究所編著，〈偃師杏園唐墓〉，第 331-332 頁，北京：科學出版社，2001 年。

謹聞，親視耕田樹桑，以供供養。年四十，不以進取嬰心。其後為耕不能，逢歲家道日不給，無以自脫其寒饑，因奉太君之教，乘一乘，從一豎子，西來入關，聲問益大，即隨貢士禮部試，中第。於時所謂賢士大夫者，日夕相延納，講論仁義，揣磨兼濟之要，猶處白衣，人皆以公卿名之。崔相國群始理宣州，奏公試祕書省校書郎，以為己助。相府罷去，元相國積觀察浙東，即表公試太常寺協律郎，為府從事，交馳聘問，然而識者皆猶以為不得其所。未幾，果拜左拾遺，有違必諫，旋除殿中侍御史。人望日重，處要位者恥公不出其門，當是時，李相國宗閔去相位，公自以為得進士第於相國門下，又居諸生之首。諸生多斥去，尤不宜因循，尚顧舊位，方不自得。會出為外官，即除洛陽縣令。牛相國僧孺節制淮南，奏請公為觀察判官，制下，檢校尚書駕部郎中、兼侍御史，判官如請。牛公去淮南，公拜尚書比部郎中，分主東都司，又除廬州刺史。去郡，拜國子司業，留判東監事。久而復守曹州，未至治所，丁太君憂。服除，換濠州刺史。公嘗言曰：利所以能久長者，以其簡易也，舍之口從。故在二邑三郡，必務去煩就便，吏民皆樂其施為。在濠梁，始無事，一旦瘍於鬢際，初不自恐，他日索鏡自鑑，且曰：人有語吾者，云其將盡也。當因於瘍，豈其是乎？鳴呼！誰其果然，即大中二年正月十五日也，享齡七十。

皇朝潤州延陵縣尉諱晏，即公大王父也；皇朝金吾衛錄事參軍諱紹，即公王父也；皇朝冀州堂陽縣尉贈祕書省祕書郎諱鎮，即公顯考也。公夫人河東裴氏，大理司直處約之女，婦道稱於夫家，前公十五年而逝。後娶博陵崔夫人，舒州懷寧縣令防之女，能循法度，以成其族。嗣子矩，前鄉貢孝廉，善守家法；次曰許十；別一子曰小僧，將從師學；幼曰重兒，始數歲，識者皆言公有其後矣。女子三人，皆幼。自公之王父徙官江湖，因家宣之當途，逮其身之下世也，力不能歸葬周之緱氏舊鄉，遂塋於因家之地，且二世也。及公入仕，祿廩非甘旨之外，不曾為己耗一毛之細，收拾以備大事。然且以太君之念，必使求善卜者，問日月之良否。公不問遠近，求以問之，而皆言歲時之妨，以至太君棄養。公方買地於鄭之滎陽，志取所蓄，舉其二世與其枝屬於當塗，凡三問卜者，卜者皆曰：舉之必不終其事。身且無矣，其況不利於神道。神道之不安，禍何大焉。不如是

後歲，迺可以舉。公號而告其戚者曰：萬一卜者有驗，身殞甘矣。直以子弱未能了大事，又何敢誣神理之不通卜者乎。抑自思念，不負於皇天，不可不假數歲之命，以成沒地之志。於是止葬太君於滎陽而已。其後公又卜得河南府河南縣龍門鄉南王里尤吉，將俟卜者所期之年，然後奉二世，而遷太君來於其所，以圖百世之安。今公之喪也，矩等得請夫人，乞承先子之旨，隧於其所，抑又遷故夫人裴氏之欂於京兆之少陵原，以及七月四日同兆。公質重氣方，由高山深泉可窺不可料而親也。及其把讓言語，雖有冤嫌，亦唯恐不得與之親，親之不能密也。其於辯折聖人之旨，賢人作者之業，如在前後親接指畫者也。以好善為務，於故舊親戚，仁且義也。至今家有故人鄭氏之孤兒在焉。教養如己子，三兒不知其孤也。此外羈旅之舊，待公而衣而食者，猶有數姓。凡力有所及，不問疎密而救之。人有問者，即對曰：我先其最困者也。公自去戶部員外郎，為洛陽令，於今十四年，中間不聞有一故，而足不復至京國。官纔刺史，以至歿世。不知命耶？非命耶？鄰於公從父也，依公最久，且不可忘。矩使來告曰：矩先人乃翁也，宜請之紀序，唯翁是屬。鄰以書報曰：凡德行事業，生不得備於時，歿宜傳之無窮，傳之者使人不忘而已。奈何屬之不肖，以是敢辭。矩又使來請曰：不即是誣厚也。鄰感其言，銘以識之：

人之生，稟各異。要之終，非與是。於中間，不足紀。唯有德，慶後嗣。

從弟鄉貢進士都書並篆 [269]

〈李群墓誌〉的問世，為考證這位唐代狀元的生平事蹟提供了重要的一手資料：

1. 李群字號籍貫。《誌》云：「有唐渤海李公諱群，字處一。」渤海郡，《通典》卷一百八十〈滄州〉：「春秋、戰國時為齊、趙二國之境。秦鉅鹿、上谷二郡地。漢高帝置渤海郡，後漢因之，晉亦然。宋文帝置樂陵郡，孝武分置渤海郡，後魏因之，太武帝初，改渤海郡為滄水郡，孝文帝時復舊；至孝明

---

269 趙君平，《秦晉豫新出墓誌蒐佚》（七七六），第 1000 頁，北京：國家圖書館出版社，2012 年。

帝時，分瀛、冀二州，置滄州及浮陽、樂陵、安德三郡。隋初郡廢，後以其地置棣州；煬帝改為滄州，尋為渤海郡。大唐為滄州，或為景城郡。」[270]《新唐書》卷七二上〈宰相世系表〉載有隴西李氏四房，宰相十人；趙郡李氏六房，宰相十七人。李群望出渤海，當屬趙郡李氏。據《誌》，李群家族自「王父徙官江湖，因家宣之當途」，當塗，漢丹陽縣地，屬丹陽郡。晉分丹陽置於湖縣。成帝以江北當塗縣流人寓居於湖，乃改為當塗縣，屬宣州。武德三年，置南豫州，以縣屬。八年，省南豫州，縣屬宣州。當塗即今安徽省當塗縣。《誌》載李群「少負名節於江淮間，凡江淮遊學有道之士，莫不從公與處」，說明李群青少年生活於當塗，並有一定的社會聲望。這一記載與《唐摭言》所云「合淝李郎中群」一致。李群望出渤海，「合淝」當指其生活的地方。

　　2. 李群家族世系。《誌》云：「皇朝潤州延陵縣尉諱晏，即公大王父也；皇朝金吾衛錄事參軍諱紹，即公王父也；皇朝冀州堂陽縣尉贈祕書省祕書郎諱鎮，即公顯考也。公夫人河東裴氏，大理司直處約之女，婦道稱於夫家，前公十五年而逝。後娶博陵崔夫人，舒州懷寧縣令防之女，能循法度，以成其族。嗣子矩，前鄉貢孝廉，善守家法；次曰許十；別一子曰小僧，將從師學；幼曰重兒，始數歲，識者皆言公有其後矣。」據《誌》可知，李群大王父李晏，官潤州延陵縣尉。延陵為緊縣，治今江蘇省丹陽市西南延陵鎮，縣尉為從九品上之文職事官。王父李紹，官金吾衛錄事參軍，諸衛錄事參軍皆為正八品上階。顯考李鎮，官冀州堂陽縣尉贈祕書省祕書郎，堂陽為上縣，治今河北省新河縣西北，縣尉品級從九品上。李群直系親屬中，雖從政為官，但皆為初級官吏，且史無明載，可見其家族政治資源有限。李群先娶河東裴氏，大理司直處約之女，後娶博陵崔夫人，舒州懷寧縣令防之女，育有三子：李矩，《誌》載為前鄉貢孝廉，當尚未入仕；許十、小僧、重兒皆為乳名，尚在幼年。按：墓誌署「從叔浙江東道觀察判官將士郎監察御史裡行鄞撰」，勞格、趙鉞《唐尚書省郎官石柱題名考》（月河精舍叢書）卷十二〈戶部員外郎〉考云：「《舊‧令狐滈傳》：起居郎張雲言：大中十年，令狐綯以諫議大夫豆盧籍（原注：見左中補。下同）、刑部郎中李鄞為夔王已下侍讀，欲立夔王為東宮，欲亂先朝子弟之序（《新傳》略同）。《新‧通王沘傳》：宣宗詔郾王居十六宅，餘五王處大明宮內院。以

270　唐‧杜佑撰，王文錦等點校，《通典》卷一百八十〈滄州〉，第7465頁，北京：中華書局，1988年。

諫議大夫鄭漳、兵部郎中李鄴為侍讀，五日一謁乾符門為王授經，鄆王立乃罷。《東觀奏記》下，大中十二年始用左諫議大夫鄭漳、兵部郎中李鄴為鄆王已下侍讀，時郢（郢當為鄆）王居十六宅，夔昭已下五王居大明宮內院，數日追制，改充夔王已下侍讀五日一入乾符門講讀，鄆王即位後，其事遂停。《唐詩紀事》五十三：李鄴大中時為戶部郎中，有〈和綿州于中丞興宗詩〉。」按：唐懿宗李漼原名李溫，初封鄆王。墓誌署「從弟鄉貢進士都書並篆」，李都，兩《唐書》無載，大中三年（849 年）撰李群墓誌時只書「鄉貢進士」，表明尚未入仕，但其步入仕途亦當在大中年間，周紹良主編《唐代墓誌匯編續集》（咸通〇八九），咸通十三年（872 年）十二月五日〈唐故御史中丞汀州刺史孫公（瑝）墓誌並序〉，署：朝請大夫守左散騎常侍賜紫金魚袋上柱國李都撰。[271] 吳廷燮《唐方鎮年表》錄有李都，據《通鑑》與《桂苑筆耕》，謂唐僖宗乾符間由戶部尚書判戶部改同平章事，充河中節度使。《新五代史》卷二十八〈李襲吉傳〉：「乾符中，襲吉舉進士，為河中節度使李都推鹽判官。」[272]《舊五代史》卷六十〈李襲吉傳〉：「襲吉乾符末應進士舉。遇亂，避地河中，依節度使李都，擢為鹽鐵判官。」[273] 是知李都曾官朝散大夫守左散騎常侍、戶部尚書、河中節度使等。

3. 李群仕宦經歷。李群雖少負名節於江淮間，年長後名譽布流於京師，但對入仕為官似乎不感興趣，以至於刑部給事中劉伯芻等名士為其延譽，將其推薦給科舉考試主考官時，仍然不為所動，優遊自得。劉伯芻進士出身，裴垍善其應對機捷，遷考功郎中、集賢院學士，轉給事中。裴垍於元和三年（808 年）拜中書侍郎、同中書門下平章事，五年（810 年）去相，則劉伯芻官給事中當在元和四、五年。是時李群剛剛三十出頭。然世事難料，李群年過不惑之後，為耕不能，家道不給，無以自脫其寒饑，迫不得已隨貢士參加禮部試，後中舉及第。李群卒於大中二年（848 年）正月十五日，享齡七十，則其四十歲時在元和十三年（818 年），也就是說，長慶四年（824 年）李群狀元及第時已經四十六歲了，墓誌所謂「西來入關，聲問益大，即隨貢士禮部試，中第」云云，

271　周紹良主編，《唐代墓誌匯編續集》（咸通〇八九），第 1102 頁，上海：上海古籍出版社，2001 年。

272　宋・歐陽修，《新五代史》卷二十八〈李襲吉傳〉，第 34 頁，上海：上海古籍出版社、上海書店，1986 年。

273　宋・薛居正，《舊五代史》卷六十〈李襲吉傳〉，第 95 頁，上海：上海古籍出版社、上海書店，1986 年。

當有溢美之義。至於《唐摭言》所云李群十八歲應舉之事，更為戲說。《誌》
載崔相國群始理宣州，奏李群試祕書省校書郎，以為己助。崔群貞元八年（792
年）登進士第，時年十九，後又制策登科，元和十二年入相，約長慶三年（823
年）到大和元年（827年）任宣州刺史。[274]崔群始理宣州奏李群試祕書省校書郎，
則李群步入仕途當在進士及第後不久。《誌》載元相國稹觀察浙東，即表公試
太常寺協律郎，為府從事，交馳聘問。元稹貞元九年（793年）登明經第，長
慶三年（823年）調任浙東觀察使兼越州刺史。經元稹推薦，李群試太常寺協
律郎，未幾拜左拾遺，旋除殿中侍御史。《誌》又載李相國宗閔去相位，李群
除洛陽令。李宗閔貞元二十一年（805年）登進士第，長慶四年（824年）權知
禮部侍郎，知貢舉，李群是年進士及第，又居諸生之首，則宗閔與李群為座主
門生關係。宗閔大和七年（833年）去相，諸生多斥去，李群亦在其間。李群
再回朝廷任職與牛僧孺有關，《誌》載牛相國僧孺節制淮南，奏請李群為觀察
判官，制下，檢校尚書駕部郎中、兼侍御史，判官如請。牛僧孺大和六年（832
年）以檢校左僕射、兼平章事，出任揚州大都督府長史、淮南節度副大使、知
節度事。牛公去淮南時在開成二年（837年），凡在淮甸六年。牛僧孺回京，
李群先後拜尚書比部郎中、廬州刺史、國子司業、曹州刺史、濠州刺史等職。
牛僧孺、李宗閔皆為唐後期牛李黨爭的「牛黨」代表人物，李群的仕宦經歷，
為研究牛李黨爭提供了新的信息，值得關注。

八十五、柳璟

　　唐敬宗寶曆元年（825年）進士科狀元。是年進士三十三人，可考者有柳璟、
歐陽袞、易之武、楊洵美、李從晦、裴素、杜勝、熊望等八人。禮部侍郎楊嗣
復知貢舉。

　　柳璟，蒲州河東（今山西永濟）人。唐趙璘《因話錄》卷三載柳璟為柳公
權族孫，時稱「小柳舍人」，「自祖父郎中芳以來，奕世以文學居清列。舍人
在名場淹屈，及擢第首冠諸生，當年宏詞登高科，十餘年便掌綸誥，侍翰苑。
性喜汲引後進，出其門者，名流大僚至多。以誠明待物，不妄然諾，士益附

274　郁賢皓，《唐刺史考全編》卷一五六，〈江南西道・宣州（宣城郡）〉，第2230-2231頁，
　　合肥：安徽大學出版社，2000年。

之。」[275]《玉芝堂談薈》卷二〈歷代狀元〉條云：「寶曆元年，狀元柳璟。」[276]《登科記考》卷二十寶曆元年進士科以柳璟為是年狀元。[277]《舊唐書》載柳璟家世為：祖父柳芳，肅宗朝史官，曾與韋述受詔添修吳兢所撰《國史》，新成一百三十卷。又撰《唐曆》四十卷，記開元、天寶中時政事。柳芳自永寧尉、直史館，轉拾遺、補闕、員外郎，皆居史任，位終右司郎中、集賢學士。父柳登，字成伯，年六十餘方從宦遊，累遷至膳部郎中、大理少卿、右庶子，以衰病改祕書監，不拜，授右散騎常侍致仕。狀元及第後，柳璟三遷至監察御史，後遷度支員外郎，轉吏部。開成初，換庫部員外郎、知制誥，尋以本官充翰林學士。五年，拜中書舍人充職。武宗朝，轉禮部侍郎，再司貢籍，時號得人。子韜亦以進士擢第。[278]《新唐書・柳璟傳》（卷一三二）記載略同：「（柳登）子璟，字德輝。寶曆初，第進士、宏詞，三遷監察御史。……累遷吏部員外郎。文宗開成初，為翰林學士。初，芳永泰中按宗正牒，斷自武德，以昭穆係承撰《永泰新譜》二十篇。璟因召對，帝歎《新譜》詳悉，詔璟攟摭永泰後事綴成之。復為十篇，戶部供筆箚槀料。遷中書舍人。武宗立，轉禮部侍郎。璟為人寬信，好接士，稱人之長，遊其門者它日皆顯於世。會昌二年，再主貢部，坐其子招賄，貶信州司馬，終郴州刺史。」[279]

　　唐代詩人許渾〈贈柳璟馮陶二校書〉詩云：「霄漢兩飛鳴，喧喧動禁城。桂堂同日盛，芸閣間年榮。香掩蕙蘭氣，韻高鸞鶴聲。應憐茂陵客，未有子虛名。」[280]

　　《新唐書・藝文志》（卷五八）載有柳璟續《永泰新譜》之《續譜》十卷。

275　唐・趙璘，《因話錄》卷三，載《唐五代筆記小說大觀》上冊，第847頁，上海：上海古籍出版社，2000年。

276　明・徐應秋，《玉芝堂談薈》卷二〈歷代狀元〉，第47頁，上海：上海古籍出版社1987年影印《文淵閣四庫全書》本第883冊。

277　清・徐松，《登科記考》卷二十，第722頁，北京：中華書局，1984年。

278　後晉・劉昫，《舊唐書》卷一四九〈柳璟傳〉，第487頁，上海：上海古籍出版社、上海書店，1986年。

279　宋・歐陽修，《新唐書》卷一三二〈柳璟傳〉，第471頁，上海：上海古籍出版社、上海書店，1986年。

280　清・彭定求，《全唐詩》卷五百三十一，第2867頁，石家莊：河北人民出版社，1993年。

八十六、裴俅

唐敬宗寶曆二年（826年）進士科狀元。是年進士三十五人，可考者有裴俅、張知實、朱慶餘、夏侯孜、劉蕡、李方玄、鄭復禮、郭言揚、盧求、崔球、劉符、鄭當、李從毅、李道裕、李景初、李助、李俅、黃駕等十八人。寶曆二年裴俅榜在唐代科舉史上有「裴頭，黃尾，三求，六李」之說。禮部侍郎楊嗣復知貢舉。

《唐摭言》卷八〈陰注陽受〉條云：「楊嗣復第二榜，……其年裴俅為狀元，黃價居榜末，次則盧求耳，餘皆契合。」[281]《唐才子傳》卷六〈朱慶餘〉條云：「慶餘，字可久，以字行，閩中人。寶曆二年裴球榜進士及第，授祕省校書。」[282]《玉芝堂談薈》卷二〈歷代狀元〉云：「（寶曆）二年，進士三十五人，狀元裴球。」[283]

按裴球即裴俅，疑以形近而誤。《舊唐書‧裴休傳》（卷一七七）記載：「裴休字公美，河內濟源人也。祖宣，父肅，……（弟）俅字冠識，亦登進士第。」[284]《新唐書‧宰相世系表》（卷七一上）載裴俅出東眷裴氏，父裴肅，字中明，浙東觀察使。兄裴儔，字次之，江西觀察使。裴休，字公美，相宣宗。裴俅，字冠儀，諫議大夫。[285] 兩書記載基本一致，惟言裴俅字不一，俟考。裴俅狀元及第後，授官祕省校書，後遷諫議大夫。

281　五代‧王定保，《唐摭言》卷八〈陰注陽受〉，載《唐五代筆記小說大觀》下冊，第1644頁，上海：上海古籍出版社，2000年。

282　傅璇琮主編，《唐才子傳校箋》第三冊，第189頁，北京：中華書局，1990年。

283　明‧徐應秋，《玉芝堂談薈》卷二〈歷代狀元〉，第47頁，上海：上海古籍出版社1987年影印《文淵閣四庫全書》本第883冊。

284　後晉‧劉昫，《舊唐書》卷一七七〈裴休傳〉，第554頁，上海：上海古籍出版社、上海書店，1986年。

285　宋‧歐陽修，《新唐書》卷七二上〈宰相世系表〉，第232頁，上海：上海古籍出版社、上海書店，1986年。

第七章　唐代後期進士科狀元考辨

　　唐代後期從唐文宗大和元年（827年）開始，到唐哀帝天祐四年（907年）李唐王朝為朱溫建立的梁朝取代結束，前後凡八十餘年，先後在位的有文宗李昂、武宗李炎、宣宗李忱、懿宗李漼、僖宗李儇、昭宗李曄、哀帝李柷等七位皇帝。這一時期實際舉行進士科考試七十七次，錄取狀元中可考者六十三人，現作逐一考辨。

八十七、李郃

　　唐文宗大和元年（827年）進士科狀元。是年進士三十三人，可考者有李郃、蕭倣、崔慎由、陳會、許玫、崔鉉、陸賓虞、韋慤、房千里、宇文臨、程尤、孟璲、張□□等十三人。禮部侍郎崔郾知貢舉。

　　《太平廣記》卷一百五十四〈陸賓虞〉條引《前定錄》云：大和元年「狀元姓李，名合曳腳。……月餘放榜，狀頭李郃，賓虞名在十六。」[1]《方輿勝覽》卷二十四〈湖南路・道州・人物〉云：「李郃，太和元年擢進士第一，崔郾為座主。或謂即與劉蕡同應賢良方正科者。」[2] 又《明一統志》卷六十五〈永州府・人物・唐〉云：「李郃，延唐人。太和初擢進士第一，同榜者三十四人，

1　宋・李昉，《太平廣記》卷一百五十四〈陸賓虞〉，第1108頁，北京：中華書局，1961年。

2　宋・祝穆，《方輿勝覽》卷二十四〈湖南路・道州・人物〉，第762頁，上海：上海古籍出版社1987年影印《文淵閣四庫全書》本第471冊。

而蕭倣、崔慎由、崔鉉後並為相。或謂郃與劉蕡同應賢良方正科者。今縣有李狀元祠。」[3]《登科記考》卷二十大和元年進士科亦載李郃為是年狀元，但未提供相關史料。[4] 新、舊《唐書‧劉蕡傳》作「李郜」，當為形近而誤。《玉芝堂談薈》卷二〈歷代狀元〉條云：「文宗太和元年，狀元盧儲。」[5] 則顯係誤載。

李郃狀元的家世與生平事蹟史載極為簡略，近年出土的〈李郃墓誌〉，為我們提供了非常難得的史料，現全文照錄如下：

誌蓋

唐故渤海李府君墓銘

誌文

唐故賀州刺史李府君墓誌銘並序

吾痛吾兄賦命不年，享祿不豐，以促以刻，不果貴，大（原作「火」，此據〈墓誌〉改，下同）茹其毒。將葬，欲銘其墓，宜有文乎。嗚呼！吾兄之道塞於時，名可耀萬古，而年位偕不至。俾及夫子（原作「人」）之門，德行不媿顏閔，文學不媿游夏。遭其用，術業不媿伊咎稷契。揚吾兄之道，冀傳於世，傳於家，宜腊（原作「脃」）其毒而文於銘也。吾名不高，道不光，文不售於時，宜有文乎？苟為之，則翳（原作「翳」）吾兄之德，且卑吾兄之道。是吾之文冀傳於世不可也。然吾之文，信於吾兄，著於吾家。吾冀吾兄之道，不朽於吾家而傳於吾子孫。則又宜文於銘也。嗚呼！其序云：

會昌三年正月廿七日，賀州告刺史亡。府君大和九年由監察御史貶端州員外司戶。開成三年十二月，天子以投荒冤歿者動念，詔量移郎州司馬。四年，嶺南節度盧公鈞奏為副經略使。報可。五年十一月除賀州刺史。人不知所出，或云：府君留南土久，熟其風俗，朝廷欲蘇息蠻夷蠢類，故選才人為牧。不知此真朝廷旨否？府君生五年，能念詩書。九年，有文章，歷落沉厚，舉止器度，比見遠大。

3　《明一統志》卷六十五〈永州府‧人物‧唐〉，第389頁，上海：上海古籍出版社1987年影印《文淵閣四庫全書》本第473冊。

4　清‧徐松，《登科記考》卷二十，第738頁，北京：中華書局，1984年。

5　明‧徐應秋，《玉芝堂談薈》卷二〈歷代狀元〉，第47頁，上海：上海古籍出版社1987年影印《文淵閣四庫全書》本第883冊。

十五年，則以生物為己任。廿七年，舉進士。文壓流輩，敵乞避路。再試京兆府，以殊等薦。會禮部題目有家諱，其日徑出。主司留試不得。明年就試，主司考弟（原作「第」）擢居弟（原作「第」）一。後應能直言極諫。天子讀其策，詔在三等。時友生劉蕡對詔，盡所欲言，乞上放左右貴幸，複家人指役。自艱難已（原作「以」）來，左右貴幸主禁中事者皆立使目，權勢日大。近者耳目相接，無所經怪。蕡一旦獨軒訐當世難發事。時俗駭動，蕘（原作「聚」）口諠訕。考司慮不合旨，即罷去。然蕡策高甚，人間喧然傳寫，不旬日，滿京師。稍稍入左右貴幸耳。左右意不平，欲害蕡者絕多，語頗漏泄。府君慮禍卒起，不可解，欲發其事，俾陰毒不能中，乃亟上疏言蕡策可用，乞以第以官讓蕡，冀上知其事本末，即蕡得不死。疏奏，天子以為於古未有，召宰相問：宜何如？宰相奏不可許。由此上盡知蕡策中語。蕡禍卒解。府君猶左授河南府參軍。尚書韋公弘景為河南尹。雅知才術，事有細大皆委之，無不適所。韋公主諾而已。韋公除東都留守，署推官，奏大理評事府吏（原作「史」）。溫公造為河陽節度，奏為掌記。居二年，轉裡行監察。其年十月，溫公除御史大夫，請為監察御史。明年七月，由御史謫官。府君重然諾，守信義，嘗以不欺闇室為心。與交友之分，爵位必相先，患難必相死。此亦天性所長也。居常自負，意豁如也。及處閨門，敬長行，友昆弟，撫生姪，臨事精細周密，人莫有及者。百行必具，百善無缺。寒於其生，豈司善惡者舞天壽之權以欺生人乎？吾觀天賦生物，多窮薄之。自古理日常少，則善人良士振滯之數可知也。俾善人良士皆不得時，是天意果窮薄於生物不疑也。不如是，何奪吾兄之速乎？府君娶河東裴氏夫人。皇潞州大都督府戶曹參軍漸之孫，前大理評事溱之女。夫人則盧滑州群之外孫女也。高明淑幹，婦其家，和其長幼。其家皆賢之。先府君一年而歿，年卅。生二男子，一女子。男曰小經，曰龍郎。女曰泰來子。府君皇御史中丞、贈兵部侍郎懷讓之曾孫，皇戶部侍郎、同州刺史、山南西道採訪使、贈戶部尚書揖之孫，皇饒州樂平縣尉嚴之子。會昌二年十二月十五日歿於賀州刺史宅。年卅五。三年八月廿八日與夫人偕葬於河南府偃師縣亳邑鄉土婁南管之原。府君姓李氏，名郃，字子玄。弟鄂泣血為銘以誌云：

名不必高兮，行不必羶。苟薰灼甚兮，掇其生之寒連。豐惡刻善兮

何為則？然豐惡刻善分何？[6]

〈李郃墓誌〉可正史載之誤，亦可補史料之闕。

1.《全唐文》卷七四四錄有李郃〈乞旌劉蕡直言疏〉一文，作者小傳云：「李郃，字子元，舉太和二年賢良方正能直言極諫科。調河南府參軍，歷賀州刺史。」[7]《新唐書‧藝文志》（卷五九）中收有「李郃《骰子選格》三卷」，注云：「字仲玄，賀州刺史。」[8]由〈李郃墓誌〉可知李郃字「子玄」，《全唐文》作「子元」當是清人避諱改字。《新唐書》作字「仲玄」則顯係誤載。

2. 李郃生卒年史無明載，今人周臘生著《唐代狀元奇談‧唐代狀元譜》一書以李郃三十歲中狀元，享年六十歲推算大約生於貞元十三年（797 年），卒於大中十一年（857 年）。[9]由〈李郃墓誌〉所載李郃「會昌二年十二月十五日歿於賀州刺史宅。年卌五。」可推知李郃實際上生於貞元十三年（797 年），卒於會昌二年（842 年），享年四十五歲。

3. 南宋祝穆《方輿勝覽》載李郃為湖南路道州人，《明一統志》亦載李郃為「延唐人」。今人沿用此說，陳尚君《唐詩人占籍考》係李郃為道州延唐人。[10]周臘生《唐代狀元奇談‧唐代狀元譜》一書云李郃為「延唐人」，並注明是今湖南寧遠縣人。[11]按《舊唐書‧地理志》（卷四〇）載道州屬縣有延唐，本「漢冷道縣，屬零陵郡，古城在今縣東界南四十里。隋平陳，廢冷道入營道縣，仍於冷道廢城置營道縣。武德四年，移營道縣於州郭置，仍於此置唐興縣。長壽二年，改名武盛。神龍元年，復為唐興。天寶元年，改為延康（「康」當為「唐」）。」[12]《新唐書‧地理志》（卷四一）亦載道州江華郡屬縣有延唐，

6　中國社會科學院考古研究所編著，《偃師杏園唐墓》，第 332-335 頁，北京：科學出版社，2001 年。

7　清‧董誥，《全唐文》卷七四四〈乞旌劉蕡直言疏〉，第 7699 頁，北京：中華書局影印，1983 年。

8　宋‧歐陽修，《新唐書》卷五九〈藝文志〉，第 166 頁，上海：上海古籍出版社、上海書店，1986 年。

9　周臘生，《唐代狀元奇談‧唐代狀元譜》，第 240 頁，北京：紫禁城出版社，2002 年。

10　陳尚君，《唐代文學叢考》，第 165 頁，北京：中國社會科學出版社，1997 年。

11　周臘生，《唐代狀元奇談‧唐代狀元譜》，第 241 頁，北京：紫禁城出版社，2002 年。

12　後晉‧劉昫，《舊唐書》卷四〇〈地理志〉，第 201 頁，上海：上海古籍出版社、上海書店，1986 年。

上縣。「本梁興，蕭銑析營道置，銑平，更名唐興，長壽二年曰武盛，神龍元年復曰唐興，天寶元年又更名。有鐵。」[13] 可見延唐屬於今湖南境內的南方縣分，然〈李部墓誌〉誌蓋云「唐渤海李府君墓誌」，明確指出李部為渤海人，《漢書‧地理志》（卷二八下）、《隋書‧地理志》（卷三〇）均載有渤海郡，按《新唐書‧地理志》（卷三八）載棣州樂安郡有渤海，緊縣。「垂拱四年析蒲台、厭次置。有鹽。」[14]《元和郡縣圖志》、《舊唐書‧地理志》（卷三八）等書記載相同。誠然，唐人郡望、祖籍、出生地和生活地在史籍中容易混亂，渤海究為李部的郡望還是祖籍，尚待新史料的證實，但由〈李部墓誌〉所云李部開成「五年十一月，除賀州刺史。人不知所出，或云：府君留南土久，熟其風俗，朝廷欲蘇息蠻夷蠢類，故選才人為牧。」可知李部並非南方之人，而只是「留南土久」的北方人。

　　4. 李部家世無考，據〈李部墓誌〉可知其出身世宦之家。曾祖李懷讓，官御史中丞、贈兵部侍郎。祖李揖，官戶部侍郎、同州刺史、山南西道採訪使、贈戶部尚書。父李嚴，官饒州樂平縣尉。有弟名李鄂，乃〈李部墓誌〉撰寫者。李部娶河東裴氏夫人，生兒小經、龍郎，生女泰來子。裴氏夫人祖父裴漸，官潞州大都督府戶曹參軍。父裴溱，官大理評事。外祖父盧群。按唐有同華節度使李懷讓和蔣國公李懷讓，生活年代均與李部曾祖不相當，故〈李部墓誌〉可補史載官御史中丞、贈兵部侍郎李懷讓之闕。李揖事蹟見載於《舊唐書‧房琯傳》（卷一一一）：「琯請自選參佐，乃以御史中丞鄧景山為副，戶部侍郎李揖為行軍司馬。」[15] 亦見於杏園出土的幾方墓誌：〈唐孝子故盧州參軍李府君（存）墓誌銘〉：「大王（父）揖，皇戶部侍郎、同州刺史、山南西道採訪使，贈戶部尚書。」〈李郁墓誌〉（會昌三年二月一日）：「祖揖，皇戶部侍郎、同州刺史、山南西道採訪使，贈戶部尚書。」[16]〈李廿五娘墓誌〉（會昌五年四月廿一日）：「曾祖揖，皇戶部侍郎、同州刺史、山南西道採訪使，贈戶部尚

13　宋‧歐陽修，《新唐書》卷四一〈地理志〉，第119頁，上海：上海古籍出版社、上海書店，1986年。

14　宋‧歐陽修，《新唐書》卷三八〈地理志〉，第112頁，上海：上海古籍出版社、上海書店，1986年。

15　後晉‧劉昫，《舊唐書》卷一一一〈房琯傳〉，第400頁，上海：上海古籍出版社、上海書店，1986年。

16　中國社會科學院考古研究所編著，《偃師杏園唐墓》，第336頁，北京：科學出版社，2001年。

書。」[17]〈李端友墓誌〉：「曾祖揖，皇戶部侍郎，贈本曹尚書。」[18]唐史載有兩位李嚴，一為貞觀中史官，見《舊唐書・儒學傳》（卷一八九上），一為元和中邯鄲人，或時代不合，或籍貫不同，均非李郜之父。只有〈李存墓誌〉所載「王父嚴，皇饒州樂平縣尉」與此李嚴相合。[19]又〈李端友墓誌〉：「祖嚴，饒州樂平令。王父郁，歷莞椊，累官至殿中。章綬銀魚。」由上考證亦可知李郜兄弟至少有李鄂、李存、李郁等三人。[20]

5. 李郜仕歷史載不詳，據〈李郜墓誌〉可知其早慧，志向遠大。五歲能念詩書，九歲會寫文章，十五歲以生物為己任，二十七歲舉進士時因禮部題目有家諱而退出考試，二十八歲再試，主司擢居第一，大和二年（828年）二十九歲時應能直言極諫科，考中三等。李郜能在三十歲以前連中進士科與制科，並釋褐入仕，這在唐代通過科舉進身的知識分子中是屬於比較順利也比較幸運的一位進士科狀元。李郜入仕後初授河南府參軍，其能力為時任河南尹的韋弘景所賞識，韋除東都留守，奏為大理評事府史。大和六年（832年）溫造為河陽節度，奏為掌記，八年轉裏行監察，溫除御史大夫，請為監察御史。九年貶端州員外司戶。開成三年（838年）十二月，詔移朗州司馬，四年，為嶺南節度盧公鈞奏為副經略使，五年十一月除賀州刺史，會昌二年（842年）十二月，卒於任所。李郜除賀州刺史一事見於多種記載，如《南部新書》「乙」載云：「李郜除賀州，人言不熟台閣，故著《骰子選格》。」[21]同書「庚」亦云：「李郜為賀牧，與妓人葉茂連江行，因撰《骰子選》，謂之『葉子』。咸通以來，天下尚之。」[22]郁賢皓《唐刺史考》卷二六二以《廣西通志》、《輿地碑記目》等書所載資料係李郜任賀州刺史於大和四、五年，據〈李郜墓誌〉則知李郜刺賀時間在開成五年至會昌二年。

17　中國社會科學院考古研究所編著，《偃師杏園唐墓》，第346頁，北京：科學出版社，2001年。

18　中國社會科學院考古研究所編著，《偃師杏園唐墓》，第361頁，北京：科學出版社，2001年。

19　中國社會科學院考古研究所河南第二工作隊，〈河南偃師杏園村的兩座唐墓〉，載《考古》，1984年第十期。

20　參見胡可先，〈新出土「李郜墓誌銘」發隱〉，載《中國典籍與文化》，2003年第一期。

21　宋・錢易，《南部新書》乙，載《宋元筆記小說大觀》第一冊，第302頁，上海：上海古籍出版社，2001年。

22　宋・錢易，《南部新書》庚，載《宋元筆記小說大觀》第一冊，第348頁，上海：上海古籍出版社，2001年。

　　6. 大和二年（828 年）制舉考試中曾經發生過一件影響深遠的事情，李郃正是這一事件的重要當事人之一，李郃〈墓誌〉的問世，不僅能使有關史料得以證實，而且新增加了很多不為人所知的內容。《唐會要》卷七十六〈貢舉中〉條記載：「大和二年閏三月，賢良方正能直言極諫科，李郃、裴休……及第。」[23]《唐摭言》卷十〈載應不捷聲價益振〉條云：「太和二年，裴休等二十三人登制科。時劉蕡對策萬餘字，深究治亂之本，又多引《春秋》大義，雖公孫弘、董仲舒不能肩也。自休已下，靡不斂衽。然亦指斥貴幸，不顧忌諱，有司知而不取。時登科人李郃詣闕進疏，請以己之所得，易蕡之所失，疏奏留中。蕡期月之間，屈聲播於天下。」[24]《舊唐書・劉蕡傳》（卷一九〇下）云：「是歲，左散騎常侍馮宿、太常少卿賈餗、庫部郎中龐嚴為考策官，三人者，時之文士也，睹蕡條對，嘆服嗟悒，以為漢之晁、董，無以過之。言論激切，士林感動。時登科者二十二人，而中官當途，考官不敢留蕡在籍中，物論喧然不平之。守道正人，傳讀其文，至有相對垂泣者。諫官御史，扼腕憤發，而執政之臣，從而弭之，以避黃門之怨。唯登科人李郃（當為郃）謂人曰：『劉蕡不第，我輩登科，實厚顏矣！』請以所授官讓蕡。事雖不行，人士多之。」[25]上述記載與〈李郃墓誌〉中所云「明年，就試，主司考弟擢居弟一。後應直言極諫，天子讀其策，詔在三等」等完全一致。同時，〈李郃墓誌〉還補充了這一事件更重要的內幕：「然蕡策高甚，人間喧然傳寫，不旬日，滿京師。稍稍入左右貴幸耳。左右意不平，欲害蕡者絕多，語頗漏泄。府君慮禍卒起，不可解，欲發其事，俾陰毒不能中，乃亟上疏言蕡策可用，乞以弟以官讓蕡，冀上知其事本末，即蕡得不死。疏奏，天子以為於古未有，召宰相問：宜何如？宰相奏不可許。由此上盡知蕡策中語。蕡禍卒解。府君猶左授河南府參軍。」這就是說，李郃上書不僅僅是為劉蕡鳴不平，更重要的是通過這一方式來擴大影響，引起朝野上下的注意，藉以保全劉蕡的性命。雖然李郃為這一舉動付出了代價，但最終使得「蕡禍卒解」。這一記載不僅有助於加深我們對大和二年制舉考試事件的認識，對於瞭解中晚唐時期士族文人與宦官之間的鬥爭也有很重要的史料價值。

23　宋・王溥，《唐會要》卷七十六〈貢舉中・制科舉〉，第 1646 頁，上海：上海古籍出版社，2006 年。

24　五代・王定保，《唐摭言》卷十〈載應不捷聲價益振〉，載《唐五代筆記小說大觀》下冊，第 1660 頁，上海：上海古籍出版社，2000 年。

25　後晉・劉昫，《舊唐書》卷一九〇下〈文苑下・劉蕡傳〉，第 610 頁，上海：上海古籍出版社、上海書店，1986 年。

八十八、韋籌

　　唐文宗大和二年（828年）進士科狀元。是年進士三十三人，可考者有韋籌、厲玄、鐘輅、杜牧、崔黯、鄭薰、孫景商、馬儆、李當等九人。禮部侍郎崔郾再知貢舉。

　　《唐才子傳》卷六〈杜牧〉條云：「牧字牧之，京兆人也。善屬文。大和二年韋籌榜進士，與厲玄同年。」[26]《登科記考》卷二十大和二年進士科以《唐才子傳》為據係韋籌為是年狀元。[27]

　　韋籌中狀元當得益於「知己」的推薦和禮部侍郎崔郾的賞識。《唐摭言》卷六〈公薦〉條載：「崔郾侍郎既拜命，於東都試舉人，三署公卿皆祖於長樂傳舍，冠蓋之盛，罕有加也。時吳武陵任太學博士，策蹇而至。郾聞其來，微詿之，乃離席與言。武陵曰：『侍郎以峻德偉望，為明天子選才俊，武陵敢不薄施塵露！向者，偶見太學生十數輩，揚眉抵掌，讀一卷文書，就而觀之，乃進士杜牧〈阿房宮賦〉。若其人，真王佐才也，侍郎官重，必恐未暇披覽。』於是搢笏朗宣一遍。郾大奇之。武陵曰：『請侍郎與狀頭。』郾曰：『已有人。』曰：『不得已，即第五人。』郾未遑對。武陵曰：『不爾，即請此賦。』郾應聲曰：『敬依所教。』既即席，白諸公曰：『適吳太學以第五人見惠。』或曰：『為誰？』曰：『杜牧。』眾中有以牧不拘細行間之者。郾曰：『已許吳君矣。牧雖屠沽，不能易也。』」[28]此事亦見載於《唐才子傳》卷六〈杜牧〉條：「初未第，來東都，時主司侍郎崔郾，太學博士吳武陵策蹇進謁曰：『侍郎以峻德偉望，為明君選才，僕敢不薄施塵露。向偶見文士十數輩，揚眉抵掌，共讀一卷文書，覽之，乃進士杜牧〈阿房宮賦〉。其人，王佐才也。』因出卷搢笏朗誦之。郾大加賞。曰：『請公與狀頭！』郾曰：『已得人矣。』曰：『不得，即請第五人。更否，則請以賦見還？』辭容激厲。郾曰：『諸生多言牧疏曠不拘細行，然敬依所教，不敢易也。』」[29]韋籌早在著名詩人杜牧之前即為主考官崔郾確定為進士科考試第一人，雖可能與推薦之人的背景特殊有一定的關係，然韋籌自身的條件，諸如詩賦作品，亦當已經達到較高的水平。

26　傅璇琮主編，《唐才子傳校箋》第三冊，第191-193頁，北京：中華書局，1990年。

27　清・徐松，《登科記考》卷二十，第744頁，北京：中華書局，1984年。

28　五代・王定保，《唐摭言》卷六〈公薦〉，載《唐五代筆記小說大觀》下冊，第1626頁，上海：上海古籍出版社，2000年。

29　傅璇琮主編，《唐才子傳校箋》第三冊，第194-195頁，北京：中華書局，1990年。

《全唐文》卷七八八錄有韋籌〈原仁論〉、〈文之章解〉，作者小傳云：「籌，宣宗時官博士。」[30] 是知韋籌於宣宗朝曾官太學博士。

八十九、宋邧

唐文宗大和四年（830年）進士科狀元。是年進士二十五人，可考者有宋邧、林簡言、楊發、令狐綯、魏扶、鄭澣、韋周方等七人。禮部侍郎鄭澣知貢舉。

宋梁克家《淳熙三山志》卷二十六〈人物類一‧科名〉條載：「太和四年，庚戌，宋邧榜，林簡言，字欲訥，福清人，終漳州軍事判官。」[31]《玉芝堂談薈》卷二〈歷代狀元〉條云：「（太和）四年，狀元宋祁。」[32] 此處「宋邧」之「邧」作「祁」，亦見載於《劇談錄》、《太平廣記》等書，當為邧、祁二字形近而誤。

《劇談錄》卷上〈龍待詔相笏〉條載：開成中，宋邧官補闕，改任河清縣令後不久「終於所任」。[33]《南部新書》「乙」亦載：「宋邧為補闕，與同省候李崖州，而笑語稍聞。浹旬除河清令。」[34]

宋邧與著名詩人許渾、杜牧等均有交往，許渾〈寄宋邧〉詩云：「朱檻煙霜夜坐勞，美人南國舊同袍。山長水遠無消息，瑤瑟一彈秋月高。」[35]《新唐書‧杜牧傳》（卷一六六）云：「（杜）牧剛直有奇節，不為齪齪小謹，敢論列大事，指陳病利尤切至。少與李甘、李中敏、宋邧善，其通古今，善處成敗，甘等不及也。」[36]

宋邧為官當較正直，《新唐書‧陳夷行傳》（卷一八一）云：「（文宗）用郭薳為坊州刺史，右拾遺宋邧論不可。薳果坐贓敗。帝欲賞邧，夷行曰：『諫

30　清‧董誥，《全唐文》卷七八八〈原仁論〉，第8240頁，北京：中華書局影印，1983年。

31　宋‧梁克家，《淳熙三山志》卷二十六《人物類一‧科名》，第350頁，上海：上海古籍出版社1987年影印《文淵閣四庫全書》本第484冊。

32　明‧徐應秋，《玉芝堂談薈》卷二〈歷代狀元〉，第47頁，上海：上海古籍出版社1987年影印《文淵閣四庫全書》本第883冊。

33　唐‧康騈，《劇談錄》卷上〈龍待詔相笏〉，載《唐五代筆記小說大觀》下冊，第1467頁，上海：上海古籍出版社，2000年。

34　宋‧錢易，《南部新書》乙，載《宋元筆記小說大觀》第一冊，第303頁，上海：上海古籍出版社，2001年。

35　清‧彭定求，《全唐詩》卷五百三十八，第2899頁，石家莊：河北人民出版社，1993年。

36　宋‧歐陽修，《新唐書》卷一六六〈杜牧傳〉，第539頁，上海：上海古籍出版社、上海書店，1986年。

官論事，是其職。』若一事善輒進官，恐後不免有私。」[37]古今學者均認為宋邧除河清縣令乃是「得罪」宰相李德裕所致，其性格秉性是否為更主要的原因呢？

九十、杜陟

唐文宗大和五年（831年）進士科狀元。是年進士二十五人，可考者有杜陟、李遠、殷羽、徐商、盧□、李汶儒、苗愃、皇甫鈺等八人。中書舍人賈餗權知貢舉。

《唐才子傳》卷七〈李遠〉條云：「遠，字求古，大和五年杜陟榜進士及第，蜀人也。」[38]元釋圓至《箋注唐賢三體詩法》（明廣陵錢元卿刻本）卷八云：「李遠，字求古，蜀人，太和四年進士，仕至御史中丞。」當為「太和五年」之誤。《玉芝堂談薈》卷二〈歷代狀元〉條云：「（太和）五年，狀元李遠，夔州人。」[39]則是將同年進士誤載為狀元。

唐代有多位杜陟，岑仲勉《郎官石柱題名新考訂》（二一）考證〈祠部郎中〉條「杜陟」時云：「勞氏引咸淳《臨安志》七〇，元和初郡守杜陟，斷非其人，此一條應刪。其餘襄陽杜濟子陟，濮陽杜殷子陟，均似時代過前，唯《才子傳》七，大和五年進士杜陟時代或近之，惜歷官並無明證，應存疑。」[40]

九十一、李珪

唐文宗大和六年（832年）進士科狀元。是年進士二十五人，可考者有李珪、許渾、畢諴、韋澳、杜顗、侯春時、崔□、盧就等八人。禮部侍郎賈餗知貢舉。

《唐才子傳》卷七〈許渾〉條云：「渾字仲晦，潤州丹陽人，圉師之後也。大和六年李珪榜進士，為當塗、太平二縣令。」[41]《登科記考》卷二十一大和六年進士科以《唐才子傳》為據係李珪為是年狀元。[42]

---

37 宋・歐陽修，《新唐書》卷一八一〈陳夷行傳〉，第567頁，上海：上海古籍出版社、上海書店，1986年。

38 傅璇琮主編，《唐才子傳校箋》第三冊，第217頁，北京：中華書局，1990年。

39 明・徐應秋，《玉芝堂談薈》卷二〈歷代狀元〉，第47頁，上海：上海古籍出版社1987年影印《文淵閣四庫全書》本第883冊。

40 岑仲勉，《郎官石柱題名新考訂》（二一），第154頁，上海：上海古籍出版社，1984年。

41 傅璇琮主編，《唐才子傳校箋》第三冊，第231-233頁，北京：中華書局，1990年。

42 清・徐松，《登科記考》卷二十一，第755頁，北京：中華書局，1984年。

　　李珪狀元及第後曾官檢校郎中，《雲谿友議》卷中〈白馬吟〉載：「（平）曾後遊蜀川，謁少師李固言相公。在成都賓館，則李珪郎中、郭圓員外、陳會端公、袁不約侍郎、來擇書記、薛重評事，皆遠從公，可謂蓮幕之盛矣。」[43]《唐詩紀事》卷六十亦載此事。《劉賓客嘉話錄》載云：「開成末，韋絢自左補闕為起居舍人。……會文宗宴駕，時事變移，遂中輟焉。時絢已除起居舍人，楊嗣復於殿下先奏，曰：『左補闕韋絢新除起居舍人，未中謝，奏取進止。』帝頷之。李珪招而引之，絢即置筆箚於玉階欄檻之石，遽然趨而致詞拜舞焉。左史得中謝，自開成中。至武宗即位，隨仗而退，無復簪筆之任矣。」[44]

九十二、李餘

　　李餘是《登科記考》卷二十一大和七年（833 年）進士科著錄的狀元，徐松考云：「《玉芝堂談薈》：『大和八年狀元李餘，成都人。』按八年狀元為陳寬，則李餘當在此年。」[45] 現今科舉、狀元類書籍也大多沿襲此說。

　　《唐詩紀事》卷四十六〈李餘〉條云：「餘，登長慶三年進士第，蜀人也。張籍〈送餘歸蜀〉詩云：『十年人好詠詩章，今日成名出舉場。歸去唯將新誥牒，後來爭取舊衣裳。山橋曉上蕉花暗，水店晴看芋葉光。鄉里親情相見日，一時攜酒上高堂。』賈島〈送餘及第歸蜀〉云：『知音伸久屈，觀省去光輝。津濟逢清夜，途程盡翠微。雲當綿竹疊，鳥離錦江飛。肯寄書來否，原居出甚稀。』」[46] 姚合、朱慶餘等人亦有〈送李餘及第歸蜀〉詩。

　　大和年間的李餘和長慶三年的李餘有無關係，施子愉認為是一個人，其在〈《登科記考》補正〉一文中考云：「卷十九頁二十九長慶三年下據《唐詩紀事》錄李餘。卷二十一頁七又據《玉芝堂談薈》：錄大和七年狀元為李餘，注云：『《玉芝堂談薈》：大和八年狀元李餘，成都人。』按八年狀元為陳寬，則李餘當在此年。」按《唐詩紀事》卷四十六李餘條云：「餘登長慶三年進士第，蜀人也。」

43　唐・范攄，《雲谿友議》卷中〈白馬吟〉，載《唐五代筆記小說大觀》下冊，第1295-1296 頁，上海：上海古籍出版社，2000 年。

44　唐・韋絢，《劉賓客嘉話錄》，載《唐五代筆記小說大觀》上冊，第 824 頁，上海：上海古籍出版社，2000 年。

45　清・徐松，《登科記考》卷二十一，第 759 頁，北京：中華書局，1984 年。

46　宋・計有功撰，王仲鏞校箋，《唐詩紀事校箋》卷四十六，第 1247 頁，北京：中華書局，2007 年。

張籍、賈島、姚合、朱慶餘並有〈李餘及第歸蜀〉。……此兩李餘籍貫相同，疑即一人，而《玉芝堂談薈》有誤。（《玉芝堂談薈》本言李餘為大和八年狀元，徐氏據《唐才子傳》卷七雍陶條雍陶於「大和八年陳寬榜進士及第」之語，以為大和八年狀元既為陳寬，李餘當為大和七年之狀元，亦屬揣測，別無佐證。）大和七年下之李餘「可刪去。」[47]孟二冬《登科記考補正》一書亦持此說。[48]惟周臘生認為當有兩個李餘，都是四川人，且時代相差不遠。其在《唐代狀元奇談·唐代狀元譜》一書中列李餘為大和七年進士科狀元，注云：「《升庵詩話》、《談薈》均說李遠（注：應為李餘）為大和八年狀元，《記考》據《唐才子傳·雍陶傳》，認為大和八年狀元為陳寬，而移李餘於本年，此從《記考》。另，《記考》又載長慶三年（823）鄭冠榜有進士李遠（注：應為李餘），亦為四川人。施子愉《補正》認為《記考》所載兩李遠（注：應為李餘）為同一人，應為長慶三年進士，並指出《記考》定李遠（注：應為李餘）為本年狀元『亦屬揣測，別無佐證』，『可刪去』。然明·楊慎《升庵詩話》卷五云：『李餘，成都人，文宗大和八年狀元。』《四川通志》卷一二二亦云：『李餘，大和狀元，成都人。』並非『無佐證』。筆者認為當有兩個李餘，都是四川人，且時代相差不遠。李姓為大姓，這種情況不足為奇。《補正》所說，張籍、賈島、姚合、朱慶餘都有〈送李餘及第歸蜀〉詩，都是送長慶三年進士李餘的，因本年狀元李餘及第時，張籍（768？-830年）已死3年。」[49]周氏此說引張籍死於大和八年之前，不可能再為李餘寫詩，可質疑施氏「兩李餘籍貫相同，疑即一人」說，李餘是否為狀元以及是何年狀元，在沒有新的史料予以證實的情況下，當以存疑為是。

九十三、陳寬

唐文宗大和八年（834年）進士科狀元。是年進士二十五人，可考者有陳寬、雍陶、裴坦、鄭處誨、苗恪、趙璘、薛庶、范鄗、楊宇、李胤之、李濤等十一人。禮部侍郎李漢知貢舉。

《唐才子傳》卷七〈雍陶〉條云：「陶，字國鈞，成都人。……大和八年陳寬榜進士及第，一時名輩，咸偉其作。」[50]《登科記考》卷二十一大和八年進

47　施子愉，〈《登科記考》補正〉，第140頁，《文獻》十五輯，1982年。
48　孟二冬，《登科記考補正》，第804頁，北京：北京燕山出版社，2003年。
49　周臘生，《唐代狀元奇談·唐代狀元譜》，第243頁，北京：紫禁城出版社，2002年。
50　傅璇琮主編，《唐才子傳校箋》第三冊，第244-246頁，北京：中華書局，1990年。

士科以《唐才子傳》為據係陳寬為是年狀元。[51]

　　《全唐文》卷七九三收錄陳寬〈穎亭記〉一文，作者小傳云：「寬，大中時官陽翟令。」[52]《唐文拾遺》卷三一載有陳寬〈再建圓覺塔記〉。

九十四、鄭瓘

　　唐文宗大和九年（835 年）進士科狀元。是年進士二十五人，可考者有鄭瓘、賈馳、何扶、牛蔚、侯固等五人。工部侍郎崔鄲權知貢舉。

　　《淳熙三山志》卷二十六〈人物類一・科名〉云：「（大和）九年，乙卯，鄭瓘榜，侯固，字子重，閩縣人，累官鄜坊、易定節度使。」[53]乾隆《福建通志》卷三十三因之。《唐才子傳》卷七〈賈馳〉條亦云：「馳，大和九年鄭瓘榜進士。」[54]《玉芝堂談薈》卷二〈歷代狀元〉條云：「（大和）九年，進士二十五人，狀元鄭瓘。」[55]瓘與瓘字形近，似應作鄭瓘為是。《登科記考》卷二十一大和九年進士科以鄭瓘為是年狀元。[56]

九十五、李肱

　　唐文宗開成二年（837 年）進士科狀元。是年進士四十人，可考者有李肱、張棠、段群、沈中黃、王收、柳棠、李商隱、韓瞻、獨孤雲、韋潘、鄭憲、郭植、李定言、牛蔎、鄭茂休、曹確、楊鴻、楊戴、吳當、謝觀、鄭愚等二十一人。禮部侍郎高鍇知貢舉。

　　《雲谿友議》卷上云：「文宗元年秋，詔禮部高侍郎鍇，復司貢籍，曰：『夫宗子維城，本枝百代，封爵便宜，無令廢絕。常年宗正寺解送人，恐有浮薄，以忝科名。在卿精揀藝能，勿妨賢路。其所試，賦則准常規，詩則依齊梁體格。』乃試〈琴瑟合奏賦〉、〈霓裳羽衣曲詩〉。主司先進五人詩，其最佳者，其李肱乎？次則王收日斜見賦，則《文選》中〈雪賦〉、〈月賦〉也。況肱宗室，

51　清・徐松，《登科記考》卷二十一，第 762 頁，北京：中華書局，1984 年。
52　清・董誥，《全唐文》卷七九三〈穎亭記〉，第 8317 頁，北京：中華書局影印，1983 年。
53　宋・梁克家，《淳熙三山志》卷二十六〈人物類一・科名〉，第 350 頁，上海：上海古籍出版社 1987 年影印《文淵閣四庫全書》本第 484 冊。
54　傅璇琮主編，《唐才子傳校箋》第三冊，第 256 頁，北京：中華書局，1990 年。
55　明・徐應秋，《玉芝堂談薈》卷二〈歷代狀元〉，第 47 頁，上海：上海古籍出版社 1987 年影印《文淵閣四庫全書》本第 883 冊。
56　清・徐松，《登科記考》卷二十一，第 764 頁，北京：中華書局，1984 年。

德行素明，人才俱美，敢不公心，以辜聖教？乃以榜元及第。」[57]《困學紀聞》卷十八云：「唐以詩取士，錢起之鼓瑟，李肱之霓裳是也。故詩人多韓文公薦，劉述古謂舉於禮部者，其詩無與為比。（錢起名在第六，豹舄賦。若璩按：李肱名在第一，鼓瑟合奏賦。）」[58]《全唐詩》卷五百四十二收錄李肱省試詩〈霓裳羽衣曲〉，作者小傳云：「李肱，開成二年第一人及第，官齊岳二牧。」[59]《登科記考》卷二十一開成二年進士科亦載李肱為是年狀元。[60]

按李肱兩《唐書》無傳，《新唐書・宰相世系表》（卷七二上）載李肱出趙郡李氏南祖之後，祖李無逸，算曹博士。父李複圭，未載官職。[61]從李肱由宗正寺解送，推測其極有可能生活於京師長安。

《雲谿友議》卷上〈古制興〉條云：「李君文章精練，行義昭詳，策名於睿哲之朝，得路於韋蕭之室。然止於岳、齊二牧，未登大任，其有命焉！」[62]是知李肱曾官岳、齊二州刺史。

開成二年李肱省試詩〈霓裳羽衣曲〉，任用韻，全詩云：「開元太平時，萬國賀豐歲。梨園獻舊曲，玉座流新制。鳳管遞參差，霞衣競搖曳。宴罷水殿空，輦餘春草細。蓬壺事已久，仙樂功無替。詎肯聽遺音，聖明知善繼。」[63]是唐代省試詩中難得的佳作，明人王世貞《藝苑卮言》卷四云：「人謂唐以詩取士，故詩獨工，非也。凡省試詩，類鮮佳者。如錢起〈湘靈〉之詩，億不得一；李肱〈霓裳〉之制，萬不得一。」[64]

九十六、裴思謙

唐文宗開成三年（838年）進士科狀元。是年進士四十人，可考者有裴思謙、

57　唐・范攄，《雲谿友議》卷上〈古制興〉，載《唐五代筆記小說大觀》下冊，第1271頁，上海：上海古籍出版社，2000年。

58　宋・王應麟，《困學紀聞》卷十八〈評詩〉，第463頁，上海：上海古籍出版社1987年影印《文淵閣四庫全書》本第854冊。

59　清・彭定求，《全唐詩》卷五百四十二，第2953頁，石家莊：河北人民出版社，1993年。

60　清・徐松，《登科記考》卷二十一，第771頁，北京：中華書局，1984年。

61　宋・歐陽修，《新唐書》卷七二上〈宰相世系表〉，第255頁，上海：上海古籍出版社、上海書店，1986年。

62　唐・范攄，《雲谿友議》卷上〈古制興〉，載《唐五代筆記小說大觀》下冊，第1271頁，上海：上海古籍出版社，2000年。

63　清・彭定求，《全唐詩》卷五百四十二，第2953頁，石家莊：河北人民出版社，1993年。

64　明・王世貞，《藝苑卮言》卷四，載《歷代詩話續編》，〈無錫丁氏〉，民國五年。

趙璜、趙璡、李滂、蕭廎、歸仁晦、沈朗、陳嘏、歐陽秬、林鷗、李稠、馮涯等十二人。禮部侍郎高鍇知貢舉。

　　裴思謙進士科狀元及第事，唐人即有記載，孫棨《北里志》附錄〈裴思謙狀元〉條云：「裴思謙狀元及第後，作紅箋名紙十數，詣平康里，因宿於里中。因旦賦詩曰：『銀缸斜背解鳴璫，小語低聲賀玉郎。從此不知蘭麝貴，夜來新惹桂枝香。』」[65]王定保《唐摭言》卷三〈慈恩寺題名遊賞賦詠雜紀〉條記載相同。[66]《唐摭言》卷九〈惡得及第〉條則詳細描寫了裴思謙通過宦官仇士良的關係獲取狀元的經過。[67]按開成三年為禮部侍郎高鍇三知貢舉，錄裴思謙為進士科狀元。《唐摭言》作第二榜，誤。《玉芝堂談薈》卷二〈歷代狀元〉條亦云：「（開成）三年，進士四十人，狀元裴思謙。」[68]

　　裴思謙，兩《唐書》無傳，《新唐書‧宰相世系表》（卷七一上）載裴思謙出東眷裴，字自牧，官左散騎常侍兼大理卿。祖父裴昱，官高陵令。伯父裴垍，憲宗時宰相。父親裴坰，官大理卿。[69]光緒《山西通志》、民國《聞喜縣誌》均載裴思謙為絳州聞喜人，即今山西聞喜人。

　　裴思謙狀元及第後以紅箋名紙入平康里賦詩一事，常為後人用作典故：清人梁章鉅《楹聯叢話》卷七有一聯：「從此不知蘭麝貴，相期共鬥管弦來。」即是集裴思謙、孟浩然句。李漁〈笠翁對韻〉「十蒸」云：「拋白紵，宴紅綾。」拋白紵：裴思謙登第，以紅箋數十幅入平康里賦詩，時號風流藪澤。王元之詩曰：「利市襴衫拋白紵，風流名字寫紅箋。」宴紅綾：唐僖宗幸興慶池，問新進士，宴曲江，命御廚燒紅綾餅，依人數賜之。宋人詞牌名中有〈桂枝香〉，調見《樂府雅詞》張輯詞，亦因裴思謙「夜來新惹桂枝香」詩句而得名。又名〈疏簾淡月〉。

65　唐‧孫棨，《北里志》附錄〈裴思謙狀元〉，載《唐五代筆記小說大觀》下冊，第1416頁，上海：上海古籍出版社，2000年。

66　五代‧王定保，《唐摭言》卷三〈慈恩寺題名游賞賦詠雜紀〉，載《唐五代筆記小說大觀》下冊，第1606頁，上海：上海古籍出版社，2000年。

67　五代‧王定保，《唐摭言》卷九〈惡得及第〉，載《唐五代筆記小說大觀》下冊，第1656-1657頁，上海：上海古籍出版社，2000年。

68　明‧徐應秋，《玉芝堂談薈》卷二〈歷代狀元〉，第47頁，上海：上海古籍出版社1987年影印《文淵閣四庫全書》本第883冊。

69　宋‧歐陽修，《新唐書》卷七一上〈宰相世系表〉，第233頁，上海：上海古籍出版社、上海書店，1986年。

《全唐詩》卷五百三十九載有李商隱〈百果嘲櫻桃〉詩，乃譏裴思謙之作，詩云：「珠實雖先熟，瓊莩縱早開。流鶯猶故在，爭得諱含來。」[70] 裴攀阿仇士良及第，李詩以「流鶯」暗指仇，「含來」雙關，謂裴氏功名藉仇氏而成。

九十七、崔□

唐文宗開成四年（839年）進士科狀元。是年進士三十人，可考者有崔□、曹汾、田章、于汝錫等四人。中書舍人崔蠡權知貢舉。

開成三年裴思謙狀元及第乃主考官高鍇屈服於宦官仇士良的權勢所致，開成四年崔□狀元及第則與主考官崔蠡的私人恩情有關。據《太平廣記》卷一百八十二〈崔蠡〉條引《芝田錄》云：「唐崔蠡知制誥日，丁太夫人憂，居東都里第。時尚清苦儉嗇，四方寄遺，茶藥而已，不納金帛。故朝賢家不異寒素，雖名姬愛子，服無輕細。崔公卜兆有期，居一日，宗門士人有謁請於蠡者，闇吏拒之，告曰：『公居喪未嘗見他客。』乃曰：『某崔家宗門子弟，又知尊夫人有卜遠之日，願一見公。』公聞之，延入與語，直云：『知公居搢紳間清且約，太夫人喪事所須不能無費，某以辱孫姪之行，又且貲用稍給，願以錢三百萬濟公大事。』蠡見其慷慨，深奇之，但嘉納其意，終卻而不受。此人調舉久不第，亦頗有屈聲。蠡未幾服闋，拜尚書右丞，知禮部貢舉。此人就試，蠡第之為狀元。眾頗驚異，謂蠡之主文以公道取士，崔之獻藝由善價成名，一第則可矣，首冠未為得。以是人有詰於蠡者，答曰：『崔某固是及第人，但狀頭是某私恩所致耳。』具以前事告之。於是中外始服，名益重焉。」[71]

唐代科舉制度尚未完善是崔□得中狀元的基本原因，而社會輿論氛圍的寬容乃至肯定，則尤其值得注意。

九十八、李從實

唐文宗開成五年（840年）進士科狀元。是年進士三十一人，可考者有李從實、喻鳧、李蔚、楊知退、沈樞、楊假、薛耽等七人。禮部侍郎李景讓知貢舉。

《唐才子傳》卷七〈喻鳧〉條云：「鳧，毗陵人。開成五年李從實榜進士。」[72]

70　清・彭定求，《全唐詩》卷五百三十九，第2914頁，石家莊：河北人民出版社，1993年。
71　宋・李昉，《太平廣記》卷一百八十二〈崔蠡〉，第1354頁，北京：中華書局，1961年。
72　傅璇琮主編，《唐才子傳校箋》第三冊，第282頁，北京：中華書局，1990年。

《登科記考》卷二十一開成五年進士科以《唐才子傳》為據係李從實為是年狀元。[73]

李從實，隴西成紀（今甘肅秦安縣西北）人。出唐宗室大鄭王房，為襄邑恭王李神符（唐高祖李淵的堂弟）的六世孫。祖父李模，司農卿。父李諝，明州刺史。兄弟十人從實最小，九位兄長皆入仕為官，其中長兄李從規，左諫議大夫；二兄李從矩，懷州刺史；三兄李從毅，字仁卿，檢校刑部郎中；四兄李從晦，字含章，興元節度使、檢校工部尚書；五兄李從議，太常卿；六兄李從師，太子左贊善大夫；七兄李從吉，江陵少尹；八兄李從方，太子左庶子；九兄李從貞，宗正少卿。李從實狀元及第後曾官咸陽縣尉、史館修撰。[74]

又：德宗貞元十二年（796 年）進士科狀元李程亦出唐宗室大鄭王房，為襄邑恭王李神符（唐高祖李淵的堂弟）的五世孫。從世系上看，李程應為開成五年（840 年）進士科狀元李從實的叔伯輩分。

《重修常昭合志》卷十七〈選舉志〉表一〈歷代選舉科目・唐進士〉條云：「陸器，狀元。家河陽山。《府志》及邑《誌》俱無年貫可考。按：邑陸氏宗譜世系卻載器字祖容，開成五年狀元，貫無考，始見桑《誌》。」[75] 陸器是《陸氏宗譜》所記載的開成五年狀元，但無任何佐證。

九十九、崔嶬

唐武宗會昌元年（841 年）進士科狀元。是年進士三十人，可考者有崔嶬、薛逢、沈詢、楊收、王鐸、李蠙、談銖、康僚、謝防、苗紳等十人。禮部侍郎柳璟知貢舉。

《唐才子傳》卷七〈薛逢〉條云：「逢字陶臣，蒲州人。會昌元年，崔嶬榜第三人進士，調萬年尉。」[76]《舊唐書・薛逢傳》（卷一九〇下）載是年進士同年朝廷為官時的恩怨甚為具體。[77]《新唐書・宰相世系表》（卷七二下）

73　清・徐松，《登科記考》卷二十一，第 782 頁，北京：中華書局，1984 年。

74　宋・歐陽修，《新唐書》卷七〇上〈宗室世系表〉，第 211 頁，上海：上海古籍出版社、上海書店，1986 年。

75　常熟市地方志編纂委員會辦公室標校，《重修常昭合志》卷十七〈選舉志〉表一〈歷代選舉科目・唐進士〉，第 599 頁，上海：上海社會科學院出版社，2002 年。

76　傅璇琮主編，《唐才子傳校箋》第三冊，第 286-288 頁，北京：中華書局，1990 年。

77　後晉・劉昫，《舊唐書》卷一九〇下〈文苑下・薛逢傳〉，第 611 頁，上海：上海

載崔峴，字公升，出清河小房，祖父崔虔，官大理司直。父崔稑，官侍御史。[78]
崔峴族孫崔膠、崔諤先後考中進士科狀元。

崔峴歷官未詳，《全唐文補遺》（第八輯）錄載李內恭撰中和二年（882 年）
十二月二十二日〈唐故隴西李公（杼）范陽盧氏夫人合葬墓銘並序〉云：別弟
岳「娶故刑部郎中清河崔峴之女」。[79] 按此崔峴，與會昌元年（841 年）狀元崔
峴生活時代相同，當即一人。

一〇〇、鄭顥

唐武宗會昌二年（842 年）進士科狀元。是年進士三十人，可考者有鄭顥、
張潛、鄭從讜、鄭畋、鄭誠、郭京、宋震、崔樞、韋滂等九人。禮部侍郎柳璟
知貢舉。

《唐語林》卷七云：「鄭顥，宰相子，狀元及第，有聲名。」[80]《淳熙三山志》
卷二十六〈人物類一・科名〉條云：「會昌二年，壬戌，鄭顥榜，鄭誠，字申
虞，閩縣人，歷刑部郎中，郢、安、鄧三州刺史。」[81]

《舊唐書・鄭絪傳》（卷一五九）載鄭顥世系云：鄭絪子鄭祗德，鄭祗
德子鄭顥，登進士第。[82]《新唐書・宰相世系表》（卷七五上）亦云：鄭絪，
字文明，相德宗。鄭祗德，兵部尚書。鄭顥，字養正，駙馬都尉。[83]

鄭顥是現在所知的唐代，也可能是中國科舉時代唯一的狀元駙馬，是一位
在婚姻上很不遂意的唐代狀元。《東觀奏記》卷上載：「萬壽公主，上愛女，
鍾愛獨異。將下嫁，命擇郎婿。鄭顥相門子，首科及第，聲名籍甚，婚盧氏。
宰臣白敏中奏選上，顥銜之，上未嘗言。大中五年，敏中免相，為邠寧都統。

古籍出版社、上海書店，1986 年。

78　宋・歐陽修，《新唐書》卷七二下〈宰相世系表〉，第 280 頁，上海：上海古籍出版
　　社、上海書店，1986 年。

79　吳鋼主編，《全唐文補遺》（第八輯），第 230 頁，西安：三秦出版社，2005 年。

80　宋・王讜，《唐語林》卷七〈補遺〉，第 646 頁，北京：中華書局，1987 年。

81　宋・梁克家，《淳熙三山志》卷二十六〈人物類一・科名〉，第 350 頁，上海：上
　　海古籍出版社 1987 年影印《文淵閣四庫全書》本第 484 冊。

82　後晉・劉昫，《舊唐書》卷一五九〈鄭絪傳〉，第 504 頁，上海：上海古籍出版社、
　　上海書店，1986 年。

83　宋・歐陽修，《新唐書》卷七五上〈宰相世系表〉，第 334 頁，上海：上海古籍出版
　　社、上海書店，1986 年。

行有日，奏上曰：『頃者，陛下愛女下嫁貴臣，郎婿鄭顥，赴婚楚州，會有日，行次鄭州，臣堂帖追回，上副聖念。顥不樂國婚，銜臣入骨。臣且在中書，顥無如臣何，一去玉階，必媒蘖臣短，死無種矣！』上曰：『朕知此事久，卿何言之晚耶？』因命左右，便殿中取一樫木小函來，扃鏁甚固，謂敏中曰：『此盡鄭郎說卿文字，便以賜卿。若聽顥言，不任卿如此矣！』」[84] 按言「鄭顥，相門子」，似有誤，鄭顥為宰相鄭絪之孫。然言為宰臣白敏中選尚萬壽公主一事屬實，《資治通鑑》即係此事於卷二百四十九《唐紀》六十五「宣宗大中五年」。

　　鄭顥狀元及第後曾被地方節度使辟為從事，《全唐文補遺》（第六輯）載〈唐故范陽盧氏（韜）滎陽鄭夫人墓誌銘〉云：「夫人之兄五人，皆杭州使君之外孫也……長兄曰顥，幼而爽晤……長果博聞強識，廿六首冠上第，興元帥辟為支使。」[85] 不久入朝為弘文館校書，遷右拾遺、內供奉。大中三年（849年）二月自起居郎入充翰林學士，四月加知制誥，閏十一月特恩遷右諫議大夫知制誥。四年三月，尚宣宗萬壽公主，例封駙馬都尉，十月，拜中書舍人。此後數年間，歷官禮部侍郎、祕書監、刑部侍郎、檢校禮部尚書、河南尹等職，期間於大中十年、十三年兩次出任科舉考試的主考官。宣宗過世不久，鄭顥亦卒。

　　科舉史上有所謂「崔鄭世界」之說，崔雍、鄭顥均為進士出身，五代劉崇遠《金華子》卷上云：「崔起居雍，甲族之子。少高令聞，舉進士擢第之後，藹然清名喧於時，與鄭顥同為流品所重。舉子公車得遊歷其門館者，則登第必然矣。時人相語為『崔鄭世界』，雖古之龍門，莫之加也。」[86] 作為兩任主考官，鄭顥不僅選拔了李郢、孔緯等一批有影響的文學家和政治家，而且重視科舉史料收集整理，開官府編輯科舉考試登科記錄之先河。這是應該給予肯定的。

一〇一、盧肇

　　唐武宗會昌三年（843年）進士科狀元。《唐登科記總目》載是年進士二十二人，《登科記考補正》載可考者有盧肇、丁稜、黃頗、姚鵠、徐薰、高退之、孟球、劉耕、裴翶、樊驤、崔軒、蒯希逸、林滋、李宣古、張道符、邱

84　唐・裴廷裕，《東觀奏記》卷上，載《筆記小說大觀》第一冊（合訂第一本），第154頁，揚州：江蘇廣陵古籍刻印社，1983年。

85　吳鋼主編，《全唐文補遺》（第六輯），第174頁，西安：三秦出版社，1999年。

86　五代・劉崇遠，《金華子》卷上，載《唐五代筆記小說大觀》下冊，第1754頁，上海：上海古籍出版社，2000年。

上卿、石貫、李潛、孟寧、唐思言、尤牢、王甚夷、金厚載等二十三人。吏部尚書王起權知貢舉。

《唐摭言》卷三〈慈恩寺題名遊賞賦詠雜紀〉條云：「盧肇，袁州宜春人；與同郡黃頗齊名。頗富於產，肇幼貧乏。與頗赴舉，同日遵路，郡牧於離亭餞頗而已。時樂作酒酣，肇策蹇郵亭側而過；出郭十餘里，駐程俟頗為侶。明年，肇狀元及第而歸，刺史已下接之，大慚恚。會延肇看競渡，於席上賦詩曰：『向道是龍剛不信，果然銜得錦標歸。』」[87]《唐才子傳》卷七〈李宣古〉條云：「宣古，字垂後，澧陽人。會昌三年盧肇榜進士。」[88]

盧肇進士科狀元及第傳說與宰相李德裕有關，《玉泉子》載云：「李相德裕，抑退浮薄，獎拔孤寒，於時朝貴朋黨，德裕破之。由是積怨而絕於赴會，門無賓客。惟進士盧肇，宜春人，有奇才，德裕嘗左宦宜陽，肇投以文卷，由此見知。後隨計京師，每謁見，待以優禮。舊制：禮部放榜，先呈宰相。會昌三年，王起知舉，問德裕所欲，答曰：『安問所欲？如盧肇、丁稜、姚鵠，豈可不與及第耶？』起於是依其次而放。」[89]《北夢瑣言》卷三〈盧肇為進士狀頭〉條記載略同，惟錄時論曰：「盧肇受知于掌武，無妨主司之公道也。」[90]從現存盧肇著述來看，《北夢瑣言》所言應有一定道理。

盧肇，兩《唐書》無傳，《新唐書・藝文志》（卷六〇）載云：「盧肇《海潮賦》一卷，又《通屈賦》一卷，《注林絢大統賦》二卷。」生平小傳云：「字子發，袁州人，咸通歙州刺史。」[91]《永樂大典》引《瑞陽志》云：「盧肇字子發，望蔡上鄉人，會昌三年進士第一。」[92]盧肇子盧文秀亦中進士第，《正德袁州府志》卷八〈人物志〉云：「（盧肇）世子文秀咸通間進士，官至弘文館學士。」又：乾隆《江西通志》卷四十九〈選舉・唐〉：咸通六年進士：「盧文秀，宜

87　五代・王定保，《唐摭言》卷三〈慈恩寺題名遊賞賦詠雜紀〉，載《唐五代筆記小說大觀》下冊，第 1607 頁，上海：上海古籍出版社，2000 年。

88　傅璇琮主編，《唐才子傳校箋》第三冊，第 320 頁，北京：中華書局，1990 年。

89　唐・闕名，《玉泉子》，載《唐五代筆記小說大觀》下冊，第 1422 頁，上海：上海古籍出版社，2000 年。

90　五代・孫光憲，《北夢瑣言》卷三〈盧肇為進士狀頭〉，載《唐五代筆記小說大觀》下冊，第 1815 頁，上海：上海古籍出版社，2000 年。

91　宋・歐陽修，《新唐書》卷六〇〈藝文志〉，第 169 頁，上海：上海古籍出版社、上海書店，1986 年。

92　清・徐松，《登科記考》卷二十二，第 791 頁，北京：中華書局，1984 年。

春人，肇子。官弘文館學士。」

盧肇〈進海潮賦狀〉記載了其狀元及第後的經歷：「臣於會昌三年應進士舉，故山南節度使、同中書門下平章事王起擢臣為進士狀頭。筮仕之初，故鄂岳節度使盧商自中書出鎮，辟臣為從事。自後故江陵節度使贈太尉裴休、故太原節度使贈左僕射盧簡求，皆將相重臣，知臣苦心，謂臣有立，全無親黨，不能吹噓，悉賞微才，奏署門吏。臣前年二月蒙恩自潼關防禦判官除祕書省著作郎，其年八月又蒙恩除倉部員外郎，充集賢院直學士，去年五月又蒙恩除歙州刺史。」[93]該文署名「朝散大夫持節歙州諸軍事守歙州刺史柱國賜紫金魚袋臣盧肇」。按盧商於大中元年（847 年）出任鄂岳節度使，是年以盧肇為從事，其後江陵節度使裴休（咸通三年 - 五年，即 862 年 -864 年在任）、太原節度使盧簡求（咸通元年 - 四年，即 860 年 -863 年在任）先後也曾辟盧肇為幕僚。

今江西省宜春市有一著名旅遊景點狀元洲，亦稱盧洲，座落於市區東側，秀江中流，面積約 6 公頃，形似巨艦。傳說盧肇曾在此豎石為銘，苦讀詩書，後中狀元，故名狀元洲。明代邑人列聰購得此洲，建「盧洲書屋」供子弟讀書，後郡人建有「三元閣」、「文標閣」，然清道光年間悉毀於洪水，1985 年，被闢為水上公園，陸續築有假山、水池、涼亭、牌樓等，修建了游泳池及娛樂遊藝設施，並構建仿古建築「盧肇讀書堂」，闢有「弋林齋」、「印月軒」，陳列部分書畫作品及文物。「盧洲印月」為宜春舊八景之一。[94]

一〇二、鄭言

唐武宗會昌四年（844 年）進士科狀元。是年進士二十六人，可考者有鄭言、項斯、趙嘏、孫玉汝、陳納、顧陶、馬戴、張褐、鄭祥、崔隋、楊嚴等十一人。左僕射王起權知貢舉。

《唐才子傳》卷七〈趙嘏〉條云：「嘏字承祐，山陽人。會昌二年鄭言榜進士。」[95]會昌二年狀元為鄭顥，已見本章前考。趙嘏實為會昌四年進士，其進

93　清・董誥，《全唐文》卷七六八〈進海潮賦狀〉，第 8001 頁，北京：中華書局影印，1983 年。

94　http://www.360doc.com/content/14/1205/10/20235201_430546671.shtml，2021-07-23。

95　傅璇琮主編，《唐才子傳校箋》第三冊，第 297 頁，北京：中華書局，1990 年。

士及第後曾作〈成名年獻座主僕射兼呈同年〉詩，[96] 會昌二年知貢舉乃禮部侍郎
柳璟，而會昌四年正是新拜左僕射的王起。《舊唐書・王播傳》（卷一六四）云：
「（王起）會昌元年徵拜吏部尚書，判太常卿事。三年，權知禮部貢舉，明年
正拜左僕射，複知貢舉。」[97] 是知趙嘏會昌四年進士及第不誤，是年狀元為鄭言。
又：《登科記考》卷二十二會昌四年進士「趙嘏」引《唐才子傳》云趙嘏為「會
昌四年鄭言榜進士」，[98] 與今通行本不同，亦可證趙嘏會昌四年進士及第。

鄭言，字垂之，雍正《河南通志》卷四十五、乾隆《滎陽縣誌》卷八均載
為河南滎陽人。《新唐書・鄭朗傳》（卷一六五）云：「右拾遺鄭言者，故在
幕府，朗以諫臣與輔相爭得失，不論則廢職，奏徙它官。」[99]《東觀奏記》卷中
亦云：「以左拾遺鄭言為太常博士，鄭朗自御史大夫命相，朗先為浙西觀察使，
言實居幕中。」[100] 按鄭言在幕為支使，《嘉泰吳興志》卷一八〈碑碣・文宣王
新廟碑〉注云：「浙江西道觀察支使試祕書省校書郎鄭言撰並書，蓋記刺史令
狐綯作廟本末。」[101] 按：令狐綯會昌五年（845 年）出任湖州刺史。《翰林學士
壁記注補十二》「懿宗」條云：鄭言咸通六年正月十日自駕部員外郎入（充）。
四月十日，加禮部郎中知制誥，依前充。其月十九日，中謝賜紫。八年十一月
四日，遷工部侍郎知制誥，並依前充。九年六月十八日，守戶部侍郎出院。[102]

《新唐書・藝文志》（卷五八）乙部史錄雜史類載鄭言《平剡錄》一卷，
注云：「言字垂之，……咸通翰林學士、戶部侍郎。」[103] 同書卷五九丙部子錄
類書類載《續會要》四十卷，鄭言等撰。

96　清・彭定求，《全唐詩》卷五百四十九，第 2994 頁，石家莊：河北人民出版社，1993 年。

97　後晉・劉昫，《舊唐書》卷一六四〈王播傳〉，第 516 頁，上海：上海古籍出版社、
　　上海書店，1986 年。

98　清・徐松，《登科記考》卷二十二，第 799 頁，北京：中華書局，1984 年。

99　宋・歐陽修，《新唐書》卷一六五〈鄭朗傳〉，第 535 頁，上海：上海古籍出版社、
　　上海書店，1986 年。

100　唐・裴廷裕，《東觀奏記》卷中，載《筆記小說大觀》第一冊（合訂第一本），第 158 頁，
　　揚州：江蘇廣陵古籍刻印社，1983 年。

101　參見《宋元方志叢刊》，第五冊，第 4837 頁，北京：中華書局，1990 年。

102　岑仲勉，《郎官石柱題名新考訂》附《翰林學士壁記注補》（十二），第 360 頁，上海：
　　上海古籍出版社，1984 年。

103　宋・歐陽修，《新唐書》卷五八〈藝文志〉，第 159 頁，上海：上海古籍出版社、上
　　海書店，1986 年。

一○三、易重

唐武宗會昌五年（845年）進士科狀元。是年進士二十七人，複試落下七人。可考者有易重、孟遲、盧嗣立、魯受、顧非熊等五人。左諫議大夫陳商權知貢舉，翰林學士白敏中複試。

《唐才子傳》卷七〈孟遲〉條云：「遲，字遲之，平昌人。會昌五年易重榜進士。」[104]《永樂大典》引《瑞州府圖志》載云：「易重字鼎臣，上高人，延慶之祖。」同書又載《宜春志》引《登科記》云：「會昌五年，張瀆作狀元，易重第二。其年，翰林重考，張瀆黜落，以重為狀元。」[105] 清雍正《江西通志》卷四十九〈選舉〉云：「會昌五年進士，易重，宜春人，狀元，官大理評事。」

易重是年得中狀元頗為偶然，《唐摭言》卷十一〈已得復失〉云：「張瀆，會昌五年陳商下狀元及第，翰林覆落瀆等八人，趙渭南貽瀆詩曰：『莫向春風訴酒杯，謫仙真個是仙才。猶堪與世為祥瑞，曾到蓬山頂上來。』」[106]《唐詩紀事》卷五十二〈易重〉條亦云：「會昌五年陳商下進士，張瀆第一，重次之。後詔白敏中重考，覆落瀆等七人，而重居榜首。有詩〈寄宜陽兄弟〉云：『六年雁序恨分離，詔下今朝遇已知。上國皇風初喜日，御階恩渥屬身時。內庭再考稱文異，聖主宣名獎藝奇。故里仙才若相問，一春攀得兩重枝。』」[107] 劉應李輯《新編事文類聚翰墨全書》後丙集卷五〈氏族門〉：「易重字鼎臣，唐會昌中張瀆榜進士第二人，翰林再考，張被黜落，升重為第一，官至大理評事。」[108] 按是年被黜落的狀元姓名，史載有三，一為張瀆，一為張瀆，一為張瀆，當以《登科記》所載張瀆為是。「瀆」、「瀆」，皆為「瀆」形近之誤。

史載易重詩文千餘篇，惜多不存，《全唐詩》卷五百五十七僅錄其詩一首。

一○四、狄慎思

唐武宗會昌六年（846年）進士科狀元。是年進士十六人。可考者有狄慎思、

104　傅璇琮主編，《唐才子傳校箋》第三冊，第342頁，北京：中華書局，1990年。

105　清・徐松，《登科記考》卷二十二，第805頁，北京：中華書局，1984年。

106　五代・王定保，《唐摭言》卷十一〈已得復失〉，載《唐五代筆記小說大觀》下冊，第1674頁，上海：上海古籍出版社，2000年。

107　宋・計有功撰，王仲鏞校箋，《唐詩紀事校箋》卷五十二，第1431頁，北京：中華書局，2007年。

108　宋・劉應李輯，《新編事文類聚翰墨全書》後丙集卷五〈氏族門〉（縮微製品），北京：全國圖書館文獻縮微中心，1987年。

薛能、張黯、顏□、李晝等五人。禮部侍郎陳商知貢舉。

《唐才子傳》卷七〈薛能〉條云：「能字太拙，汾州人。會昌六年狄慎思榜登第。」[109]徐應秋《玉芝堂談薈》卷二〈歷代狀元〉條云：「（會昌）六年，進士十六人，狀元狄思慎。」[110]徐松認為，《玉芝堂談薈》所云「狄思慎」可能是因為咸通十一年林慎思致訛。校注《登科記考》的趙守儼認為「按本卷大中十年李詹下引《玉泉子》亦作『慎思』，徐說恐不確。」[111]趙說是，惟云「本卷大中十年李詹」為「本卷大中七年李詹」之誤。[112]《南部新書》「己」亦作「慎思」，[113]可見《玉芝堂談薈》作「思慎」確為「慎思」之訛。

狄慎思生平無考。《太平廣記》卷一百三十三〈李詹〉條云，慎思與大中七年進士及第的李詹皆好為酷，兩人先後暴卒。慎思卒時，僅官「小諫」。當是品位很低的諫官。[114]

一〇五、盧深

唐宣宗大中元年（847 年）進士科狀元。是年進士二十三人，續放三人。可考者有盧深、陳鏞、楊乘、劉瞻、李義叟、崔滔、韋□、王凝、封彥卿（續放，下同）、崔璪、鄭延休等十一人。禮部侍郎魏扶知貢舉。

《淳熙三山志》卷二十六〈人物類一・科名〉條云：「大中元年丁卯盧深榜，陳鏞，字希聲，侯官人，複應史科，終鄂州刺史。」[115]《玉芝堂談薈》卷二〈歷代狀元〉條亦云：「宣宗大中元年，進士二十二人，狀元盧深。」[116]據此可知盧深為是年狀元。然徐松《登科記考》卷二十二大中元年以顧標為狀

109　傅璇琮主編，《唐才子傳校箋》第三冊，第 308-309 頁，北京：中華書局，1990 年。

110　明・徐應秋，《玉芝堂談薈》卷二〈歷代狀元〉，第 47 頁，上海：上海古籍出版社 1987 年影印《文淵閣四庫全書》本第 883 冊。

111　清・徐松，《登科記考》卷二十二，第 807 頁，北京：中華書局，1984 年。

112　清・徐松，《登科記考》卷二十二，第 819-820 頁，北京：中華書局，1984 年。

113　宋・錢易，《南部新書》己，載《宋元筆記小說大觀》第一冊，第 337 頁，上海：上海古籍出版社，2001 年。

114　宋・李昉，《太平廣記》卷一百三十三〈李詹〉，第 945 頁，北京：中華書局，1961 年。

115　宋・梁克家，《淳熙三山志》卷二十六〈人物類一・科名〉，第 352 頁，上海：上海古籍出版社 1987 年影印《文淵閣四庫全書》本第 484 冊。

116　明・徐應秋，《玉芝堂談薈》卷二〈歷代狀元〉，第 47 頁，上海：上海古籍出版社 1987 年影印《文淵閣四庫全書》本第 883 冊。

元，考云：「《玉芝堂談薈》作會昌七年狀元。會昌七年即大中元年也。」[117]
陳尚君〈《登科記考》正補〉一文認為，徐松以顧標為大中元年狀元，便將盧
深移為大中二年狀元，未免主觀。「顧標當為顏標之誤，應刪去。顏標舉大中
八年狀頭。」[118] 今從之。

《翰林學士壁記注補十二》〈懿宗〉朝云：「盧深咸通七年三月二十四日
自起居郎入。七月一日，加兵部員外郎充。十月二十五日，三殿詔對，賜緋。
八年正月二十四日，加制知誥。其年八月八日，詔對，賜紫。八年十一月十一日，
加戶部郎中知制誥，依前充。九年十月二十六日，拜中書舍人，依前充。十年
十一月十一日，遷戶部侍郎。其年十二月卒官，贈戶部尚書。」[119]

一〇六、于珪

唐宣宗大中三年（849 年）進士科狀元。是年進士三十人。可考者有于珪、
高璩、崔安潛、何鼎、趙隱、崔彥昭、王傳、孫瑝等八人。禮部侍郎李褒知貢舉。

《廣卓異記》卷十九〈兄弟二人狀元及第〉引《登科記》云：「右按《登
科記》，于珪，大中三年狀元及第。珪之弟瓖，大中七年狀元及第。」[120]《唐
代墓誌匯編》（咸通〇四〇）載鄉貢進士孫備咸通六年五月十六日所撰其妻于
氏墓誌銘云：「夫人于氏，河南人也，其始宗于漢，高門之所昌，關後世有勳
哲，至唐滋用文顯科爵。高祖諱蕭，入內庭為給事中；祖諱敖，宣歙道觀察使；
父諱珪，不欺暗室，韜踐明節，其聲自騰逸於士大夫，上期必相，時君康天下
而壽不俟施，首擢第春官，赴東蜀周丞相辟，入藍薄，直弘文館，纂新會要，
皆析析藻雅。」[121]《墓誌》云于珪「首擢第春官」，亦當指進士科狀元及第之事。

《登科記考》卷二十二大中三年〈進士〉條云：「于珪，大中三年狀元及第，

117　清・徐松，《登科記考》卷二十二，第 809 頁，北京：中華書局，1984 年。

118　陳尚君，〈《登科記考》正補〉，載《唐代文學研究》第四輯，第 342-343 頁，桂林：
　　　廣西師範大學出版社，1993 年。

119　岑仲勉，《郎官石柱題名新考訂》附《翰林學士壁記注補》（十二），第 362 頁，上海：
　　　上海古籍出版社，1984 年。

120　宋・樂史，《廣卓異記》卷十九〈兄弟二人狀元及第〉，載《筆記小說大觀》第一冊
　　　（合訂第一本），第 264 頁，揚州：江蘇廣陵古籍刻印社，1983 年。

121　周紹良主編，《唐代墓誌匯編》咸通〇四〇，第 2409 頁，上海：上海古籍出版社，
　　　1992 年。

見《廣卓異記》引《登科記》。按珪為休烈第二子，見《舊書・于休烈傳》。」[122] 按照徐松的說法，唐宣宗大中三年（849 年）進士科狀元于珪是于休烈的次子。此說乃徐松筆誤所致。

　　于珪，京兆高陵（今陝西高陵）人。唐人林寶所著《元和姓纂》卷二〈河南于氏〉條記載：「（休）烈，太常卿、工部尚書、東海公，生益、肅。益，諫議大夫。肅，給事中。肅生敫，監察御史。敫生球、珪、璟（按唐世系表璟下尚有瑅。此脫）、琮。」[123]《舊唐書・于休烈傳》（卷一四九）亦載：「于休烈，河南人也。高祖志寧，貞觀中任左僕射。……嗣子益，次子肅，相繼為翰林學士。……肅官至給事中，肅子敫，敫字蹈中，……（敫）四子：球、珪、璟、琮，皆登進士第。」[124]《新唐書》卷一〇四〈于志寧傳〉記載相同。由此可見，于珪家世非常清晰：曾祖于休烈，祖于肅，父于敫。兄弟四人，于珪排行第二。

　　《新唐書・宰相世系表》（卷七二下）記載于珪家世和輩分與《元和姓纂》等書所載一致，惟言于敫有五子，亦即于珪兄弟有五人，是為于球、于珪，字子光、于璟，字匡德、于瑅，平盧節度使、于琮，字禮用，相懿宗。

　　查《舊唐書・懿宗紀》（卷一九上）咸通十三年五月：「平盧軍節度使于涓為涼王府長史，分司東都；前湖南觀察使于璟為袁州刺史。涓、璟，琮之兄也。」[125]《資治通鑑》記載相同。《唐代墓誌匯編》（乾符〇一九）載有〈唐故溫州刺史清河崔府君墓誌銘並序〉云：「屬季父故宣州觀察使府君自左散騎常侍出守甘棠，遂奏換同州白水縣令，……及授代，故青社于常侍涓與府君有一言之合，辟為觀察支使，奏授侍御史。」[126] 可見，于瑅，又作于涓確有其人。

　　又《登科記考》卷二十二大中七年〈進士〉條載有于瓌，注云：《廣卓異記》引《登科記》：「于珪，大中三年狀元及第。弟瓌，大中七年狀元及第。」[127]

122　清・徐松，《登科記考》卷二十二，第 812 頁，北京：中華書局，1984 年。

123　唐・林寶，《元和姓纂》卷二，第 555 頁，上海：上海古籍出版社 1987 年影印《文淵閣四庫全書》本第 890 冊。

124　後晉・劉昫，《舊唐書》卷一四九〈于休烈傳〉，第 483-484 頁，上海：上海古籍出版社、上海書店，1986 年。

125　後晉・劉昫，《舊唐書》卷一九上〈懿宗紀〉，第 91 頁，上海：上海古籍出版社、上海書店，1986 年。

126　周紹良主編，《唐代墓誌匯編》乾寧〇一九，第 2486 頁，上海：上海古籍出版社，1992 年。

127　清・徐松，《登科記考》卷二十二，第 819 頁，北京：中華書局，1984 年。

　　按于瓌，兩《唐書》未見記載，唐人裴廷裕《東觀奏記》卷上云：楊「仁贍女弟，出嫁前進士于瓌。」宋人計有功《唐詩紀事》卷五十二載有丁瓌〈和綿州于中丞〉詩一首，注云：「瓌，字匡德，敫之子也。大中七年進士第一人。時為校書郎。」[128] 可見于瓌當作于瓌。

一〇七、張溫琪

　　唐宣宗大中四年（850年）進士科狀元。是年進士三十人。可考者有張溫琪、曹鄴、盧鄴、劉蛻、崔涓、李備、程旭等七人。禮部侍郎裴休知貢舉。

　　《唐才子傳》卷七〈曹鄴〉條云：「鄴，字鄴之，桂林人。累舉不第，為〈四怨、三愁、五情〉詩，雅道甚古。時為舍人韋愨所知，力薦於禮部侍郎裴休。大中四年張溫琪榜中第。」[129]

　　科舉史上很有影響的「破天荒」一事發生在張溫琪榜，《唐摭言》卷二〈海述解送〉條云：「荊南解比號天荒。大中四年，劉蛻舍人以是府解及第。時崔魏公作鎮，以破天荒錢七十萬資蛻。蛻謝書略曰：『五十年來，自是人廢；一千里外，豈曰天荒！』」[130]《北夢瑣言》卷四〈破天荒解〉條亦云：「唐荊州衣冠藪澤，每歲解送舉人，多不成名，號曰『天荒解』。劉蛻舍人以荊解及第，號為『破天荒』。」[131]

一〇八、李郜

　　唐宣宗大中五年（851年）進士科狀元。是年進士二十七人，又三人。可考者有李郜、鄭嵎、柳珪、薛諤、宋壽、楊籌等六人。禮部侍郎韋愨知貢舉。

　　《唐才子傳》卷七〈鄭嵎〉條云：「嵎，字賓光，大中五年李郜榜進士。」[132]《玉芝堂談薈》卷二〈歷代狀元〉條亦云：「（大中）五年，進士二十七人，

128　宋・計有功撰，王仲鏞校箋，《唐詩紀事校箋》卷五十三，第1440頁，北京：中華書局，2007年。

129　傅璇琮主編，《唐才子傳校箋》第三冊，第356-357頁，北京：中華書局，1990年。

130　五代・王定保，《唐摭言》卷二〈海述解送〉，載《唐五代筆記小說大觀》下冊，第1587頁，上海：上海古籍出版社，2000年。

131　五代・孫光憲，《北夢瑣言》卷四〈破天荒解〉，載《唐五代筆記小說大觀》下冊，第1832頁，上海：上海古籍出版社，2000年。

132　傅璇琮主編，《唐才子傳校箋》第三冊，第363頁，北京：中華書局，1990年。

狀元李郜。」¹³³

《新唐書・宰相世系表》（卷七二上）載李郜出常山李氏東祖房，祖李哲，官常州錄事。父李從約，官錢塘縣令。李郜兄弟三人，分別為李郜、李郁、李郇。¹³⁴

一○九、于瓌

唐宣宗大中七年（853 年）進士科狀元。是年進士三十人。可考者有于瓌、崔殷夢、李詹、韋蟾等四人。中書舍人崔瑤權知貢舉。

于瓌，大中三年狀元于珪之弟。《廣卓異記》卷十九〈兄弟二人狀元及第〉引《登科記》云：「右按《登科記》，于珪，大中三年狀元及第。珪之弟瓌，大中七年狀元及第。」¹³⁵ 按于瓌當為于瓌，詳見大中三年「于珪」條考證。《玉泉子》亦載：「崔殷夢瓌，宗人瑤門生也，夷門節度使龜從之子。同年首冠于瓌，瓌白瑤曰：『夫一名男子，飭身世以為美也，不可以等埒也。近歲關試內多以假為名，求適他處，甚無謂也。今乞侍郎不可循其舊轍。』瑤大以為然。」¹³⁶

《新唐書・宰相世系表》（卷七二下）載于瓌字匡德，《唐詩紀事》卷五十三作字正德，《全唐詩》等因之，字作「正德」乃宋人避諱而改。狀元及第後，于瓌曾官校書郎、吏部員外郎、袁州刺史。

于瓌為京兆高陵（今陝西高陵）人，明人楊慎《升庵詩話》卷五、民國《綿陽縣誌》卷七均載于瓌為綿州（今四川綿陽）人，當為誤載。

一一○、顏標

唐宣宗大中八年（854 年）進士科狀元。是年進士三十人。可考者有顏標、李頻、劉滄、畢紹顏、李循、崔櫓、許□、李瓚、薛調等九人。禮部侍郎鄭薰知貢舉。

133　明・徐應秋，《玉芝堂談薈》卷二〈歷代狀元〉，第 47 頁，上海：上海古籍出版社 1987 年影印《文淵閣四庫全書》本第 883 冊。

134　宋・歐陽修，《新唐書》卷七二上〈宰相世系表〉，第 260 頁，上海：上海古籍出版社、上海書店，1986 年。

135　宋・樂史，《廣卓異記》卷十九〈兄弟二人狀元及第〉，載《筆記小說大觀》第一冊（合訂第一本），第 264 頁，揚州：江蘇廣陵古籍刻印社，1983 年。

136　唐・闕名，《玉泉子》，載《唐五代筆記小說大觀》下冊，第 1425 頁，上海：上海古籍出版社，2000 年。

　　《唐摭言》卷八〈誤放〉條云:「鄭侍郎薰主文,誤謂顏標乃魯公之後。時徐方未寧,志在激勸忠烈,即以標為狀元。謝恩日,從容問及廟院。標曰:『寒畯也,未嘗有廟院。』薰始大悟,塞默而已。尋為無名子所嘲曰:『主司頭腦太冬烘。錯認顏標作魯公。』」[137]《唐才子傳》卷七〈李頻〉條亦云:「頻,字德新,睦州壽昌人。……大中八年,顏標榜擢進士,調秘書郎,為南陵主簿。」[138]

　　顏標狀元及第後,曾典鄱陽,乾符五年(878年)時為饒州刺史,同年三月王仙芝部將王重隱攻陷饒州時,顏標殉難。[139]《全唐詩》卷六百六十七載有姚岩傑〈報顏標〉,詩云:「為報顏公識我麼,我心唯只與天和。眼前俗物關情少,醉後青山入意多。田子莫嫌彈鋏恨,甯生休唱飯牛歌。聖朝若為蒼生計,也合公車到薜蘿。」[140]

　　鄭薰誤認顏標為顏真卿之後代,而以標為狀元。時人譏諷為「頭腦冬烘」,後世即以「冬烘」或「錯認顏標」來形容迂腐糊塗不達事理。如宋范成大〈四時田園雜興〉組詩第五十八首有「長官頭腦冬烘甚,乞汝青錢買酒回」之句,即用此典。

一一一、崔鉶

　　唐宣宗大中十年(856年)進士科狀元。是年進士三十人。可考者有崔鉶、伍願、徐渙、李郢、崔瑾、劉銓等六人。禮部侍郎鄭顥知貢舉。

　　《唐才子傳》卷八〈李郢〉條云:「郢,字楚望,大中十年崔鉶榜進士及第。」[141]嘉靖《汀州府志》(天一閣本)卷十三〈人物・進士・寧化縣〉載:「唐,大中十年丙子崔鉶榜:伍願,改名正己。」《玉芝堂談薈》卷二〈歷代狀元〉條云崔鉶為大中十一年狀元,顯係誤載。[142]

137　五代・王定保,《唐摭言》卷八〈誤放〉,載《唐五代筆記小說大觀》下冊,第1647頁,上海:上海古籍出版社,2000年。

138　傅璇琮主編,《唐才子傳校箋》第三冊,第380-382頁,北京:中華書局,1990年。

139　宋・歐陽修,《新唐書》卷九〈僖宗紀〉,第33頁,上海:上海古籍出版社、上海書店,1986年。

140　清・彭定求,《全唐詩》卷六百六十七,第3586頁,石家莊:河北人民出版社,1993年。

141　傅璇琮主編,《唐才子傳校箋》第三冊,第401頁,北京:中華書局,1990年。

142　明・徐應秋,《玉芝堂談薈》卷二〈歷代狀元〉,第47頁,上海:上海古籍出版社1987年影印《文淵閣四庫全書》本第883冊。

崔鍘，字君，博州（今山東聊城）人，《舊唐書·崔元略傳》（卷一六三）載云：「（元受）子鈞、鍘、銖，相繼登進士第。」[143]《新唐書·宰相世系表》（卷七二下）所載不同：崔元受，直史館，高陵尉，凡三子，是為崔鈞，字秉一；崔鎮；崔銖，安、濮二州刺史。崔元式，相宣宗，凡三子，是為崔鎮，字重威；崔鍘，字君；崔鋸，字挺業。崔鍘究為崔元受還是崔元式之子，尚待新史料的證實。又《新表》作「鍘字君」，君下疑有脫字。[144]

是年，禮部侍郎鄭顥命趙璘編《登科記》十三卷，開官府編輯科舉考試登科記錄之先河。唐宣宗時右補闕裴廷裕所撰《東觀奏記》卷上記載此事云：「大中十年，鄭顥知舉後，宣宗索《科名記》，顥表曰：『自武德已後，便有進士諸科，出鶯谷而飛鳴，聲華雖茂；經鳳池而閱視，史策不書，所傳前代姓名，皆是私家記錄，虔承聖旨，敢不討論。臣尋委當行祠部員外郎趙璘，採訪諸科目記，撰成十三卷，自武德元年至朝。謹專上進，方俟無疆。』敕宣付翰林，自今放榜後，並寫及第人姓名及所試詩賦題目，進入內，仍仰所司，逐年編次。」[145]

一一二、李億

唐宣宗大中十二年（858年）進士科狀元。是年進士三十人。可考者有李億、宋言、崔沆、盧象、徐彥若、侯岳、于琮等七人。中書舍人李潘權知貢舉。

《玉芝堂談薈》卷二〈歷代狀元〉條載：「（大中）十二年，進士三十人，狀元李億。」[146]《淳熙三山志》卷二十六〈人物類一·科名〉條云：「大中十二年戊寅李億榜，侯岳，固之侄，字公祝，未仕終。」[147]

李億狀元及第後曾官補闕，唐代著名女詩人魚玄機為其妾，《北夢瑣言》卷九〈魚玄機〉條云：「唐女道魚玄機，字蕙蘭，甚有才思。咸通中，為李億

143　後晉·劉昫，《舊唐書》卷一六三〈崔元略傳〉，第514頁，上海：上海古籍出版社、上海書店，1986年。

144　宋·歐陽修，《新唐書》卷七二下〈宰相世系表〉，第283頁，上海：上海古籍出版社、上海書店，1986年。

145　唐·裴廷裕，《東觀奏記》卷中，載《筆記小說大觀》第一冊（合訂第一本），第155頁，揚州：江蘇廣陵古籍刻印社，1983年。

146　明·徐應秋，《玉芝堂談薈》卷二〈歷代狀元〉，第47頁，上海：上海古籍出版社1987年影印《文淵閣四庫全書》本第883冊。

147　宋·梁克家，《淳熙三山志》卷二十六〈人物類一·科名〉，第352頁，上海：上海古籍出版社1987年影印《文淵閣四庫全書》本第484冊。

補闕執箕帚，後愛衰下山，隸咸宜觀為女道士，有怨李公詩曰：『易求無價寶，難得有心郎。』又云：『蕙蘭銷歇歸春浦，楊柳東西伴客舟。』自是縱懷，乃娼婦也。竟以殺侍婢為京兆尹溫璋殺之。」[148]《太平廣記》卷二百七十一、《說郛》卷四十八等書均載此事。

一一三、孔緯

唐宣宗大中十三年（859年）進士科狀元。是年進士三十人。可考者有孔緯、李磎、豆盧瑑、崔澹、儲嗣宗、吳畦、李質等七人。兵部侍郎鄭顥權知貢舉。

《舊唐書・孔緯傳》（卷一七九）載，孔緯字化文，魯曲阜人，宣尼之裔。曾祖孔岑父，祖孔戣，父孔遵孺。孔緯大中十三年進士擢第，釋褐祕書省校書郎。[149]《唐才子傳》卷八〈儲嗣宗〉條云：「嗣宗，大中十三年孔緯榜及第。」[150]《廣卓異記》引《登科記》作「孔緯，大中十二年狀元，」當從本傳。

《舊唐書》本傳云孔緯曲阜人，雍正《河南通志》卷四十五〈唐進士〉云孔緯為滎陽人，狀元，封魯國公。然《元和姓纂》卷六孔氏下博房有孔戣，而孔戣孫即孔緯，是知孔緯望出曲阜，而籍貫應是下博縣。[151]《新唐書・地理志》（卷三九）載深州隸縣有下博，注云：「上。本隸冀州，貞觀元年來屬，州廢還隸冀州，後又來屬，開元二年隸冀州，永泰元年復來屬。」[152]

孔緯出身世宦之家，當時大姓，然史載其家族成員情況卻頗不一致，《舊唐書》本傳云曾祖孔岑父，官祕書省著作佐郎、諫議大夫；祖孔戣，官禮部尚書；父孔遵孺官華陰縣丞。孔緯少孤，由其叔父孔溫裕、孔溫業撫養成人。《新唐書・宰相世系表》（卷七五下）則云曾祖孔岑父；祖孔戣，官給事中。孔戣兄弟六人：孔戴、孔戣、孔戡、孔戢、孔戳、孔威；父孔溫孺，兄弟四人：孔溫質、孔溫孺、孔溫憲、孔溫裕；孔緯兄弟三人：孔緯，字化文，相僖宗昭宗、孔絳，

148　五代・孫光憲，《北夢瑣言》，載《唐五代筆記小說大觀》下冊，第1883頁，上海：上海古籍出版社，2000年。

149　後晉・劉昫，《舊唐書》卷一七九〈孔緯傳〉，第560-561頁，上海：上海古籍出版社、上海書店，1986年。

150　傅璇琮主編，《唐才子傳校箋》第三冊，第407頁，北京：中華書局，1990年。

151　唐・林寶，《元和姓纂》卷六，第635頁，上海：上海古籍出版社1987年影印《文淵閣四庫全書》本第890冊。

152　宋・歐陽修，《新唐書》卷三九〈地理志〉，第114頁，上海：上海古籍出版社、上海書店，1986年。

字受文、孔緘。[153]顯然，《新表》中未見孔溫業。韓愈《韓昌黎全集》卷三十三〈唐正議大夫尚書左丞孔公墓誌銘〉：「孔子之後，三十八世，有孫名戣，字君嚴，事唐為尚書左丞。……皇考諱岑父，祕書省著作佐郎，贈尚書左僕射。公……有四子，長曰溫質，四門博士；遵孺、遵憲、溫裕，皆明經。……公之昆弟五人：戴、戡、戢，公於次為第二。」[154]《墓誌銘》中溫孺、溫憲作遵孺、遵憲，與《新表》所載不同。岑父子五人，《新表》載六人，其末為威，當非岑父子。

大中十三年狀元及第後，孔緯釋褐祕書省校書郎，後歷官翰林學士、考功郎中知制誥、御史中丞、戶部兵部吏部侍郎、尚書左僕射等職。昭宗時加司空兼領國子監祭酒，進階開府儀同三司，進位司徒，封魯國公，乾寧二年（895 年）九月卒，贈太尉。

一一四、劉蒙

唐宣宗大中十四年，亦即唐懿宗咸通元年（860 年）進士科狀元。是年進士三十人。可考者有劉蒙、翁彥樞、劉虛白、令狐滈、鄭義、裴弘余、魏籌、崔潰、陳汀、劉鄴、陶史、李梲等十二人。中書舍人裴坦權知貢舉。

《玉芝堂談薈》卷二〈歷代狀元〉條於大中、咸通之間列有劉蒙，云「年分無考」。[155]《登科記考》卷二十二大中十四年進士條列劉蒙為是年狀元。[156]

是年進士三十人，大多出於權貴之家。《舊唐書‧令狐楚傳》（卷一七二）云：「是歲，中書舍人裴坦權知貢舉，登第者三十人。有鄭義者，故戶部尚書瀚之孫，裴弘餘，故相休之子，魏籌，故相扶之子，及滈，皆名臣子弟，言無實才。」[157]劉蒙登是年進士第並居首，極有可能出於權貴之家。

153　宋‧歐陽修，《新唐書》卷七五下〈宰相世系表〉，第 343 頁，上海：上海古籍出版社、上海書店，1986 年。

154　唐‧韓愈，《韓昌黎全集》卷三十三〈碑誌十〉，第 415-417 頁，北京：中國書店，1991 年。

155　明‧徐應秋，《玉芝堂談薈》卷二〈歷代狀元〉，第 47 頁，上海：上海古籍出版社 1987 年影印《文淵閣四庫全書》本第 883 冊。

156　清‧徐松，《登科記考》卷二十二，第 835 頁，北京：中華書局，1984 年。

157　後晉‧劉昫，《舊唐書》卷一七二〈令狐楚傳〉，第 538 頁，上海：上海古籍出版社、上海書店，1986 年。

一一五、裴延魯

唐懿宗咸通二年（861年）進士科狀元。是年進士三十人。可考者有裴延魯、于濆、牛徵、李藹、孔絢、孔綸、王季文、葉京、周慎辭等九人。中書舍人薛耽權知貢舉。

《唐才子傳》卷八〈于濆〉條云：「濆，字子漪，咸通二年裴延魯榜進士。」[158]《登記科考》卷二十三咸通二年進士科以《唐才子傳》為據係裴延魯為是年狀元。[159]

裴延魯，河內濟源（今河南濟源）人。《新唐書‧宰相世系表》（卷七一上）載：裴延魯字東禮，出東眷裴，祖裴肅，字中明，官浙東觀察使；父裴儔，字次之，官江西觀察使；二叔裴休，相宣宗；三叔裴俅，寶曆二年（826年）進士科狀元，官諫議大夫。[160]

《會稽掇英總集》卷十八引〈唐太守題名記〉云：「裴延魯咸通十五年六月自中書舍人授，乾符二年十月二十一日加左散騎常侍授。」[161]《嘉泰會稽志》卷二記載相同。[162]

一一六、薛邁

唐懿宗咸通三年（862年）進士科狀元。是年進士三十人。可考者有薛邁、蕭廩、王棨、薛承裕、徐仁嗣、盧征、鄭黃、陳翬、崔鎮等九人。中書舍人鄭從讜權知貢舉。

《玉芝堂談薈》卷二〈歷代狀元〉條云：「懿宗咸通二年，進士三十人，狀元薛邁。」[163]按咸通二年進士科狀元為裴延魯，已見前考。《登科記考》卷二十三咸通三年進士條列薛邁為是年狀元，徐松未作考證，疑今本《玉芝堂談

158　傅璇琮主編，《唐才子傳校箋》第三冊，第458頁，北京：中華書局，1990年。

159　清‧徐松，《登科記考》卷二十三，第839頁，北京：中華書局，1984年。

160　宋‧歐陽修，《新唐書》卷七一上〈宰相世系表〉，第232頁，上海：上海古籍出版社、上海書店，1986年。

161　宋‧孔延之，《會稽掇英總集》卷十八〈唐太守題名記〉，第153頁，上海：上海古籍出版社1987年影印《文淵閣四庫全書》本第1345冊。

162　宋‧施宿等撰，《會稽志》卷二〈太守〉，第45頁，上海：上海古籍出版社1987年影印《文淵閣四庫全書》本第486冊。

163　明‧徐應秋，《玉芝堂談薈》卷二〈歷代狀元〉，第47頁，上海：上海古籍出版社1987年影印《文淵閣四庫全書》本第883冊。

薈》與徐松所見本不同。[164]

　　《古刻叢鈔》載有咸通四年九月三日同謁先師之薛邁：「掌書記試大理評事盧知猷，觀察推官試太常寺協律郎徐彥□，安撫巡官試祕書省校書郎崔蔚，攝觀察巡官前鄉貢進士薛邁，咸通四年九月三日同謁。」（見明‧陶宗儀編《知不足齋叢書》第 26 集）《舊唐書‧僖宗紀》（卷一九下）載乾符二年「六月，以司勳員外郎薛邁為兵部郎中」。[165] 可見薛邁進士科狀元及第後曾攝觀察巡官，乾符二年（875 年）由司勳員外郎遷升兵部郎中。

一一七、韓緄

　　唐懿宗咸通七年（866 年）進士科狀元。是年進士二十五人。可考者有韓緄、蔣泳、歐陽琳、杜裔休、沈光、汪遵、崔璐、孔戣、駱兟、孫備等十人。禮部侍郎趙騭知貢舉。

　　《唐摭言》卷十二〈酒失〉條云：「韓袞，咸通七年趙騭下狀元及第，性好嗜酒。」[166] 同書卷十三〈無名子謗議〉條亦云：「趙騭試〈被袞以象天賦〉，更放韓袞為狀元。或為中貴語之曰：『侍郎既試〈王者被袞以象天賦〉，更放韓袞狀元，得無意乎？』騭由是求出華州。」[167]《困學紀聞》卷十四云：「韓文公子昶雖有金根車之譏，而昶子綰、袞皆擢第，袞為狀元，君子之澤遠矣。」[168]《唐才子傳》卷八〈汪遵〉條云：「遵，宣州涇縣人。幼為小吏，晝夜讀書良苦，人皆不覺，咸通七年韓袞榜進士。」[169]《玉芝堂談薈》卷二〈歷代狀元〉條亦云：「（咸通）七年，進士二十五人，狀元韓袞，文公之孫。」[170]

　　韓袞，河南河陽（今河南孟州）人，唐代著名文學家韓愈之孫。《新唐書‧

164　清‧徐松，《登科記考》卷二十三，第 840 頁，北京：中華書局，1984 年。

165　後晉‧劉昫，《舊唐書》卷一九下〈僖宗紀〉，第 93 頁，上海：上海古籍出版社、上海書店，1986 年。

166　五代‧王定保，《唐摭言》卷十二〈酒失〉，載《唐五代筆記小說大觀》下冊，第 1689 頁，上海：上海古籍出版社，2000 年。

167　五代‧王定保，《唐摭言》卷十三〈無名子謗議〉，載《唐五代筆記小說大觀》下冊，第 1698 頁，上海：上海古籍出版社，2000 年。

168　宋‧王應麟，《困學紀聞》卷十四〈考史〉，第 416 頁，上海：上海古籍出版社 1987 年影印《文淵閣四庫全書》本第 854 冊。

169　傅璇琮主編，《唐才子傳校箋》第三冊，第 465 頁，北京：中華書局，1990 年。

170　明‧徐應秋，《玉芝堂談薈》卷二〈歷代狀元〉，第 47 頁，上海：上海古籍出版社 1987 年影印《文淵閣四庫全書》本第 883 冊。

宰相世系表》(卷七三上)載云:「愈,字退之,吏部侍郎,諡曰文。(愈子)昶,(昶子)綰,字持之;袞,字獻之。」[171] 按韓袞,當作韓緄,雍正《河南通志》卷四十五〈選舉三〉條云:「韓緄,綰弟,咸通七年狀元。」《金石萃編》卷一百十四韓昶〈自為墓誌銘〉云:「有男五人,曰緯,前復州參軍,次曰綰,曰緄,曰綺,曰紈,舉進士。」[172]

一一八、鄭洪業

唐懿宗咸通八年(867年)進士科狀元。是年進士三十人。可考者有鄭洪業、牛徽、韋昭度、韋承貽、崔昭符、皮日休、宋垂文、范元超等八人。禮部侍郎鄭愚知貢舉。

《唐詩紀事》卷五十六〈鄭洪業〉條云:「洪業,咸通八年鄭愚下第一人擢第。」[173]《玉芝堂談薈》卷二〈歷代狀元〉條亦云:「(咸通)八年,進士三十人,狀元鄭弘業。」[174] 雍正《河南通志》卷四十五〈選舉二・唐進士〉條載:「鄭宏業,滎陽人,咸通八年狀元。」乾隆《滎陽縣誌》記載相同。古人洪、弘、宏常見通用,諸書記載當即一人。

鄭洪業,鄭州滎陽(今河南滎陽)人,出北祖鄭氏。《新唐書・宰相世系表》(卷七五上)載云:鄭洪業祖父鄭利用,官澤州刺史;伯父鄭涯,官檢校右僕射同中書門下平章事;父親鄭泑,官兗海節度使。[175]

《全唐詩》卷六百收錄鄭洪業〈詔放雲南子弟還國〉詩一首,作者小傳云:「鄭洪業,咸通八年,第一人擢第。」[176]

---

171 宋・歐陽修,《新唐書》卷七三上〈宰相世系表〉,第289頁,上海:上海古籍出版社、上海書店,1986年。

172 清・王昶,《金石萃編》卷一百十四韓昶〈自為墓誌銘〉,第8頁,掃葉山房民國十年石印本。

173 宋・計有功撰,王仲鏞校箋,《唐詩紀事校箋》卷五十六,第1519頁,北京:中華書局,2007年。

174 明・徐應秋,《玉芝堂談薈》卷二〈歷代狀元〉,第48頁,上海:上海古籍出版社1987年影印《文淵閣四庫全書》本第883冊。

175 宋・歐陽修,《新唐書》卷七五上〈宰相世系表〉,第332頁,上海:上海古籍出版社、上海書店,1986年。

176 清・彭定求,《全唐詩》卷六百,第3256頁,石家莊:河北人民出版社,1993年。

一一九、趙峻

唐懿宗咸通九年（868 年）進士科狀元。是年進士三十人。可考者有趙峻、羊昭業、連總、孔紓、鄭仁表、顏□、胡學等七人。禮部侍郎劉允章知貢舉。

《淳熙三山志》卷二十六〈人物類一・科名〉條云：「（咸通）九年戊子趙峻榜，連總，字會川，閩縣人，終嶧陽尉。」[177]

趙峻，字儀山，祖籍新安，後徙京兆奉天。《舊唐書・趙隱傳》（卷一七八）云：「祖植，……（貞元）十七年，出為廣州刺史，兼御史大夫、嶺南東道節度觀察等使，卒於鎮。子存約、滂。」[178]《新唐書・宰相世系表》（卷七五上）載趙峻祖父趙植，官嶺南節度使；父趙滂，字思齊。與《舊唐書》記載一致。[179]

一二〇、歸仁紹

唐懿宗咸通十年（869 年）進士科狀元。是年進士三十人。可考者有歸仁紹、司空圖、歐陽玭、林慎思、虞鼎、余鎬等六人。禮部侍郎王凝知貢舉。

《永樂大典》卷二三六八引《蘇州府志》云：「（咸通）十年，侍郎王凝，歸仁紹，禮（第一人），字文融。」[180]《唐才子傳》卷八〈司空圖〉條云：「圖，字表聖，河中人也。……咸通十年歸仁紹榜進士。」[181]《玉芝堂談薈》卷二〈歷代狀元〉條云：「（咸通）九年，進士三十人，狀元歸仁紹。」[182]顯係誤載。

歸仁紹出身於吳地很有影響的歸氏家族，曾祖歸崇敬，官戶部尚書，封余姚郡公；祖父歸登，官工部尚書，封長洲縣男；父歸融，官兵部尚書，累封晉陵郡公。歸融五子，皆進士及第，其中四子仁紹、五子仁澤狀元及第。

177　宋・梁克家，《淳熙三山志》卷二十六〈人物類一・科名〉，第 352 頁，上海：上海古籍出版社 1987 年影印《文淵閣四庫全書》本第 484 冊。

178　後晉・劉昫，《舊唐書》卷一七八〈趙隱傳〉，第 557 頁，上海：上海古籍出版社、上海書店，1986 年。

179　宋・歐陽修，《新唐書》卷七五上〈宰相世系表〉，第 299-300 頁，上海：上海古籍出版社、上海書店，1986 年。

180　《永樂大典》卷二三六八，第 1064 頁，北京：中華書局，1986 年。

181　傅璇琮主編，《唐才子傳校箋》第三冊，第 517-518 頁，北京：中華書局，1990 年。

182　明・徐應秋，《玉芝堂談薈》卷二〈歷代狀元〉，第 48 頁，上海：上海古籍出版社 1987 年影印《文淵閣四庫全書》本第 883 冊。

歸仁紹狀元及第後，歷官侍御史、禮部侍郎、兵部尚書等。

《太平廣記》卷二百五十七〈皮日休〉載有歸仁紹後人與詩人皮日休的打油詩，頗有意趣：皮日休嘗謁歸仁紹，數往而不得見。皮既心有所慊，而動形於言，因作詠龜詩：「硬骨殘形知幾秋，屍骸終是不風流。頑皮死後鑽須遍，都為平生不出頭。」時仁紹亦有諸子伂、系，與日休同在場中，隨即聞之。因伺其復至，乃於刺字皮姓之下，題詩授之曰：「八片尖裁浪作毬，火中爆了水中揉。一包閒氣如長在，惹踢招拳卒未休。」時人以為日休雖輕俳，而仁紹亦浮薄矣。[183]

一二一、李筠

唐懿宗咸通十二年（871 年）進士科狀元。是年進士四十人。可考者有李筠、裴樞、許棠、劉希、李揆、公乘億、聶夷中、曾絲、韋保義等九人。中書舍人高湜權知貢舉。

《唐才子傳》卷九〈許棠〉條云：「棠，字文化，宣州涇人也。……咸通十二年李筠榜進士及第，時及知命，嘗曰：『自得一第，稍覺筋骨輕健，愈於少年，則知一名乃孤進之還丹也。』調涇縣尉。」[184]《玉芝堂談薈》卷二〈歷代狀元〉條載是年狀元為公乘億。[185] 未知何據？

李筠，字禮符，祖父李如仙，官至奉先令。父李回，武宗朝宰相。李筠仕歷無考，現僅知其曾為山南東道節度掌書記。[186]

按周臘生《唐代狀元奇談・唐代狀元譜》一書中認為李筠是吳王李恪（太宗第三子）第十世孫。[187] 實際上，在唐代多位李筠中，以禮符為字之李筠出自郇王房，郇王李禕是太祖李虎所生八子中的第七子，李筠雖屬宗室子弟，但並不屬於高祖李淵一支，云其是太宗一脈也就無從談起。

183　宋・李昉，《太平廣記》卷二百五十七〈皮日休〉，第 1999-2000 頁，北京：中華書局，1961 年。

184　傅璇琮主編，《唐才子傳校箋》第四冊，第 15-23 頁，北京：中華書局，1990 年。

185　明・徐應秋，《玉芝堂談薈》卷二〈歷代狀元〉，第 48 頁，上海：上海古籍出版社 1987 年影印《文淵閣四庫全書》本第 883 冊。

186　宋・歐陽修，《新唐書》卷七〇上〈宗室世系表〉，第 209 頁，上海：上海古籍出版社、上海書店，1986 年。

187　周臘生，《唐代狀元奇談・唐代狀元譜》，第 268 頁，北京：紫禁城出版社，2002 年。

一二二、鄭昌圖

唐懿宗咸通十三年（872 年）進士科狀元。是年進士三十人。可考者有鄭昌圖、周繇、張演、韋庠、裴贄、鄭延昌、趙崇、鄒希回等八人。禮部侍郎崔殷夢知貢舉。

《唐摭言》卷十二〈輕佻〉條載鄭光業狀元及第一事。[188]《唐才子傳》卷八〈周繇〉條亦云：「繇，江南人，咸通十三年鄭昌圖榜進士。」[189]鄭昌圖，《說郛》卷十三、《北里志・楚兒》條作鄭昌國，《玉芝堂談薈》卷二〈歷代狀元〉條作鄭昌符，疑為刊印之誤。

鄭昌圖，開封（今河南開封）人，《新唐書・宰相世系表》（卷七五上）載鄭昌圖出鄭氏北祖房，字光業，官戶部侍郎。祖鄭具瞻，官涇陽尉。父鄭涓，字道一，官太原節度使。[190]

鄭昌圖狀元及第後歷官不詳，《太平廣記》卷一百八十三〈鄭昌圖〉條引《玉堂閒話》云：「廣明年中，鳳翔副使鄭侍郎昌圖未及第前，嘗自任以廣度弘襟，不拘小節，出入遊處，悉恣情焉。」[191]是知鄭昌圖於乾符六年（879年）至中和元年（881 年）間曾任鳳翔節度使鄭畋之副使。《資治通鑑》卷二百五十四中和二年正月：「以王鐸兼中書令，充諸道行營都都統，權知義成節度使。……又以中書舍人鄭昌圖為義成節度行軍司馬，給事中鄭畯為判官，直弘文館王摶為推官，司勳員外郎裴贄為掌書記。昌圖，從讜之從祖兄弟；畯，畋之弟；摶，璵之曾孫；贄，坦之子也。」[192]可見鄭昌圖於中和二年（882 年）至中和四年（884 年）間曾任義成節度行軍司馬。

《舊唐書・僖宗紀》（卷一九下）於中和四年四月庚申：「以兵部侍郎、判度支鄭昌凝以本官同平章事。」按鄭昌凝當即鄭昌圖。光啟二年正月庚寅：「時

188　五代・王定保，《唐摭言》卷十二〈輕佻〉，載《唐五代筆記小說大觀》下冊，第1688 頁，上海：上海古籍出版社，2000 年。

189　傅璇琮主編，《唐才子傳校箋》第三冊，第 534 頁，北京：中華書局，1990 年。

190　宋・歐陽修，《新唐書》卷七五上〈宰相世系表〉，第 332 頁，上海：上海古籍出版社、上海書店，1986 年。

191　宋・李昉，《太平廣記》卷一百八十三〈鄭昌圖〉，第 1368 頁，北京：中華書局，1961 年。

192　宋・司馬光，《資治通鑑》卷二百五十四〈僖宗中〉中和二年春正月辛亥，第 1759-1760 頁，上海：上海古籍出版社，1987 年。

車駕夜出，宰相蕭遘、裴徹、鄭昌圖及文武百僚不之知，扈從不及。」五月「襄王熅即皇帝位，年號建貞，……（以）中書侍郎、刑部尚書、平章事鄭昌圖判戶部事。」十二月，鄭昌圖等奉襄王奔河中，為王重榮繫於獄，三年三月械送偽宰相鄭昌圖等命斬之於岐山縣。[193]

鄭昌圖體態較胖，《全唐詩》卷八百七十二載有無名氏〈嘲舉子騎驢〉詩云：「今年敕下盡騎驢，短軸長鞦滿九衢。清瘦兒郎猶自可，就中愁殺鄭昌圖。」[194]鄭昌圖與平康里名妓楚兒甚為投機，唐孫棨《北里志 · 楚兒》條有較為具體的記載。[195]

一二三、孔繻

唐懿宗咸通十四年（873年）進士科狀元。是年進士三十人。可考者有孔繻、唐彥謙、杜讓能、李渥、曹希幹、韋昭範等六人。中書舍人崔瑾權知貢舉。

《廣卓異記》卷十九〈兄弟三人俱狀元及第〉條云：「右按《登科記》，孔緯，大中二年狀元及第。弟繻，咸通十四年狀元及第。緘，乾符三年狀元及第。」[196]按孔緯為大中十三年狀元，云其為大中二年狀元於史無徵。孔繻為長房孔溫質第三子，孔緯則是二房孔溫孺的長子，故乾隆《曲阜縣誌》卷八九〈孔繻傳〉云孔緯為孔繻的從弟。[197]是知《廣卓異記》所云「兄弟三人俱狀元及第」中的「兄弟三人」並非親兄弟。

一二四、歸仁澤

唐懿宗咸通十五年，亦即僖宗乾符元年（874年）進士科狀元。是年進士三十人。可考者有歸仁澤、劉崇望、夏侯澤、崔致遠、顧雲、蔣曙、楊環等七人。禮部侍郎裴瓚知貢舉。

193　後晉 · 劉昫，《舊唐書》卷一九下〈僖宗紀〉，第97頁，上海：上海古籍出版社、上海書店，1986年。

194　清 · 彭定求，《全唐詩》卷八百七十二，第4598頁，石家莊：河北人民出版社，1993年。

195　唐 · 孫棨，《北里志 · 楚兒》，載《唐五代筆記小說大觀》下冊，第1405-1406頁，上海：上海古籍出版社，2000年。

196　宋 · 樂史，《廣卓異記》卷十九〈兄弟三人俱狀元及第〉，載《筆記小說大觀》第一冊（合訂第一本），第264頁，揚州：江蘇廣陵古籍刻印社，1983年。

197　宋 · 歐陽修，《新唐書》卷七五下〈宰相世系表〉，第343頁，上海：上海古籍出版社、上海書店，1986年。

《永樂大典》卷二三六八引《蘇州府志》云：「（咸通）十五年，侍郎裴瓚，歸仁澤，禮，第一人。」[198] 元洪景修編《新編古今姓氏遙華韻》甲集卷九載：「歸仁澤，習二禮，咸通進士第一。」徐松《登科記考》卷二十三咸通十五年進士條云：「歸仁澤，《永樂大典》引《蘇州府志》：『侍郎裴瓚知舉，歸仁澤狀元。』」[199]

據兩《唐書》記載，歸仁澤祖父歸登為憲宗朝兵部尚書，封長沙縣男；父歸融，亦官兵部尚書、山南西道節度使，封晉陵郡公。兄歸仁紹為咸通十年進士科狀元。

歸仁澤狀元及第後，先後官觀察使、禮部侍郎等職。[200]

一二五、鄭合敬

唐僖宗乾符二年（875 年）進士科狀元。是年進士三十人。可考者有鄭合敬、張文蔚、崔胤、崔瀣、楊涉、林嵩、孟棨、鄭隱、陳讜、林徵等十人。中書舍人崔沆權知貢舉。

唐孫棨《北里志》載鄭合敬及第後宿平康里，作詩曰：「春來無處不閑行，楚潤相看別有情。好是五更殘酒醒，時時聞喚狀元聲。」楚娘，字潤卿，妓之尤者。[201]《唐摭言》卷三〈慈恩寺題名遊賞賦詠雜紀〉記載略同。宋趙與時《賓退錄》卷二記載：「唐僖宗乾符二年，禮部侍郎崔沆下進士三十人，鄭合敬第一。」[202]《淳熙三山志》、《玉芝堂談薈》等均載鄭合敬為是年狀元。

鄭合敬，鄭州滎陽（今河南滎陽）人，《新唐書·宰相世系表》（卷七五上）載鄭合敬出鄭氏北祖房，官諫議大夫。祖鄭利用，官澤州刺史。父鄭涯，官檢校右僕射同中書門下平章事。兄鄭紹業，未載官職。弟鄭延休，山南西道節度使。鄭詔業，官荊南節度使。[203]

198 《永樂大典》卷二三六八，第 1064 頁，北京：中華書局，1986 年。

199 清·徐松，《登科記考》卷二十三，第 867 頁，北京：中華書局，1984 年。

200 元·洪景修，《新編古今姓氏遙華韵》甲集卷九，道光二十九年秋八月刊版。

201 唐·孫棨，《北里志·狎遊妓館五事》，載《唐五代筆記小說大觀》下冊，第 1417 頁，上海：上海古籍出版社，2000 年。

202 宋·趙與時，《賓退錄》卷二，載《宋元筆記小說大觀》第四冊，第 4152 頁，上海：上海古籍出版社，2001 年。

203 宋·歐陽修，《新唐書》卷七五上〈宰相世系表〉，第 331 頁，上海：上海古籍出版社·上海書店，1986 年。

一二六、孔緘

唐僖宗乾符三年（876 年）進士科狀元。是年進士三十人。可考者有孔緘、高蟾、苗廷乂等三人。禮部侍郎崔沆知貢舉。

《廣卓異記》卷十九〈兄弟三人俱狀元及第〉條云：「右按《登科記》，孔緯，大中二年狀元及第。弟纁，咸通十四年狀元及第，緘，乾符三年狀元及第。」[204]《唐才子傳》卷九〈高蟾〉條云：「蟾，河朔間人。乾符三年孔緘榜及第。」[205]

孔緘家世見孔緯、孔纁條考證，仕歷無考。

一二七、孫偓

唐僖宗乾符五年（878 年）進士科狀元。是年進士三十人。可考者有孫偓、牛嶠、侯潛、杜彥林、崔昭願、盧擇、李茂勳、李深之、盧嗣業、康軿、陳蜀、趙光逢、王玫、蔣子友、鄧承勳等十五人。中書舍人崔澹權知貢舉。

《北里志‧鄭舉舉》條云：「鄭舉舉者，居曲中，亦善令章，嘗與絳真互為席糾，而充博非貌者，但負流品，巧談諧，亦為諸朝士所眷。……孫龍光為狀元，（原注：名偓，文府弟，為狀元在乾符五年）頗惑之，與同年侯彰臣（潛）、杜寧臣（彥殊）、崔勳美（昭願）、趙延吉（光逢）、盧文舉（擇）、李茂勳（茂藹弟）等數人，多在其舍。」[206]《唐摭言》卷八〈夢〉條云：「孫龍光偓，崔澹下狀元及第。前一年，嘗夢積木數百，偓踐履往復。既而請一李處士圓之，處士曰：『賀喜郎君，來年必是狀元，何者？已居眾材之上也。』」[207]《唐才子傳》卷九〈牛嶠〉條云：「嶠字延峰，隴西人，宰相僧孺之後。博學有文，以歌詩著名。乾符五年，孫偓榜第四人進士，仕歷拾遺、補闕、尚書郎。」[208]

孫偓，冀州武邑（今河北武邑）人。《洛陽流散唐代墓誌匯編續集》附錄

204　宋‧樂史，《廣卓異記》卷十九〈兄弟三人俱狀元及第〉，載《筆記小說大觀》第一冊（合訂第一本），第 264 頁，揚州：江蘇廣陵古籍刻印社，1983 年。

205　傅璇琮主編，《唐才子傳校箋》第四冊，第 61 頁，北京：中華書局，1990 年。

206　唐‧孫棨，《北里志‧鄭舉舉》，載《唐五代筆記小說大觀》下冊，第 1407 頁，上海：上海古籍出版社，2000 年。

207　五代‧王定保，《唐摭言》卷八〈夢〉，載《唐五代筆記小說大觀》下冊，第 1645 頁，上海：上海古籍出版社，2000 年。

208　傅璇琮主編，《唐才子傳校箋》第四冊，第 84-87 頁，北京：中華書局，1990 年。

○○一，第 820 頁，貞明五年（919 年）四月二十四日〈唐丞相梁司空致仕贈司徒樂安孫公（偓）墓誌銘並序〉云：「鳳翔四面行營都統、金紫光祿大夫、門下侍郎兼禮部尚書、同中書門下平章事、監修國史、判度支鹽鐵諸道轉運等使、上柱國、樂安郡開國侯，食邑一千戶諱偓，字龍光，魏郡武水人也。……祖起，皇任滑州白馬縣令，贈右僕射。父景商，皇任天平軍節度使，諡曰康。府君乃第五之嫡子也。統冠擢第，釋褐丞相府。」[209]《新唐書》卷一八三本傳云：孫偓，字龍光。父孫景商，為天平軍節度使。孫偓第進士，歷顯官，以戶部侍郎同中書門下平章事，遷門下，為鳳翔四面行營都統。俄兼禮部尚書、行營節度諸軍都統招討處置等使。始，家第堂柱生槐枝，期而茂，既而偓秉政，封樂安縣侯。與朴皆貶衡州司馬，卒。偓性通簡，不矯飾，嘗曰：「士苟有行，不必以己長形彼短、己清彰彼濁。」每對客，奴童相詬曳僕諸前，不之責，曰：「若持怒心，即自撓矣。」兄孫儲，歷天雄節度使，終兵部尚書。[210]

《全唐詩》卷六百八十八錄存其詩三首，句一則。作者小傳云：「孫偓，字龍光，武邑人。乾寧中宰相，封樂安公。詩三首。」[211]

一二八、鄭藹

唐僖宗廣明元年（880 年）進士科狀元。是年進士三十人。可考者有鄭藹、劉崇魯、何迎、錢珝、楊鋸等五人。禮部侍郎崔厚知貢舉。

《唐才子傳》卷九〈錢珝〉條云：「珝，吳興人，起之孫也。乾寧六年鄭藹榜及第。」[212] 按乾寧六年應為廣明元年，《永樂大典》卷二三六八引《蘇州府志》云：「廣明元年，錢珝、楊鋸及第。」[213] 徐松《登科記考》卷二十三亦係鄭藹為是年狀元。[214]

鄭藹，字虞風，出開封鄭氏北祖房。《新唐書・宰相世系表》（卷七五上）

209　毛陽光主編，《洛陽流散唐代墓誌匯編續集》附錄○○一，第 820 頁，北京：國家圖書館出版社，2018 年。

210　宋・歐陽修，《新唐書》卷一八三〈孫偓傳〉，第 572 頁，上海：上海古籍出版社、上海書店，1986 年。

211　清・彭定求，《全唐詩》卷六百八十八，第 3707 頁，石家莊：河北人民出版社，1993 年。

212　傅璇琮主編，《唐才子傳校箋》第四冊，第 89-90 頁，北京：中華書局，1990 年。

213　《永樂大典》卷二三六八，第 1064 頁，北京：中華書局，1986 年。

214　清・徐松，《登科記考》卷二十三，第 878 頁，北京：中華書局，1984 年。

載其家世為，曾祖鄭厚，池州司馬；祖鄭運，全柳丞；父鄭魯，字子儒，未載官職。鄭藹在兄弟四人中排行老四。[215]

一二九、崔昭緯

唐僖宗中和三年（883年）進士科狀元。是年進士三十人。可考者有崔昭緯、劉崇謨等二人。禮部侍郎夏侯潭知貢舉。

《唐摭言》卷十一〈怨怒〉條云：「張曙，崔昭緯，中和初西川同舉，相與詣日者問命。時曙自恃才名籍甚，人皆呼為將來狀元，崔亦分居其下。無何，日者殊不顧曙，目崔曰：『將來萬全高第。』曙有慍色。日者曰：『郎君亦及第，然須待崔家郎君拜相，當於此時過堂。』既而曙果以慘恤不終場，昭緯其年首冠。曙以篇什刺之曰：『千里江山陪驥尾，五更風水失龍鱗。昨夜浣花溪上雨，緣楊芳草屬何人！』崔甚不平。會夜飲，崔以巨觥飲張，張推辭再三，崔曰：『但吃，卻待我作宰相與你取狀頭。』張拂衣而去，因之大不葉。後七年，崔自內廷大拜，張後於三榜裴公下及第，果於崔公下過堂。」[216] 崔昭緯以大順二年正月同平章事，從大順二年（891年）上溯七年，即為中和三年。《廣卓異記》卷十九載云：「（崔）昭緯中和三年亦狀元及第。」[217]

《舊唐書‧崔昭緯傳》（卷一七九）云：「崔昭緯，清河人也。祖庇，滑州酸棗縣尉。父瑤，鄂州觀察使。昭緯進士及第。昭宗朝歷中書舍人、翰林學士、戶部侍郎、同平章事。」後因結交奸臣，洩露機密等原因被昭宗於乾寧二年（896年）賜死。[218] 兩《唐書》關於崔昭緯家族世系的記載基本相同，惟兄弟人數不一。《舊唐書》本傳云崔昭緯兄長四人，是為崔昭符，禮部尚書；崔昭願，太子少保；崔昭矩，給事中，崔昭遠，考功員外郎。《新唐書‧宰相世系表》（卷七二下）云其兄長二人，弟一人，長兄崔昭符，字子信；二兄崔昭原，

215　宋‧歐陽修，《新唐書》卷七五上〈宰相世系表〉，第331頁，上海：上海古籍出版社、上海書店，1986年。

216　五代‧王定保，《唐摭言》卷十一〈怨怒〉，載《唐五代筆記小說大觀》下冊，第1676頁，上海：上海古籍出版社，2000年。

217　宋‧樂史，《廣卓異記》卷十九〈及第與長行拜官相次〉，載《筆記小說大觀》第一冊（合訂第一本），第263頁，揚州：江蘇廣陵古籍刻印社，1983年。

218　後晉‧劉昫，《舊唐書》卷一七九〈崔昭緯傳〉，第561頁，上海：上海古籍出版社、上海書店，1986年。

字勳美；小弟崔昭矩，字表謀。[219]《新表》云崔昭矩為弟，失載崔昭遠和諸人
官職，當以《舊唐書》本傳所載為是。

　　《全唐詩》卷六百九十載有張曙〈下第戲狀元崔昭緯〉詩云：「千里江山
陪驥尾，五更風水失龍鱗。昨夜浣花溪上雨，綠楊芳草為何人？」[220]宋人尤袤《全
唐詩話》卷五〈張曙〉條云：「張曙、崔昭緯中和初同舉，相與詣日者問命。
曙時自負才名藉甚，以為將來狀元。崔亦分居其下。日者殊不顧曙，第目崔曰：
『將來萬全高第。』曙有慍色。日者曰：『郎君亦及第，然須待崔拜相，當此
時過堂。』既而曙果不終場，昭緯首冠。曙以篇什別之云：『千里江山陪驥尾，
五更風水失龍鱗。昨夜浣花溪上雨，綠楊芳草為何人？』後七年，昭緯為相，
曙方登第，果於昭緯下過堂。杜荀鶴，同年生也，酬曙詩云：『天上書名天下傳，
引來齊到玉皇前。大仙錄後頭無雪，至藥成來灶絕煙。笑躍紫雲金作闕，夢拋
塵世鐵為船。九華山叟驚凡骨，同到蓬萊豈偶然。』」[221]

一三〇、許祐孫

　　唐僖宗中和五年（885 年）進士科狀元。是年進士三十五人。可考者有許
祐孫、倪曙、裴廷裕等三人。禮部侍郎歸仁澤知貢舉。

　　《玉芝堂談薈》卷二〈歷代狀元〉條云：「（中和）五年，狀元許祐孫。」[222]
《登科記考》卷二十三中和五年進士科以《玉芝堂談薈》為據係許祐孫為是年
狀元。[223]

一三一、陸扆

　　唐僖宗光啟二年（886 年）進士科狀元。是年進士九人。可考者有陸扆、
顧在鎔、蘇鶚等三人。中書舍人鄭損權知貢舉。

　　《唐摭言》卷八〈自放狀頭〉條云：「鄭損舍人，光啟中隨駕在興元，丞

219　宋・歐陽修，《新唐書》卷七二下〈宰相世系表〉，第 278 頁，上海：上海古籍出版
　　社、上海書店，1986 年。
220　清・彭定求，《全唐詩》卷六百九十，第 3715 頁，石家莊：河北人民出版社，1993 年。
221　宋・尤袤，《全唐詩話》卷五〈張曙〉，載清何文煥輯《歷代詩話》，第 218-219 頁，
　　北京：中華書局，1981 年。
222　明・徐應秋，《玉芝堂談薈》卷二〈歷代狀元〉，第 48 頁，上海：上海古籍出版社
　　1987 年影印《文淵閣四庫全書》本第 883 冊。
223　清・徐松，《登科記考》卷二十三，第 884 頁，北京：中華書局，1984 年。

相陸公扆為狀元。先是，扆與損同止逆旅，扆於時出丞相文忠公之門，切於了卻身事。時已六月，懇叩公，希奏置舉場。公曰：『奈時深夏，復使何人為主司？』扆曰：『鄭舍人其人也。』公然之。因請扆致謝於損，扆乃躬詣損拜請，其榜貼皆扆自定。」[224]《太平廣記》卷一百八十三〈陸扆〉條引《北夢瑣言》云：「陸扆舉進士，屬僖宗幸梁、洋，隨駕至行在，與中書舍人鄭損同止逆旅，扆為宰相韋昭度所知，欲身事之速了，屢告昭度，昭度曰，奈已深夏，復使何人為主司，扆以鄭損對，昭度從之，因令扆致意，榜帖皆扆自定，其年六月，狀頭及第。後在翰林署，時苦熱，同列戲之曰，今日好造榜矣。然扆名冠一時，兄弟三人，時謂三陸，希聲及威也。」[225]

陸扆，字祥文，本名允迪，吳郡嘉興（今浙江嘉興）人，徙家於陝（今河南三門峽市西舊陝縣）。曾祖陸澧，位終殿中侍御史。祖陸師德，淮南觀察支使。父陸鄯，陝州法曹參軍。陸扆狀元及第後，歷翰林學士、中書舍人、戶部侍郎，乾寧二年（895 年）改戶部侍郎同平章事，光化三年（900 年）進封吳郡開國公，天祐五年（905 年），陸扆等人被朱溫派人殺害於滑州白馬驛。

陸扆因「六月造榜」一事頗為時人譏議，然觀其詩作，陸扆並非「不學無術」之輩，《舊唐書》本傳（卷一七九）云：「扆文思敏速，初無思慮，揮翰如飛，文理俱愜，同舍服其能。天子顧待特異。嘗金鑾作賦，命學士和，扆先成。帝覽而嗟挹之，曰：『朕聞貞元時有陸贄、吳通玄兄弟，能作內庭文書，後來絕不相繼。今吾得卿，斯文不墜矣。』」[226]《新唐書・藝文志》（卷六〇）載有今已不存的七卷本〈陸扆集〉，《全唐文》錄十篇制誥文，《全唐詩》錄詩一首，《唐詩紀事》卷六十九〈陸扆〉條云：「扆詩有今秋已約天臺月之句。或云：扆僖宗末舉進士及第，六月榜出，盛暑，同舍戲曰：造榜天也。觀扆此詩，豈幸倉猝苟科第者。」[227]

224 五代・王定保，《唐摭言》卷八〈自放狀頭〉，載《唐五代筆記小說大觀》下冊，第 1646 頁，上海：上海古籍出版社，2000 年。

225 宋・李昉，《太平廣記》卷一百八十三〈陸扆〉，第 1370 頁，北京：中華書局，1961 年。

226 後晉・劉昫，《舊唐書》卷一七九〈陸扆傳〉，第 563 頁，上海：上海古籍出版社、上海書店，1986 年。

227 宋・計有功撰，王仲鏞校箋，《唐詩紀事校箋》卷六十九，第 1857 頁，北京：中華書局，2007 年。

一三二、趙昌翰

唐僖宗光啟三年（887 年）進士科狀元。是年進士二十五人。可考者有趙昌翰、鄭谷、李嶼、趙光裔、鄭徽、黃匪躬、翁洮等七人。尚書右丞柳玭權知貢舉。

《韻語陽秋》卷十八云：「今之新進士，不問甲科高下，唱名出皇城，則例喝狀元，莫知其端。唐鄭谷登第後宿平康里，嘗作詩曰：『春來無處不閑行，楚潤相看別有情。好是五更殘酒醒，耳邊聞喚狀元聲。』則新進士例呼狀元，舊矣。鄭谷，趙昌翰榜第八名也。」[228]按《唐摭言》云此詩作者為鄭合敬。《廣卓異記》卷十九〈三世十三榜十四人登科〉條云：「右按趙氏科名錄，存約之子隱，拜相，乃撰此錄。云三世十三榜，十四人登科。內光啟三年放柳大夫榜，再從弟兩人同年及第，即昌翰、光庭也。內三人知貢舉。」[229]按光庭即光裔之誤，《新唐書‧宰相世系表》（卷七三下）新安趙氏無光庭，只有光裔，為存約孫、隱子，而昌翰為存約弟從約孫，二人正所謂再從弟關係。[230]

趙昌翰，字德蕃，京兆奉天（今陝西乾縣）人，出新安趙氏世宦之家，祖趙從約，尚書都官郎，[231] 父趙蒙，字不欺。狀元出身。趙昌翰堂叔（趙滂長子）趙峻亦為狀元。

趙昌翰具體仕歷不詳，《文苑英華》卷三八九載錢珝〈授趙昌翰考功郎中制〉云：「昌翰以名家子，實自修整，為縣罷去，脩然自安。公卿有知己之門，車馬無致身之跡。善養材用。」[232]，是知昌翰曾任考功郎中。

228　宋‧葛立方，《韻語陽秋》卷十八，載清何文煥輯《歷代詩話》，第 633 頁，北京：中華書局，1981 年。

229　宋‧樂史，《廣卓異記》卷十九〈三世十三榜十四人登科〉，載《筆記小說大觀》第一冊（合訂第一本），第 264 頁，揚州：江蘇廣陵古籍刻印社，1983 年。

230　宋‧歐陽修，《新唐書》卷七三下〈宰相世系表〉，第 299-300 頁，上海：上海古籍出版社、上海書店，1986 年；又見陳尚君，〈《登科記考》正補〉，載《唐代文學研究》第四輯，第 352 頁，桂林：廣西師範大學出版社，1993 年。

231　《新表》未載從約官職，會昌六年十一月十六日〈清河崔隋夫人趙氏墓誌〉云：「夫人天水人，曾諱灌然，官至上郡城平令；祖植，終嶺南節度使；父曰從約，常歷重諸侯之府，四立於朝，今為尚書都官郎。」見《唐代墓誌匯編》會昌〇五三，上海古籍出版社，1992 年版第 2249 頁。

232　宋‧李昉，《文苑英華》卷三八九〈中書制誥〉，第 1982 頁，北京：中華書局，1966 年。

一三三、鄭貽矩

唐僖宗光啟四年（888 年）進士科狀元。是年進士二十八人。可考者有鄭貽矩、崔塗、謝翛、陳嶠等四人。鄭延昌知貢舉。

《唐才子傳》卷九〈崔塗〉條云：「塗字禮山。光啟四年鄭貽矩榜進士及第。」[233]《登科記考》卷二十三光啟四年進士科據此定鄭貽矩為是年狀元。[234]

鄭貽矩，滎陽（今河南滎陽）人，元釋圓至《箋注唐賢三體詩法》（明廣陵錢元卿刻本）卷十云：「崔塗，字禮仙。光啟四年薛貽矩榜進士。」按此處崔塗字作「禮仙」，王荊公《百家詩選》亦作「禮仙」。然《新唐書・藝文志》（卷六〇）有「《崔塗詩》一卷：字禮山。光啟進士第」的記載，與《唐才子傳》同，當以作「禮山」為是。[235]又圓至以薛貽矩為是年狀元，乾隆《泉州府志》卷三十三〈選舉一・唐進士〉條亦云：「文德元年戊申薛貽矩榜：謝翛，同安人。《八閩通志》作晉江人。」然薛貽矩乃乾符進士，《舊五代史・薛貽矩傳》（卷十八）載：「薛貽矩，字熙用，河東聞喜人。……唐乾符中，登進士第。」[236]張儁與薛貽矩同年，光啟初已為御史、補闕、起居郎，則張、薛二人不可能是文德年間的進士。[237]雍正《河南通志》卷四十五〈選舉二〉、乾隆《滎陽縣誌》卷八〈選舉志〉均載是年狀元為「鄭中貽」，亦當為「鄭貽矩」之誤。

一三四、李瀚

唐昭宗龍紀元年（889 年）進士科狀元。是年進士二十五人。可考者有李瀚、溫憲、吳融、韓偓、唐備、崔遠、李冉、程忠等八人。禮部侍郎趙崇知貢舉。

《唐才子傳》卷九〈溫憲〉條云：「憲，庭筠之子也。龍紀元年李瀚榜進士及第，去為山南節度府從事。」[238]同卷〈吳融〉條亦云：「融字子華，山陰

233　傅璇琮主編，《唐才子傳校箋》第四冊，第 187-189 頁，北京：中華書局，1990 年。

234　清・徐松，《登科記考》卷二十三，第 888 頁，北京：中華書局，1984 年。

235　宋・歐陽修，《新唐書》卷六〇〈藝文志〉，第 169 頁，上海：上海古籍出版社、上海書店，1986 年。

236　宋・薛居正，《舊五代史》卷十八〈薛貽矩傳〉，第 31 頁，上海：上海古籍出版社、上海書店，1986 年。

237　宋・薛居正，《舊五代史》卷二十四〈張儁傳〉，第 41 頁，上海：上海古籍出版社、上海書店，1986 年。

238　傅璇琮主編，《唐才子傳校箋》第四冊，第 206 頁，北京：中華書局，1990 年。

人。……龍紀元年，李瀚榜及進士第。」[239]《登科記考》卷二十四龍紀元年進士科據此定李瀚為是年狀元。[240]

一三五、楊贊禹

唐昭宗大順元年（890年）進士科狀元。是年進士二十一人。可考者有楊贊禹、王駕、戴思顏、王虯、張蟶、林蒉、張喬等七人。御史中丞裴贄權知貢舉。

唐人黃滔〈與楊狀頭書〉云：「謹獻書狀元先輩：聖人之道沒，必假後賢以援之。」[241]《廣卓異記》卷十九〈兄弟二人狀元及第〉條云：「右按《登科記》，楊贊禹，大順元年狀元及第。弟贊圖，乾寧四年狀元及第。」[242]《唐才子傳》卷九〈王駕〉條云：「駕字大用，蒲中人，自號『守素先生』。大順元年，楊贊禹榜登第。」[243]同卷〈戴思顏〉條亦云：「思顏，大順元年楊贊禹榜進士及第，與王駕同袍。」[244]諸書均載大順元年狀元楊贊禹，惟《玉芝堂談薈》卷二〈歷代狀元〉條云是年狀元楊贊安，顯為誤載。[245]

楊贊禹，字昭謨，虢州弘農（今河南靈寶）人，出楊氏越公房。《新唐書·宰相世系表》（卷七一下）載其家世云：祖父楊虞卿，字師皋，官京兆尹。父楊知退，字先之，官左散騎常侍。[246]

據《文苑英華》卷三八三唐薛廷珪〈授長安縣尉直弘文館楊贊禹左拾遺鄠縣鄭谷右拾遺制〉，知楊贊禹狀元及第後，曾官長安縣尉、直弘文館、左司郎中、集賢學士等。[247]

239　傅璇琮主編，《唐才子傳校箋》第四冊，第 221-223 頁，北京：中華書局，1990 年。

240　清·徐松，《登科記考》卷二十四，第 891 頁，北京：中華書局，1984 年。

241　清·董誥，《全唐文》卷八二三〈與楊狀頭書〉，第 8670 頁，北京：中華書局影印，1983 年。

242　宋·樂史，《廣卓異記》卷十九〈兄弟二人狀元及第〉，載《筆記小說大觀》第一冊（合訂第一本），第 264 頁，揚州：江蘇廣陵古籍刻印社，1983 年。

243　傅璇琮主編，《唐才子傳校箋》第四冊，第 252-254 頁，北京：中華書局，1990 年。

244　傅璇琮主編，《唐才子傳校箋》第四冊，第 259 頁，北京：中華書局，1990 年。

245　明·徐應秋，《玉芝堂談薈》卷二〈歷代狀元〉，第 48 頁，上海：上海古籍出版社 1987 年影印《文淵閣四庫全書》本第 883 冊。

246　宋·歐陽修，《新唐書》卷七一下〈宰相世系表〉，第 245 頁，上海：上海古籍出版社、上海書店，1986 年。

247　宋·李昉，《文苑英華》卷三八三〈中書制誥〉，第 1955 頁，北京：中華書局，1966 年。

《全唐詩》卷八百三十載有唐代詩僧貫休〈鄂渚逢楊贊禹〉，詩云：「流浪兵荒苦，相思歲月闌。理惟通至道，人或謂無端。燒猛湖煙赤，窗空雪月寒。知音不可見，始為一吟看。」[248] 反映了唐末亂離時期兩位至交的友情。

一三六、崔昭矩

唐昭宗大順二年（891年）進士科狀元。是年進士二十七人。可考者有崔昭矩、陳鼎、黃璞、杜荀鶴、王渙、李德鄰、王拯、趙光胤、張曙、吳仁璧、蔣肱、羅袞（羅袞）、吳蛻、王翃、汪極等十五人。禮部侍郎裴贄知貢舉。

《唐摭言》卷八〈及第與長行拜官相次〉條云：「崔昭矩，大順中裴公下狀元及第。翌日，兄昭緯登庸。」[249] 崔昭緯於大順二年正月庚申同平章事，是昭矩為此年狀元。《北夢瑣言》卷十一〈進士團所由倒罰崔狀元〉條云：「唐進士崔昭矩為狀元，有進士團所由，動靜舉罰。一日，所由疏失，狀元答之。逡巡，所由謝伏於階前，對諸進士曰：『崔十五郎不合於同年前面，瞋決所由，請罰若干。』博陵無言以對。」[250]《淳熙三山志》卷二十六〈人物類一・科名〉亦載：「（大順）二年，辛亥，崔昭矩榜，陳鼎，福清人。」[251]

崔昭矩，字表謨，曾官給事中，家世詳見其兄崔昭緯條考證。

一三七、歸黯

唐昭宗景福元年（892年）進士科狀元。是年進士三十人。可考者有歸黯、崔譔等二人。蔣泳知貢舉。

《廣卓異記》卷十九〈父子狀元及第〉條云：「右按《登科記》，歸仁澤，乾符元年狀元及第，子黯，大順三年狀元及第。」[252] 按大順三年亦即景福元年，是年正月丙寅，大赦，改元。《唐摭言》卷八〈及第與長行拜官相次〉條云：

248　清・彭定求，《全唐詩》卷八百三十，第4371頁，石家莊：河北人民出版社，1993年。

249　五代・王定保，《唐摭言》卷八〈及第與長行拜官相次〉，載《唐五代筆記小說大觀》下冊，第1650頁，上海：上海古籍出版社，2000年。

250　五代・孫光憲，《北夢瑣言》卷十一〈進士團所由倒罰崔狀元〉，載《唐五代筆記小說大觀》下冊，第1900頁，上海：上海古籍出版社，2000年。

251　宋・梁克家，《淳熙三山志》卷二十六〈人物類一・科名〉，第353頁，上海：上海古籍出版社1987年影印《文淵閣四庫全書》本第484冊。

252　宋・樂史，《廣卓異記》卷十九〈父子狀元及第〉，載《筆記小說大觀》第一冊（合訂第一本），第264頁，揚州：江蘇廣陵古籍刻印社，1983年。

「歸黯親迎拜席日，狀元及第，榜下版巡脫白，期月無疾而卒。」[253]四庫本《太平廣記》卷一百八十三〈崔昭矩〉條引《摭言》作「歸點」，當為「歸黯」形近之誤。[254]

歸黯早逝，其事蹟無考。

一三八、崔膠

唐昭宗景福二年（893 年）進士科狀元。是年進士二十八人。可考者有崔膠、易標、張鼎、歸藹、盧玄暉、張道古、杜晏、曹愚、孔闈、盧汝弼、崔承祐等十一人。禮部侍郎楊涉知貢舉。

《唐才子傳》卷十〈張鼎〉條云：「鼎字台業，景福二年崔膠榜進士。」[255]

崔膠，字壽卿，清河（今河北清河）人，《新唐書‧宰相世系表》（卷七二下）載崔膠出清河小房。祖崔玘，父崔彥辭，皆未載官職。[256]

一三九、蘇檢

唐昭宗乾寧元年（894 年）進士科狀元。是年進士二十八人。可考者有蘇檢、韋莊、徐夤（徐寅）、盧仁炯、王偓、陳乘、唐稟、孔昌庶、李德休、韋郊、崔協等十一人。禮部侍郎李擇知貢舉。

《唐才子傳》卷十〈韋莊〉條云：「莊字端已，京兆杜陵人也。……乾寧元年，蘇檢榜進士，釋褐校書郎。」[257]《玉芝堂談薈》卷二〈歷代狀元〉條亦云：「乾寧元年，狀元蘇檢。」[258]

蘇檢，字聖功，祖籍武功（今陝西武功），徙家於吳，遂為吳（今江蘇蘇州）

253　五代‧王定保，《唐摭言》卷八〈及第與長行拜官相次〉，載《唐五代筆記小說大觀》下冊，第 1650 頁，上海：上海古籍出版社，2000 年。

254　宋‧李昉，《太平廣記》卷一百八十三〈崔昭矩〉，第 224 頁，上海：上海古籍出版社 1987 年影印《文淵閣四庫全書》本第 1044 冊。

255　傅璇琮主編，《唐才子傳校箋》第四冊，第 316 頁，北京：中華書局，1990 年。

256　宋‧歐陽修，《新唐書》卷七二下〈宰相世系表〉，第 280 頁，上海：上海古籍出版社、上海書店，1986 年。

257　傅璇琮主編，《唐才子傳校箋》第四冊，第 323-325 頁，北京：中華書局，1990 年。

258　明‧徐應秋，《玉芝堂談薈》卷二〈歷代狀元〉，第 48 頁，上海：上海古籍出版社 1987 年影印《文淵閣四庫全書》本第 883 冊。

人。[259]《新唐書‧宰相世系表》（卷七四上）云蘇檢祖蘇迢，父蘇蒙，均未載官職。[260]蘇檢事蹟附見於《新唐書‧盧光啟傳》（卷一八二）：「初，光啟執政，韋貽範、蘇檢相繼為宰相。貽範，字垂憲，以龍州刺史貶通州，檢為洋州刺史。二人奔行在，貽範遷給事中。用李茂貞薦，閱旬為工部侍郎、同中書門下平章事，判度支。倚權臣，恣驁不恭。會母喪免，逾月奪服。不數月卒。檢初拜中書舍人，貽範薦於茂貞，即拜工部侍郎、同中書門下平章事。茂貞與朱全忠通好，乃求尚主，取檢女為景王妃以固恩。帝還京師，檢長流環州，光啟賜死。」[261]蘇檢是「長流環州」還是與光啟同時被賜死史載不一，《新唐書‧昭宗紀》（卷一〇）載天復三年（903年）朱全忠殺蘇檢與吏部侍郎盧光啟。[262]《資治通鑑》卷二百六十四天復三年二月丙子，「工部侍郎同平章事蘇檢，吏部侍郎盧光啟，並賜自盡。」[263]

一四〇、趙觀文

　　唐昭宗乾寧二年（895年）進士科狀元。是年進士二十五人，覆汰十人，實際錄取十五人，全部可考，是為趙觀文、程晏、崔賞、崔仁寶、盧瞻、韋說、封渭、韋希震、張蠙、黃滔、盧鼎、王貞白、沈崧、陳曉、李龜禎等十五人。刑部尚書崔凝權知貢舉，翰林學士陸扆、祕書監馮渥覆試。

　　《唐詩紀事》卷五十九載有褚載〈賀趙觀文重試及第〉，詩云：「一枝仙桂兩回春，始覺文章可致身。已把色絲要上第，又將彩筆冠群倫。龍泉再淬方知利，火浣重燒轉更新。今日街頭看御榜，大能榮耀苦心人。」計有功案語云：「觀文乾寧二年崔凝下第八人登第，是年命陸扆重試，而觀文為榜首。」[264]《桂

259　《太平廣記》卷二百七十九引〈聞奇錄〉有「蘇檢登第，婦吳省家」的記載，知蘇檢乃吳人。

260　宋‧歐陽修，《新唐書》卷七四上〈宰相世系表〉，第315頁，上海：上海古籍出版社、上海書店，1986年。

261　宋‧歐陽修，《新唐書》卷一八二〈盧光啟傳〉，第571頁，上海：上海古籍出版社、上海書店，1986年。

262　宋‧歐陽修，《新唐書》卷一〇〈昭宗紀〉，第36頁，上海：上海古籍出版社、上海書店，1986年。

263　宋‧司馬光，《資治通鑑》卷二百六十四〈昭宗下〉天復三年二月丙子，第1831頁，上海：上海古籍出版社，1987年。

264　宋‧計有功撰，王仲鏞校箋，《唐詩紀事校箋》卷五十九，第1598頁，北京：中華書局，2007年。

林風土記》云：「進賢坊，因趙觀文狀頭及第，前陳太保改坊名。」《珩璜新論》三亦云：「趙觀文，桂林人，狀元及第。」[265]《全唐文》卷八二八錄有趙觀文〈桂林新修堯舜祠祭器碑〉一文，作者小傳云：「觀文，桂林人，乾寧初進士第一，官侍講學士。」[266]《莆陽志》亦云：「黃滔，字文江，乾寧二年乙卯趙觀文榜進士。」[267]

趙觀文是廣西歷史上第一位進士科狀元，因而桂林的地方掌故中有關狀元的傳說也比較多，現今廣西桂林市桃花江畔有座飛鸞峰，山形似金鐘，原名金鐘山，趙觀文狀元及第後，當地人將金鐘山改名為飛鸞峰，桃花江畔的橋也因飛鸞峰而得名飛鸞橋。

灕江上有個著名的景點「九馬畫山」，民謠流傳：「看馬郎，看馬郎，問你神馬幾多雙？看出七匹中探花，能見九匹狀元郎。」自古以來能看出九匹馬者，是千里挑一、萬里挑一了。據說趙觀文以及後來的宋太宗太平興國八年的王世則、清代桂林的陳繼昌、龍啟瑞、張建勳等狀元在應試前都曾專門泛舟灕江，到畫山前試過眼力與運氣，竟然都能把那藏頭露尾的九匹神馬一一點出來，因而才能一舉成名成狀元。

伏波山位於桂林市東北灕江之濱，在伏波山還珠洞中有一試劍石，明《赤雅》載：「其最奇者，有石懸空而下，狀若浮柱，去地一線不合。聞昔有神人名揭諦者，試劍於此。」清金鉷《廣西通志》說：「洞中踞石有巨人跡，宛如刻紋。又紫白二蛇，蜿蜒相向，存浮石絡其項，大似老龍戲珠。」宋經略安撫使范成大曾在此舉行鹿鳴宴，祝願鄉試告捷的舉人，「應表明年第三闈」。在此之前，桂林地區出過兩名狀元，一是唐代的趙觀文，一是宋代的王世則，傳說還珠洞懸石若是「岩石連，出狀元」，所以試劍石又名「狀元石」，表達了人們希望人才輩出的美好願望。[268]

265　清・徐松，《登科記考》卷二十四，第 907 頁，北京：中華書局，1984 年。

266　清・董誥，《全唐文》卷八二八〈桂林新修堯舜祠祭器碑〉，第 8721 頁，北京：中華書局影印，1983 年。

267　唐・黃滔，《黃御史集》卷八，第 184 頁，上海：上海古籍出版社 1987 年影印《文淵閣四庫全書》本第 1084 冊。

268　世外桃源 - 試劍石 - 南北游（nanbeiyou.com），2021-07-23。

一四一、崔諤

唐昭宗乾寧三年（896年）進士科狀元。是年進士十二人。可考者有崔諤、楊鄰、翁承贊、王權等四人。禮部侍郎獨孤損知貢舉。

王權〈唐故中書舍人清河崔公（詹）墓誌銘並序〉云：「公諱詹，字順之，其先清河東武城人也。……公昆季四人：長曰荷，官終禮博；次曰藝，見任司業；次曰諤，狀頭及第，結綬而卒。」[269]《永樂大典》引《莆陽志》云：「昭宗御內殿，試崔諤以下十二人。」[270]《玉芝堂談薈》卷二〈歷代狀元〉條亦云是年狀元為崔諤。[271]

崔諤，出崔氏清河小房，曾祖崔稱，官戶部員外郎。祖崔植，商州防禦判官、殿中侍御史、內供奉。父崔承弼，河南府士曹參軍、贈尚書戶部郎中。[272]

崔諤狀元及第後「結綬而卒」，所謂「結綬」，是指繫結印帶，比喻出仕做官。《文選》卷二十一〈詩乙·詠史〉載南朝宋顏延年〈秋胡詩〉云：「脫巾千里外，結綬登王畿。」注：「巾，處士所服；綬，仕者所佩。今欲官於陳，故脫巾而結綬也。」[273]是知崔諤釋褐入仕不久即過世。

一四二、楊贊圖

唐昭宗乾寧四年（897年）進士科狀元。是年進士二十人。可考者有楊贊圖、韋彖、卓雲、孫郃、劉纂等五人。禮部侍郎薛昭緯知貢舉。

殷文圭〈趙侍郎看紅白牡丹，因寄楊狀頭贊圖詩〉云：「遲開都為讓群芳，貴地栽成對玉堂。紅豔嫋煙疑欲語，素華映月只聞香。剪裁偏得東風意，淡薄似矜西子妝。雅稱花中為首冠，年年長占斷春光。」[274]《廣卓異記》卷十九〈兄弟二人狀元及第〉條云：「右按《登科記》，楊贊禹，大順元年狀元及第。弟

269　吳鋼主編，《全唐文補遺》（第三輯），第296頁，西安：三秦出版社，1997年。

270　清·徐松，《登科記考》卷二十四，第914頁，北京：中華書局，1984年。

271　明·徐應秋，《玉芝堂談薈》卷二〈歷代狀元〉，第48頁，上海：上海古籍出版社1987年影印《文淵閣四庫全書》本第883冊。

272　宋·歐陽修，《新唐書》卷七二下〈宰相世系表〉，第280頁，上海：上海古籍出版社、上海書店，1986年。趙超，《新唐書宰相世系表集校》卷二〈崔氏〉，第360頁，北京：中華書局，1998年。

273　梁·肖統編，唐·李善注，《文選》，第1003頁，上海：上海古籍出版社，1986年。

274　清·彭定求，《全唐詩》卷七百七，第3814頁，石家莊：河北人民出版社，1993年。

贊圖，乾寧四年狀元及第。」[275]《唐詩紀事》卷六十七〈薛昭緯〉條作者小傳云：
「（薛）昭緯以侍郎掌貢舉，試〈未明求衣賦〉，楊贊圖為榜首。」[276] 此處「楊
贊圖」，原作「王贊圖」，《唐詩紀事校箋》一書修改，所據史料為《廣卓異
記》卷一九〈兄弟二人狀元及第〉。又：黃滔曾作〈寄楊贊圖學士〉詩以賀：「東
堂第一領春風，時怪關西小驥慵。華表柱頭還有鶴，華歆名下別無龍。君恩鳳
閣含毫數，詩景珠宮列肆供。今日江南駐舟處，莫言歸計為雲峰。」[277]

楊贊圖家世見其兄大順元年（890 年）狀元楊贊禹條考證。

楊贊圖狀元及第後，曾官弘文館直學士，《黃御史集》卷八載明吳源〈莆
陽名公事述〉云：「黃滔蘊籍文采，為時推重，中朝士大夫若常侍李洵、弘文
館直學士楊贊圖等，皆恃御史為宗主。」[278]《唐尚書省郎官石柱題名考》卷六
〈司封員外郎〉載有楊贊圖，「〈黃滔丈六金身碑〉：天祐四年正月，設二十
萬人齋，座客有弘文館直學士弘農楊公贊圖。」[279] 中原亂離時，避禍於泉州刺
史王審邽之招賢院。[280] 福建泉州網 2003 年 5 月 3 日報導：該市考古工作者對北
峰古墓墓誌銘拓片進行解讀，確定該墓主人是唐朝時期的泉州司馬王福，而為
其作墓誌銘的是唐末狀元楊贊圖。墓誌銘上記載由「將仕郎前守萬年縣尉宏文
館楊贊圖撰」。乃是因為「嗣子澤以贊圖寓跡歲久」，與時任泉州司馬的王福
相交甚深，王死後，楊就為其撰寫墓誌銘。王福墓誌銘的發現，證實了楊贊圖
兄弟於唐末天祐元年（904 年），舉家入閩，受到王潮、王審知、王審邽器重
的史實。

楊贊圖官終司封員外郎知制誥。[281]

275　宋・樂史，《廣卓異記》卷十九〈兄弟二人狀元及第〉，載《筆記小說大觀》第一冊
　　　（合訂第一本），第 264 頁，揚州：江蘇廣陵古籍刻印社，1983 年。
276　宋・計有功撰，王仲鏞校箋，《唐詩紀事校箋》卷六十七，第 1813 頁，北京：中華書局，
　　　2007 年。
277　清・彭定求，《全唐詩》卷七百五，第 3805 頁，石家莊：河北人民出版社，1993 年。
278　唐・黃滔，《黃御史集》卷八，第 189 頁，上海：上海古籍出版社 1987 年影印《文
　　　淵閣四庫全書》本第 1084 冊。
279　清・勞格、趙鉞，《唐尚書省郎官石柱題名考》卷六〈司封員外郎〉，月河精舍叢書，
　　　光緒丙戌本。
280　宋・歐陽修，《新唐書》卷一九〇〈王潮傳〉，第 584 頁，上海：上海古籍出版社、
　　　上海書店，1986 年。
281　宋・歐陽修，《新唐書》卷七一下〈宰相世系表〉，第 245 頁，上海：上海古籍出版
　　　社、上海書店，1986 年。

　　王定保在其《唐摭言》卷三〈散序〉中云與楊五十一贊圖同年。[282] 按王定保，光化三年（900 年）進士及第，與楊贊圖並非同年，未知是定保誤載還是此楊贊圖別是一人？

一四三、羊紹素

　　唐昭宗乾寧五年（898 年）進士科狀元。是年進士二十人。可考者有羊紹素、殷文圭、劉咸、王轂、褚載、孔邈、陳炯、何幼孫、賈泳、盧萧、路德延、伍唐珪等十二人。禮部尚書裴贄權知貢舉。

　　《唐才子傳》卷十〈王轂〉條云：「轂字虛中，宜春人，自號臨沂子。……乾寧五年羊紹素榜進士。」[283]《登科記考》卷二十四以《唐才子傳》為據係羊紹素為乾寧五年進士科狀元。[284]

　　《唐摭言》卷五〈切磋〉條云：「羊紹素夏課有〈畫狗馬難為功賦〉，其實取『畫狗馬難於畫鬼神』之意也，投表兄吳子華。子華覽之，謂紹素曰：『吾子此賦未嘉。賦題無鬼神，而賦中言鬼神。子盍為〈畫狗馬難於畫鬼神賦〉，即善矣。』紹素未及改易，子華一夕成於腹笥。有進士韋象，池州九華人，始以賦卷謁子華。子華聞之，甚喜。象居數日，貢一篇於子華，其破題曰：『有丹青二人：一則矜能於狗馬，一則誇妙於鬼神。』子華大奇之，遂焚所著，而紹素竟不能以己下之。其年，子華為象取府元。」[285] 羊紹素表兄吳子華，即吳融，廣明、中和之際，久負屈聲；雖未擢科第，同人多贊謁之如先達。[286]

　　羊紹素狀元及第後曾為明州刺史黃晟幕僚，《十國春秋》卷八五〈吳越〉九云：「（黃）晟頗尚禮士，辟前進士陳鼎、羊紹素以為門賓。」[287]

282　五代・王定保，《唐摭言》卷三〈散序〉，載《唐五代筆記小說大觀》下冊，第 1594 頁，上海：上海古籍出版社，2000 年。

283　傅璇琮主編，《唐才子傳校箋》第四冊，第 357-359 頁，北京：中華書局，1990 年。

284　清・徐松，《登科記考》卷二十四，第 917 頁，北京：中華書局，1984 年。

285　五代・王定保，《唐摭言》卷五〈切磋〉，載《唐五代筆記小說大觀》下冊，第 1619-1620 頁，上海：上海古籍出版社，2000 年。

286　五代・王定保，《唐摭言》卷五〈切磋〉，載《唐五代筆記小說大觀》下冊，第 1619-1620 頁，上海：上海古籍出版社，2000 年。

287　清・吳任臣，《十國春秋》卷八五〈吳越〉九，第 139 頁，上海：上海古籍出版社 1987 年影印《文淵閣四庫全書》本第 466 冊。

一四四、盧文煥

唐昭宗光化二年（899 年）進士科狀元。是年進士二十七人。可考者有盧文煥、柳璨等二人。禮部侍郎趙光逢知貢舉。

《唐摭言》卷三〈慈恩寺題名遊賞賦詠雜紀〉條云：「盧文煥，光化二年狀元及第，頗以宴釀為急務，常俯關宴。同年皆患貧，無以致之。一旦，給以游齊國公亭子，既至，皆解帶從容。文煥命團司牽驢。時柳璨告文煥以驢從非己有。文煥曰：『藥不瞑眩，厥疾弗瘳！』璨甚銜之。居四年，璨登庸。文煥憂戚日加。璨每遇之，曰：『藥不瞑眩，厥疾弗瘳！』」[288]

盧文煥，字子林，祖籍范陽（今河北涿縣），後徙家蒲州（今山西永濟），《新唐書・宰相世系表》（卷七三上）載盧文煥世系云：祖盧簡辭，字子策，山南東道節度使。父盧貽殷，光祿少卿。盧文煥祖父輩盧簡能、盧簡辭、盧弘正（當作弘止）、盧簡求四人皆進士出身，位居地方節度使等要職；父輩盧貽殷、盧玄禧、盧汝弼、盧嗣業等多人也都入仕為官，世代簪纓。[289] 據《舊唐書・盧簡辭傳》（卷一六三）記載：「簡辭無子，以簡求子貽殷、玄禧入繼。」[290]

一四五、裴格

唐昭宗光化三年（900 年）進士科狀元。是年進士二十八人。可考者有裴格、盧延讓（盧延遜）、裴皞、王定保、崔籍若、鄭玨、吳靄、孔昌明、翁承裕、林用謙等十人。禮部侍郎李渥知貢舉。

《韻語陽秋》卷十九云：「唐御食，紅綾餅餤為上。光化中，放進士裴格、盧延遜等二十八人宴於曲江，敕太官賜餅餤，止二十八枚而已。」[291]《唐才子傳》卷十〈盧延讓〉條、《玉芝堂談薈》卷二〈歷代狀元〉條均載是年狀元為裴格。《登科記考》卷二十四記載相同，惟言是年進士人數為三十六人，未知孰是？

288　五代・王定保，《唐摭言》卷三〈慈恩寺題名遊賞賦詠雜紀〉，載《唐五代筆記小說大觀》下冊，第 1600 頁，上海：上海古籍出版社，2000 年。

289　宋・歐陽修，《新唐書》卷七三上〈宰相世系表〉，第 295 頁，上海：上海古籍出版社、上海書店，1986 年。

290　後晉・劉昫，《舊唐書》卷一六三〈盧簡辭傳〉，第 515 頁，上海：上海古籍出版社、上海書店，1986 年。

291　宋・葛立方，《韻語陽秋》卷十九，載清何文煥輯《歷代詩話》，第 641 頁，北京：中華書局，1981 年。

　　裴格，絳州聞喜（今山西聞喜）人，曾祖裴遵慶，字少良，相代宗。祖裴向，字偁仁，官吏部尚書。父裴寅，字子敬，官御史大夫。弟裴樞，相昭宗。[292]

一四六、歸佾

　　唐昭宗光化四年（901年）進士科狀元。是年進士二十六人。可考者有歸佾、陳光問、曹松、王希羽、歐陽持、劉象、柯崇、鄭希顏、沈顏、裴□、顏□、李□等十二人。禮部侍郎杜德祥知貢舉。

　　《永樂大典》載《瑞陽志》引《登科記》云：「歐陽持字化基，高安人。天復元年歸佾榜進士。」[293] 按天復元年即光化四年，是年四月甲戌改元。《玉芝堂談薈》卷二〈歷代狀元〉條云：「（光化）四年狀元歸修，蘇州人。」[294]「修」與「佾」字形近，「歸修」當為「歸佾」之誤。

　　歸佾，蘇州人，其家族先後有狀元三人，是為歸仁紹、歸仁澤、歸黯，其弟歸系也於天祐二年（905年）狀元及第，「一門五狀元」，古今罕見。

　　光化四年歸佾榜在科舉史上稱為「五老榜」，《唐摭言》卷八〈放老〉條云：「天復元年，杜德祥榜，放曹松、王希羽、劉象、柯崇、鄭希顏等及第。時上新平內難，聞放新進士，喜甚。詔選中有孤平屈人，宜令以名聞，特敕授官。故德祥以松等塞，詔各受正。制略曰：『念爾登科之際，當予反正之年，宜降異恩，各膺寵命。松，舒州人也，學賈司倉為詩，此外無他能，時號松啟事為送羊腳狀。希羽，歙州人也，辭藝優博。松、希羽甲子皆七十餘。象，京兆人；崇、希顏，閩中人，皆以詩卷及第，亦皆年逾耳順矣。時謂五老榜。』」[295]《容齋三筆》卷七〈唐昭宗恤錄儒士〉條亦記此事，惟言五老的年齡與《唐摭言》所載略有不同：「敕：『中書門下：選擇新及第進士中有久在名場、才沾科級、年齒已高者，不拘常例，各授一官。』於是禮部侍郎杜德祥奏：『揀到新及第進士陳光問年六十九，曹松年五十四，王希羽年七十三，劉象年七十，柯崇年

292　宋・歐陽修，《新唐書》卷七一上〈宰相世系表〉，第231頁，上海：上海古籍出版社、上海書店，1986年。

293　清・徐松，《登科記考》卷二十四，第925頁，北京：中華書局，1984年。

294　明・徐應秋，《玉芝堂談薈》卷二〈歷代狀元〉，第48頁，上海：上海古籍出版社1987年影印《文淵閣四庫全書》本第883冊。

295　五代・王定保，《唐摭言》卷八〈放老〉，載《唐五代筆記小說大觀》下冊，第1649-1650頁，上海：上海古籍出版社，2000年。

六十四，鄭希顏年五十九。』詔光問、松、希羽可祕書省正字，象、崇、希顏可太子校書。按《登科記》，是年進士二十六人，光問第四，松第八，希羽第十二，崇、象、希顏居末級。」[296]

一四七、歸系

唐昭宗天祐二年（905年）進士科狀元。是年進士二十三人。可考者有歸系、楊凝式、劉贊、竇夢徵、崔庸、盧導、楊在堯、張鴻等八人。禮部侍郎張文蔚知貢舉。

《永樂大典》卷二三六八引《蘇州府志》云：「天祐二年，侍郎張文蔚。歸系第一人。楊凝式，第三人。崔庸。」[297]《玉芝堂談薈》卷二〈歷代狀元〉條云：「（天祐）二年狀元歸系，蘇州人，修之弟。」[298]

一四八、裴說

唐昭宗天祐三年（906年）進士科狀元。是年進士二十五人。可考者有裴說、裴諧、陳光義、翁襲明、李愚、何瓚、崔彥撝、烏光贊等八人。吏部侍郎薛廷珪權知貢舉。

《直齋書錄解題》卷十九載：「〈裴說集〉一卷。唐裴說撰。天祐三年進士狀頭。」[299]《唐才子傳》卷十〈裴說〉條云：「說工詩，得盛名。天祐三年禮部侍郎薛廷珪下狀元及第。初年窘迫亂離，奔走道路，有詩曰『避亂一身多』，見者悲之。」[300]《玉芝堂談薈》卷二〈歷代狀元〉條亦云：「（天祐）三年，狀元裴說。」[301]

裴說，絳州聞喜（今山西聞喜）人，狀元及第後曾官補闕，官終禮部員外

296　宋・洪邁，《容齋三筆》卷七〈唐昭宗恤錄儒士〉，第 592 頁，上海：上海古籍出版社 1987 年影印《文淵閣四庫全書》本第 851 冊。

297　《永樂大典》卷二三六八，第 1064 頁，北京：中華書局，1986 年。

298　明・徐應秋，《玉芝堂談薈》卷二〈歷代狀元〉，第 48 頁，上海：上海古籍出版社 1987 年影印《文淵閣四庫全書》本第 883 冊。

299　宋・陳振孫，《直齋書錄解題》卷十九〈詩集類〉，第 580 頁，上海：上海古籍出版社，1987 年。

300　傅璇琮主編，《唐才子傳校箋》第四冊，第 423-425 頁，北京：中華書局，1990 年。

301　明・徐應秋，《玉芝堂談薈》卷二〈歷代狀元〉，第 48 頁，上海：上海古籍出版社 1987 年影印《文淵閣四庫全書》本第 883 冊。

郎。同榜及第的弟弟裴諧，終桂嶺假官宰。[302]

裴說為詩足奇思，非意表琢煉不舉筆，有島、洞之風也。現《全唐詩》卷七百二十收錄裴說詩凡五十一首。

裴說對大詩人杜甫極為仰慕，宋人曾慥《類說》卷二十六〈劫墓賊〉云：「廖凝覽裴說〈經杜工部墓〉詩曰：『擬鑿孤墳破，重教大雅生。』笑曰：『裴說劫墓賊耳。』」[303]

一四九、崔詹

唐昭宗天祐四年（907 年）進士科狀元。是年進士二十人。可考者有崔詹、陳淑、楊元同、梁震等四人。禮部侍郎于兢知貢舉。

王權〈唐故中書舍人清河崔公（詹）墓誌銘並序〉云：「公諱詹，字順之，其先清河東武城人也。曾祖稱，皇任尚書戶部員外郎。祖植，皇任商州防禦推官、殿中侍御史內供奉，贈尚書戶部員外郎。父承弼，皇任河南府士曹參軍，贈尚書戶部郎中。皇姚滎陽鄭氏，封滎陽郡太夫人。公鼎甲大族，時無與比，天資穎晤，生知孝謹，志學強記。時論所推。天祐四年，故相國于公主文，精求名實。公登其選，首冠群英。釋褐授秘校，轉河清尉。值上館副，時相之知也。始通籍為監察，亦由執憲之奏署。守官律己，靜而有立。遷右補闕，復為殿中，歷起居舍人，俄以本官充翰林學士，兼錫銀章。敏速之外，出入慎密，彌得長厚之譽。公以禁林華重，貞素匪便，尋求解職，拜禮部員外郎。乃南宮清貧，葉文行之美。俄轉戶部郎中、知制誥。掌綸二年，咸歎淹抑。年夏，乃正紫微之秩，仍加金紫。未幾而夙疢遽作，以其年六月二十八日，奄然於綏福裏之第，享年六十五。……公昆季四人：長曰荷，官終禮博；次曰藝，見任司業；次曰諤，狀頭及第，結綬而卒。」[304]崔詹與唐昭宗乾寧三年（896 年）進士科狀元崔諤為親兄弟。

崔詹家世，見乾寧三年（896 年）崔諤條考證。

302　傅璇琮主編，《唐才子傳校箋》第四冊，第 426 頁，北京：中華書局，1990 年。

303　宋・曾慥，《類說》卷二十六〈劫墓賊〉，第 27 頁，明天啟六年刻本。

304　吳鋼主編，《全唐文補遺》（第三輯），第 296 頁，西安：三秦出版社，1997 年。又見《鹽城師範學院學報》2004 年第三期載周臘生〈唐末兄弟狀元崔諤崔詹生平事蹟考〉。

及第年分無考狀元附載本章。

一五○、崔液

《唐詩紀事》卷十三載崔液「舉進士第一人」，《登科記考》卷二十七《附考‧進士科》列有崔液，云「進士第一，見《唐詩紀事》」。[305] 唐宋時期言進士科狀元，有「狀元」、「狀頭」、「第一人」等多種說法，崔液既然是「舉進士第一」，當為進士科狀元。然諸書皆未言崔液何年進士及第，周臘生《唐代狀元奇談‧唐代狀元譜》一書以崔液的家族背景和當年主考官的人品等為依據，定崔液為景龍二年（708 年）進士科狀元。[306] 此說尚待史料的進一步證實。

崔液，字潤甫，定州安喜（今河北定州）人。《新唐書‧宰相世系表》（卷七二下）載博陵安平崔氏有崔液，官吏部員外郎，襲爵安平男。祖崔仁師，相太宗、高宗。父崔擢，字揚庭，雍州司功參軍，安平男。伯父崔揣，亳州刺史，襲安平公。叔父崔攝，相州刺史、崔挹，戶部尚書。崔挹有四子，是為崔湜，相中宗。崔泌，刑部員外郎。崔滌，祕書監，安喜縣丞。崔涖，吏部員外郎。[307] 按《新表》所載有誤，《舊唐書‧崔仁師傳》（卷七四）云崔仁師，定州安喜人。子挹，挹子湜。湜與弟液、滌及從兄涖，並有文翰。《新唐書‧崔仁師傳》（卷九九）記載略同。惟言崔湜與弟液、澄、從兄涖並以文翰居要官。是知崔液乃崔挹之子，兄弟三人，分別為崔湜、崔液、崔滌，《新表》云崔液為崔擢之子，云為三兄弟之長兄，又云崔涖為崔液三兄弟的親兄弟，皆誤。崔涖當為崔擢之子。[308]

崔液，官至殿中侍御史。液子論，以吏幹稱。天寶中自櫟陽令遷司勳員外郎、濛陽太守。大曆後任同州刺史、衢州刺史。德宗即位以舊族耆年，授大理卿致仕。[309]

崔液善詩，尤工五言之作，曾坐兄配流，逃匿於鄆州人胡履虛之家。作〈幽

305　清‧徐松，《登科記考》卷二十七，第 1038 頁，北京：中華書局，1984 年。

306　周臘生，《唐代狀元奇談‧唐代狀元譜》，第 189 頁，北京：紫禁城出版社，2002 年。

307　宋‧歐陽修，《新唐書》卷七二下〈宰相世系表〉，第 282 頁，上海：上海古籍出版社、上海書店，1986 年。

308　趙超，《新唐書宰相世系表集校》卷二〈崔氏〉，第 376-377 頁，北京：中華書局，1998 年。

309　後晉‧劉昫，《舊唐書》卷七五〈崔液傳〉，第 315 頁，上海：上海古籍出版社、上海書店，1986 年。

徵賦〉以見意，辭甚典麗。去世後，友人裴耀卿纂其遺文為集十卷。《全唐詩》卷五十四錄存其詩十二首。〈上元夜六首〉詩云：「玉漏銀壺且莫催，鐵關金鎖徹明開。誰家見月能閑坐，何處聞燈不看來？」[310] 生動地反映了元宵之夜，城裡鄉間，到處張燈結綵，觀花燈，猜燈謎的盛況。

一五一、李亮
一五二、李訓
一五三、李叔
一五四、李秀

明徐應秋《玉芝堂談薈》卷四〈兄弟十龍〉條記載：「唐李修子李亮、李訓、李叔、李秀皆狀元……號『四龍』。」[311]

一五五、孔敏行
一五六、孔拯
一五七、孔振

清雍正《山東通志》卷一五〈選舉一〉記載：孔敏行：曲阜人，狀元，學士。孔拯：曲阜人，狀元，侍郎。孔振：曲阜人，狀元，御史。

乾隆《曲阜縣誌》卷四二〈學校・貢舉〉記載：元和五年：孔敏行以進士第一人及第。咸通四年：孔拯以進士第一人及第。官終侍中。中和三年：孔振以進士第一人及第。襲封文宣公。

孔敏行事蹟見載於兩《唐書》，《舊唐書・孔述睿傳》（卷一九二）云：「孔述睿，越州人也。曾祖昌㝢，膳部郎中。祖舜，監察御史。父齊參，寶鼎令。」述睿累官至祕書少監、太子右庶子，以太子賓客致仕。「子敏行。敏行字至之，舉進士，元和五年禮部侍郎崔樞下擢第。」累官至吏部郎中，諫議大夫。[312]《舊唐書・敬宗紀》（卷一七上）、《舊唐書・王播傳》（卷一六四）以及《新唐書・

310　清・彭定求，《全唐詩》卷五十四，第 309 頁，石家莊：河北人民出版社，1993 年。

311　明・徐應秋，《玉芝堂談薈》卷四〈兄弟十龍〉，第 93 頁，上海：上海古籍出版社 1987 年影印《文淵閣四庫全書》本第 883 冊。

312　後晉・劉昫，《舊唐書》卷一九二〈孔述睿傳〉，第 616-617 頁，上海：上海古籍出版社、上海書店，1986 年。

王播傳》（卷一六七）等均載有孔敏行的事蹟。

徐松編撰《登科記考》一書時注意到山東地方誌的有關記載，經過分析，認為：「至譜牒之詳，宜推聖冑，然《闕里文獻考》所載元和五年狀元孔敏行、咸通四年狀元孔振、中和三年狀元孔拯，考之傳記，往往牴牾。」[313] 故沒有採納上述三位孔氏狀元說。今人周臘生《唐代狀元奇談・唐代狀元譜》一書亦用推測的方法得出孔敏行為元和六年（811年）、孔振為咸通四年（863年）、孔拯為中和三年（883年）進士科狀元，雖有新意，但沒有史料支持，似應作存疑為妥。

一五八、李超
一五九、趙蒙

宋人王讜《唐語林》卷四云：「咸通末，鄭渾之為蘇州錄事，談銖為礔院官，鐘輻為院巡，俱廣文。時湖州牧李超、趙蒙相次俱狀元。二郡地土相接，時為語曰：『湖接兩頭，蘇連三尾。』」[314]《南部新書》「已」記載略同。李超、趙蒙任職湖州史有明載，明萬曆《湖州府志》卷九〈守令・郡守〉載趙濛、李超先後於咸通八年、十一年任郡守。

李超、趙蒙狀元及第年分無考。周臘生《唐代狀元奇談・唐代狀元譜》一書推測李超為大中六年（852年）、趙蒙為大中九年（855年）進士科狀元，[315] 此說尚待史料的進一步證實。

李超家世不詳，趙蒙出新安趙氏，京兆奉天（今陝西乾縣）人。《新唐書・宰相世系表》（卷七三下）載有趙蒙，字不欺。祖趙植，官嶺南節度使、檢校工部尚書。父趙從約。[316] 趙蒙堂兄弟趙峻、子趙昌翰均為狀元出身。趙蒙狀元及第後曾官諫議大夫、給事中、御史中丞等。[317]

313　清・徐松。《登科記考》，〈凡例〉，第2頁，北京：中華書局，1984年。

314　宋・王讜。《唐語林》卷四〈企羨〉，第382頁，北京：中華書局，1987年。

315　周臘生，《唐代狀元奇談・唐代狀元譜》，257頁、259頁，北京：紫禁城出版社，2002年。

316　宋・歐陽修，《新唐書》卷七三下〈宰相世系表〉，第299-300頁，上海：上海古籍出版社、上海書店，1986年。

317　後晉・劉昫，《舊唐書》卷一九下〈僖宗紀〉，第93頁、第95頁，上海：上海古籍出版社、上海書店，1986年。

一六○、吳康仁

唐代詩人李頻〈送太學吳康仁及第南歸〉詩云:「因為太學選,志業徹春闈。首領諸生出,先登上第歸。一榮猶未已,具慶且應稀。縱馬行青草,臨岐脫白衣。家遙楚國寄,帆對漢山飛。知己盈華省,看君再發機。」[318] 所謂「首領諸生出,先登上第歸」,當是指吳康仁狀元及第。李頻大中八年及進士第,累遷祕書郎、南陵主簿、武功令等職,李頻與吳康仁詩歌唱和,是知吳康仁亦當為晚唐人。

318　清‧彭定求,《全唐詩》卷五百八十九,第3212頁,石家莊:河北人民出版社,1993年。

第八章　今人著述中誤載之唐代狀元

　　隨著學術界對科舉文化研究工作的重視，近年來先後出版了很多以「科舉狀元」為主要內容的著作，其中既有分量很重的《狀元大典》、《狀元大全》類的書籍，也有以「趣話」、「奇觀」冠名的普及性讀物。隨著地方誌的陸續問世，科舉狀元也成為各地宣傳地方歷史文化的重要內容。網路信息的快速發展，則使過去只能通過書籍才能瞭解到的科舉狀元，只要輕輕一點滑鼠就可以檢索到大量的資料。通過對今人著述中有關「唐代狀元」資料的初步研究，筆者發現其中一部分狀元來自現存史書，包括地方史志、家族譜牒的記載，一部分來自於民間傳說故事，也有一部分狀元根本沒有任何史實依據，而是作者誤讀歷史文獻杜撰出來的「唐代狀元」。考證今人著述中誤載之唐代狀元，有助於我們對唐代狀元的整體情況進行具體的分析研究。

一、誤載著述選例

1. 一般著述

　　在筆者所見的科舉狀元類書籍中，誤載唐代狀元現象比較典型的是《科舉奇聞》（魯威著，遼寧教育出版社，1990 年 6 月版）和《中國狀元辭典》（王金中編著，香港新世紀出版社，1992 年 10 月版）兩書。

　　《科舉奇聞》一書資料豐富、文筆流暢、可讀性強，在學術界有一定影響，

著名作家余秋雨寫作〈十萬進士〉一文顯然受到了該書的啟發。然而《科舉奇聞》一書也存在較多的疏忽之處，該書是以科舉考試和進士科狀元為主要研究對象，篇首引言云：「本書是從狀元跳龍門的千姿百態、科場的種種情形及狀元的不同心態生活等三個方面，對部分狀元進行了介紹。所選材料，大多較為奇特，因而許多為人們熟知的狀元就不談或少談。但目的不是獵奇，而是希望奇中見正，通過一系列奇人奇事，對作為進士代表的狀元，進而對一千多年的科舉制度這一歷史奇觀，管中窺豹，略見一斑。」[1] 在正文第一部分〈鼇頭上的千姿百態〉中，談及王維兄弟狀元一事時亦云：「有的書上說大詩人王維和弟弟王縉也是兄弟狀元。但查《登科記》及新、舊《唐書》王縉本傳，都說王縉是『文辭清麗』科第一名，屬於『諸科』考試，與進士科不是一回事。王維，則是名副其實的進士科狀元。」[2] 這就是說，該書是研究歷史上科舉狀元的，所選取的狀元是指進士科狀元。因此，作者選取的「狀元」是否真實，換句話說，作者選取的狀元是不是狀元，是不是進士科狀元，就會直接影響到研究成果的科學性和可信度，而科學性和可信度則是我們對一本歷史讀物的最基本的要求，因而也是至關重要的。遺憾的是，筆者在對《科舉奇聞》一書中所選取的「唐代狀元」進行統計時發現：書中列舉的唐代狀元 42 人中，不是狀元（含沒有證據證明是狀元）的竟有 12 人，占了 28%，現將有關情況清單說明如下：

表 8-1：《科舉奇聞》誤載唐代狀元情況清單

編號	頁碼	狀元姓名	摘要
1-4	引言 13 頁	郭元振 賀知章 張九齡 柳公權	歷史上的七百多進士科狀元，都是進士隊伍的「排頭兵」。……唐代的郭元振、賀知章、張九齡、王維、柳公權，……都是其中的佼佼者。
5	正文 8 頁	白敏中	據筆者搜檢，錢棨以前連中三元者，至少有以下十六人。唐代四人：崔元翰，武翊黃，張又新，白敏中。
6	19	崔元略	唐代的崔元略，本人中了狀元，他的兒子、孫子及三個弟弟，都是進士，一門三代一個狀元五個進士，也較少見（《新唐書‧崔元略傳》及《登科記》）。

1　魯威，《科舉奇聞》，〈引言〉，第 14 頁，瀋陽：遼寧教育出版社，1990 年。

2　魯威，《科舉奇聞》第 18 頁，瀋陽：遼寧教育出版社，1990 年。

	20	（白敏中）	唐代的大詩人白居易，只是個進士；他弟弟白敏中則高中了狀元。
7	24	蘇瑰（應作瓌）（郭元振）	不過，歷史上的少年狀元還真不少。最年輕的，大概是唐高宗永徽七年登第的蘇瑰（應作瓌）和咸亨四年登第的郭元振，都是十八歲……（見《登科記》）。
8	26	婁師德	年滿二十歲的少年狀元，數量就比較多了，……武則天時宰相婁師德也是一個。
9	39	裴樞	不過，有骨氣的讀書人也不少。唐代永泰二年的狀元裴樞就是其一。……後來他憑著自己的努力，考上了狀元。
10	40	沈亞之	唐代元和七年，著名文人沈亞之省試的成績出類拔萃，卻被考官故意黜落。……元和十年，沈亞之重新應試，成績驚動考官，只好錄取他為狀元。
	40	（張九齡）	（張九齡）參加長安二年的考試，在錄取的二十一人當中，名列第一。……從這一切看來，張九齡確實是位黜落不掉的狀元……（見《登科記》、《新唐書》本傳）。
11	84	包誼	唐德宗（「宗」字原書誤作「中」）貞元四年的狀元包誼就是如此。
12	121	張奭	狀元曳白雇工奪魁（注：《科舉奇聞》作者雖然注意到張奭參加的是吏部選官考試，但仍將張奭說成「狀元」，吏部選官考試哪來「狀元」？）

　　上述所列十二位「唐代狀元」中，柳公權是清人徐松《登科記考》一書中誤載之狀元，張奭是進士科未見史載的人物，其餘十人中，除崔元略進士及第年分無考，其他人有明確具體的進士及第年分，都沒有史料證明他們是進士科狀元出身。需要說明的是，《科舉奇聞》作者以白居易和白敏中為親兄弟，並與科舉史上五對狀元父子和十對狀元兄弟相提並論，也是不很準確的。白敏中是白居易的「從弟」，其祖父白鏻是白居易的祖父白鍠之弟，同是白居易的曾祖父白溫之子，所以二人乃是「從祖」堂兄弟關係。

　　《中國狀元辭典》自出版後，學術界反響較大，評論者認為該書編織了力求詳備的中國歷代狀元名錄，資料較為詳實，內容較為豐富，對每位入典的狀元盡可能突出其成才的主要原因和為人為政的品性及特點，因而是「填補學術

空白的專著」。[3]誠如書評者所言，《中國狀元辭典》確有可取之處，然該書與《科舉奇聞》一樣存在一些基本史實方面的訛誤，在列舉具體事實之前，需要說明的是該書除收集了唐代的進士科狀元以外，「還把博學宏詞、明經、賢良方正等第一，稱為狀元。」（見該書前言第 1 頁）本文所列舉的主要是該書涉及到唐代進士科狀元的資料，其它科目從略。《中國狀元辭典》共列唐代進士科狀元 201 人，其中誤載 72 人，誤載率高達 35%。

表 8-2：《中國狀元辭典》誤載唐代狀元情況清單

編號	頁碼	年分	狀元姓名	摘要
1	1	武德五年	孫伏伽	高祖武德五年（622 年）為唐第一科狀元，《科第錄》載唐宋以來狀元姓名由此始。
2	1	貞觀元年	敬播	貞觀元年（627 年）進士第一。
3	2	貞觀八年	李義府	貞觀八年（634 年），舉進士第一。
4	2	貞觀十八年	冉實	唐貞觀十八年（644 年）進士第一。
5	2	貞觀二十年	張昌齡	貞觀二十年（646 年），擢進士第一。
6	2	貞觀二十三年	婁師德	貞觀二十三年（649 年）進士第一。
7	3	永徽七年	蘇瑰（應作瓌）	永徽七年（656 年）進士第一。
8	3	顯慶三年	崔禹錫	唐顯慶三年（658 年），禹錫進士第一。
9	4	咸亨四年	郭震	咸亨四年（673 年），震得第一。
10	4	咸亨五年	周彥輝	咸亨五年（674 年），彥輝進士第一。
11	5	調露二年	蘇頲	調露二年（680 年）進士第一。
12	5	開耀二年	姜晞	是年，姜晞進士第一。
13	6	天授元年	王珣	天授元年（690 年）中進士第一。
14	7	證聖元年	賀知章	證聖元年（695 年），知章進士第一。
15	7	天冊萬歲二年	鄭遂初	唐天冊萬歲二年（696 年），遂初進士第一。
16	7	萬歲通天二年	璩抱樸	萬歲通天二年（697 年），抱朴進士第一。
17	7	聖曆元年	馮萬石	先後舉七科：聖曆元年（698 年）舉進士科。皆得第一。
18	7	聖曆二年	崔湜	聖曆二年（699 年）中進士第一。

3　呂洪年，〈一項人才學研究的基礎工程──評《中國狀元辭典》〉，載《蘇州大學學報》，1994 年第二期。

19	8	聖曆三年	張紘	聖曆三年（700 年），紘進士第一。
20	8	長安元年	章仇嘉勉	長安元年（701 年），嘉勉進士第一。
21	8	長安二年	張九齡	長安二年（702 年），九齡一舉高第，再登榜首。
22	8	長安三年	王擇從	長安三年（703 年），擇從進士第一。
23	8	神龍元年	嚴挺之	神龍元年（705 年）進士第一。
24	9	景龍二年	張諤	唐景龍二年（708 年），諤進士第一。
25	9	景雲二年	王翰	景雲二年（711 年）進士第一。
26	9	先天二年	李蒙	唐先天二年（713 年），李蒙獨占鰲頭。
27	10	開元三年	李誠	開元三年（715 年）進士第一。
28	10	開元六年	李伯魚	開元六年（718 年）進士第一。
29	11	開元七年	崔鎮	開元七年（719 年）進士第一。
30	11	開元八年	苗含液	開元八年（720 年）進士第一。
31	11	開元十年	苗含澤	開元十年（722 年），含澤進士第一。
32	11	開元十一年	崔顥	開元十一年（723 年），源少良下及第三十一人，崔顥進士第一。
33	11	開元十三年	丁仙芝	開元十三年（725 年）進士第一。
34	12	開元十八年	陶翰	開元十八年（730 年），翰進士第一。
35	13	開元二十年	鮮于向	開元二十年（732 年），年近四十，始擢第一。
36	13	開元二十四年	崔瓦	唐開元二十四年（736 年），崔瓦第一。
37	14	開元二十五年	高蓋	唐開元二十五年（737 年），高蓋進士第一。
38	14	開元二十九年	武殷	唐開元二十九年（741 年），殷進士第一。
39	15	天寶四載	殷寅	天寶四年（745 年）進士第一。
40	16	天寶五載	羊襲古（應為羊襲吉）	天寶五年（746 年），襲古進士第一。
41	16	天寶九載	沈仲昌	天寶九年（750 年），仲昌進士第一。
42	16	天寶十一載	薛播	天寶十一年（752 年），薛播進士第一。
43	17	乾元元年	蘇端	乾元元年（758 年），蘇端乃白衣，中進士第一。
44	18	上元元年	魏萬	上元元年（760 年），魏萬進士第一。
45	18	上元二年	張濯	上元二年（761 年），張濯擢進士第一。
46	18	永泰二年	裴樞	（永泰二年），賈至侍郎知貢舉，裴樞一舉而登魁首。

47	18	大曆二年	崔琮	大曆二年（767 年），崔琮進士第一。
48	19	大曆三年	高拯	人曆三年（768 年），拯進士第一。
49	20	大曆十一年	楊凌	大曆十一年（776 年），楊凌進士第一。
50	20	建中元年	魏弘簡	建中元年（780 年），弘簡進士第一。
51	22	貞元四年	包誼	貞元四年（788 年），誼才得以奪魁。
52	23	貞元六年	唐款（「款」《記考》作「欵」）	貞元六年（790 年），款進士第一。
53	25	貞元十一年	崔玄亮	貞元十一年（795 年），玄亮進士第一。
54	27	貞元十九年	曹景伯	貞元十九年（803 年），景伯進士第一。
55	27	貞元二十一年	沈傳師	貞元二十一年（805 年），傳師才中進士第一。
56	28	元和三年	柳公權	元和三年（808 年），公權進士第一。
57	29	元和六年	王質	元和六年（811 年）登進士第一。
58	29	元和十年	沈亞之	元和十年（815 年），亞之進士第一。
59	30	元和十二年	蕭傑	元和十二（817 年），蕭傑進士第一。
60	30	長慶元年	李回	長慶元年（821 年）進士第一。
61	35	大中六年	劉駕	大中六年（852 年），劉駕進士第一。
62	35	大中九年	孫樵	大中九年（855 年），孫樵進士第一。
63	36	大中十一年	歸仁翰	大中十一年（857 年），仁翰進士第一。
64	36	咸通五年	韋保衡	咸通五年（864 年），保衡進士第一。
65	36	咸通六年	劉崇龜	咸通六年（865 年），崇龜進士第一。
66	38	乾符四年	劉覃	乾符四年（877 年），榜出，劉覃列榜首。
67	38	乾符六年	杜弘徽	乾符六年（879 年），弘徽進士第一。
68	38	廣明二年	于桄	廣明二年（881 年），于桄在蜀中，依其門第中進士第一。
69	38	中和二年	楊注	中和二年（882 年），楊注進士第一。
70	39	光啟三年	趙光裔	光啟三年（887 年），光裔進士第一。
71	41	天復四年	李旭	天復四年（904 年），李旭進士第一。
72	41	天祐四年	崔澹（應作崔詹）	天祐四年（907 年），崔澹進士第一。

　　上述所列七十二名「唐代狀元」中，武德五年孫伏伽、元和三年柳公權是沿襲徐松《登科記考》的錯誤說法，天寶五年羊襲古、天祐四年崔澹，分別是羊襲吉、崔詹的筆誤，其餘六十八名均為進士，沒有充分史料來證明其中任何

一個是「唐代狀元」。

2. 網路資料

網路資料是當今社會信息資料的重要載體，比較傳統的載體形式，網路資料具有信息量大、傳播速度快以及不受空間和時間限制等諸多優點，因而受到人們的廣泛關注和充分利用。然而網路資料也有其先天不足的缺陷，由於上傳網路資料的主體很多，從一定意義上說，只要有網路技術常識的人都可以向網上發布信息；加之上傳網路資料的主體大多具有功利性，很多時候都是為了達到某種目的而向網上發布信息，這就使得網路資料的真實性、科學性大打折扣。筆者沒有系統研究過網路及網路資料，無力就網路資料作全面的評述，只是就網上所見有關唐代狀元的資料作一分析，重點羅列出誤載唐代狀元的一些有代表性的情況。

資料來源：百度（Baidu）搜索結果

檢索主題詞：唐代狀元

檢索時間：2021 年 07 月 23 日

（1）郭元振

由山門步入二門，便到了黃龍洞的第二進遊覽區。內有以竹為主景的方竹園，園內新添鍛銅打造的「黃龍童子」銅像一尊，正看一分為二，側看二分為四，生動活潑，造型有趣。月老祠是黃龍洞的主景。祠內正中有月老塑像一尊，手執「婚書」，神色和藹，似在祈求天下有情人終成眷屬。兩旁有兩幅壁畫，左為明代才子唐伯虎點秋香的三笑姻緣故事，右為唐代狀元郭元振牽紅線選宰相之女為妻的故事，出了月老祠，就可看到安置在岩上的一隻蒼勁古樸的黃色大龍頭，清冽的泉水，從龍嘴源源不斷地流入池內，叮咚作響。池旁石峰一座，朝龍頭的一面刻著「水不在深」，另一面刻著「有龍則靈」，字體用草書書寫，龍飛鳳舞，意態非凡。[4]

（2）莫宣卿

唐宣宗大中五年（851 年），十七歲的莫宣卿赴京城參加廷試獲中狀元，

4　https://baike.baidu.com/item/ 黃龍洞圓緣民俗園 /6389999?fr=aladdin，2021-07-23。

從而成為廣東歷史上科舉考試的第一個狀元，並是始隋唐以科舉取士以來年齡最小的狀元。[5]

（3）施肩吾

中新社杭州八月二十日電（張文）日前，在浙江桐廬分水施家村意外地發現了唐朝狀元、詩人施肩吾的家譜——《施氏宗譜》。譜中記載，當年施肩吾辭官隱居後，率族人遷居臺灣澎湖。這正好與清代大儒連橫所著的《臺灣通史》相印證。

據《臺灣通史》記載：「及唐中葉，施肩吾始率其族，遷居澎湖。肩吾，汾水人，元和中進士，隱居不仕，有詩行於世。其題澎湖一詩，鬼市鹽水，足寫當時之景象。」

而宗譜中也記載，施肩吾，睦州分水人（今浙江桐廬西北人）。為唐朝元和十五年進士，是桐廬歷史上第一位由皇帝欽點的狀元。[6]

（4）皇甫冉

皇甫冉：唐朝天寶時狀元。性聰敏，十歲即能文，張九齡呼為小友。與弟曾皆負詩名。著有《皇甫冉集》。[7]

（5）蕭穎士

常州第一位狀元蕭穎士：蕭穎士，字茂挺，梁武帝蕭衍八世孫，唐代散文家、詩人，常州人。蕭穎士天資聰慧，4歲能作文，10歲補為太學生，唐開元二十三年（735年），19歲時廷試一甲一名進士對策第一，為常州歷史上第一名狀元。歷任祕書正字、集賢校理、廣陵參軍、史館待制、功曹參軍等職，均因不合於時而罷去。[8]

（6）徐寅

徐寅（生卒年不詳）字昭夢，莆田縣（今城廂區人）。唐乾寧元年（894年）舉進士，梁開平元年（907年）再試進士，中第一名，為福建歷史上第一個狀元。

5　https://baike.baidu.com/item/莫宣卿/5562914?fr=aladdin，2021-07-23。

6　https://www.chinanews.com/2001-08-20/26/114867.html，2021-07-23。

7　http://www.kxue.com/gushi/guwen/522253.html，2021-07-23。

8　https://zhidao.baidu.com/question/450610393.html，2021-07-23。

因梁太祖指其〈人生幾何賦〉中「一皇五帝不死何歸」句，要其改寫，徐寅答
「臣寧無官，賦不可改」，梁太祖怒削其名籍。東歸，閩王審知禮聘入幕，官
祕書省正字。後歸莆（今城廂區）隱居。有《徐正字集》，為清代《四庫全書》
所收錄，詩亦收錄於《全唐詩》中。[9]

（7）陸器

《江陰許氏宗譜》講清了江陰望族斜橋許氏和金瓶許氏分支源流，並有詳
細的人物傳記，對於深入研究明代抗倭和楊舍許氏園林具有重要參考價值。尤
其是保存完好的 39 卷 46 冊《陸氏宗譜》（世德堂本），不僅刊載了唐代狀元
陸器的圖像和簡歷，為研究蘇州地區第一位狀元再次提供了重要資料，還收集
了西晉文學家陸機，唐代魏徵、韓愈、李白、白居易，宋代司馬光、蘇東坡、
岳飛、文天祥，元代趙孟頫，明代劉伯溫，清代翁同龢、蔣溥等名人撰寫的圖
像題贊，具有極其珍貴的歷史價值和文學價值。[10]

上述所列郭元振、莫宣卿、施肩吾、皇甫冉、蕭穎士、徐寅和陸器等七人，
均為網路資料上所記載「唐代狀元」，而實際情況是：廣東莫宣卿為大中五年
（851 年）制科考試第一，郭元振、施肩吾、皇甫冉、蕭穎士、徐寅五人均為
進士出身，至於陸器，則是一個在科舉史上尚未留名的人物。

需要說明的是，由於網路資料極為豐富，以「唐代狀元」為檢索詞，檢索
到的條目有 33,900,000 條，沒有可能也沒有必要羅列網路上的全部情況。

二、誤載情形歸類

綜合一般著述和網路資料上有關唐代狀元的誤載情況，大致可以分為以下
幾種情形：

1. 不是狀元誤載為狀元

不是狀元誤載為狀元表現之一：是將既非進士，更非狀元的人記載為狀元，
最為典型的是眾多著述中關於武德五年（622 年）孫伏伽的有關記載。

9　http://www.putian.gov.cn/zjpt/qhgk/lsmr/201410/t20141009_160566.htm，2021-07-23。

10　http://news.sina.com.cn/s/2003-06-13/1001215581s.shtml，2021-07-23。

　　孫伏伽是明人徐應秋《玉芝堂談薈》、清人徐松《登科記考》等書記載的唐代高祖武德五年（622 年）進士科狀元，也是現今絕大多數科舉、狀元類書籍記載為唐代的第一位狀元。因為始創科舉制度的隋代沒有留下狀元的資料，故而孫伏伽也就成了中國歷史上第一位科舉狀元。

　　孫伏伽，貝州武城（今河北清河）人，《元和姓纂》卷四「清河孫氏」記載：「戶部侍郎孫伏伽，清河人。」[11] 據《唐書》本傳，孫伏伽歷仕隋唐兩代，隋煬帝大業末年自大理寺史累補萬年縣法曹，入唐後，孫伏伽以上書得授治書侍御史。[12] 太宗即位，賜爵樂安縣男，貞觀元年轉大理少卿，五年坐奏囚誤失免官，尋起為刑部郎中，累遷大理少卿、民部侍郎，十四年拜大理寺卿，後出為陝州刺史，永徽五年以年老致仕，顯慶三年卒。

　　從史源學的角度看，要分析孫伏伽是否唐代的狀元，首先要確定《玉芝堂談薈》所載狀元史料的由來。按《玉芝堂談薈》卷二〈歷代狀元〉條云：「唐宋以來，狀元科第姓名可考者，唐高祖武德元年孫伏伽（原注：止稱第一人）。」[13] 由於《玉芝堂談薈》引用資料沒有注明出處，後人很難說得清楚徐氏確定孫伏伽是唐代第一位狀元的依據，從其特別注明的「止稱第一人」來看，徐應秋可能並沒有見到孫伏伽的狀元名稱，而僅僅是一種推測出來的結果。清人徐松《登科記考》卷一據《玉芝堂談薈》列孫伏伽為唐武德五年狀元時考證云：「《玉芝堂談薈》載唐宋以來狀元姓名，始於唐高祖武德元年孫伏伽，是孫伏伽為唐第一科狀元。惟唐貢舉始於武德五年，言元年者誤。又按《舊書》，伏伽於武德元年上書，已授治書侍御史。五年免官，尋起為刑部郎中。豈免官時應舉耶？其時草昧初開，未可以常格論之。」[14] 顯而易見，徐松的結論也是源自一種推測：既然孫伏伽是唐代的第一位狀元，武德元年未開科，那就一定是首次開科取士的武德五年的狀元。這樣的結論無疑是失於審慎的，很難令人信服。此外，徐松誤將孫伏伽發生於太宗貞觀五年（631 年）的「坐奏囚誤失免官」一事，當

11　唐・林寶，《元和姓纂》卷四，第 586 頁，上海：上海古籍出版社 1987 年影印《文淵閣四庫全書》本第 890 冊。

12　宋・歐陽修，《新唐書》卷一〇三〈孫伏伽傳〉，第 408 頁，上海：上海古籍出版社、上海書店，1986 年。

13　明・徐應秋，《玉芝堂談薈》卷二〈歷代狀元〉，第 46 頁，上海：上海古籍出版社 1987 年影印《文淵閣四庫全書》本第 883 冊。

14　清・徐松，《登科記考》卷一，第 4-5 頁，北京：中華書局，1984 年。

成了武德五年（622 年）發生的事情，而且進一步發揮出孫伏伽中狀元可能是武德五年「免官時應舉」的錯誤結論，從而造成了許多本可以避免的訛誤，這也是需要特別指出的。

從唐代科舉考試的實際狀況來看，要分析孫伏伽是否唐代的狀元，還要確定孫伏伽是否有可能參加科舉考試。首先，唐武德元年不具備開科取士的條件。隋義寧元年（617 年），李淵、李世民父子乘隋兵東出，關中空虛之機，迅速占領了長安，次年五月甲子，李淵稱帝於長安，改隋義寧二年為武德元年。[15] 在此前後，各地軍事集團相繼形成，洛陽有李密的瓦崗軍，河北有竇建德的「夏」政權，江淮地區則有杜伏威的義軍。此外，朔方（陝西境內）梁師都、馬邑（山西境內）劉武周、金城（甘肅境內）薛舉、羅川（湖南境內）蕭銑等也各自占有不小的地盤。建國伊始的李唐王朝充其量也只是個擁有關中地區的地域性軍事集團而已，在群雄逐鹿、天下紛爭之時，唐王朝的首要任務是掃平各地的割據勢力，重建大一統的封建帝國。試想在各級地方政權尚未建立的情況下，唐王朝根本沒有什麼可能發布詔令開科取士，事實上，到目前為止，研究者也從未發現過武德四年以前涉及到科舉考試的詔令。李唐統一全國的工作前後用了七年多的時間，而於武德五年正式開始科舉考試，實際上已經是件很不容易的事了。其次，孫伏伽不可能成為唐武德元年的進士。孫伏伽於隋大業末，自大理寺史累補萬年縣法曹，入唐後以上書得授治書侍御史，此官品級為從六品下。唐代進士科舉子主要由兩部分人組成：一是學校培養的「生徒」，二是「不在館、學而舉者」的「鄉貢」，皆為未仕之人。唐代進士及第除官，甲第從九品上，乙第從九品下，[16] 孫伏伽以六品職事官的身分再去報考進士科於常理講不通；退一步說，即使孫伏伽想報名參加進士科考試，也很難得到地方州府的推薦，因為唐代的法律規定，地方州府如果推薦了不符合條件的人參加考試，是要受到法律追究的。

綜上，孫伏伽不可能是唐代的第一位狀元，當然也就不可能成為中國歷史上第一位狀元。根據目前所能看到的資料，還無法確鑿地知道唐代的第一位狀元，也可能就是中國歷史上的第一位狀元姓甚名誰，填補這一空白，還需要作

15　後晉・劉昫，《舊唐書》卷一〈高祖紀〉，第 10 頁，上海：上海古籍出版社、上海書店，1986 年。

16　後晉・劉昫，《舊唐書》卷四二〈職官志〉，第 219 頁，上海：上海古籍出版社、上海書店，1986 年。

出進一步的努力。

　　不是狀元誤載為狀元表現之二：是將只是進士，而非狀元的人記載為狀元，比較典型的有咸亨四年（673年）進士郭元振、元和元年（806年）進士柳公權、元和十五年（820年）進士施肩吾以及長慶二年（822年）進士白敏中等人。

　　郭元振，名震，以字顯，魏州貴鄉（今河北大名縣東北）人。張說〈兵部尚書代國公贈少保郭公行狀〉云：「十六入太學，與薛稷、趙彥昭同業。……十八擢進士第，其年判入高等。」[17] 以開元元年（713年）卒、年五十八推之，當於咸亨四年進士及第。咸亨四年（673年）進士七十九人，兩《唐書》本傳及《行狀》皆未載郭元振進士科狀元及第事，是知今人著述係誤載。「郭元振中狀元」說很可能來源於民間傳說。

　　柳公權是清人徐松《登科記考》等書記載的憲宗元和三年（808年）進士科狀元，現今大多數科舉、狀元類書籍亦沿襲此說，實際上，柳公權並非狀元，而只是元和元年（806年）的進士。徐松《登科記考》卷十七元和三年「進士科」考云：「柳公權，《舊書・柳公綽傳》：『公權字誠懸，元和初進士擢第。』《唐語林》：『柳公權擢第，首冠諸生。當年宏詞登科，十餘年便掌綸誥。』按首冠諸生，謂狀元也。元二年狀元已見，則公權當是此年狀元。」[18] 按徐松以《唐語林》為據定柳公權為狀元，然《唐語林》所言未必確切。元和元年（806年）進士二十三人，狀元武翊黃，可考者有武翊黃、柳公權、皇甫湜、陸暢、張復、李紳、李顧言、韋淳（處厚）、崔公信、王正雅、張勝之、韓佽、李虞仲、高銖、韋表微、庾敬休等十六人。中書舍人崔邠權知貢舉。《廣卓異記》卷十三〈同年五人同為翰林學士〉條云：庾敬休、柳公權、李紳、韋表微、高銖。右按《唐書》，元和元年，禮部侍郎崔邠下一榜，放進士十三（按當作二十三）人，其後庾敬休等五人，長慶中為翰林學士。[19] 宋劉應李輯《新編事文類聚翰墨全書》後丙集卷一〈氏族門〉：「韋表微，字子明，長慶中與同年五人皆為翰林學士。授表微監察御史裡行，不樂，曰：吾將為松菊主人。」[20] 是知柳公權擢第在元和

17　清・董誥，《全唐文》卷二三三〈兵部尚書代國公贈少保郭公行狀〉，第2353頁，北京：中華書局影印，1983年。

18　清・徐松，《登科記考》卷十七，第631頁，北京：中華書局，1984年。

19　宋・樂史，《廣卓異記》卷十三〈同年五人同為翰林學士〉，載《筆記小說大觀》第一冊（合訂第一本），第254頁，揚州：江蘇廣陵古籍刻印社，1983年。

20　宋・劉應李輯，《新編事文類聚翰墨全書》後丙集卷一〈氏族門〉（縮微製品），北

元年。《登科記考》一書體例，凡某某初年及第者，皆係之於元年。柳公權元和初進士擢第，應係於元和元年，然徐松以元二年狀元已見，便將柳公權係於三年，顯係推測，並未提供任何佐證，結論當然也就很難成立。[21]

施肩吾，字希聖，睦州（今浙江建德）人，元和十五年（820 年）盧儲榜進士。〈及第後謝禮部陳侍郎〉云：「九重城裡無親識，八百人中獨姓施。」不待除授，即東歸。[22] 所謂「盧儲榜進士」，即云是年狀元為盧儲，施肩吾同年進士及第。又：元和十五年知貢舉為太常少卿李建，《唐才子傳》作「陳侍郎」，誤。《輿地紀勝》卷八〈兩浙西路 · 嚴州 · 人物〉載云：「施肩吾，唐元和十五年進士及第。登科自施肩吾始。」元人洪景修《新編古今姓氏遙華韻》甲集卷六云：「施肩吾字希聖，延陵。唐元和進士，習《禮記》。主文李建，〈大羹元酒賦〉、〈早春殘雪詩〉，盧儲第一，施在十三。」[23]〈大羹元酒賦〉，《文苑英華》卷五七作〈大羹賦〉，《全唐文》卷七三九作〈太羹賦〉。「施肩吾中狀元」說亦可能來源於民間傳說。

白敏中，字用晦，山西太原人。《舊唐書 · 白居易傳》（卷一六六）附有白敏中的小傳：敏中字用晦，居易從父弟。祖鏻，父季康。敏中長慶初登進士第。[24] 白居易〈唐故溧水縣令太原白府君墓誌銘並序〉記載：後夫人高陽敬氏，生子曰敏中，進士出身。「夫人訓子為賢母，故敏中遵其教，飭其身，升名甲科。」[25] 陳振孫《香山年譜》亦云：「長慶元年，公從弟敏中及第。《香山集》有〈喜敏中及第詩〉云：『自知群從為儒少，豈料詞場中第頻。桂折一枝先許我，楊穿三葉盡驚人。轉於文墨須留意，貴向煙霄早致身。莫學爾兄年五十，蹉跎始得掌絲綸。』」按言敏中「長慶元年及第」有誤，〈皇甫氏（煒）夫人（白氏）墓銘並序〉云：「夫人姓白氏，其先代太原人也。……父敏中，即今相國節制荊門司徒公也。司徒岳降神姿，天生偉器，幼而聰悟，鄉黨稱奇。長慶二

京：全國圖書館文獻縮微中心，1987 年。

21　孟二冬，《登科記考補正》，第 674-676 頁，北京：北京燕山出版社，2003 年。

22　傅璇琮主編，《唐才子傳校箋》第三冊，第 140 頁，北京：中華書局，1990 年。

23　元 · 洪景修，《新編古今姓氏遙華韵》甲集卷六，道光二十九年秋八月刊版。

24　後晉 · 劉昫，《舊唐書》卷一六六〈白居易傳〉附〈白敏中傳〉，第 525 頁，上海：上海古籍出版社、上海書店，1986 年。

25　清 · 董誥，《全唐文》卷六八〇〈唐故溧水縣令太原白府君墓誌銘並序〉，第 6949 頁，北京：中華書局影印，1983 年。

年登進士甲科。」[26] 徐松《登科記考》卷十九長慶二年（822年）即以《舊唐書・白居易傳》等為據係敏中為是年進士。[27] 今人認為白敏中為是年狀元，而且是「連中三元」的狀元，可能是誤讀有關史籍所致。《唐摭言》卷八〈友放〉條云：「王相起，長慶中再主文柄，志欲以白敏中為狀元，病其人與賀拔惎為交友，惎有文而落拓。因密令親知申意，俾敏中與惎絕。前人復約敏中，為具以待之。敏中欣然曰：『皆如所教。』既而惎果造門，左右紿以敏中他適，惎遲留不言而去。俄頃，敏中躍出，連呼左右召惎，於是悉以實告。乃曰：『一第何門不致，奈輕負至交！』相與歡醉，負陽而寢。前人睹之，大怒而去。懇告於起，且云不可必矣。起曰：『我比只得白敏中，今當更取賀拔惎矣。』」[28] 王起是否真的錄取白敏中為是年狀元，史無明載，不能定論。至於白敏中「三元及第」說，則可能是來源於白居易的詩句：「桂折一枝先許我，楊穿三葉盡驚人。」將「楊穿三葉」，理解為「連中三元」，似乎很勉強，當然也就很難立論。

2. 不是進士科狀元誤載為進士科狀元

　　大中五年莫宣卿（廣東開州人）制舉狀元被很多人誤載為進士科狀元，是今人將不是進士科狀元誤載為進士科狀元最具代表性的例子。除了上述所引網路資料外，《廣東歷代狀元》（陳廣傑、鄧長琚編著，廣東高等教育出版社，1998年版）首篇〈甲第開南國，英才出少年〉和《嶺南文史》一九九六年第四期〈廣東第一狀元莫宣卿考〉、《肇慶學院學報》一九九八年第二期〈嶺南第一狀元——莫宣卿〉等均載莫宣卿為狀元，而且進行了詳細的考證工作以證明莫宣卿確實為進士科狀元。實際上，唐宣宗大中五年（851年）進士科狀元李郜已見《唐才子傳》、《登科記考》等書作者考證，莫宣卿沒有、也不可能成為該年進士科狀元。現將有關史料考證如下：

　　認為莫宣卿為大中五年狀元的主要依據是唐人白鴻儒的〈莫孝肅公詩集序〉，為了便於討論，現將全文轉錄：

　　　　唐宣宗大中五年，龍集辛未，設科求賢。合天下士對策於大廷，臚

26　吳鋼主編，《全唐文補遺》（第七輯），第134頁，西安：三秦出版社，2000年。

27　清・徐松，《登科記考》卷十九，第710頁，北京：中華書局，1984年。

28　五代・王定保，《唐摭言》卷八〈友放〉，載《唐五代筆記小說大觀》下冊，第1646-1647頁，上海：上海古籍出版社，2000年。

傳以莫公宣卿為第一。公字仲節，廣南封州人也。所產之鄉曰文德，所居之里曰長樂，厥考諱曰讓仁，雖不仕，亦有隱德，蚤年不祿。公母梁氏，恐公孤立無倚，改適。繼父亦莫氏，諱及芝，乃開建籍也。公隨母往，並而為昆仲者三：長曰莫儔，次曰莫群，公年最少，乃其季也。繼父亦樂善好施，歲歉則出粟以周鄰里。嘗遣二兄習讀，公幼在側，天性迴異，聞言即悟。甫七歲，資識豁然。手不釋卷，過目輒成誦，時人目為神童。入郡庠，從遊於梁明甫先生，梁母尤嚴於內訓。試於有司，薦於大廷，對揚清問，首魁天下。初典翰林，未服官政，後以母老，具表陳情，乞官外補，以便就養。上可其奏，賜官台州別駕，歸省迎母，未至官所，而尋卒故里。葬之於文德鄉鑼鼓岡。咸通九年，封州刺史李邦昌上其事於朝，欽奉上敕為唐正奏狀元莫孝肅公，祀以廟食，表其裡居曰文德，蠲其賦稅，以充烝嘗之需，永為常典。公自幼以至登第，所撰詞賦詩歌，皆操筆立成。誦而詠之，如真金美玉，不落形跡；如化工生物，不事妝點，而生氣宛然如在也。及今公族子姓言動氣象，猶有公之遺風，雖鄉曲五尺童子與夫田野愚夫愚婦，皆重公名，莫不喜談樂道之。凡遊於庠序者，罔不賢其賢，守其宗祀者，莫不親其親，得非狀元公神化之所感也耶！是請也，公之嫡孫莫立之，郡之庠生也，述公行實以告，且請予為記，以垂悠久。餘無似，叨治公郡，恨弗獲睹公而徒慕公也，因以為記云。時有唐乾符五年，歲在甲午秋仲望日。[29]

白鴻儒，乾符初仕封州刺史，應莫宣卿嫡孫莫立之所請撰寫的〈莫孝肅公詩集序〉，是目前所能見到的有關莫宣卿生平事蹟的最早史料，後世地方誌書乃至民間傳說大多來自該序。以〈莫孝肅公詩集序〉為主要資料，結合有關記載，不難得出「莫宣卿中狀元」說的失誤之處：

首先，從考試時間上看，唐代進士科考試為每年進行一次的常科考試，地方州府申送舉子到尚書省的時間是在每年的孟冬（十月），禮部考試（開元二十四年以前為吏部主持）在每年的十一月至來年三月之間進行，也就是說進士科考試時間是在每年的冬春季節。制科考試則可以是在冬春季節，也可以是在一年中的任何一個季節，徐松《登科記考》一書中有非常詳細的記載，不再

29　清・董誥，《全唐文》卷八一六〈莫孝肅公詩集序〉，第 8590-8591 頁，北京：中華書局影印，1983 年。

贅述。莫宣卿及第後，柳珪寫過一首〈送莫仲節狀元歸省〉詩，現見載於《全唐詩》卷五百六十六。詩中有「想到故鄉應臘過，藥欄猶有異花熏」之句，進士放榜一般在春季，回鄉省親絕不會遲至年底。莫宣卿只有參加沒有固定考試時間的制科才有可能在寒冬臘月回故鄉省親。

　　其次，從考試地點上看，莫宣卿參加的是在殿廷舉行的制科考試，而不是在尚書省禮部舉行的進士科考試，因而不可能成為進士科狀元。唐代科舉分為定期舉行（一般每年進行一次）的常科考試和不定期舉行的制科考試，常科考試主要有秀才、進士、明經和武舉等科目，考試主要在尚書省禮部舉行，具體地點是在禮部南院。宋人程大昌《雍錄》卷八〈職官‧禮部南院〉條記載：「禮部既附尚書省矣，省前一坊別有禮部南院者，即貢院也。《長安志》曰：『四方貢舉之會。』其說是也。」制科考試有賢良方正能直言極諫、軍謀弘遠堪任將帥等科目，制科考試是由皇帝臨時頒布詔令舉行的，「天子自詔者曰制科，所以待非常之材。」[30] 考試地點一般在皇宮殿廷，「試之日或在殿廷，天子親臨觀之。」[31] 考試往往由皇帝親自主持，唐玄宗開元九年（721 年）五月乙亥，「親試應制舉人於含元殿，命有司置食。」[32] 唐穆宗長慶元年（821 年）十一月戊午，「御宣政殿試制科舉人。」[33]〈莫孝肅公詩集序〉云：「唐宣宗大中五年，龍集辛未，設科求賢。合天下士對策於大廷，臚傳以莫公宣卿為第一。」明白無誤地說明莫宣卿參加的是制科考試。

　　第三，從及第授官來看，莫宣卿考試合格後沒有經過吏部的選官考試即授官，而且被授高官，這種情況只有在制科考試中才能出現。唐代進士及第者只能獲得一紙「告身」，取得做官的資格，而能否真正「釋褐入仕」，還得取決於進士在吏部的選官考試中能否合格，吏部以「身言書判」考核准官吏，能夠順利通過的人並不是很多，尤其在唐代的中後期，有的進士連續考了很多次也未能通過，馬端臨《文獻通考》卷二十九〈選舉二‧舉士〉條云：「唐士之及

30　元‧馬端臨，《文獻通考》卷二十九〈選舉二〉，第 271 頁，北京：中華書局，1986 年。

31　唐‧杜佑撰，王文錦等點校，《通典》卷十五〈選舉三〉，第 357 頁，北京：中華書局，1988 年。

32　宋‧王欽若等編纂，周勳初等校訂，《冊府元龜》卷六四三〈貢舉部‧考試一〉，第 7426 頁，南京：鳳凰出版社，2006 年。

33　宋‧王欽若等編纂，周勳初等校訂，《冊府元龜》卷六四四〈貢舉部‧考試二〉，第 7432 頁，南京：鳳凰出版社，2006 年。

第者，未能便解褐入仕，尚有試吏部一關。韓文公三試於吏部無成，則十年猶布衣，且有出身二十年不獲祿者。」[34] 即使通過了吏部的選官考試，按照唐代授官規定，進士一般只能授以九品官。莫宣卿制科考試「首魁天下」便能「初典翰林」，後又「賜官台州別駕」。「翰林院」在唐代雖然不是正式官署，但在院中任學士、待詔、供奉之人，卻可以既分中書省起草制、敕之職，又分宰相謀議決策之權，實際上是皇帝的機要祕書和顧問，地位舉足輕重。台州在唐代屬於上州，「別駕」一職乃是從四品下的高官，莫宣卿如果參加的是進士科考試，即使他真正中了進士科的狀元，在入仕不久就能位居四品，那也是極為罕見的事情。[35]

　　當然，按照唐人的習慣說法，稱莫宣卿為狀元是可以的，因為唐人稱「狀元」一詞並不嚴謹，徐松《登科記考》卷二十二大中五年（851 年）〈制舉〉條在引用白鴻儒〈莫孝肅公詩集序〉和柳珪〈送莫仲節狀元歸省〉詩後加按語云：「制科第一，據此亦得稱狀元。」[36] 然而，如果有人硬要稱莫宣卿是唐代的進士科狀元，而且還要因此而否定前人已經考證過的李郃狀元，則是一件既沒有多大意義也是不大可能的事情。

三、誤載原因分析

　　如果簡單羅列一下今人著述中誤載唐代狀元的原因，筆者認為至少有以下三點：

　　1. 照搬前人：或以《登科記考》為據，或以民間傳說為據。清人徐松撰寫的《登科記考》是一本很有影響的唐代科舉編年史著作，由於多種原因，該書也存在一些錯誤之處，很多學者進行了補正工作，[37] 然今人編著的《狀元大典》、

34　元・馬端臨，《文獻通考》卷二十九〈選舉二〉，第 280 頁，北京：中華書局，1986 年。

35　參見《唐代科舉與文學》第六章〈制舉〉，又《嶺南文史》1999 年第二期，吳敏娜，〈廣東籍制科狀元莫宣卿〉。

36　清・徐松，《登科記考》卷二十二，第 817 頁，北京：中華書局，1984 年。

37　《登科記考》補正類論文主要有：岑仲勉〈登科記考訂補〉，載《歷史語言研究所集刊》第十一本，民國三十年。施子愉〈登科記考補正〉，載《文獻》十五輯，1982 年。卞孝萱〈登科記考糾謬〉，載《學林漫錄》六集，中華書局，1982 年。張忱石〈登科記考續補〉，上、下，《文獻》1997 年第一、第二期。胡可先〈登科記考匡補〉，《文獻》1988 年第一期；〈登科記考匡補續編〉，《文獻》1988 年第二期；〈登科記考匡補三

《狀元辭典》一類的書籍幾乎無一例外地照搬《登科記考》，很少有人進行最基本的考證工作，大大削弱了這類書籍的學術品位，例如武德年間貝州武城人孫伏伽是徐松《登科記考》記載的唐代第一位狀元，今人任士英經過考證認為，孫伏伽既非隋代進士，也非唐代進士，當然也就不可能成為唐代的第一位狀元，說他是中國歷史上第一位狀元更是無從談起。[38] 這一觀點已經為學術界所接受，但在很多書籍中仍列孫伏伽為武德五年（622 年）進士科狀元。筆者所見的史籍皆作「孫伏伽」，惟《中國狀元趣話》（鄒紹志、桂勝編著，武漢大學出版社，1994 年初版，2002 年修訂版）一書作「孫伏迦」。從該書正文首篇〈中國第一個狀元孫伏迦〉一目中可知，作者這樣寫是源於「民間傳說」。一個極為簡單的問題是：孫伏伽這樣一個正史有傳且為今天很多人所熟知的姓名，能否僅僅依據「民間傳說」就輕易地改寫？[39]

　　2. 妄相假託：緣於對祖先的崇敬情結和對家族的榮譽考慮，後人在編寫家譜時有意「拔高」一些先人的科名、官職等，應該說是可以理解的，在古代譜牒學研究中，這種現象屢見不鮮，不足為奇，然而正如顏師古《漢書注》中所云：「私譜之文，出於閭巷，家自為說，事非經典，苟引先賢，妄相假託，無所取信，寧足據乎？」[40] 編史修志，尤其是專門寫作科舉狀元類的書籍，則應當盡可能地對有關史料進行考證，以「去粗取精」、「去偽存真」，還歷史人物以本來面目。遺憾的是，今人著述中，「妄相假託」現象仍然屢有發生，例如蘇州人陸器，這是一位在科舉史上尚未留名的唐代人物，《蘇州狀元》（李嘉球著，上海社會科學院出版社，2003 年版）以《陸氏家譜》、《重修常昭合志》為據，列陸

編〉，《徐州師範學院學報》1989 年第四期。楊希義〈千唐誌齋藏誌中隋唐科舉制度史輯釋〉，《中原文物》1992 年第一期。陳尚君〈《登科記考》正補〉，載《唐代文學研究》第四輯，廣西師範大學出版社，1993 年。朱玉麒〈登科記考補遺、訂正〉，《文獻》1994 年第三期。陳冠名〈登科記考補遺〉，《文獻》1997 年第四期。薛亞軍〈登科記考正補〉，《古籍研究》2001 年第一期；〈登科記考訂補〉，《古籍整理研究學刊》2002 年第五期。孟二冬〈登科記考補正〉，《國學研究》第八卷，2001 年。論著主要有：《登科記考》，徐松撰，趙守儼點校，中華書局，1984 年。《登科記考補正》，徐松撰，孟二冬補正，北京燕山出版社，2003 年。《《登科記考補正》考補》，許友根著，南京大學出版社，2011 年。

38　參見任士英，〈孫伏伽非進士考〉，載《中國史研究》1999 年第三期。

39　嚴成，〈普及性讀物要不要「忠於史實」──評說《中國狀元趣話》〉，載《中國圖書評論》，2004 年第六期。

40　漢．班固，《漢書》卷七十五〈眭弘傳〉顏師古注，第 292 頁，上海：上海古籍出版社，上海書店，1986 年。

器為唐代狀元，而沒有進行任何考證。實際上，「陸器狀元」一說源於陸氏族譜所載，明弘治《常熟縣誌》（桑志）始載此事，而《府志》及明以前縣誌均未見記載，殊為可疑。開成五年（840年）狀元李從實已見載於《唐才子傳》、《登科記考》等書，要確認陸器為是年狀元，不僅要提供可以證明陸器中狀元的基本史料，同時還應能夠否定有關李從實為是年狀元的記載，否則是難以立論的。

3.誤讀史書：由於沒有正確理解史料的涵義而誤讀史書，是今人誤載唐代狀元一個很重要的原因，其中既有將不是狀元的人說成是狀元，也有在記載狀元事蹟時「張冠李戴」。先說一下誤讀《登科記考》的情況。趙守儼在《登科記考》「點校說明」中云：「唐五代的《登科記》，在史志、類書、書目中可以考見的不下七八種。但在宋代，這些書即已殘缺或失傳，因此樂史又補作《登科記》三十卷，洪適亦重編《唐登科記》十五卷，見《宋史‧藝文志》及《直齋書錄解題》。今天這些書都已不存，史籍、類書雖間有徵引，但只籠統稱為《登科記》，無從判斷引自哪一種。僅《文獻通考》卷二九〈選舉〉二相當完整地保存了一份唐登科記總目，……徐松即以《通考》的總目為科名、人物之綱，從大量文獻中選錄科舉資料，纂輯成一部三十卷的《登科記考》，在道光十八年（一八三八）成書。」[41] 這就是說，《登科記考》一書中除了《文獻通考》所載的《唐登科記總目》外，其餘內容均為徐氏從史籍、方志、類書、總集、筆記小說、碑誌石刻等資料中條分縷析，逐一考證出來的，這一考證出來的結果可能與唐人《登科記》的內容接近，但不可能完全一致，更不可以說徐松《登科記考》上的內容就是唐人《登科記》上的內容，因為兩者根本不是一回事。然而在今人編撰的科舉狀元類書籍中，將《登科記考》作為唐人《登科記》來使用的現象屢見不鮮，仍以《科舉奇聞》一書為例，該書談及唐代父子、兄弟狀元時寫道：「在歷代的狀元中，唐代的數量最多，但能查到的狀元父子，只有晚唐的歸仁澤（咸通十五年）和歸黯（景福元年）一對。（見唐代《登科記》）」（17頁）「唐代的兄弟狀元最多，都在中晚唐：尹樞、尹極；崔昭緯、崔昭矩；歸系、歸佾；楊憑、楊凝；于珪、于瑰；楊贊禹、楊贊圖。還有孔緯、孔纁、孔緘三兄弟，這是科舉史上唯一的三兄弟狀元（見《登科記》）。」（18頁）類似注明史料來源為《登科記》的情況還有多處，不再枚舉。（詳見19頁、24頁、36頁、41頁、83頁、106頁）《登科記考》將能夠找尋到史料的唐代進士、明

41　清‧徐松，《登科記考》趙守儼點校說明，第2頁，北京：中華書局，1984年。

經等出身之人的事蹟進行了考證，由於史料的匱乏，徐松沒有也不可能將所有科目出身的人考證出來，即以進士科而言，能夠考證出來幾個人就羅列幾個人的資料，狀元出身均列在首位。遺憾的是，有的學者將徐松在《登科記考》一書中所有羅列在進士科首位的進士均視為「狀元」，並進行一一介紹，列入辭條。如本章所引《科舉奇聞》、《中國狀元辭典》兩書均有大量的類似記載。《中國狀元辭典》大概只有兩例除外，一是大曆八年陸贄未錄，那是因為《蘇州府志》有「陸贄，西京試第六人」的記載。二是興元元年馬異未錄，也是因為《唐才子傳》有「馬異，睦州人也。興元元年，禮部侍郎鮑防下進士第二人」的記載。

再看一下誤讀其它史料的問題。《中國狀元辭典》「陳伯玉」條，將著名詩人陳子昂的事蹟變成了狀元陳伯玉的事蹟，乃是不知原本是兩個人之故。（第5頁）「賈至」條云：「開元二十三年（735年）中進士第一，為單父縣尉。」（第13頁）「李華」條又云：「舉開元二十三年（735年）進士，天寶二年（743年）博學宏詞，皆為科首。」（第15頁）按照作者的說法，開元二十三年（735年）有賈至、李華兩位進士科狀元。甚誤！在「裴樞」條寫道：裴樞在代宗永泰二年（766年）「一舉而登魁首。」接著突然又說：「昭宗時以散騎常侍為汴州宣諭使。樞早與朱全忠（即朱溫）相識，故全忠聽其言，為樞叫好。以全忠力，官拜門下侍郎，平章事。哀帝接位，柳璨方用事，全忠以牙將張廷范為太常卿，裴樞力持不可，全忠殺之。」（第18頁）這是一段莫名其妙的「辭條」。唐代宗李豫在位時間是寶應元年（762年）到大曆十四年（779年），前後十八年。昭宗在位的時間是文德元年（888年）到天祐元年（904年），前後十七年。代宗時的裴樞，怎麼可能到一百多年以後的昭宗時還能當宰相？實際上，唐代有兩位名叫裴樞的進士，作者將永泰二年（即大曆元年，766年）的進士裴樞和咸通十二年（871年）進士科狀元的裴樞事蹟混淆，當然也就令人費解了。此外，「鄭巨源」條將貞元五年（789年）進士楊巨源的事蹟作為貞元十三年（797年）進士科狀元鄭巨源的事蹟來寫（第26頁）等等，都屬於誤讀史料的問題，亦不再多舉。

下篇

　　從整體上看，科舉時代的進士出身者無疑是社會的精英階層，而其中的狀元則更為佼佼者，作為唐代社會的精英，唐代狀元在入仕為官、文學創作以及日常生活等方面的情況，應該是觀照唐代狀元的重要窗口。第九章從籍貫、家庭出身以及個人入仕任職等方面進行統計，以便大致地瞭解唐代狀元的分布情況。第十至十二章則分別從文學成就、戲劇形象以及趣聞軼事等方面來介紹唐代狀元，以豐富我們對唐代狀元的認識。

第九章 唐代狀元的分布

　　本書中篇按照時間順序對唐代狀元進行了初步的考證，試圖從歷史發展沿革中對唐代狀元的個體情況進行全面的描述，從本章開始，則主要通過研究唐代狀元的分布特點、戲劇形象、傳世著述以及趣聞軼事等情況，試圖從一些側面對唐代狀元的群體狀況進行分析，由於唐代狀元個體情況的史料不夠充分，因而群體狀況的分析研究也就必然存在一些難以避免的困難，有些結論未必準確、妥當，因此，嚴格說來，這樣的分析研究還只能說是一種初步的嘗試。

一、唐代狀元籍貫、出身與官職

　　為了對唐代狀元個體情況的考證工作進行一下小結，同時比較清晰地反映唐代狀元群體狀況，試將唐代狀元的籍貫、出身、官職等方面的情況清單如下：

表 9-1：唐代狀元籍貫、出身與官職一覽表

序號	科分	姓名	籍貫	出身	官職
1	永徽二年（651 年）	顏康成	兗州曲阜（今山東曲阜市）	祖，思魯，秦王府記室參軍事；父育德，太子通事舍人	太子舍人、崇文學士
2	咸亨元年（670 年）	宋守節			
3	咸亨二年（671 年）	弓嗣初	並州太原（今山西太原市）	父彭祖，蒲州刺史、晉陽公	雍州司功
4	上元元年（674 年）	程行諶	鄭州（今河南鄭州市）	祖德淹，隋太康令；父藥王，唐秋浦令	鴻臚卿、御史大夫。諡貞
5	上元二年（675 年）	鄭益	鄭州滎陽（今河南滎陽市）	祖玄縱，千牛長史；父勉，紫微舍人	
6	嗣聖元年（684 年）	許旦			
7	垂拱元年（685 年）	吳師道	相州鄴（今河南臨漳縣西南鄴鎮）		銀青光祿大夫、檢校祕書監、吏部侍郎
8	垂拱三年（687 年）	陳伯玉			
9	神龍元年（705 年）	姚仲豫			
10	開元元年（713 年）	常無名	河內溫（今河南溫縣）	祖毅，杞王府司馬；父楚珪，慶王府文學	禮部員外郎
11	開元二年（714 年）	李昂	滑州白馬（今河南滑縣）	祖壽，絳州別駕；父令終，左羽林衛長上	考功郎中
12	開元四年（716 年）	范崇凱	資州內江（今四川內江市西）		歷官未詳
13	開元九年（721 年）	王維	蒲州河東（今山西永濟縣西南）	父處廉，汾州司馬	中書舍人、尚書右丞
14	開元十一年（723 年）	源少良	相州安陽（今河南安陽市）	祖誠心，洛州司馬；父匡讚，國子祭酒	司勳員外郎
15	開元十二年（724 年）	賈季陽			
16	開元十三年（725 年）	杜綰	京兆（今陝西西安市）	祖元道，左千牛；父含章，定州司法參軍	京兆府司錄參軍
17	開元十四年（726 年）	嚴迪	同州馮翊（今陝西大荔縣）	祖仁楷，益州新繁縣尉；父識玄，尚書兵部郎中	鄭州長史、濟源縣令

18	開元十五年（727年）	李巖	趙州贊皇（今河北贊皇縣）	祖知讓，長水主簿；父承允，江州別駕	右武衛錄事參軍
19	開元十六年（728年）	虞咸			同官縣令
20	開元十七年（729年）	王正卿			
21	開元十八年（730年）	崔明允	深州安平（今河北安平縣）	祖誠，刑部郎中	禮部員外郎
22	開元二十一年（733年）	徐徵			左武衛參軍
23	開元二十二年（734年）	李琚	魏州頓丘（今河南清風縣西南）	祖忱：尉氏縣令；父仁偉，無祿早世	洛陽縣尉
24	開元二十三年（735年）	賈季鄰	滄州清池（今河北滄州市西南）	祖處澄，涇縣令；父玄嶂，未仕；兄季良，奉天尉	長安尉
25	開元二十六年（738年）	崔曙	定州（今河北定州），流落宋州（今河南商丘市）		河內縣尉
26	開元二十七年（739年）	李岑			工部員外郎
27	天寶元年（742）	王閱			
28	天寶二年（743年）	劉單	歧州歧山（今陝西歧山縣）		禮部侍郎
29	天寶三載（744年）	趙岳			
30	天寶五載（746年）	羊襲吉			
31	天寶六載（747年）	楊護	華州華陰（今陝西華陰市）	父暹，汾陰令；兄譚，廣州都督	水部郎中
32	天寶七載（748年）	楊譽			
33	天寶十載（751年）	李巨卿			
34	天寶十二載（753年）	楊儇			
35	天寶十三載（754年）	楊紘	華州華陰（今陝西華陰市）	祖潤，國子祭酒、湖城公；父侃，白水令；弟絟，相代宗	

36	天寶十四載（755 年）	常袞	京兆府（今陝西西安市）	祖楚珪，雍王府文學；父無為，三原丞；兄皆，司農卿	同中書門下平章事（相代宗）
37	天寶十五載（756 年）	盧庚			
38	寶應二年（763 年）	洪源			
39	廣德二年（764 年）	楊棲梧			歷官未詳
40	永泰元年（765 年）	皇甫徹	滄州（今河北滄州市）	父胤，齊州刺史	蜀州刺史
41		蕭遘			
42	大曆四年（769 年）	齊映	瀛州高陽（今河北高陽縣東舊城）	父玘，試太常少卿、兼檢校工部郎中	平章事（相德宗）
43	大曆五年（770 年）	李摶			
44		李玕	渭州隴西（今甘肅隴西縣東南）		
45	大曆六年（771 年）	王溆			
46	大曆七年（772 年）	張式	鄧州南陽（今河南鄧州市）	祖紹貞，尚書右丞；父泚，蘇州司馬	戶部郎中、河南少尹
47	大曆九年（774 年）	楊憑	虢州弘農（今河南靈寶市）	祖志元，殿中侍御史；父成名，醴泉縣尉	太子詹事
48	大曆十年（775 年）	丁澤	江州（今江西九江市）		
49	大曆十二年（777 年）	黎逢			監察御史
50	大曆十三年（778 年）	楊凝	虢州弘農（今河南靈寶市）	祖志元，殿中侍御史；兄憑，太子詹事	兵部郎中
51	大曆十四年（779 年）	王儲			
52	建中元年（780 年）	魏弘簡	綿州（今四川綿陽市）	祖緄，太常主簿；父萬成，尚書膳部員外郎兼江陵少尹	戶部郎中
53	建中二年（781 年）	崔元翰	滑州靈昌（今河南滑縣西南）	祖承構，鳳閣舍人；父良佐，湖城薄	禮部員外郎知制誥

54	建中四年（783年）	薛展			祠部員外郎
55	貞元元年（785年）	鄭全濟	鄭州滎陽（今河南滎陽市）		
56	貞元二年（786年）	張正甫	鄧州南陽（今河南鄧州市）	祖紹貞，尚書右丞；父汃，蘇州司馬	吏部尚書
57	貞元三年（787年）	牛錫庶			
58	貞元五年（789年）	盧頊	涿州范陽（今河北涿州市）	父政，太子中允、檢校郎中；兄瑗，歙州刺史	澤州刺史
59	貞元七年（791年）	尹樞	閬州閬中（今四川閬中市）		將仕郎、守懷州修武縣尉
60	貞元八年（792年）	賈稜	河東臨汾（今山西臨汾市）	祖季良，奉天尉；父岌，檢校員外郎	大理評事
61	貞元九年（793年）	苑論	朔州馬邑（今山西朔州東北馬邑）	祖咸，安陸郡太守；父籍，河南府伊陽縣主簿	朝議郎、殿中侍御史、內供奉
62	貞元十年（794年）	陳諷			吏部郎中
63	貞元十二年（796年）	李程	京兆府（今陝西西安市）	宗室狀元。父鷫，滁州刺史；兄佶，池州刺史	吏部侍郎同中書門下平章事（相敬宗）。彭源郡公
64	貞元十三年（797年）	鄭巨源			
65	貞元十四年（798年）	李隨	鄭州（今河南鄭州市）	祖成裕，祕書監。伯父揆，相肅宗	祕書監
66	貞元十五年（799年）	封孟紳			太常卿
67	貞元十六年（800年）	陳權			
68	貞元十七年（801年）	班肅	衛州汲（今河南衛輝市）	祖景倩，祕書監；父宏，戶部尚書；子震，夔州刺史	倉部郎中、坊州刺史
69	貞元十八年（802年）	徐晦			禮部尚書
70	貞元十九年（803年）	賈餗	河南（今河南洛陽市）	從父全，浙東觀察使；兄餗，著作郎	中書侍郎平章事（相文宗）

71	元和元年 （806 年）	武翊黃	河南緱氏（今河 南偃師市南）	祖就，潤州司馬；父 元衡，相憲宗	大理卿
72	元和二年 （807 年）	王源中	沂州瑯琊（今山 東臨沂市）	父潤，杭州別駕；兄 遇，著作郎	禮部尚書、鄆州 節度使
73	元和四年 （809 年）	韋瓘	京兆萬年（今陝 西西安市）	兄珩，美原縣令、江 州刺史	太僕卿、分司東 都
74	元和五年 （810 年）	李顧行			監察御史、金部 員外郎
75	元和七年 （812 年）	李固言	祖籍趙郡，生於 鳳翔（今陝西鳳 翔縣）	祖並，揚州左司馬； 父峴，盧江令	同中書門下平章 事（相文宗）
76	元和八年 （813 年）	尹極	閬州閬中（今四 川閬中市）	兄樞，將仕郎、守懷 州修武縣尉	
77	元和九年 （814 年）	張又新	深州陸澤（今河 北深州市西南）	父薦，工部侍郎	左司郎中
78	元和十一年 （816 年）	鄭澥	鄭州滎陽（今河 南滎陽市）		開州刺史
79	元和十三年 （818 年）	獨孤樟	洺州清漳（今河 北肥鄉縣東）		
80	元和十四年 （819 年）	韋諶	京兆杜陵（今陝 西西安市）	祖偁，給事中；父頌， 庫部郎中	祠部員外郎、刑 部尚書、武昌節 度使
81	元和十五年 （820 年）	盧儲	祖籍范陽（今河 北涿州市）		吏部尚書，太子 太保
82	長慶元年 （821 年）	杜師禮	襄州襄陽（今湖 北襄樊市）	祖孝輔，大理丞；父 清，檢校員外，兄師 仁，吉州刺史。	
83	長慶三年 （823 年）	鄭冠			戶部郎中
84	長慶四年 （824 年）	李群	祖籍趙郡，生活 於合肥（今安徽 合肥市）	祖紹，金吾衛錄事參 軍；父鎮，冀州堂陽 縣尉	國子司業、盧曹 濠三州刺史
85	寶曆元年 （825 年）	柳璟	蒲州河東（今山 西永濟市西南蒲 州鎮）	祖芳，右司郎中、集 賢學士；父登，右散 騎常侍	禮部侍郎
86	寶曆二年 （826 年）	裴俅	河內濟源（今河 南濟源市）	父肅，浙東觀察使； 兄儔，江西觀察使； 休，相宣宗	諫議大夫

87	大和元年 （827年）	李郃	渤海（今山東濱州市）	祖揖，戶部侍郎、同州刺史、山南西道採訪使；父嚴，饒州樂平縣尉	賀州刺史
88	大和二年 （828年）	韋籌			太學博士
89	大和四年 （830年）	宋祁			河清縣令
90	大和五年 （831年）	杜陟			祠部郎中
91	大和六年 （832年）	李珪			檢校郎中
92	大和七年 （833年）	李餘	蜀（今四川成都市）		
93	大和八年 （834年）	陳寬			陽翟令
94	大和九年 （835年）	鄭璀			
95	開成二年 （837年）	李肱	京兆府（今陝西西安市）	祖無逸，算學博士；	岳、齊二州刺史
96	開成三年 （838年）	裴思謙	絳州聞喜（今山西聞喜人）	祖昱，高陵令；伯父垍，相憲宗；父垌，大理卿	左散騎常侍兼大理卿
97	開成四年 （839年）	崔□			
98	開成五年 （840年）	李從實	隴西成紀（今甘肅秦安縣西北））	宗室狀元。祖模，司農卿；父諝，明州刺史；九位兄長皆入仕為官	咸陽縣尉、史館修撰
99	會昌元年 （841年）	崔峴	貝州清河（今河北清河縣西北）	祖虔，大理司直；父稑，侍御史	刑部郎中
100	會昌二年 （842年）	鄭顥	鄭州滎陽（今河南滎陽市）	祖絪，相德宗；父祗德，兵部尚書	駙馬都尉、檢校禮部尚書、河南尹
101	會昌三年 （843年）	盧肇	袁州宜春（今江西宜春市）	曾祖挺，袁州刺史；肇幼時家道已敗落	歙州刺史
102	會昌四年 （844年）	鄭言	鄭州滎陽（今河南滎陽市）		戶部侍郎

103	會昌五年（845 年）	易重	袁州宜春（今江西宜春市）		大理評事
104	會昌六年（846 年）	狄慎思			小諫（當為品位很低的諫官）
105	會昌七年（847 年）	盧深	祖籍范陽（今河北涿州市）		戶部侍郎
106	大中三年（849 年）	于珪	京兆高陵（今陝西高陵縣）	祖肅，給事中；父敖，戶部侍郎、宣歙觀察使	直弘文館
107	大中四年（850 年）	張溫琪			
108	大中五年（851 年）	李郜	常山（今河北元氏縣西北）	祖哲，常州錄事。父從約，錢塘縣令	
109	大中七年（853 年）	于瓌	京兆高陵（今陝西高陵縣）	祖肅，給事中；父敖，戶部侍郎、宣歙觀察使	吏部員外郎、袁州刺史
110	大中八年（854 年）	顏標		出身「寒畯」	饒州刺史
111	大中十年（856 年）	崔鉶	博州（今山東聊城）	祖儆，尚書左丞；父元受，河北行營判官；叔父元式，相宣宗（從《舊唐書》說）	
112	大中十二年（858 年）	李億			補闕
113	大中十三年（859 年）	孔緯	深州下博（今河北深州市東）	祖戣，禮部尚書；父遵孺，華陰縣丞	司徒、魯國公（相僖宗）
114	大中十四年（860 年）	劉蒙			
115	咸通二年（861 年）	裴延魯	河內濟源（今河南濟源市）	祖肅，浙東觀察使；父儔，江西觀察使；二叔休，相宣宗；三叔俅，諫議大夫	浙東觀察使、左散騎常侍
116	咸通三年（862 年）	薛邁			司勳員外郎、兵部郎中
117	咸通七年（866 年）	韓繩	河南河陽（今河南孟州市南）	祖愈，吏部侍郎，父昶，集賢校理	
118	咸通八年（867 年）	鄭洪業	鄭州滎陽（今河南滎陽市）	祖利用，澤州刺史；伯父涯，檢校右僕射同中書門下平章事；父湖，官兗海節度使	

119	咸通九年（868 年）	趙峻	京兆奉天（今陝西乾縣）	祖植，嶺南東道節度觀察使	
120	咸通十年（869 年）	歸仁紹	蘇州長洲（今江蘇蘇州市）	祖登，工部尚書；父融，兵部尚書、山南西道節度使	禮部侍郎、兵部尚書
121	咸通十二年（871 年）	李筠		祖如仙，奉先令；父回，相武宗	山南東道節度掌書記
122	咸通十三年（872 年）	鄭昌圖	開封（今河南開封市）	祖具瞻，涇陽尉；父涓，太原節度使	兵部侍郎同平章事（相僖宗）
123	咸通十四年（873 年）	孔繢	深州下博（今河北深州市東）	祖戣，禮部尚書	
124	乾符元年（874 年）	歸仁澤	蘇州長洲（今江蘇蘇州市）	祖登，兵部尚書；父融，兵部尚書、山南西道節度使；兄仁紹，狀元、禮部侍郎、兵部尚書	禮部侍郎
125	乾符二年（875 年）	鄭合敬	鄭州滎陽（今河南滎陽市）	祖利用，澤州刺史。父涯，檢校右僕射同中書門下平章事	諫議大夫
126	乾符三年（876 年）	孔緘	深州下博（今河北深州市東）	祖戣，禮部尚書；父遵孺，華陰縣丞	
127	乾符五年（878 年）	孫偓	冀州武邑（今河北武邑縣）	父景商，天平軍節度使；兄儲，兵部尚書	戶部侍郎同中書門下平章事（相昭宗）
128	廣明元年（880 年）	鄭藹	開封（今河南開封市）	祖運，全柳丞	
129	中和三年（883 年）	崔昭緯	貝州清河（今河北清河縣西北）	祖庇，滑州酸棗縣尉；父璙，鄂州觀察使	戶部侍郎同平章事（相昭宗）
130	中和五年（885 年）	許祐孫			
131	光啟二年（886 年）	陸扆	吳郡嘉興（今浙江嘉興市）後遷陝（今河南三門峽市西舊陝縣）	祖師德，淮南觀察支使；父鄑，陝州法曹參軍	戶部侍郎同平章事（相昭宗）
132	光啟三年（887 年）	趙昌翰	京兆奉天（今陝西乾縣）	祖從約，尚書都官郎；父蒙，狀元、湖州刺史	考功郎中
133	光啟四年（888 年）	鄭貽矩	鄭州滎陽（今河南滎陽市）		

134	龍紀元年（889年）	李瀚			
135	大順元年（890年）	楊贊禹	虢州弘農（今河南靈寶市）	祖虞卿，京兆尹；父知退，左散騎常侍	左司郎中、集賢學士
136	大順二年（891年）	崔昭矩	貝州清河（今河北清河縣西北）	祖庇，滑州酸棗縣尉；父璆，鄂州觀察使；兄昭緯，相昭宗	給事中
137	景福元年（892年）	歸黯	蘇州長洲（今江蘇蘇州市）	祖融，兵部尚書、山南西道節度使，封晉陵郡公。父仁澤，禮部侍郎	
138	景福二年（893年）	崔膠	貝州清河（今河北清河縣西北）		
139	乾寧元年（894年）	蘇檢	吳郡（今江蘇蘇州市）		工部侍郎同平章事（相昭宗）
140	乾寧二年（895年）	趙觀文	桂州（今廣西桂林市）		侍講學士
141	乾寧三年（896年）	崔諤	貝州清河（今河北清河縣西北）	祖植，商州防禦判官、殿中侍御史、內供奉；父承弼，河南府士曹參軍	結綬而卒
142	乾寧四年（897年）	楊贊圖	虢州弘農（今河南靈寶市）	祖虞卿，京兆尹；父知退，左散騎常侍	司封員外郎知制誥
143	乾寧五年（898年）	羊紹素			明州刺史黃晟幕僚
144	光化二年（899年）	盧文煥	蒲州（今山西永濟市）	祖簡辭，山南東道節度使；父貽殷，光祿少卿	
145	光化三年（900年）	裴格	絳州聞喜（今山西聞喜縣東北）	祖向，吏部尚書；父寅，御史大夫；弟樞，相昭宗	
146	光化四年（901年）	歸佾	蘇州長洲（今江蘇蘇州市）	祖融，兵部尚書、山南西道節度使，封晉陵郡公。父仁紹，禮部侍郎、兵部尚書	
147	天祐二年（905年）	歸系	蘇州長洲（今江蘇蘇州市）	祖融，兵部尚書、山南西道節度使，封晉陵郡公。父仁紹，禮部侍郎、兵部尚書	

148	天祐三年（906 年）	裴說	絳州聞喜（今山西聞喜縣）		禮部員外郎
149	天祐四年（907 年）	崔詹	貝州清河（今河北清河縣西北）	祖植，商州防禦判官、殿中侍御史、內供奉；父承弼，河南府士曹參軍	中書舍人
附：及第年分無考狀元					
150		崔液	定州安喜（今河北定州市）	祖仁師，相太宗、高宗；父挹，戶部尚書	殿中侍御史
151		李亮			
152		李訓			
153		李叔			
154		李秀			
155		孔敏行	越州山陰（今浙江紹興市）	祖齊參，寶鼎令；父述睿，太子賓客	吏部郎中、諫議大夫
156		孔振	兗州曲阜（今山東曲阜市）	祖惟晊，兗州參軍；父策，國子監丞，尚書博士	侍中
157		孔拯	兗州曲阜（今山東曲阜市）	祖惟晊，兗州參軍；父策，國子監丞，尚書博士	御史、襲封文宣公
158		李超			湖州刺史
159		趙蒙	京兆奉天（今陝西乾縣）	祖植，嶺南節度使、檢校工部尚書；父從約，尚書都官郎中	湖州刺史
160		吳康仁			

二、唐代狀元籍貫分布研究

　　按照慣例，籍貫或本貫當依祖父所居之地為准，故稱祖籍。然而，由於史料記載中除了祖籍外，還有的是郡望或者是徙居地；加之同一個地方在不同的歷史時期又有不同名稱，因而歷史人物的籍貫往往會有多種說法。唐人重門第，重郡望，因而「言李悉出隴西，言劉悉出彭城，悠悠世昨，訖無考按」。[1] 攀附

1　宋・歐陽修，《新唐書》卷九五〈高儉傳贊〉，第 389 頁，上海：上海古籍出版社、上海書店，1986 年。

郡望之風很盛，以至宋人撰寫唐書時已感歎唐人籍貫問題的複雜，所幸的是歷代學者為此進行了不懈的努力，並且取得了極為豐碩的成果。清人徐松《登科記考》一書中，錄唐逐年及第人數計 6700 人，其中姓名、籍貫、時代均可考者 567 人。[2] 今人陳正祥《中國文化地理》一書中繪製了〈唐代的詩人〉、〈唐代前期的進士〉和〈唐代後期的進士〉三張圖表，分別標示出唐代 2625 名詩人的地域分布、唐代前期（618-755 年）275 名進士和後期（756-907 年）713 名進士的地域分布情況。[3] 陳尚君〈唐詩人占籍考〉一文，對唐代詩人舊籍記載及貫望混稱的情況進行了考證，是到目前為止比較全面反映唐代詩人籍貫問題研究成果的著述。陳著關於記載歧互的取捨原則：一是望、貫並知者，取貫而舍望。二是三世居於某地者，即以其地為占籍之所在。三是記載有紛歧者，儘量選取較早或較為征信之一說。四是僅知為出生地、家居地者，也酌情予以採錄。五是占籍或家居地全無可考，始得以郡望編入。[4] 史念海〈兩《唐書》列傳人物本貫的地理分析〉一文，將兩《唐書》中一千九百多人依據本貫的道、州、縣分布，詳盡列出，並附有圖表。[5] 此外，韓茂莉、胡兆亮〈中國古代狀元分布的文化背景〉（《地理學報》，1998 年第六期）一文認為：「狀元籍貫的時空變化，在歷史上有自北向南推移的趨勢。唐中葉以前狀元主要出身於北方，南方籍狀元很少。唐中葉以後，南方籍狀元數額逐漸增加，至明清時期形成絕對優勢。」但文章所錄唐代狀元只有 42 名，顯然沒有將現存史料全部把握，因而其具體的分析研究就缺乏說服力。

　　唐太宗時期，為了加強對地方的控制，依據山川形勢，劃全國為十道，是為關內、河南、河東、河北、山南、隴右、淮南、江南、劍南、嶺南。朝廷不時派遣黜陟使、巡察使等官員對州縣進行監察。唐玄宗時，又劃全國為十五道，其中關內道的長安附近增設京畿道，河南道的洛陽附近增設都畿道，山南道分為東、西二道，江南道分為東、西、黔中三道。由於政治、經濟等方面的原因，玄宗以前，唐地方行政區劃尚未定型，州縣的析置並省比較頻繁，玄宗開元二十一年（733 年）設置全國十五道以後，行政區劃開始相對穩定，因此，本章取開元十五道建置，按照前、中、後三個時期的劃分，列出唐代狀元的籍

2　陳國棟，《唐代人口問題研究》，第 316 頁，武漢：武漢大學出版社，1993 年。

3　陳正祥，《中國文化地理》，第 22-23 頁，北京：三聯書店，1983 年。

4　陳尚君，《唐代文學叢考》，第 139 頁，北京：中國社會科學出版社，1997 年。

5　史念海，《唐代歷史地理研究》，第 373-467 頁，北京：中國社會科學出版社，1998 年。

貫分布情況：

表 9-2：唐代狀元十五道分布情況

道名	狀元數量			
	前期 38 人	中期 54 人	後期 68 人	小計
京畿	6	4	6	16
關內				
隴右		1	1	2
都畿	3	6	6	15
河南	2	4	8	14
河東	2	3	4	9
河北	8	8	13	29
淮南				
江南東		1	7	8
江南西		1	2	3
黔中				
山南東		3		3
山南西		2		2
劍南	1	1	1	3
嶺南			1	1
合計	22	34	49	105

　　十五道中，除關內、淮南、黔中道以外，其餘十二道均有狀元產生，其中狀元人數最多的是河北道（29 人），其次是京畿（16 人）、都畿（15 人）和河南（14 人）三道，四道狀元人數（74 人）占了有籍貫資料可考狀元（105 人）的 70%。按照前、中、後期狀元分布統計，則前期（22 人）占了 21%，中期（34 人）占了 32%，後期（49 人）占了 47%。中、後期狀元人數（83 人）占了有籍貫資料可考狀元（105 人）的 79%。

　　如果將京畿、關內、隴右三道稱為關中地域，都畿、河南、河東、河北四道稱為山東地域，淮南、江南東、江南西、黔中、山南東、山南西、劍南、嶺南八道稱為江南地域，則三大地域的狀元人數分布情況為：

表 9-3：唐代狀元三大地域分布情況

地域	狀元數量			
	前期	中期	後期	小計
關中	6	5	7	18
山東	15	21	31	67
江南	1	8	11	20
合計	22	34	49	105

　　三大地域中，狀元人數最多的是山東地域（67人），占了有籍貫資料可考狀元（105人）的64%，關中地域（18人）、江南地域（20人），各占了18%左右。按照前、中、後期狀元分布統計，關中地域（6：5：7）人數總量較小，比例基本持平，山東地域（15：21：31）人數較多且增長比例較高，而江南地域（1：8：11）人數比例也呈明顯的增長趨勢。

　　唐代狀元的十五道分布情況和三大地域的分布情況，與唐代社會的經濟文化發展情況是基本一致的。唐代前期經濟文化的發展中心在關中——山東地域，唐中葉開始，隨著北方戰亂，經濟殘破，繼之藩鎮割據，社會動盪，於是出現了大量人口南遷，一些著名的世家也舉族南遷，《韓昌黎全集》卷二十四〈考功員外盧君墓銘〉云：「當是時，中國新去亂，仕多避處江淮間，嘗為顯官得名聲以老，故自任者，以千百數。」[6] 李白〈為宋中丞請都金陵表〉云：「天下衣冠士庶，避地東吳，永嘉南遷，未盛於此。」[7]《全唐文》卷五一九載有梁肅〈吳縣令廳壁記〉云：「自京口南被於澗河，望縣十數，而吳為大。國家當上元之際，中夏多難，衣冠南避，寓於茲土，參編戶之一。」[8] 這就是說，蘇州吳縣的編戶中有三分之一來自南遷人口。天寶時，蘇州有戶七萬六千左右，移民當有二、三萬戶。[9] 大量人口的南遷不僅為南方增加了數以萬計的勞動力，同時也使學術文化的中心逐漸由關中——山東模式向山東——江南模式轉變。《舊唐書·王質傳》（卷一六三）云：王質，太原祁人，五代祖為隋末大儒王通，寓居壽春，

6　唐·韓愈，《韓昌黎全集》卷二十四〈碑誌〉，第332頁，北京：中國書店，1991年。

7　清·董誥，《全唐文》卷三四八〈為宋中丞請都金陵表〉，第3529頁，北京：中華書局影印，1983年。

8　清·董誥，《全唐文》卷五一九〈吳縣令廳壁記〉，第5273頁，北京：中華書局影印，1983年。

9　葛劍雄，《簡明中國移民史》，第247頁，福州：福建人民出版社，1993年。

躬耕以養母，專以講學為事，門人受業者大集其門。扶風竇叔向家族亦舉家南遷江東，竇常、竇牟、竇群、竇鞏等皆活躍於江左文壇。[10] 凍國棟《唐代人口問題研究》據《新唐書・文藝傳》所載資料對唐代前期、中晚期各道人物分布情況進行了統計：

表 9-4：唐代前期、中晚期各道人物分布情況

道別	前期	中晚期
關內道	4	1
河南道	8	2
河北道	5	2
河東道	3	2
江南道	1	6

結果表明：北方各道人物在前後期均呈遞減趨勢，只有江南地區人物在前後期迅速增長。

凍著所列的〈唐代詩人前後期各道分布統計〉、〈唐代散文作家前後期各道分布統計〉以及〈唐代進士前後期各道分布統計〉等三表，對於說明唐代前後期各道人物變化情況很有幫助，茲一併引用如下：

表 9-5：唐代詩人前後期各道分布統計

道別	唐前期小計	中晚唐小計	升降百分比
關內道	66	91	
河南道	68	82	
河北道	65	82	
河東道	26	52	
隴右道	4	23	
江南道	40	261	
山南道	19	23	
淮南道	6	28	
劍南道	10	32	
嶺南道	3	19	

10　李浩，《唐代三大地域文學士族研究》，第 144-173 頁，北京：中華書局，2002 年。

北方五道合計	229	330	44%
南方五道合計	78	363	365.4%

表 9-6：唐代散文作家前後期各道分布統計

道別	唐前期小計	中晚唐小計	升降百分比
關內道	117	140	
河南道	75	121	
河北道	72	138	
河東道	47	79	
隴右道	8	21	
江南道	40	130	
山南道	21	18	
淮南道	10	11	
劍南道	9	21	
嶺南道	2	11	
北方五道合計	319	499	56.4%
南方五道合計	82	191	130%

表 9-7：唐代進士前後期各道分布統計

道別	唐前期小計	中晚唐小計	升降百分比
關內道	12	50	
河南道	16	71	
河北道	28	57	
河東道	11	47	
隴右道	1	20	
江南道	14	177	
山南道	8	15	
淮南道	3	8	
劍南道	3	15	
嶺南道	1	12	
總計	97	470	
北方五道合計	68	245	
南方五道合計	29	225	

表 9-6 原載凍國棟著《唐代人口問題研究》第 313 頁，序號為表 5-7 唐代散文作家前後期各道分布統計。筆者引用時進行了重新計算，發現表中南方五道合計數：唐前期小計為 82 人，中晚唐小計為 191 人，則升降百分比應為 132.9%，而不是表中所載的 130%。為保持原貌，引用時未變化。

表 9-7 原載凍國棟著《唐代人口問題研究》第 316 頁，序號為表 5-8 唐代進士前後期各道分布統計。筆者引用時進行了重新計算，發現南方五道合計數：唐前期小計為 29 人，中晚唐小計為 227 人，而不是表中所載的 225 人，因而中晚唐南北方十道總計數就應為 472 人。為保持原貌，引用時亦未變化。

在各道人物數量的增長方面，南方各道增加比例較高，尤其是江南道增長的比例最高，說明江南道日益成為南方經濟文化發展的中心地帶。明清時期江南地區人才輩出，與唐宋時期人口的大量南遷和經濟文化中心的逐漸南移有著非常密切的聯繫。[11]

三、唐代狀元的家庭出身研究

唐代狀元的家庭出身背景資料對於研究唐代狀元的產生過程和唐代科舉制度的發展狀況具有很重要的意義，岑仲勉在《隋唐史》一書中，曾對高官重臣子弟中進士的情況作過統計：「又咸通中以前，牛、孔數家憑勢力，每歲主司為其所制（《語林》三），職是之故，當時進士名額被舊族公卿子弟占去不少，其著者，鳳閣王（易從）家自武后至大中朝有進士十八人（《舊書》一七八），范陽盧氏自興元元年甲子起，至乾符二年乙未止，除停舉二年外，九十年中登進士者一百一十六人（《語林》四），大和初馮氏進士十人，宿家兄弟叔侄占八人（同上），崔雍兄弟八人、趙櫓兄弟五人、李景讓兄弟三人皆進士（《金華子》及《語林》四），徐彥若四世進士（《舊書》一七九），此外，張元夫家有進士七個以上，楊虞卿、令狐楚家各七個，楊於陵、楊收、李

11 關於明清時期江南地區人才輩出情況，可參見繆進鴻的〈長江三角洲與其它地區人才的比較研究〉，載《教育研究》1991 年第一期；黃明光〈明代湘桂川滇黔諸省少數民族地區科舉狀況探議〉，載《民族研究》1994 年第五期；范金民〈明清江南進士數量、地域分布及其特色分析〉，載《南京大學學報》1997 年第二期；沈登苗〈明清全國進士與人才的時空分布及其相互關係〉，載《中國文化研究》1999 年冬之卷。

宗閎家各三個，結果終是寒族失敗。」[12] 岑先生上述的統計數字與實際情形可能
有些出入，但畢竟為我們觀察唐代高官重臣子弟通過科舉考試入仕提供了很好
的資料線索。毛漢光早在上世紀中葉就開始比較系統地研究過唐代進士的出身
問題，他在〈唐代統治階層社會變動〉一文中對新、舊《唐書》所載八百三十
名進士，依其社會成分加以統計，得出的結果是：「全唐時期統治階層之中，
士族占百分之六十六點二；小姓占百分之十二點三；寒素占百分之二十一點五。
若將小姓階層視為廣義的士族，則士族加小姓幾占唐代統治階層的五分之四弱，
平民寒素僅占百分之二十許。」其結論是：在「實施科舉制度的最初三百年期
間，就其統治階層的社會架構而言，與實施九品官人法的魏晉南北朝時期是相
同的。」毛漢光關於「小姓」的定義是：「（一）已沒落士族；（二）低品酋豪，
包括累世下品、地方大族（縣姓）；（三）父祖有一代五品以上者。」[13] 本章借
鑑前賢的研究思路，將唐代狀元按其三代直系親屬任職情況進行統計，將祖父、
父親和兄弟中有任職四品（含四品）以上的狀元歸於高級官吏家庭出身一類；
將祖父、父親和兄弟中任職五品（含五品）以下、九品以上的狀元歸於一般官
吏家庭出身一類；將祖父、父親和兄弟均未仕（含未見歷史記載入仕）的狀元
歸於寒素家庭出身一類，得出唐代狀元家庭出身背景基本情況如下：

第一類：高級官吏家庭出身的狀元，共 63 名。

弓嗣初、鄭益、常無名、李昂、源少良、楊護、楊紘、常袞、皇甫徹、齊映、
張式、楊凝、魏弘簡、崔元翰、張正甫、盧頊、苑論、李程、李隨、班肅、賈餗、
武翊黃、王源中、韋瓘、張又新、杜詩禮、柳璟、裴俅、李郃、裴思謙、李從實、
鄭顥、于珪、于瓌、崔鉶、孔緯、裴延魯、韓緄、鄭洪業、趙峻、歸仁紹、李筠、
鄭昌圖、孔繥、歸仁澤、鄭合敬、孔緘、孫偓、崔昭緯、趙昌翰、楊贊禹、崔昭矩、
歸黯、楊贊圖、盧文煥、裴格、歸佾、歸系、崔液、孔敏行、孔振、孔拯、趙蒙。

第二類：一般官吏家庭出身的狀元，共 22 名。

顏康成、程行諶、王維、杜綰、嚴迪、李嶷、崔明允、李琚、賈季鄰、楊憑、
賈稜、李固言、尹極、韋諶、李群、李肱、崔峴、李郜、鄭藹、陸扆、崔諤、崔詹。

12　岑仲勉，《隋唐史》上冊，第 192-193 頁，北京：中華書局，1982 年。

13　毛漢光，《中國中古社會史論》，第 334 頁，上海：上海世紀出版集團，上海書店出版社，
　　2002 年。

第三類：寒素家庭出身的狀元，共 75 名。

宋守節、許旦、吳師道、陳伯玉、姚仲豫、范崇凱、賈季陽、虞咸、王正卿、徐徵、崔曙、李岑、王閱、劉單、趙岳、羊襲吉、楊譽、李巨卿、楊憑、盧庚、洪源、楊棲梧、蕭邁、李搏、李玕、王溆、丁澤、黎逢、王儲、薛展、鄭全濟、牛錫庶、尹樞、陳諷、鄭巨源、封孟紳、陳權、徐晦、李顧行、鄭澥、獨孤樟、盧儲、鄭冠、韋籌、宋邧、杜陟、李珪、李餘、陳寬、鄭瓘、崔□、盧肇、鄭言、易重、狄慎思、盧深、張溫琪、顏標、薛邁、李億、劉蒙、許佑孫、鄭貽矩、李瀚、崔膠、蘇檢、趙觀文、羊紹素、裴說、李亮、李訓、李叔、李秀、李超、吳康仁。

表 9-8：唐代狀元家庭出身情況清單如下：

出身 人數與比例	高級官吏家庭出身	一般官吏家庭出身	寒素家庭出身
人數 160	63	22	75
比例 100%	39.4%	13.8%	46.8%

高級官吏家庭出身的狀元 63 人，占有史料記載的唐代狀元 160 人的 39.4%，從一個側面說明唐代的門第觀念仍有很大的市場，唐代科舉制度還處於初創時期，舉子行卷、重臣推薦、考官通榜以及宰相、皇帝最後定奪等各個環節上都可以成為高級官吏插手科舉考試的機會，大中七年（853 年）中書舍人崔瑤知貢舉，「以貴要自恃，不畏外議。榜出，率皆權豪子弟。」[14] 五代詞人牛希濟《貢士論》云：「唯王公子弟，器貌奇偉，無才無藝者，亦冠於多士之首。」[15] 沒有才藝的權貴子弟尚能「冠於多士之首」，則其他權貴子弟高中榜首也就不足為奇，出身高級官吏家庭的狀元人數比例較高也就不難理解了。在唐代高級官吏出身的狀元中，李程（貞元十二年）、李從實（開成五年）和李筠（咸通十二年）等人均出身於皇族成員家庭。唐代入仕途徑有軍功、恩蔭、科舉等多種，就出身皇族成員家庭的人而言，通過恩蔭，即依靠祖、父輩優越的政治地位而入官，要比參加科舉考試獲得進士出身而後再銓選授官要簡便快捷的多。因此，出身於皇族成員家庭的人參加科舉考試是一個值得注意的現象，這一現象在一定程度上反映了進士科舉制度對唐代社會所產生的影響，同時也反映了

14　宋・王讜，《唐語林》卷三〈方正〉，第 214 頁，北京：中華書局，1987 年。

15　清・董誥，《全唐文》卷八四六〈貢士論〉，第 8891 頁，北京：中華書局影印，1983 年。

李唐皇室成員家庭的政治、經濟地位在中唐以後所發生的變化情況。

一般官吏家庭出身的狀元 22 人，占有史料記載的唐代狀元 160 人的 13.8%，唐代進士中有不少出身於中小官吏家庭。中小官吏的社會地位很不穩定，上升則可以躋身簪紱，下沉亦可能淪為孤寒，從保持家庭的政治經濟地位，維護家族的根本利益出發，這一階層對子弟的教育培養是非常重視的，杜佑《通典》卷十五〈選舉三〉提到的唐代一些家庭中「父教其子，兄教其弟，無所易業，大者登臺閣，小者任郡縣，資身奉家，各得其足」的情況，在中小官吏的家庭教育中尤為典型。[16]

寒素家庭出身的狀元 75 人，占有史料記載的唐代狀元 160 人的 46.8%，在分析這一層次狀元情況之前，需要說明兩點：一是所謂寒素家庭，並非單指家庭經濟狀況極為貧困，實際上極為貧困家庭在生存問題尚未解決的情況下，是很難有條件來培養一個讀書人的。本文所說的寒素家庭，包括普通地主家庭和一般農民家庭，從政治上區分的成分比較經濟上區分的成分更多一些。二是出身寒素家庭的 75 位狀元中，含有未見史料記載其家庭政治背景的狀元，應該說真正屬於寒素家庭出身的狀元要小於這個數字。之所以作為一類人來考慮，主要是因為區別沒有史料記載的狀元家庭出身情況極為複雜，至少在目前看來還是不大可能的事情。其次是因為筆者的一個理論假設，即既然史料中沒有該狀元直系三代任何人入仕為官的記載，則說明該狀元家庭成員中沒有多少影響較大的歷史人物，出身在寒素家庭的可能性就比較大。從一定意義上說，科舉制度對寒門庶族的吸引力遠遠大於其它階層，「朝為田舍郎，暮登天子堂」是寒素家庭子弟的內心企盼和奮鬥目標，縱然是「白首舉場」也終身不悔。一部古代科舉史，可以說是讀書人，尤其是寒門庶族讀書人的奮鬥史。袁州才子盧肇因為家境貧寒，進京赴考時頗受地方官小覷，如果不是考中狀元，他一輩子都不可能成為地方官的座上賓。顏標因為出身寒素，家無「廟院」，主考官錄取為狀元後竟然有些後悔，社會輿論也認為主考官「頭腦冬烘」。如果顏標確是顏真卿後人，情況可能就會很不一樣，這種社會氛圍、社會價值取向對於讀書人的影響非常大，成為寒素家庭子弟發奮苦讀、立志中舉的精神動力。寒素家庭出身的狀元占唐代狀元 46.8% 的事實表明，古代用人制度正在由貴族壟斷向

16　唐・杜佑撰，王文錦等點校，《通典》卷十五〈選舉三〉，第 358 頁，北京：中華書局，1988 年。

社會開放過渡，儘管這一過渡過程還受到諸多因素的制約，沒有也不可能向社會各個階級和各個階層開放，但畢竟揭開了人才選拔史上全新的一頁，也是影響極為深遠的一頁。

四、唐代狀元入仕情況研究

唐代進士科舉子被錄取後，還只是獲得一紙「告身」（身分證明），若要入仕為官，還需要參加吏部的銓選考試，或者通過參加制舉考試、入幕獲得推薦等途徑來入仕為官。通過研究唐代狀元的入仕情況，可以使我們從另一個側面來觀照這一特殊群體，並進而作出比較接近歷史事實的評價。

本節將唐代狀元按其實際任職情況進行統計，任職四品（含四品）以上的狀元歸於高級官吏一類；任職五品（含五品）以下、九品以上的狀元歸於一般官吏一類；將未仕（含未見歷史記載入仕）的狀元歸於未仕狀元一類，得出唐代狀元入仕基本情況如下：

第一類：任職高級官吏的狀元有 55 名，占 34.4%。

程行謀、吳師道、王維、劉單、常袞、皇甫徹、齊映、張式、楊憑、張正甫、盧頊、李程、李隨、封孟紳、班肅、徐晦、賈餗、武翊黃、王源中、韋瓘、李固言、張又新、鄭澥、韋諶、盧儲、李群、柳璟、裴俅、李郃、李肱、裴思謙、鄭顥、盧肇、鄭言、盧深、于瓌、顏標、孔緯、裴延魯、歸仁紹、鄭昌圖、歸仁澤、鄭合敬、孫偓、崔昭緯、陸扆、崔昭矩、蘇檢、崔詹、崔液、孔敏行、孔振、孔拯、李超、趙蒙。

第二類：任職一般官吏的狀元，共 48 名，占 30.0%。

顏康成、弓嗣初、常無名、李昂、范崇凱、源少良、杜綰、嚴迪、李嶷、虞咸、崔明允、徐徵、李琚、賈季鄰、崔曙、李岑、楊護、楊棲梧、黎逢、楊凝、魏弘簡、崔元翰、薛展、尹樞、賈稜、苑論、陳諷、李顧行、鄭冠、韋籌、宋邧、杜陟、李珪、陳寬、李從實、崔峴、易重、狄慎思、于珪、李億、薛邁、李筠、趙昌翰、楊贊禹、趙觀文、崔諤、楊贊圖、裴說。

第三類：未仕（含未見歷史記載入仕）狀元，共 57 名，占 35.6%。

宋守節、鄭益、許旦、陳伯玉、姚仲豫、賈季陽、王正卿、王閱、趙岳、羊襲吉、楊譽、李巨卿、楊儇、楊紘、盧庚、洪源、蕭遘、李搏、李玕、王溆、丁澤、王儲、鄭全濟、牛錫庶、鄭巨源、陳權、尹極、獨孤樟、杜師禮、李餘、鄭瓘、崔□、張溫琪、李郜、崔鉶、劉蒙、韓緄、鄭洪業、趙峻、孔繢、孔緘、鄭藹、許佑孫、鄭貽矩、李瀚、歸黯、崔膠、羊紹素、盧文煥、裴格、歸佾、歸系、李亮、李訓、李叔、李秀、吳康仁。

在任職高級官吏的狀元中，擔任過宰相職務的十一位狀元尤其引人注目。試將基本情況清單如下：

表 9-9：唐代狀元宰相基本情況表

姓名＼年分	狀元及第年分	首次入相年分	備註
常袞	天寶十四載（755 年）	大曆十二年（777 年）	相代宗
齊映	大曆四年（769 年）	貞元二年（786 年）	相德宗
李程	貞元十二年（796 年）	寶曆元年（825 年）	相敬宗
賈餗	貞元十九年（803 年）	大和九年（835 年）	相文宗
李固言	元和七年（812 年）	大和九年（835 年）	相文宗
鄭昌圖	咸通十三年（872 年）	中和四年（884 年）	相僖宗
孔緯	大中十三年（859 年）	光啟二年（886 年）	相僖宗
崔昭緯	中和三年（883 年）	大順元年（890 年）	相昭宗
孫偓	乾符五年（878 年）	乾寧二年（895 年）	相昭宗
陸扆	光啟二年（886 年）	乾寧三年（896 年）	相昭宗
蘇檢	乾寧元年（894 年）	天復二年（902 年）	相昭宗

將 103 名唐代狀元（未含未入仕和未見史載入仕資料的狀元）的入仕情況分為唐代前期、中期和後期三個時期來統計，可以發現一些新的特點。

表 9-10：唐代入仕狀元前後期分布情況表

級別＼時期	前期 38 名狀元	中期 56 名狀元	後期 66 名狀元	小計
高級官吏	6（1 相）	26（4 相）	23（6 相）	55（11 相）

一般官吏	17	12	19	48
合計	23（1 相）	38（4 相）	42（6 相）	103（11 相）

　　從唐代入仕狀元前後期分布情況表可以發現：一、有史料記載的狀元入仕比例較高。前期 38 名狀元中，23 名入仕，達到 60.5%。中期 56 名狀元中，38 名入仕，達到 67.8%。後期 66 名狀元中，42 名入仕，達到 63.6%。儘管由於史料的原因，無法確知唐代狀元入仕的全部情況，但上述資料大致可以說明，考上了進士，尤其是考上了狀元，入仕為官的可能性比較一般人來說，要大得多。二、狀元擔任高級官吏的比重較大。前期 23 名入仕狀元中，有 6 名高級官吏。中期 38 名入仕狀元中，26 名成為高級官吏。後期 42 名入仕狀元中，產生了 23 名高級官吏。這些資料近似的說明，進士出身者在唐代中後期，逐步成為國家高級官吏的後備人才。三、在擔任高級官吏的入仕狀元中，先後有 11 人位至宰相，其中前期 1 名，中期 4 名，後期 6 名。如果將各個時期高級官吏的人數與宰相人數相比較，則可以清晰地看到，狀元宰相比例（前期 6：1，占 16.7%；中期 26：4，占 15.4%；後期 23：6，占 26.1%）的變化情況，其中後期已經超過四分之一，應該說是一個很高的比例了。這表明，進士出身者，尤其是狀元出身者的社會地位，隨著擔任高級官吏比例的增加，特別是擔任宰相職務者的人數增長，必然會得到相應地提高。

第十章　唐代狀元題材的戲劇

　　在古代戲劇作品中，狀元題材的戲劇作品占有較大的比重，其最為人們熟悉的模式是貧寒書生求學偶遇富家小姐，一見鍾情後花園裡私訂終身，女方父母宣布不招「白衣女婿」，發奮學習貧寒書生高中狀元，奉旨成婚「有情人都成了眷屬」。這種以「洞房花燭夜，金榜題名時」人生兩大快樂之事為結局的戲劇作品，反映了中華民族傳統文化的「大團圓」情結，適應了社會各個階層的審美情趣與觀賞心理，尤其適應了生活在社會底層的普通老百姓的心理企盼，因而不僅歷代相傳，經久不衰；而且同一題材的戲劇作品還被多個劇種改編上演，成為人們喜聞樂見的傳統劇碼。那麼，戲劇作品中的狀元與歷史上真實狀元之間是什麼關係，唐代狀元題材的戲劇作品有哪些特點？本章對此作一初步考察。

一、部分唐代狀元題材的戲劇作品

表 10-1：部分唐代狀元題材的戲劇作品

作品名稱	作者姓名	戲劇中的狀元	狀元原型	備註
元雜劇《倩女離魂》	元・鄭光祖	唐・王文舉	唐・王宙	取材唐・陳玄祐《離魂記》
明雜劇《鬱輪袍》	明・王衡	唐・王維	唐・王維	見《盛明雜劇》本，取材唐・薛用弱《集異記》

明傳奇《鬱輪袍》	明・西湖居士	唐・王維	唐・王維	見明刊本
明傳奇《鬱輪袍》	明・王元壽	唐・王維	唐・王維	見明刊本
清雜劇《鬱輪袍》	清・黃之雋	唐・王維	唐・王維	見《四才子》
金諸宮調《西廂記》	金・董解元	唐・張君瑞	唐・張君瑞（張生）	取材唐・元稹《鶯鶯傳》
元雜劇《崔鶯鶯待月西廂記》	元・王實甫	唐・張君瑞	唐・張君瑞（張生）	
元雜劇《㑇梅香》	元・鄭德輝	唐・白敏中	唐・白敏中	
元雜劇《鄭元和風雪打瓦罐》	元・高文秀	唐・鄭元和	唐・滎陽公子	取材唐・白行簡《李娃傳》
元雜劇《曲江池》	元・石君寶	唐・鄭元和	唐・滎陽公子	
明雜劇《李亞仙花酒曲江池》	明・朱有燉	唐・鄭元和	唐・滎陽公子	見明刊本、《古名家雜劇》本
明傳奇《繡襦記》	明・薛近兗，一作徐霖	唐・鄭元和	唐・滎陽公子	見明刊本、《六十種曲》本
明傳奇《櫻桃夢》	明・陳與郊	唐・盧生	唐・盧生	見明刊本，取材唐・佚名《櫻桃青衣》
明傳奇《紫簫記》	明・湯顯祖	唐・李益（文）、石子英（武）	唐・李益	見《六十種曲》本，取材唐・蔣防《霍小玉傳》
明傳奇《邯鄲記》	明・湯顯祖	唐・盧生	唐・盧生	見《六十種曲》本，取材唐・沈既濟《枕中記》
明雜劇《雙珠記》	明・沈鯨	唐・王九齡	唐・王九齡	見《六十種曲》本，取材元・陶宗儀《輟耕錄》
明雜劇《英雄成敗》	明・孟稱舜	唐・令狐滈	唐・令狐滈	見《盛明雜劇》本
清傳奇《天下樂》	清・張大復	唐・鍾馗	唐・鍾馗	僅存《嫁妹》一折
清雜劇《清平調》	清・尤侗	唐・李白	唐・李白	見《西堂曲腋》原刻本
清傳統劇碼《清風亭》	清・佚名	唐・張繼保	唐・張仁龜	取材五代・孫光憲《北夢瑣言》卷八

二、唐代狀元題材戲劇本事

　　元明清時期的戲劇作品，不少都是取材於唐人的傳奇，由於劇作家的寫作動機、審美情趣以及作品表現形式等方面的需要，往往對唐人的傳奇進行了藝術加工，瞭解這一藝術加工過程，將有助於我們研究唐代狀元的藝術形象，從而加深對古代科舉狀元的認識。

1.《鬱輪袍》

　　《鬱輪袍》是描寫唐代狀元王維故事的雜劇劇本，明人王衡編。劇本梗概是：唐歧王請詩人王維到九公主處彈奏琵琶，許以狀元及第相酬，被王維拒絕。有王推者聞訊，冒王維之名去彈奏了一曲《鬱輪袍》，並因此中了狀元。主考官宋璟複查試卷，認為王推當在王維之下，遂黜落王推而取王維為第一。王推惱羞成怒，誣告王維是受到歧王的庇護才得以奪魁，導致王維也被黜落。後經歧王出面說明真相，王推的陰謀才沒有得逞，然而狀元王維已經對科舉考試和官場腐敗徹底失望，寧可回輞川隱居也不肯再接受狀元稱號。同題材作品還有明人王元壽、西湖居士以及清人黃之雋所編之《鬱輪袍》。

　　歷史上確有王維其人，也確有王維中狀元之事，然戲劇中有關王維的故事情節則基本上屬於虛構。《鬱輪袍》故事取材於唐人薛用弱所作的傳奇集《集異記》，如果將明人雜劇《鬱輪袍》中的王維與《集異記》中的王維進行比較，王維狀元的藝術形象就清晰可見了。為了比較的需要，現將《集異記》中的有關部分摘引如下：

> 王維右丞年未弱冠，文章得名。性閑音律，妙能琵琶。遊歷諸貴之間，尤為岐王之所眷重。時進士張九皋聲稱籍甚，客有出入公主之門者，為其地，公主以詞牒京兆試官，令以九皋為解頭。維方將應舉，言於岐王，仍求庇借，岐王曰：「貴主之強，不可力爭，吾為子畫焉。子之舊詩清越者可錄十篇，琵琶新聲之怨切者可度一曲，後五日至吾。」維即依命，如期而至。岐王謂曰：「子以文士請謁貴主，何門可見哉！子能如吾之教乎？」維曰：「謹奉命。」岐王乃出錦繡衣服，鮮華奇異，遣維衣之，仍令齎琵琶，同至公主之第。岐王入曰：「承貴主出內，故攜酒樂奉宴。」即令張筵，諸伶旅進。維妙年潔白，風姿都美，立於行，公主顧之，謂岐王曰：「斯何人哉？」答曰：

「知音者也。」即令獨奏新曲，聲調哀切，滿坐動容。公主自詢曰：「此曲何名？」維起曰：「號鬱輪袍。」公主大奇之。岐王因曰：「此生非止音律，至於詞學，無出其右。」公主尤異之。則曰：「子有所為文乎？」維則出獻懷中詩卷呈公主。公主既讀，驚駭曰：「此皆兒所誦習，常謂古人佳作，乃子之為乎？」因令更衣，升之客右。維風流蘊藉，語言諧戲，大為諸貴所欽矚。岐王因曰：「若令京兆府今年得此生為解頭，誠為國華矣。」公主乃曰：「何不遣其應舉？」岐王曰：「此生不得首薦，義不就試，然已承貴主論托張九皋矣。」公主笑曰：「何預兒事，本為他人所托。」顧謂維曰：「子誠取，當為子力致焉。」維起謙謝。公主則召試官至第，遣宮婢傳教，維遂作解頭，而一舉登第矣。及為太樂丞，為伶人舞黃師子，坐出官。黃師子者，非一人不舞也。天寶末，祿山初陷西京，維及鄭虔、張通等，皆處賊庭。洎克復，俱囚於宣楊裡楊國忠舊宅。崔圓因召於私第，令畫數壁。當時皆以圓勳貴無二，望其救解，故運思精巧，頗絕其能。（「能」原作「皆」，據明抄本改）後由此事，皆從寬典；至於貶黜，亦獲善地。今崇義裡竇丞相易直私第，即圓舊宅也，畫尚在焉。維累為給事中，祿授以偽官。及賊平，兄縉為北都副留守，請以己官爵贖之，由是免死。累為尚書右丞。於藍田置別業，留心釋典焉。[1]

　　比較《集異記》所載史實與《鬱輪袍》戲劇情節不難發現：唐人傳奇中的王維是通過夤緣岐王走公主的後門才得以考中京兆府的解頭，京兆府是唐代京城所在地區，科舉考試的考官非常重視錄取京兆府推薦的舉子，有的時候京兆府推薦的前三名就是朝廷禮部考試錄取的前三名，甚至出現過推薦的舉子未被錄取，京兆府地方官具牒質詢之事。舉子能夠考中京兆府的解元，那就距離狀元不遠了。正因為如此，為了達到科舉中第、出人頭地的目的，王維不惜假扮戲子（這在當時是有失身分的事情），說明王維的骨頭並不硬，形象也不甚高大。「安史之亂」平定後王維因接受「偽職」而受到朝廷的追究，要不是其弟王縉以官爵相救，幾乎性命不保。顯而易見，王維的人格形象和為官品性很難和他在文學、藝術上的成就相提並論。

1　參見《太平廣記》卷一百七十九〈王維〉條引《集異記》，第 1331-1332 頁，北京：中華書局，1961 年。

　　然而在明人戲劇作品中，王維由解元變成了狀元，由一個勢利人物變成了「正人君子」，為了烘托王維形象的高大，還特意塑造了王推這一反面人物作為陪襯。從戲劇的具體情節來看，全劇的矛盾衝突由王維拒絕為公主獻藝、王推冒名頂替而引發，王推一出場就說：遇到熟的人，便守著我的「才丁」；若生人，便搭上一個「紐絲」。之後的第三折公主壽宴、第四折科場考試和第五折瓊林赴宴，可謂是「一波三折」：歧王久慕王維才名，多次相邀均被王維婉拒，皇室九公主壽誕，希望王維能夠參加並「獻些伎倆」。歧王遂修書一封命人送給王維，信中要求王維以伶人身分參加公主的壽宴，乘間薦他為當年狀元。王維接信後很不高興，對人說道：「不義而富且貴，於我如浮雲。王維今年三十歲也，若我肯將機就機，當初歧王累十次請我，我索性應承他了。貞女守節半世，倒在中途嫁人麼？」於是退信於來人。

　　王維拒絕為公主獻藝，為王推冒充王維創造了條件；王推冒充王維的過程，也是全劇矛盾衝突的過程。

　　公主壽宴上，王推冒名王維前來獻藝，歧王喜出望外，公主也很高興地「賜座」。王推用琵琶演奏了一曲《鬱輪袍》，又吟誦了一首詩詞。公主感到樂曲聲不堪入耳，王推以「至樂無聲」搪塞；公主說詩詞中的首句「秦時明月漢時關」是王昌齡所作，王推以「王昌齡偷了自己的詩句」狡辯。也許是公主心情不錯，加上歧王從中圓場，王推最終如願拿到了公主推薦自己為狀元的信件。

　　科場考試中，監試官趙履溫閱看王推應試詩，認為文理不通，命人將王推趕出考場。王推急忙呈上公主的推薦信，趙履溫這時才知道公主推薦的今科狀元就是眼前的這個舉子，雖然覺得錄取這樣一個人為狀元不合適，但因為是公主的意思，只得照辦，於是改口讓王推回去等著看榜。接著是王維應試，詩文清新，別具一格，然而趙履溫卻是百般挑剔，仍決定以王推為狀元。主考官宋璟審定錄取名單時，發現王維的應試詩水平遠在擬取為狀元的王推之上，而且懸殊甚大，遂以王維為是年狀元。

　　瓊林赴宴時，王推聽說自己快要到手的狀元被王維搶去，便闖進瓊林宴，當眾揭發王維中狀元乃是因為九公主的推薦，又拿出當初歧王寫給王維的信件為證，禮部尚書信以為真，命人剝去王維的狀元袍帶，趕出瓊林宴。歧王聞聽此事，出面說明真相，要王維重新穿上狀元袍帶。此時的王維已經心灰意冷，

毅然告別官場，歸隱輞川。

　　現在我們所見的《鬱輪袍》，係《盛明雜劇》本，作者王衡。王衡，字辰玉，別號蘅蕪室主人。太倉（今江蘇太倉）人。王衡的父親王錫爵是明代萬曆年間有名的宰相，曾長期糾纏在激烈的官場鬥爭之中；王衡自己也因此而受到連累，以致科場受阻，明萬曆十六年（1588年）鄉試第一，萬曆二十九年（1601年）始中進士。《鬱輪袍》雖然寫的是唐代科舉考試中的舞弊之事，但王衡卻是借王維的科場遭遇來抒發自己的憤懣之情，反映了作者對現實人生的強烈感慨，對官場險惡的深刻體會。所以在中榜眼的當年，王衡就激流勇退，「請終養歸」，從此絕意仕進。誠如西湖沈泰所言：「辰玉滿腔憤懣，借摩詰作題目，故能言一己所欲言，暢世人所未暢。」（見《盛明雜劇》本眉批）戲劇的結尾從禪宗思想出發，希望讀書人看破紅塵，放棄功名富貴的追求，以便精神解脫，是作者本身消極避世思想的一種反映。[2]

　　《鬱輪袍》對《集異記》的這種改變雖然有違歷史事實，但卻符合戲劇的基本特點，迎合了觀眾的欣賞心理，王維視富貴為浮雲，而王推為富貴而奔走鑽營，兩人比較，涇渭分明，王維中狀元乃人心所向，如果讓王推的陰謀得逞，則與人們的審美心理相悖。科舉出身的人是古代知識階層中的優秀分子，而狀元又是其中的佼佼者，是人們學習、羨慕甚至是景仰的對象，一般情況下，人們希望自己心目中的狀元形象是「高大全」的，即使歷史原型並非如此。這種對狀元形象進行藝術加工，故意拔高人物形象的情況在古代戲劇作品中屢見不鮮。

2.《西廂記》

　　《西廂記》是一出流傳久遠的狀元題材戲劇，元人王實甫編，全名《崔鶯鶯待月西廂記》，一作《張君瑞待月西廂記》。劇本梗概是：唐貞元年間，崔相國夫人攜年方十九的女兒鶯鶯扶柩回博陵，途中受阻暫住普救寺。河南書生張君瑞遊學河中府，在普救寺邂逅鶯鶯，才子佳人一見鍾情。時河橋守將孫飛虎兵圍普救寺，強索鶯鶯為妻，崔夫人當眾許願：有退得賊兵者以鶯鶯許之，張君瑞馳函好友白馬將軍杜確發兵解圍。然崔夫人嫌張家貧寒而欲賴婚，張生

2　參見徐培均、范民聲主編，《中國古典名劇鑑賞辭典》，上海：上海古籍出版社，1990年版第426-429頁。

相思成疾，鶯鶯在聰明伶俐的侍婢紅娘的巧妙安排下，得以與張生相會於西廂外的後花園，私訂終身。崔夫人發現後，要拷打紅娘，紅娘以機智和雄辯說服崔夫人，使其不得不承認既成事實。但崔夫人並不甘心將女兒嫁給一個窮書生，便強令張君瑞赴京趕考，以考取狀元作為迎取鶯鶯的條件。張君瑞忍痛別離，發奮讀書，終於高中狀元，衣錦榮歸，和鶯鶯團圓。

張君瑞中狀元一事史無明載，極有可能是文學家在創作過程中虛構出來的人物。王實甫的《西廂記》在情節改編和結構處理上借鑑了金人董解元的《西廂記諸宮調》，而董解元的《西廂記諸宮調》則又取材於唐代元積的傳奇《鶯鶯傳》，因此，分析《西廂記》中狀元張生的藝術形象，就很有必要讀一讀元積傳奇小說《鶯鶯傳》。

（唐）貞元中，有張生者，性溫茂，美風容，內秉堅孤，非禮不可入。或朋從遊宴，擾雜其間，他人皆洶洶拳拳，若將不及，張生容順而已，終不能亂。以是年二十三，未嘗近女色。知者詰之，謝而言曰：「登徒子非好色者，是有凶行。余真好色者，而適不我值。何以言之？大凡物之尤者，未嘗不留連於心，是知其非忘情者也。」詰者識之。無幾何，張生遊於蒲，蒲之東十餘里，有僧舍曰普救寺，張生寓焉。適有崔氏孀婦，將歸長安，路出於蒲，亦止茲寺。崔氏婦，鄭女也。張出於鄭，緒其親，乃異派之從母。是歲，渾瑊薨於蒲，有中人丁文雅，不善於軍，軍人因喪而擾，大掠蒲人。崔氏之家，財產甚厚，多奴僕，旅寓惶駭，不知所托。先是，張與蒲將之黨有善，請吏護之，遂不及於難。十餘日，廉使杜確將天子命以總戎節，令於軍，軍由是戢。鄭厚張之德甚，因飾饌以命張，中堂宴之。復謂張曰：「姨之孤嫠未亡，提攜幼稚，不幸屬師徒大潰，實不保其身，弱子幼女，猶君之生，豈可比常恩哉！今俾以仁兄禮奉見，冀所以報恩也。」命其子，曰歡郎，可十餘歲，容甚溫美。次命女：「出拜爾兄，爾兄活爾。」久之，辭疾，鄭怒曰：「張兄保爾之命，不然，爾且擄矣，能復遠嫌乎？」久之，乃至。常服睟容，不加新飾。垂鬟接黛，雙臉銷紅而已。顏色豔異，光輝動人。張驚，為之禮。因坐鄭旁。以鄭之抑而見也，凝睇怨絕，若不勝其體者。問其年紀，鄭曰：「今天子甲子歲之七月，終於貞元庚辰，生年十七矣。」張生稍以詞導之，不對，終席而罷。張自是惑之，願致其情，無由得也。崔之婢曰紅娘。

生私為之禮者數四，乘間遂道其衷。婢果驚沮，腆然而奔，張生悔之。翌日，婢復至，張生乃羞而謝之，不復云所求矣。婢因謂張曰：「郎之言，所不敢言，亦不敢泄。然而崔之姻族，君所詳也，何不因其德而求娶焉？」張曰：「余始自孩提，性不苟合。或時紈綺閒居，曾莫流盼。不為當年，終有所蔽。昨日一席間，幾不自持。數日來，行忘止，食忘飽，恐不能逾旦暮。若因媒氏而娶，納采問名，則三數月間，索我於枯魚之肆矣。爾其謂我何？」婢曰：「崔之貞慎自保，雖所尊不可以非語犯之。下人之謀，固難入矣。然而善屬文，往往沉吟章句，怨慕者久之。君試為喻情詩以亂之，不然，則無由也。」張大喜，立綴〈春詞〉二首以授之。是夕，紅娘復至，持彩箋以授張，曰：「崔所命也。」題其篇曰〈明月三五夜〉，其詞曰：「待月西廂下，近風戶半開。拂牆花影動，疑是玉人來。」張亦微喻其旨。是夕，歲二月旬有四日矣。崔之東有杏花一株，攀援可逾。既望之夕，張因梯其樹而逾焉，達於西廂，則戶半開矣。紅娘寢於床上，因驚之。紅娘駭曰：「郎何以至？」張因紿之曰：「崔氏之箋召我也，爾為我告之。」無幾，紅娘復來，連曰：「至矣！至矣！」張生且喜且駭，必謂獲濟。及崔至，則端服嚴容，大數張曰：「兄之恩，活我之家，厚矣。是以慈母以弱子幼女見托。奈何因不令之婢，致淫逸之詞，始以護人之亂為義，而終掠亂以求之，是以亂易亂，其去幾何？誠欲寢其詞，則保人之奸，不義；明之於母，則背人之惠，不祥；將寄與婢僕，又懼不得發其真誠：是用托短章，願自陳啟。猶懼兄之見難，是用鄙靡之詞，以求其必至。非禮之動，能不愧心？特願以禮自持，毋及於亂！」言畢，翻然而逝。張自失者久之。復逾而出，於是絕望。數夕，張生臨軒獨寢，忽有人覺之。驚駭而起，則紅娘斂衾攜枕而至。撫張曰：「至矣！至矣！睡何為哉？」並枕重衾而去。張生拭目危坐久之，猶疑夢寐；然而修謹以俟。俄而紅娘捧崔氏而至，則嬌羞融冶，力不能運支體，曩時端莊，不復同矣。是夕，旬有八日也，斜月晶瑩，幽輝半床。張生飄飄然，且疑神仙之徒，不謂從人間至矣。有頃，寺鐘鳴，天將曉。紅娘促去。崔氏嬌啼宛轉，紅娘又捧之而去，終夕無一言。張生辨色而興，自疑曰：「豈其夢邪？」及明，睹妝在臂，香在衣，淚光熒熒然，猶瑩於茵席而已。是後又十餘日，杳不復知。張生賦〈會真〉詩三十韻，未畢，而紅娘適至，因授之，以貽崔氏。

自是復容之，朝隱而出，暮隱而入，同安於曩所謂西廂者，幾一月矣。張生常詰鄭氏之情，則曰：「我不可奈何矣，」因欲就成之。無何，張生將之長安，先以情諭之。崔氏宛無難詞，然而愁怨之容動人矣。將行之再夕，不可復見，而張生遂西下。數月，復遊於蒲，會於崔氏者又累月。崔氏甚工刀劄，善屬文，求索再三，終不可見。往往張生自以文挑，亦不甚睹覽。大略崔之出人者，藝必窮極，而貌若不知；言則敏辯，而寡於酬對。待張之意甚厚，然未嘗以詞繼之。時愁豔幽邃，恒若不識，喜慍之容，亦罕形見。異時獨夜操琴，愁弄悽惻。張竊聽之，求之，則終不復鼓矣。以是愈惑之。張生俄以文調及期，又當西去。當去之夕，不復自言其情，愁歎於崔氏之側。崔已陰知將訣矣，恭貌怡聲，徐謂張曰：「始亂之，終棄之，固其宜矣。愚不敢恨。必也君亂之，君終之，君之惠也。則沒身之誓，其有終矣，又何必深感於此行？然而君既不懌，無以奉寧。君常謂我善鼓琴，向時羞顏，所不能及。今且往矣，既君此誠。」因命拂琴，鼓〈霓裳羽衣〉序，不數聲，哀音怨亂，不復知其是曲也。左右皆歔欷，崔亦遽止之，投琴，泣下流連，趨歸鄭所，遂不復至。明旦而張行。明年，文戰不勝，張遂止於京，因贈書於崔，以廣其意。崔氏緘報之詞，粗載於此。曰：「捧覽來問，撫愛過深，兒女之情，悲喜交集。兼惠花勝一合，口脂五寸，致耀首膏唇之飾。雖荷殊恩，誰復為容？睹物增懷，但積悲歎耳。伏承使於京中就業，進修之道，固在便安。但恨僻陋之人，永以遐棄，命也如此，知復何言！自去秋已來，常忽忽如有所失，於喧嘩之下，或勉為語笑，閑宵自處，無不淚零。乃至夢寐之間，亦多感咽離憂之思。綢繆繾綣，暫若尋常，幽會未終，驚魂已斷。雖半衾如暖，而思之甚遙。一昨拜辭，倏逾舊歲。長安行樂之地，觸緒牽情，何幸不忘幽微，眷念無斁。鄙薄之志，無以奉酬。至於終始之盟，則固不忒。鄙昔中表相因，或同宴處。婢僕見誘，遂致私誠。兒女之心，不能自固。君子有援琴之挑，鄙人無投梭之拒。及薦寢席，義盛意深，愚陋之情，永謂終托。豈期既見君子，而不能定情，致有自獻之羞，不復明侍巾幘。沒身永恨，含歎何言！倘仁人用心，俯遂幽眇，雖死之日，猶生之年。如或達士略情，捨小從大，以先配為醜行，以要盟為可欺。則當骨化形銷，丹誠不泯；因風委露，猶托清塵。存沒之誠，言盡於此；臨紙嗚咽，

情不能申。千萬珍重，珍重千萬！玉環一枚，是兒嬰年所弄，寄充
君子下體所佩。玉取其堅潤不渝，環取其終始不絕。兼亂絲一絇，
文竹茶碾子一枚。此數物不足見珍，意者欲君子如玉之真，弊志如
環不解，淚痕在竹，愁緒縈絲，因物達情，永以為好耳。心邇身遐，
拜會無期。幽憤所鐘，千里神合。千萬珍重！春風多屬，強飯為嘉。
慎言自保，無以鄙為深念。」張生發其書於所知，由是時人多聞之。
所善楊巨源好屬詞，因為賦〈崔娘〉詩一絕云：「清潤潘郎玉不如，
中庭蕙草雪銷初。風流才子多春思，腸斷蕭娘一紙書。」河南元稹，
亦續生〈會真〉詩三十韻，詩曰：「微月透簾櫳，螢光度碧空。遙
天初縹緲，低樹漸蔥朧。龍吹過庭竹，鸞歌拂井桐。羅綃垂薄霧，
環珮響輕風。絳節隨金母，雲心捧玉童。更深人悄悄，晨會雨濛濛。
珠瑩光文履，花明隱繡龍。瑤釵行彩鳳，羅帔掩丹虹。言自瑤華浦，
將朝碧玉宮。因遊洛城北，偶向宋家東。戲調初微拒，柔情已暗通。
低鬟蟬影動，回步玉塵蒙。轉面流花雪，登床抱綺叢。鴛鴦交頸舞，
翡翠合歡籠。眉黛羞偏聚，唇朱暖更融。氣清蘭蕊馥，膚潤玉肌豐。
無力慵移腕，多嬌愛斂躬。汗流珠點點，髮亂綠蔥蔥。方喜千年會，
俄聞五夜窮。留連時有恨，繾綣意難終。慢臉含愁態，芳詞誓素衷。
贈環明運合，留結表心同。啼粉流宵鏡，殘燈遠暗蟲。華光猶苒苒，
旭日漸曈曈。乘鵉還歸洛，吹簫亦上嵩。衣香猶染麝，枕膩尚殘紅。
冪冪臨塘草，飄飄思渚蓬。素琴鳴怨鶴，清漢望歸鴻。海闊誠難渡，
天高不易沖。行雲無處所，蕭史在樓中。」張之友聞之者，莫不聳
異之，然而張志亦絕矣。稹特與張厚，因徵其詞。張曰：「大凡天
之所命尤物也，不妖其身，必妖於人。使崔氏子遇合富貴，乘寵嬌，
不為雲，為雨，則為蛟為螭，吾不知其變化矣。昔殷之辛，周之幽，
據百萬之國，其勢甚厚。然而一女子敗之，潰其眾，屠其身，至今
為天下僇笑。予之德不足以勝妖孽，是用忍情。」於時坐者皆為深歎。
後歲餘，崔已委身於人，張亦有所娶。適經所居，乃因其夫言於崔，
求以外兄見。夫語之，而崔終不為出。張怨念之誠，動於顏色。崔
知之，潛賦一章，詞曰：「自從消瘦減容光，萬轉千回懶下床。不
為旁人羞不起，為郎憔悴卻羞郎。」竟不之見。後數日，張生將行，
又賦一章以謝絕云：「棄置今何道，當時且自親。還將舊時意，憐
取眼前人。」自是，絕不復知矣。時人多許張為善補過者。予嘗於

朋會之中，往往及此意者，夫使知者不為，為之者不惑。貞元歲九月，
執事李公垂宿於予靖安里第，語及於是。公垂卓然稱異，遂為《鶯
鶯歌》以傳之。崔氏小名鶯鶯，公垂以命篇。[3]

　　閱覽全文不難發現，《鶯鶯傳》描寫的是一對青年男女的戀愛故事，張
生因見鶯鶯「顏色豔異，光輝動人」，遂極力追求。鶯鶯出身「五姓」望族崔
氏，當是大家閨秀，然天性叛逆，初與張生相見相戀，雖曾動搖不定，顧慮重
重，但最終還是為了追求愛情而作出了夜半主動向張生示愛的大膽舉動。按照
這樣的邏輯發展，《鶯鶯傳》應該是一部典型的愛情喜劇。然而，張生並未珍
惜與鶯鶯的初戀，幾年之後便很隨意地遺棄了鶯鶯，甚至公開地聲稱鶯鶯是「尤
物」、「妖孽」，自己與鶯鶯斷絕關係乃是「善補過者」，張生這種「文過飾
非，遂墜惡趣」的舉動，魯迅在其《中國小說史略》一書中曾加以分析和批判。
鶯鶯雖然非常希望張生能夠與其結百年秦晉之好，但是在遭到張生的遺棄之後，
她沒有恨，只有怨，因為她認為兩人私相結合本身就是「不合法」的，「有自
獻之羞」，因而出現「始亂之，終棄之」的結果，是「固其宜矣」。顯而易見，
在唐人筆下的張生不是一個愛情至上者，而只是一個為了自身利益而毫不留情
的「負心漢」，甚至可以說是一個玩弄女性感情的騙子。

　　元稹傳奇《鶯鶯傳》描寫的愛情悲劇，到了董解元的諸宮調和王實甫的元
雜劇《西廂記》中變成了愛情喜劇。元雜劇《西廂記》通過描寫張生和崔鶯鶯
自由戀愛的過程，歌頌了一對青年男女對愛情、婚姻的理想追求，喊出了「願
普天下有情的皆成了眷屬」這一瑰麗而神聖的愛情宣言。張生與鶯鶯的愛情故
事波瀾迭起：張生暫住普救寺，偶遇在花園燒香的崔鶯鶯，兩人一見鍾情。然
而鶯鶯的婚事早就由父母作主許配給了崔夫人的外甥、當朝尚書之子鄭恒。張
生借兵解了普救寺之圍，滿以為能與鶯鶯結為連理，不料崔夫人自食其言，出
爾反爾，否認當初將鶯鶯許配給能解普救寺之圍的人的承諾，只是讓鶯鶯認了
張生為哥哥。從張生「解圍」，到崔夫人「賴婚」，主人公由喜到悲，形成了
戲劇矛盾衝突的第一個高潮。鶯鶯思念情人，紅娘從中穿針引線，終於使得有
情人相會西廂，但鶯鶯故作生氣斥責張生，又使張生相思成疾，臥床不起，鶯
鶯經過思想鬥爭，大膽地與張生私下結為夫婦。崔夫人知曉後十分惱火，雖經

3　張友鶴選注，《唐宋傳奇選》，第106-111頁，北京：人民文學出版社，1964年。

紅娘勸解不得不承認既成事實，但要求張生必須金榜題名之後方能迎娶鶯鶯，張生被迫上京趕考。主人公由悲到喜，形成了戲劇矛盾衝突的第二個高潮。〈草橋店驚夢〉一折，讓張生在旅店夢中與鶯鶯相會，鶯鶯表達了「不戀豪傑，不羨驕奢；自願的生則同衾，死則同穴」的願望，然而夢中醒來，嚴酷的現實又使得張生由喜到悲，從而形成了戲劇衝突的第三個高潮。張生中了狀元，被授官河南府尹，鄭恒為得到鶯鶯，誣說張生已做了衛尚書的女婿，崔夫人同意鄭恒迎娶鶯鶯，張生在關鍵時刻回到普救寺，揭穿了鄭恒的陰謀詭計，終於和鶯鶯團圓成親，崔鶯鶯的由悲到喜構成了戲劇衝突的第四個高潮。正是由於劇作家運用了亦喜亦悲、悲喜相生；一張一弛，張弛交替的藝術手法構造戲劇衝突，使尋常的故事在生動活潑的情節中得到了理想的昇華，達到了完美的藝術境地。[4]

　　從愛情悲劇到愛情喜劇，反映了唐代狀元張生這一藝術形象從唐代傳奇到元代雜劇的變化過程。元稹《鶯鶯傳》是唐代的傳奇，時代的烙印清晰可見，唐代門閥士族雖然經過新貴族的打擊而勢力有所削弱，但門第觀念在人們的心目中還是根深蒂固的，尤其是在青年男女談婚論嫁時，更是非常強調「門當戶對」，即使是李唐皇室成員要想與「五姓」聯姻也並非易事，以至出現了唐高宗顯慶四年頒布的〈禁婚詔〉，詔書規定「後魏隴西李寶，太原王瓊，滎陽鄭溫，范陽盧子遷、盧深、盧輔，清河崔宗伯、崔元孫，前燕博陵崔懿，晉趙郡李楷等子孫，不得自為婚姻。」[5] 然而，「五姓」家族為了達到通婚的目的，竟然選擇夜間嫁女、娶媳，甚至可以不舉行任何儀式以規避朝廷、官府的追究。[6] 劉餗《隋唐嘉話》卷中記載了高宗時宰相薛元超的一段話很有代表性：「吾不才，富貴過分。然平生有三恨：始不以進士擢第，不得娶五姓女，不得修國史。」[7] 門第觀念上的天壤之限，造成了許多男女青年愛情上的悲劇。唐代科舉出身者的社會地位較高，不少人一旦獲取功名，入仕為官，便成為高門望族選擇女婿

4　翟滿桂，〈「願普天下有情的都成了眷屬」——元代愛情劇及其浪漫主義藝術特色〉，載《零陵師專學報》，1997 年第三期。

5　參見《資治通鑑》卷二百〈唐紀〉十六顯慶四年冬十月丙寅，又見《新唐書》卷九五〈高儉傳〉。

6　唐・劉餗，《隋唐嘉話》卷中，載《唐五代筆記小說大觀》上冊，第 105 頁，上海：上海古籍出版社，2000 年。

7　唐・劉餗，《隋唐嘉話》卷中，載《唐五代筆記小說大觀》上冊，第 103-104 頁，上海：上海古籍出版社，2000 年。

的對象，這樣一來，即使不想拋棄「糟糠之妻」，也很難經受得住誘惑，愛情悲劇便不可避免地產生了，元稹《鶯鶯傳》、白行簡《李娃傳》和蔣防《霍小玉傳》等作品都是反映這種社會問題的作品，從不同的角度表現了這樣的主題思想。元代蒙古貴族入主中原之後，長時間不實行科舉制度，也不重用漢人，知識分子科舉無門、仕途無望，社會地位低下，為了生存，為了養家糊口，一部分知識分子便以自己熟悉的人物和事件為藍本創作戲劇作品，在解決生存問題的同時，借助於狀元及第、仕婚兩全的士子形象的塑造來寄託自己的理想，抒發自己的情懷。由此而來，出身寒門的小姐可以變成宰相之女，沒有考中進士的人可以高中狀元，被拋棄的妻子也可以榮升為誥命夫人，從而形成古典戲劇結局的「大團圓」模式，這是元代知識分子的社會心理變化所致，同時也適應了民族心理和審美心理的需求，魯迅對這一現象評價說：「中國人的心理，是很喜歡團圓的。」「凡是歷史上不團圓的，在小說裡往往給他團圓。」[8]

3. 《倩女離魂》

　　《倩女離魂》，全名《迷青瑣倩女離魂》，是元代著名作家鄭光祖以描寫青年男女愛情故事為主題的劇本。劇本梗概是：秀才王文舉與倩女自幼由父母指腹為婚，王文舉父母早亡，家道敗落，倩女之母便以「三輩不招白衣秀士」為藉口打算毀約，不料倩女卻十分忠實於愛情，就在王文舉赴京應試，與倩女柳亭相別之後，由於思念王文舉，倩女的魂魄便離了原身，追隨王文舉一起奔赴京城。而王文舉卻不知是倩女的魂魄與他在一起，還以為倩女本人同他一起赴京。王文舉狀元及第三年後，準備從京城啟程赴官，順道去探望岳父母，便先修書一封告知倩女的父母，謂將偕妻同歸，張家始疑文舉已另娶，及王文舉同倩女魂魄至，全家皆驚，因為三年來，倩女一直病臥在床，倩女魂魄往見病臥倩女，二者翕然合一，方知為離魂。倩女病癒，皆大歡喜，一對恩愛夫妻得到團圓。

　　王文舉狀元及第一事未見史載，其生活原型當是唐朝陳玄祐的傳奇《離魂記》中的王宙，為了分析比較王文舉這一藝術形象，有必要將《離魂記》摘引一下：

8　魯迅，《中國小說史略》，第316頁，載《魯迅全集》第九卷，北京：人民文學出版社，1982年。

天授三年，清河張鎰因官家於衡州。性簡靜，寡知友。無子，有女二人，其長早亡，幼女倩娘，端妍絕倫。鎰外甥太原王宙，幼聰悟，美容範，鎰常器重，每曰：「他時當以倩娘妻之。」後各長成，宙與倩娘，常私感想於寤寐，家人莫知其狀。後有賓僚之選者求之，鎰許焉。女聞而鬱抑，宙亦深恚恨。托以當調，請赴京，止之不可，遂厚遣之。宙陰恨悲慟，決別上船。日暮，至山郭數里。夜方半，宙不寐，忽聞岸上有一人行聲甚速，須臾至船。問之，乃倩娘，徒行跣足而至。宙驚喜發狂，執手問其從來，泣曰：「君厚意如此，寢寐相感，今將奪我此志，又知君情深不易，思將殺身奉報。是以亡命來奔。」宙非意所望，欣躍特甚，遂匿倩娘於船，連夜遁去。倍道兼行，數月至蜀。凡五年，生兩子。與鎰絕信，其妻常思父母，涕泣言曰：「吾曩日不能相負，棄大義而來奔君。向今五年，恩慈間阻。覆載之下，胡顏獨存也？」宙哀之曰：「將歸無苦。」遂俱歸衡州。既至，宙獨身先至鎰家，首謝其事，鎰曰：「倩娘病在閨中數年，何其詭說也？」宙曰：「見在舟中。」鎰大驚，促使人驗之。果見倩娘在船中，顏色怡暢，訊使者曰：「大人安否？」家人異之，疾走報鎰。室中女聞，喜而起，飾妝更衣，笑而不語，出與相迎，翕然而合為一體，其衣裳皆重。其家以事不正，祕之，惟親戚間有潛知之者。後四十年間，夫妻皆喪，二男並孝廉擢第，至丞尉。事出陳玄祐《離魂記》云。玄祐少常聞此說，而多異同，或謂其虛。大曆末，遇萊蕪縣令張仲規，因備述其本末。鎰則仲規堂叔，而說極備悉，故記之。[9]

　　由此可見，《離魂記》是一篇把異聞與言情相結合的傳奇文，作於大曆末年（779 年）前後。寫的是少女張倩娘愛上表兄王宙，靈魂與肉體分離，抗婚私奔，與情人形影相隨的故事。這個題材並不新鮮，志怪小說集《幽明錄》中的〈龐阿〉，寫的是石氏女愛上有婦之夫而離魂追隨的故事。但《離魂記》不但在思想上明顯加強，熱烈頌揚婚姻自由，而且著意於描摹人物的心理活動，在藝術上大大地進步了，顯示了作者在小說的寫作上已具備較高的自覺性和創造性。它是唐代小說成熟的起點。

9　參見《太平廣記》卷三百五十八〈王宙〉條引《離魂記》，第 2381-2382 頁，北京：中華書局，1961 年。

比較傳奇《離魂記》，元雜劇《倩女離魂》集中刻畫了倩女追求婚姻自主，忠貞於愛情的形象和性格。在婚姻上，決不輕易任人擺布。當她的母親想要悔約，要她與王文舉兄妹相稱時，她便一眼看穿了母親的用意，表示了堅決的反對。當倩女的魂魄離開真身，追隨王文舉一起赴京路上，王文舉以為倩女本人奔來，先是說怕倩女的母親知道，勸她回去，倩女果敢地說：「他若是趕上咱，待怎樣？常言道，做著不怕！」王文舉勸阻行不通，便用禮教來教訓她，說什麼「聘則為妻，奔則為妾」，說她「私自趕來，有玷風化」。倩女更堅定地說：「你振色怒增加，我凝睇不歸家。我本真情，非為相謔，已主定心猿意馬。」表現了她對封建禮教的反抗和鄙視。與倩女近乎完美的藝術形象相比較，狀元王文舉反倒顯得性格軟弱，毫無生氣，一副「衛道士」的人格形象。不過這樣描寫唐代狀元，卻是符合當時大多數知識分子的性格特點的，因而也就是符合歷史實際情況的。在情節上，鄭光祖繼承了原作的浪漫主義手法，把主題提煉為「先得官後成婚」或「先成婚後得官」兩種方案造成的不同後果，來揭露封建禮教制度下門閥婚姻的實質，從而使主題內容更為豐富，意義也更為深刻。倩女相信王文舉不是「茅簷燕雀」，而是「混海鯨鼇」，「他辛勤十年書劍洛陽城，決崢嶸一朝冠蓋長安道。」早晚是要得官的。她同時又非常擔心王文舉得官後「富貴變心」，易妻別娶。「也不指望駟馬高車顯榮耀，不爭把瓊姬棄卻。比及盼子高來到，早辜負了碧桃花下鳳鸞交。」這一擔心是倩女「離魂」的思想根源和根本原因。王文舉雖以封建禮教訓斥倩魂，但他最終與倩魂結合實際上是擔心自己落榜後女方昧婚。能否中舉是倩女和王文舉共同的擔心，而正是這種擔心促成了兩人的結合。封建時代婚姻的實質是以政治為基礎的聯姻，而非以性愛為基礎的結合。倩女的母親是根據家庭和家族的利益要求需要來決定倩女的婚姻，這在當時是極為正常的現象，因此，「先婚後官」，還是「先官後婚」，就不僅僅是倩女與其母親之間爭論的焦點，實質上是封建社會男女婚姻自主與封建禮教之間的矛盾所造成的。在戲劇作品中男女婚姻自主可能成為「現實」，不過這種「現實」是虛擬的，在實際生活中幾乎是不存在的。[10]

4. 《裴度還帶》

元雜劇《裴度還帶》，全稱《山神廟裴度還帶》，關漢卿作。或謂賈仲明

---

10 參見王志武，《古代戲劇鑑賞辭典》，〈倩女離魂〉條，西安：陝西人民出版社，1988 年版第 256-262 頁。

作，未有確證。劇本梗概是：河東裴喜人裴度，早年雙親去世，一貧如洗，投靠姨父王榮，王榮勸他棄儒經商，裴度不忍羞辱，傲然離去。王榮暗托白馬寺長老代為接濟照顧。洛陽太守韓廷幹被誣陷下獄，追贓三千貫，其女韓瓊英往郵亭賣詩，遇李文俊奉旨巡訪，應允將此冤情上奏，又贈給價值千貫的玉帶，使代父完贓脫禁。瓊英不慎將玉帶遺失於山神廟中；裴度拾而不昧，自晚間坐等失主至天明，還與瓊英。當裴度送瓊英出門時，山神廟突然坍塌，裴度方悟相士趙野鶴說他將死於亂磚瓦之下的話並不虛誑。韓夫人以瓊英許配裴度為妻，趙野鶴與長老又贈送馬匹與銀兩助裴度赴京應舉，並預言此行必得重用。裴度不負眾望，果然狀元及第，奉旨與瓊英完婚。裴度回敬趙野鶴和長老，又與王榮相認和好，李文俊傳旨嘉獎。

按裴度，字中立，河東聞喜（山西聞喜）人。裴度在代有偉人的裴氏家族中，可謂佼佼者，為人正氣凜然，居官清正廉明，史稱裴度「誠社稷之良臣，股肱之賢相」，爵封晉公。邑人朱裴有詩贊曰：「崇勳厚秩極人臣，社稷安危繫一身。還帶陰功昭日月，平淮顯績勒星辰。湖園著作耆英美，綠野明堂寵賜頻。父老於今尚拜祀，涓涓不斷在河濱。」然功勳卓著的裴度並非如戲劇上所言是狀元出身，而只是進士出身，《舊唐書・裴度傳》（卷一七〇）云：「裴度字中立，河東聞喜人。祖有鄰，濮州濮陽令。父漵，河南府澠池丞。度，貞元五年進士擢第，登宏辭科。應制舉賢良方正、能直言極諫科，對策高等，授河陰縣尉。」[11] 清人徐松《登科記考》卷十二亦係裴度為貞元五年進士，該年進士科考試所錄進士凡三十六人，狀元為涿州范陽（今河北涿州）人盧頊。[12]

元雜劇《裴度還帶》源本於唐末五代人王定保《唐摭言》的記載，是書卷四〈節操〉條云：

> 裴晉公質狀眇小，相不入貴，既屢屈名場，頗亦自惑。會有相者在洛中，大為縉紳所神。公時造之問命。相者曰：「郎君形神稍異於人，不入相書。若不至貴，即當餓死，然今則殊未見貴處。可別日垂訪，勿以蔬糲相鄙。候旬日，為郎君細看。」公然之，凡數往矣。無何，阻朝客在彼，因退遊香山佛寺，徘徊廊廡之下。忽有一素衣婦人，

11　後晉・劉昫，《舊唐書》卷一七〇〈裴度傳〉，第 532 頁，上海：上海古籍出版社、上海書店，1986 年。

12　清・徐松，《登科記考》卷十二，第 451 頁，北京：中華書局，1984 年。

致一緹縐於僧伽和尚欄楯之，祈祝良久，復取筊擲之，叩頭瞻拜而去。少頃，度方見其所致，意彼遺忘，既不可追，然料其必再至，因為收取。躊躇至暮，婦人竟不至，度不得已，攜之歸所止。詰旦，復攜就彼。時寺門始辟，俄睹向者素衣疾趨而至，逡巡撫膺惋歎，若有非橫。度從而訊之。婦人曰：「新婦阿父無罪被系，昨告人，假得玉帶二；犀帶一，直千餘緡，以賂津要。不幸遺失於此。今老父不測之禍無所逃矣！」度憮然，復細詰其物色，因而授之。婦人拜泣，請留其一。度不顧而去。尋詣相者，相者審度聲色頓異，大言曰：「此必有陰德及物！此後前途萬里，非某所知也。」再三詰之，度偶以此言之。相者曰：「只此便是陰功矣，他日無相忘！勉旃，勉旃！」度果位極人臣。[13]

由此可見，《唐摭言》描寫的裴度因善積「陰德」得到回報，位極人臣，宣揚的是因果報應的宿命論思想，沒有涉及裴度科舉考試和聯姻韓女的情節。而在元雜劇中，裴度志向遠大，品德高尚，狀元及第，奉旨完婚，人們所期待的理想人格，裴度幾乎全都具備；人們所希冀的理想人生，裴度最終全部擁有。顯然，這是裴度的戲劇藝術形象，而非歷史人物的真實形象。《裴度還帶》結構嚴謹，情節發展有波瀾，曲辭沉鬱慷慨，抒發了文士不遇的憤懣之氣，在藝術上是有成就的。

5.《曲江池》

《曲江池》雜劇，元人石君寶作，是我國戲曲劇種中廣為搬演的一台劇碼，明人朱有燉改名為《李亞仙花酒曲江池》雜劇，薛近兗改編的傳奇《繡襦記》和無名氏改編的話本《李亞仙記》均取材於此。

元雜劇《曲江池》劇本梗概是：唐代書生鄭元和春遊曲江池，邂逅名妓李亞仙，一見鍾情，二人相戀。錢盡，被鴇母逐出而落為歌郎，其父唐刺史鄭儋（鄭北海）發現，鞭笞之至死並棄屍荒郊，叫花李四又將其救活。期間，李亞仙不忘舊情，以珠寶暗縫繡襦之中，到處尋找鄭元和。後來元和行乞路遇亞仙，被亞仙帶歸，苦讀上進，又因眷情而不專心，尤被李亞仙之「目美」所惑，亞

13　五代・王定保，《唐摭言》卷四〈節操〉，載《唐五代筆記小說大觀》下冊，第1611頁，上海：上海古籍出版社，2000年。

仙剔目以激其志，元和終於高中狀元，並與父親盡釋前嫌，鄭儋感亞仙高義，允若兩人成婚，闔家團圓。

鄭元和狀元及第一事史無記載，從故事情節上看，該劇當源於唐代著名詩人白行簡的《李娃傳》，鄭元和的藝術原型當為《李娃傳》中的滎陽生。現將《李娃傳》全文摘引如下：

汧國夫人李娃，長安之倡女也。節行瑰奇，有足稱者。故監察御史白行簡為傳述。天寶中，有常州刺史滎陽公者，略其名氏，不書。時望甚崇，家徒甚殷。知命之年，有一子，始弱冠矣，雋朗有詞藻，迥然不群，深為時輩推伏。其父愛而器之，曰：「此吾家千里駒也。」應鄉賦秀才舉，將行，乃盛其服玩車馬之飾，計其京師薪儲之費。謂之曰：「吾觀爾之才，當一戰而霸。今備二載之用，且豐爾之給，將為其志也。」生亦自負，視上第如指掌。自毗陵發，月餘抵長安，居於布政裡。嘗遊東市還，自平康東門入，將訪友於西南。至鳴珂曲，見一宅，門庭不甚廣，而室宇嚴邃，闔一扉。有娃方憑一雙鬟青衣立，妖姿要妙，絕代未有。生忽見之，不覺停驂久之，徘徊不能去。乃詐墜鞭於地，候其從者，敕取之，累眄於娃，娃回眸凝睇，情甚相慕，竟不敢措辭而去。生自爾意若有失，乃密徵其友游長安之熟者以訊之。友曰：「此狹邪女李氏宅也。」曰：「娃可求乎？」對曰：「李氏頗贍，前與之通者多貴戚豪族，所得甚廣，非累百萬，不能動其志也。」生曰：「苟患其不諧，雖百萬，何惜！」他日，乃潔其衣服，盛賓從而往。扣其門，俄有侍兒啟扃。生曰：「此誰之第耶？」侍兒不答，馳走大呼曰：「前時遺策郎也。」娃大悅曰：「爾姑止之，吾當整妝易服而出。」生聞之，私喜。乃引至蕭牆間，見一姥垂白上僂，即娃母也。生跪拜前致詞曰：「聞茲地有隙院，願稅以居，信乎？」姥曰：「懼其淺陋湫隘，不足以辱長者所處，安敢言直耶？」延生於遲賓之館，館宇甚麗。與生偶坐，因曰：「某有女嬌小，技藝薄劣，欣見賓客，願將見之。」乃命娃出，明眸皓腕，舉步豔冶。生遂驚起，莫敢仰視。與之拜畢，敘寒燠，觸類妍媚，目所未睹。復坐，烹茶斟酒，器用甚潔。久之日暮，鼓聲四動。姥訪其居遠近。生紿之曰：「在延平門外數里」。冀其遠而見留也。姥曰：「鼓已發矣，當速歸，無犯禁。」生曰：「幸接歡笑，不知日之雲夕。道裡遼闊，

城內又無親戚，將若之何？」娃曰：「不見責僻陋，方將居之，宿何害焉。」生數目姥，姥曰：「唯唯。」生乃召其家僮，持雙縑，請以備一宵之饌。娃笑而止之曰：「賓主之儀，且不然也。今夕之費，願以貧窶之家，隨其粗糲以進之。其餘以俟他辰。」固辭，終不許。俄徙坐西堂，帷幙簾榻，煥然奪目；妝奩衾枕，亦皆侈麗。乃張燭進饌，品味甚盛。徹饌，姥起。生娃談話方切，諧諧調笑，無所不至。生曰：「前偶過卿門，遇卿適在屏間。厥後心常勤念，雖寢與食，未嘗或舍。」娃答曰：「我心亦如之。」生曰：「今之來，非直求居而已，願償平生之志。但未知命也若何。」言未終，姥至，詢其故，具以告。姥笑曰：「男女之際，大欲存焉。情苟相得，雖父母之命，不能制也。女子固陋，曷足以薦君子之枕席！」生遂下階，拜而謝之曰：「願以己為廝養。」姥遂目之為郎，飲酬而散。及旦，盡徙其囊橐，因家於李之第。自是生屏跡戢身，不復與親知相聞，日會倡優儕類，狎戲遊宴。囊中盡空，乃鬻駿乘及其家童。歲餘，資財僕馬蕩然。邇來姥意漸怠，娃情彌篤。他日，娃謂生曰：「與郎相知一年，尚無孕嗣。常聞竹林神者，報應如響，將致薦酌求之，可乎？」生不知其計，大喜。乃質衣於肆，以備牢醴，與娃同謁祠宇而禱祝焉，信宿而返。策驢而後，至里北門，娃謂生曰：「此東轉小曲中，某之姨宅也，將憩而觀之，可乎？」生如其言，前行不逾百步，果見一車門。窺其際，甚弘敞。其青衣自車後止之曰：「至矣。」生下，適有一人出訪曰：「誰？」曰：「李娃也。」乃入告。俄有一嫗至，年可四十餘，與生相迎，曰：「吾甥來否？」娃下車，嫗逆訪之曰：「何久踈絕？」相視而笑。娃引生拜之，既見，遂偕入西戟門偏院。中有山亭，竹樹蔥蒨，池榭幽絕。生謂娃曰：「此姨之私第耶？」笑而不答，以他語對。俄獻茶果，甚珍奇。食頃，有一人控大宛，汗流馳至曰：「姥遇暴疾頗甚，殆不識人，宜速歸。」娃謂姨曰：「方寸亂矣，某騎而前去，當令返乘，便與郎偕來。」生擬隨之，其姨與侍兒偶語，以手揮之，令生止於戶外，曰：「姥且歿矣，當與某議喪事，以濟其急，奈何遽相隨而去？」乃止，共計其凶儀齋祭之用。日晚，乘不至。姨言曰：「無覆命何也？郎驟往覘之，某當繼至。」生遂往，至舊宅，門扃鐍甚密，以泥緘之。生大駭，詰其鄰人。鄰人曰：「李本稅此而居，約已周矣。第主自收，姥徙居而且再宿矣。」

徵徒何處，曰：「不詳其所。」生將馳赴宣陽，以詰其姨，日已晚矣，計程不能達。乃弛其裝服，質饌而食，賃榻而寢，生恚怒方甚，自昏達旦，目不交睫。質明，乃策蹇而去。既至，連扣其扉，食頃無人應。生大呼數四，有宦者徐出。生遽訪之：「姨氏在乎？」曰：「無之。」生曰：「昨暮在此，何故匿之？」訪其誰氏之第，曰：「此崔尚書宅。昨者有一人稅此院，云遲中表之遠至者，未暮去矣。」生惶惑發狂，罔知所措，因返訪布政舊邸。邸主哀而進膳。生怨懟，絕食三日，邇疾甚篤，旬餘愈甚。邸主懼其不起，徙之於凶肆之中。綿綴移時，合肆之人，共傷歎而互飼之。後稍愈，杖而能起。由是凶肆日假之，令執繐帷，獲其直以自給。累月，漸復壯，每聽其哀歌，自歎不及逝者，輒嗚咽流涕，不能自止。歸則效之。生，聰敏者也，無何，曲盡其妙，雖長安無有倫比。初，二肆之傭兇器者，互爭勝負。其東肆車轝皆奇麗，殆不敵。唯哀挽劣焉。其東肆長知生妙絕，乃醵錢二萬索顧焉。其黨者舊，共較其所能者，陰教生新聲，而相贊和。累旬，人莫知之。其二肆長相謂曰：「我欲各閱所傭之器於天門街，以較優劣。不勝者，罰直五萬，以備酒饌之用，可乎？」二肆許諾，乃邀立符契，署以保證，然後閱之。士女大和會，聚至數萬。於是里胥告於賊曹，賊曹聞於京尹。四方之士，盡赴趨焉，巷無居人。自旦閱之，及亭午，歷舉輦轝威儀之具，西肆皆不勝，師有慚色。乃置層榻於南隅，有長髯者，擁鐸而進，翊衛數人，於是奮髯揚眉，扼腕頓顙而登，乃歌〈白馬〉之詞。恃其夙勝，顧眄左右，旁若無人。齊聲讚揚之，自以為獨步一時，不可得而屈也。有頃，東肆長於北隅上設連榻，有烏巾少年，左右五六人，秉翣而至，即生也。整衣服，俯仰甚徐，申喉發調，容若不勝。乃歌〈薤露〉之章，舉聲清越，響振林木。曲度未終，聞者歔欷掩泣。西肆長為眾所誚，益慚恥，密置所輸之直於前，乃潛遁焉。四座愕眙，莫之測也。先是天子方下詔，俾外方之牧，歲一至闕下，謂之「入計」。時也適遇生之父在京師，與同列者易服章，竊往觀焉。有老豎，即生乳母婿也，見生之舉措辭氣，將認之而未敢，乃泫然流涕。生父驚而詰之，因告曰：「歌者之貌，酷似郎之亡子。」父曰：「吾子以多財為盜所害，奚至是耶？」言訖，亦泣。及歸，豎間馳往，訪於同黨曰：「向歌者誰，若斯之妙歟？」皆曰：「某氏之子。」徵其名，且易之矣，

豎凜然大驚。徐往，迫而察之。生見豎，色動回翔，將匿於眾中。豎遂持其袂曰：「豈非某乎？」相持而泣，遂載以歸。至其室，父責曰：「志行若此，污辱吾門，何施面目，複相見也？」乃徒行出，至曲江西杏園東，去其衣服。以馬鞭鞭之數百。生不勝其苦而斃，父棄之而去。其師命相狎昵者，陰隨之，歸告同黨，共加傷歎。令二人齎葦席瘞焉。至則心下微溫，舉之良久，氣稍通。因共荷而歸，以葦筒灌勺飲，經宿乃活。月餘，手足不能自舉，其楚撻之處皆潰爛，穢甚。同輩患之，一夕棄於道周。行路咸傷之，往往投其餘食，得以充腸。十旬，方杖策而起。被布裘，裘有百結，襤褸如懸鶉。持一破甌巡於閭里，以乞食為事。自秋徂冬，夜入於糞壤窟室，晝則周遊廛肆。一旦大雪，生為凍餒所驅。冒雪而出，乞食之聲甚苦，聞見者莫不凄惻。時雪方甚，人家外戶多不發。至安邑東門，循里垣，北轉第七八，有一門獨啟左扉，即娃之第也。生不知之，遂連聲疾呼：「饑凍之甚！」音響凄切，所不忍聽。娃自閤中聞之，謂侍兒曰：「此必生也，我辨其音矣。」連步而出。見生枯瘠疥癘，殆非人狀。娃意感焉，乃謂曰：「豈非某郎也？」生憤懑絕倒，口不能言，頷頤而已。娃前抱其頸，以繡襦擁而歸於西廂。失聲長慟曰：「令子一朝及此，我之罪也。」絕而復蘇。姥大駭奔至，曰：「何也？」娃曰：「某郎。」姥遽曰：「當逐之，奈何令至此。」娃斂容卻睇曰：「不然，此良家子也，當昔驅高車，持金裝，至某之室，不逾期而蕩盡。且互設詭計，舍而逐之，殆非人。令其失志，不得齒於人倫。父子之道，天性也。使其情絕，殺而棄之。又困躓若此。天下之人，盡知為某也。生親戚滿朝，一旦當權者熟察其本末，禍將及矣。況欺天負人，鬼神不祐，無自貽其殃也。某為姥子，迨今有二十歲矣。計其資，不啻值千金。今姥年六十餘，願計二十年衣食之用以贖身，當與此子別卜所詣。所詣非遙，晨昏得以溫清，某願足矣。」姥度其志不可奪，因許之。給姥之餘，有百金。北隅四五家，稅一隙院。乃與生沐浴，易其衣服，為湯粥通其腸，次以酥乳潤其臟。旬餘，方薦水陸之饌。頭巾履襪，皆取珍異者衣之。未數月，肌膚稍腴。卒歲，平愈如初。異時，娃謂生曰：「體已康矣，志已壯矣。淵思寂慮，默想曩昔之藝業，可溫習乎？」生思之，曰：「十得二三耳。」娃命車出遊，生騎而從。至旗亭南偏門鬻墳典之肆，令生揀而市之，計費百金，

盡載以歸。因令生斥棄百慮以志學，俾夜作晝，孜孜矻矻。娃常偶坐，宵分乃寐。伺其疲倦，即諭之綴詩賦。二歲而業大就，海內文籍，莫不該覽。生謂娃曰：「可策名試藝矣。」娃曰：「未也，且令精熟，以俟百戰。」更一年，曰：「可行矣。」於是遂一上登甲科，聲振禮闈。雖前輩見其文，罔不斂衽敬羨，願友之而不可得。娃曰：「未也。今秀士苟獲擢一科第，則自謂可以取中朝之顯職，擅天下之美名。子行穢跡鄙，不侔於他士。當礱淬利器，以求再捷，方可以連衡多士，爭霸群英。」生由是益自勤苦，聲價彌甚。其年遇大比，詔徵四方之雋，生應直言極諫科，策名第一，授成都府參軍。三事以降，皆其友也。將之官，娃謂生曰：「今之復子本軀，某不相負也。願以殘年，歸養老姥。君當結媛鼎族，以奉蒸嘗。中外婚媾，無自瀆也。勉思自愛，某從此去矣。」生泣曰：「子若棄我，當自剄以就死。」娃固辭不從，生勤請彌懇。娃曰：「送子涉江，至於劍門，當令我回。」生許諾。月餘，至劍門。未及發而除書至，生父由常州詔入，拜成都尹，兼劍南採訪史。浹辰，父到。生因投刺，謁於郵亭。父不敢認，見其祖父官諱，方大驚，命登階，撫背慟哭移時。曰：「吾與爾父子如初。」因詰其由，具陳其本末。大奇之，詰娃安在。曰：「送某至此，當令復還。」父曰：「不可。」翌日，命駕與生先之成都，留娃於劍門，築別館以處之。明日，命媒氏通二姓之好，備六禮以迎之，遂如秦晉之偶。娃既備禮，歲時伏臘，婦道甚修，治家嚴整，極為親所眷。後數歲，生父母偕歿，持孝甚至。有靈芝產於倚廬，一穗三秀，本道上聞。又有白燕數十，巢其層甍。天子異之，寵錫加等。終制，累遷清顯之任。十年間，至數郡。娃封汧國夫人，有四子，皆為大官，其卑者猶為太原尹。弟兄姻媾皆甲門，內外隆盛，莫之與京。嗟乎，倡蕩之姬，節行如是，雖古先烈女，不能逾也。焉得不為之歎息哉！予伯祖嘗牧晉州，轉戶部，為水陸運使，三任皆與生為代，故諳詳其事。貞元中，予與隴西李公佐，話婦人操烈之品格，因遂述汧國之事。公佐拊掌竦聽，命予為傳。乃握管濡翰，疏而存之。時乙亥歲秋八月，太原白行簡云。[14]

顯然，白行簡的傳奇作品《李娃傳》已經具備了較強的戲劇性，圍繞滎陽

14　張友鶴選注，《唐宋傳奇選》，第74-80頁，北京：人民文學出版社，1964年。

生與李娃愛情的坎坷歷程，層層遞進，滎陽生攜帶鉅款進京考試，在平康里巧遇李娃，兩人一見鍾情。滎陽生金錢耗盡，為鴇母設計趕出，此為第一個波折。滎陽生為生活所迫流落凶肆，以歌郎為業。其父親發現後，認為有辱門庭，毒打滎陽生至死並棄屍荒野，此為第二個波折。滎陽生乞討途中邂逅李娃，並為李娃收留。在李娃的幫助下，發奮讀書一舉考上狀元。父子相認，夫妻團圓。此為第三個波折。元雜劇《曲江池》增加了一些具體的情節，如暗送繡襦、亞仙剔目等，更加突出了李亞仙忠於愛情的美德以及鄭元和對愛情的真摯追求，使主人公的形象更具光彩。其中鄭氏父子矛盾的衝突，則對封建門閥制度和婚姻制度進行了批判，具有現實意義。

三、唐代狀元題材戲劇的特點

唐代狀元題材的戲劇具有以下幾個基本特點：

第一，解決戲劇矛盾衝突的關鍵是男主人公狀元及第。

男女主人公的愛情追求，家境貧寒的書生與富家小姐門第懸殊往往會形成戲劇矛盾衝突，這種矛盾衝突解決的手段可以是多種多樣的，但在狀元題材的戲劇中，男主人公考中狀元幾乎是解決矛盾的固定模式和唯一手段。《西廂記》中的張生只有考中狀元，並被授為河南府尹後才得以迎娶崔鶯鶯。《牆頭馬上》的裴公子如果不能考中狀元並授官洛陽令，就不可能與李千金團圓成家。《曲江池》中的鄭元和與妓女李亞仙相慕，錢財耗盡流落街頭，險被親生父親打死。如果不是後來狀元及第，鄭元和也許永遠沒有父子團聚的一天。落難公子只有在中狀元之後，才能與「有情人終成了眷屬」。

第二，狀元題材戲劇中的狀元大多是虛構的人物。

根據筆者的粗略統計，唐代狀元題材的戲劇作品大約有二十多部，涉及狀元十三人，然而其中真正屬於進士科狀元及第的歷史人物原型只有王維一個人，也就是說戲劇作品中的大多數狀元都是編撰者虛構出來的，《倩女離魂》中的王文舉、《西廂記》中的張君瑞，《曲江池》中的鄭元和等等都是如此，歷史上沒有任何記載。《清平調》中的李白，雖是唐代的名人，但卻是連科舉考場的大門也未進過，說他是科舉考試的狀元更是無從談起。

　　第三，狀元題材戲劇中的狀元大多是正面人物形象。

　　古代戲劇作品中，狀元形象大致可以分為捨身報國的英烈形象，如歌頌文天祥寧死不屈的《厓山烈》、《西台記》。剛正不阿的清官形象，最為著名的當是宋代包拯的舞臺形象，元雜劇《包待制智斬魯齋郎》、清傳統劇碼《鍘美案》等都是屬於這一主題。才華橫溢的詩人形象，如《鬱輪袍》中的王維、《清平調》中的李白等。多情重義的郎君形象，如《破窯記》中的呂蒙正，《荊釵記》中的王十朋等。富貴變心的丑類形象，如《張協狀元》中的張協，《王魁》中的王魁，影響最大的當屬《鍘美案》中的陳世美。[15] 然而，如果我們仔細地分析古代戲劇作品中的狀元形象，不難發現以唐代狀元為原型的戲劇作品，很少將狀元作為「反面人物」來塑造，恰恰相反，即使狀元原型在歷史記載中存在諸多的缺陷，但在戲劇作品中，人物都被塑造成「正面形象」。《鬱輪袍》中的王維是通過夤緣歧王、結識公主而得以考中解元和狀元，「安史之亂」時還曾接受「偽職」，人格形象並不怎麼「高大」，但在戲劇作品中，王維卻變成了蔑視權貴、面對「狀元」桂冠毫不動心的人。《鶯鶯傳》中的張生在費盡心機得到鶯鶯之後，不久又很隨意地遺棄了鶯鶯，張生「負心漢」的形象清晰可見。而在元雜劇中，薄情寡義的張生變成了愛情專一者，景況淒慘的「棄婦」變成了「誥命夫人」。

15　蕭源錦，《狀元史話》，第 366-384 頁，重慶：重慶出版社，1992 年。

第十一章　唐代狀元的文學成就

　　在古代狀元研究中，有學者認為唐代狀元大多平庸無能，其理由之一就是狀元之中沒有出現幾個有影響的文學家，筆者認為這種說法失之偏頗。首先，狀元是科舉考試的產物，在每年成百上千人的考場競爭中，狀元能夠脫穎而出，說明其具有一定的文學才能。其次，唐代狀元中確實有極個別狀元是通過不正當手段謀取狀元稱號，但因此就否定所有的唐代狀元，則與歷史史實不符。第三，對現在能夠證實的一百多位唐代狀元的研究表明，很多狀元都有傳世作品，尤其在唐詩的創作方面，一些狀元的文學成就在中國文學史上占有一定的地位。

一、部分文獻中所收唐代狀元作品一覽

　　唐代狀元作品散載於多種文獻，本章以《全唐文》、《全唐詩》為主，兼顧《新唐書・藝文志》（簡稱《新志》）、《文苑英華》（簡稱《英華》）、《直齋書錄解題》（簡稱《直齋》）、《郡齋讀書志》（簡稱《郡齋》）等文獻，列出《部分文獻中所收唐代狀元作品一覽表》，以反映唐代狀元作品的基本情況。為方便檢索，表中序號沿用本書統一編制的唐代狀元序號。

表 11-1：部分文獻中所收唐代狀元作品一覽表

序號	科分	姓名	全唐文	全唐詩	其它文獻
3	咸亨二年（671 年）	弓嗣初		卷 72	
4	上元元年（674 年）	程行謀			《英華》卷 889
7	垂拱元年（685 年）	吳師道	卷 260		《英華》卷 882
10	開元元年（713 年）	常無名	卷 396		
11	開元二年（714 年）	李昂	卷 302	卷 120	
12	開元四年（716 年）	范崇凱			《方輿勝覽》卷 63
13	開元九年（721 年）	王維	卷 324	卷 18- 卷 21 卷 24、卷 27 卷 125- 卷 128	《新志》、《郡齋》、《直齋》均載《王維集》10 卷
17	開元十四年（726 年）	嚴迪	卷 403		
18	開元十五年（727 年）	李嶷		卷 24 卷 145	
19	開元十六年（728 年）	虞咸	卷 400		
25	開元二十六年（738 年）	崔曙	卷 355	卷 155	《直齋》卷 19 載《崔曙集》1 卷
26	開元二十七年（739 年）	李岑		卷 258	
32	天寶七載（748 年）	楊譽			《英華》卷 138 賦 1 篇
36	天寶十四載（755 年）	常袞	卷 410	卷 254	《新志》載《常袞集》10 卷
37	天寶十五載（756 年）	盧庚	卷 375		
39	廣德二年（764 年）	楊棲梧	卷 436		
42	大曆四年（769 年）	齊映	卷 450		
43	大曆五年（770 年）	李搏	卷 667		
46	大曆七年（772 年）	張式	卷 445		
47	大曆九年（774 年）	楊憑	卷 478	卷 289	
48	大曆十年（775 年）	丁澤	卷 457	卷 281	
49	大曆十二年（777 年）	黎逢	卷 482	卷 288	
50	大曆十三年（778 年）	楊凝		卷 290	《新志》載《楊凝集》20 卷
51	大曆十四年（779 年）	王儲		卷 281	
53	建中二年（781 年）	崔元翰	卷 523	卷 313	《新志》載《崔元翰集》30 卷
56	貞元二年（786 年）	張正甫	卷 619		

58	貞元五年（789 年）	盧頊	卷 717		
59	貞元七年（791 年）	尹樞	卷 619		
60	貞元八年（792 年）	賈稜	卷 594	卷 347	
62	貞元十年（794 年）	陳諷	卷 614	卷 368	
63	貞元十二年（796 年）	李程	卷 632	卷 368	《新志》載《李程表狀》1 卷
66	貞元十五年（799 年）	封孟紳	卷 946	卷 464	
68	貞元十七年（801 年）	班蕭	卷 724		
69	貞元十八年（802 年）	徐晦	卷 611		
71	元和元年（806 年）	武翊黃		卷 768	
73	元和四年（809 年）	韋瓘		卷 507	
74	元和五年（810 年）	李顧行	卷 788		
75	元和七年（812 年）	李固言			《唐文拾遺》卷 29
77	元和九年（814 年）	張又新	卷 721	卷 479	《新志》、《郡齋》、《直齋》均載〈煎茶水記〉1 卷
78	元和十一年（816 年）	鄭澥			《新志》載《涼國公平蔡錄》1 卷
81	元和十五年（820 年）	盧儲		卷 369	
85	寶曆元年（825 年）	柳璟	卷 744		《新志》載《續譜》十卷
87	大和元年（827 年）	李郃	卷 744		《新志》載《骰子選格》3 卷
88	大和二年（828 年）	韋籌	卷 788		
92	大和七年（833 年）	李餘		卷 508	
93	大和八年（834 年）	陳寬	卷 793		《唐文拾遺》卷 31
95	開成二年（837 年）	李肱		卷 542	
96	開成三年（838 年）	裴思謙		卷 542	
100	會昌二年（842 年）	鄭顥		卷 563	
101	會昌三年（843 年）	盧肇	卷 768	卷 551 卷 870	
102	會昌四年（844 年）	鄭言			《新志》載《平剡錄》1 卷
103	會昌五年（845 年）	易重		卷 557	
109	大中七年（853 年）	于瓖		卷 564	
113	大中十三年（859 年）	孔緯	卷 804		

118	咸通八年（867 年）	鄭洪業		卷 600	
125	乾符二年（875 年）	鄭合敬		卷 667	
127	乾符五年（878 年）	孫偓		卷 688	
131	光啟二年（886 年）	陸扆	卷 827	卷 688	《新志》載《陸扆集》7 卷
134	龍紀元年（889 年）	李瀚		卷 881	
139	乾寧元年（894 年）	蘇檢		卷 866	
140	乾寧二年（895 年）	趙觀文	卷 828		
148	天祐三年（906 年）	裴說		卷 720	《郡齋》、《直齋》均載《裴說集》1 卷
附：年分無考狀元					
150 崔液：《全詩》卷 28、卷 54、卷 890；《新志》載《崔液集》10 卷					

二、唐代狀元與唐詩

　　唐代是詩的國度，唐詩的繁榮是「盛唐氣象」的重要表現形式之一。在唐詩眾多題材中，科舉題材的詩篇占有較大的比例，因此，研究唐詩就離不開科舉考試這一重要的時代條件。近年來，一些學者在科舉詩的研究方面很有成績，[1]但遍檢目錄，發現以唐代狀元與唐詩這一角度進行研究的成果似乎不多，本章擬以現存與唐代狀元有關聯的唐詩為主要內容，探討唐代狀元與唐詩乃至整個唐代社會文化發展的關係。

1. 狀元赴舉詩

　　參加科舉考試是唐代知識分子實現人生價值和社會理想的必由之路，每年的科舉考試，都有數千名舉子進京趕考，因而辭鄉赴舉的題材在唐詩中極為常見。《全唐詩》中現存以「赴舉」為題名的詩篇有六十七首，以「應舉」為題

1　較早問世的專著有程千帆《唐代進士行卷與文學》（上海古籍出版社，1980 年版）、傅璇琮《唐代科舉與文學》（陝西人民出版社，1986 年第 1 版）等。論文主要有賈晉華〈唐代省試詩與錢起省試湘靈鼓瑟〉，（《古典文學知識》1995 年第二期）、張浩遜〈唐代科舉詩論略〉（《鐵道師院學報》1998 年第二期）、〈唐代的時事型省試詩〉（《中國典籍與文化》1999 年第四期）、〈關於唐代省試詩的幾個問題〉（《煙台師範學院學報》1999 年第四期）、曾廣開〈論元和時期省試詩對元和詩風的影響〉（《湖北大學成人教育學院學報》2000 年第四期）、薛亞軍〈唐代省試詩題及其思想文化背景〉（《北方論叢》2001 年第二期）等。

名的詩篇有八首，按內容大致可劃分為兩類，一類是為舉子餞行勉勵，如劉希夷〈餞李秀才赴舉〉：「鴻鵠振羽翮，翻飛入帝鄉。朝鳴集銀樹，暝宿下金塘。日月天門近，風煙夜路長。自憐窮浦雁，歲歲不隨陽。」[2] 岑參〈送韓巽入都覲省便赴舉〉：「槐葉蒼蒼柳葉黃，秋高八月天欲霜。青門百壺送韓侯，白雲千里連嵩丘。北堂倚門望君憶，東歸扇枕後秋色。洛陽才子能幾人，明年桂枝是君得。」[3] 一類是舉子自我感懷，如李山甫〈赴舉別所知〉：「腰劍囊書出戶遲，壯心奇命兩相疑。麻衣盡舉一雙手，桂樹只生三兩枝。黃祖不憐鸚鵡客，志公偏賞麒麟兒。叔牙憂我應相痛，回首天涯寄所思。」[4] 李昭象〈赴舉出山留寄山居鄭參軍〉：「還如費冠卿，向此振高名。肯羨魚須美，長誇鶴氅輕。理琴寒指倦，試藥黑髭生。時泰難雲臥，隨看急詔行。」[5] 現以會昌三年（843 年）進士科狀元盧肇的〈別宜春赴舉〉為例對赴舉詩進行簡要的分析：

> **別宜春赴舉**
>
> **盧肇**
>
> 秋天草木正蕭疏，西望秦關別舊居。
>
> 筵上芳樽今日酒，篋中黃卷古人書。
>
> 辭鄉且伴銜蘆雁，入海終為戴角魚。
>
> 長短九霄飛直上，不教毛羽落空虛。[6]

　　全詩上半闋主要寫景，以景喻意表達作者赴舉前夕的感受。唐代進士科考試在每年的冬春季節進行，地點相對集中於京師長安，而盧肇又是從宜春隨朝集使進京，遠離長安數千里需要一定的時間，因此在早秋季節就需要上路了。秋冬之季，由南向北，氣候變化，草木蕭瑟，向西眺望，詩人別有一番滋味在心頭，盧氏家族曾為當地的望族，但到盧肇父輩時家道已經衰落，盧肇在其〈進海潮賦狀〉中云：「臣門地衰薄，生長江湖；志在為儒，弱不好弄。研求近代

2　清・彭定求，《全唐詩》卷八十二，第 415 頁，石家莊：河北人民出版社，1993 年。

3　清・彭定求，《全唐詩》卷一百九十九，第 972 頁，石家莊：河北人民出版社，1993 年。

4　清・彭定求，《全唐詩》卷六百四十三，第 3457 頁，石家莊：河北人民出版社，1993 年。

5　清・彭定求，《全唐詩》卷六百八十九，第 3711 頁，石家莊：河北人民出版社，1993 年。

6　清・彭定求，《全唐詩》卷五百五十一，第 3006 頁，石家莊：河北人民出版社，1993 年。

寒苦，莫甚於斯。臣伏念為業之初，家空四壁，夜無脂燭，則爇薪蘇，曉恨頑冥，亦嘗懸刺。」[7]五代人王定保曾說過：「科第之設，草澤望之起家，簪紱望之繼世。孤寒失之，其族餒矣；世祿失之，其族絕矣。」[8]詩人赴舉，寄託著個人的理想，同樣也承載著家族的希望。「秦關」實指潼關，也指長安，又何嘗不是指詩人此行的理想彼岸！臨別之際，盧肇仍然惦記著自己的書篋中是否已經帶上了所有的得意之作，帶上了需要學習的古人之書，思考著能否在漫漫的旅途中再寫出幾篇比較滿意的行卷之文，能否在到了長安之後很快找到賞識自己的「知己」。

　　詩的下半闋重在寫情，抒發詩人雄心勃勃、志在必得的情懷。舉子赴舉，如銜蘆雁搏擊長空，似戴角魚遨遊大海，正是施展才華，實現抱負的時機，盧肇詩中表達了「長短九霄飛直上，不教毛羽落空虛」的豪情壯志。乍一看，似乎覺得盧肇過於自負，甚至有些輕狂。但如果我們聯繫當時科舉考試中盧肇的遭遇情況，可能就比較好理解盧肇其人其詩了。盧肇參加地方州府的選拔考試時，曾多次受到奚落，一次有人問他是哪裡人，他回答是袁州人，那人驚訝地問「袁州出舉子？」盧肇聽了，心中很不是滋味，回答道：「袁州出舉人，亦猶沅江出龜甲，九肋者蓋 稀矣。」考試中，儘管盧肇考試成績很不錯，但卻被考官錄取在最後，盧肇有啟謝考官詩云：「巨鼇屭贔，首冠蓬山。」試官不解，對他說：「昨某限以人數擠排，雖獲申展，深慚名第奉浼，焉得翻有『首冠蓬山』之謂，」盧肇回答：「必知明公垂問。大凡頑石處上，巨鼇戴之，豈非『首冠』耶！」一座聞之大笑。《唐摭言》卷三〈慈恩寺題名遊賞賦詠雜紀〉條還記載了盧肇赴舉前的一件事：「盧肇，袁州宜春人，與同郡黃頗齊名。頗富於產，肇幼貧乏。與頗赴舉，同日遵路，郡牧於離亭餞頗而已。時樂作酒酣，肇策蹇郵亭側而過；出郭十餘里，駐程俟頗為侶。」[9]也許是過多地遭遇到奚落的刺激，也許是朝中有人胸有成竹穩操勝卷，總之，盧肇通過詩文發洩了胸中的憤懣與鬱悶，抒發出雄心勃勃、志在必得的情懷。

7　清・董誥，《全唐文》卷七六八〈進海潮賦狀〉，第 8001 頁，北京：中華書局影印，1983 年。

8　五代・王定保，《唐摭言》卷九〈好及第惡登科〉，載《唐五代筆記小說大觀》下冊，第 1654 頁，上海：上海古籍出版社，2000 年。

9　五代・王定保，《唐摭言》卷三〈慈恩寺題名遊賞賦詠雜紀〉，載《唐五代筆記小說大觀》下冊，第 1607 頁，上海：上海古籍出版社，2000 年。

2. 狀元省試詩

　　唐代科舉考試由尚書省主持，故稱「省試」，具體負責部門前後有變化，唐初開始由吏部負責，一般由考功員外郎任主考官。自開元二十四年（736年）以後改為禮部負責，一般由禮部侍郎任主考官。進士科的省試，起初只考策文，唐高宗永淳元年（682年）起改為試帖經、雜文和策文三場，其中雜文試大約從中宗神龍前後開始，基本定為詩、賦各一首。在省試考場上所完成的應試詩，就稱為省試詩。省試詩有其特定的格式，要求為五言律詩，六韻十二句，共六十個字，並限定詩題和用韻。如天寶十載（751年）省試的〈湘靈鼓瑟〉詩，試官限以「湘、靈」二字之一為韻，錢起詩云：「善鼓雲和瑟，常聞帝子靈。馮夷空自舞，楚客不堪聽。苦調淒金石，清音入杳冥。蒼梧來怨慕，白芷動芳馨。流水傳瀟浦，悲風過洞庭。曲終人不見，江上數峰青。」[10]省試詩考試的具體要求在實際執行中並不嚴格，開元十三年（725年）祖詠所作的省試詩〈終南望餘雪〉：「終南陰嶺秀，積雪浮雲端。林表明霽色，城中增暮寒。」[11]只有兩韻四句二十個字，所以在祖詠交卷時，考官詰問何以離格，答曰「意盡」便順利通過。又如大順三年（892年）進士汪極所作的省試詩〈奉試麥壟多秀色〉：「南陌生岐穗，農家樂事多。塍畦交茂綠，苗實際清和。日布玲瓏影，風翻浩蕩波。來牟知帝利，含哺有衢歌。」[12]只有五言四韻八句，四十個字。張浩遜經研究認為，省試詩初起的幾十年，或是限作五言四韻，或是限作五言六韻或五言八韻，規定並不十分嚴格，主考官也不完全以寫滿規定字數為取捨標準。天寶十載（751年）後，對省試詩的要求便基本上定格在五言六韻十二句了。[13]

　　綜觀唐代省試詩，流傳後世的名篇佳作並不多見，究其原因，首先是受到題材的限制，因為那些以「頌聖」為內容的詩篇，絕大多數都是舉子逢場作戲的產物，很難有詩人真情實感的流露，自然也就缺少審美價值。其次是受到考試時間的制約，唐代進士科考試時，詩賦考試只有一天的時間，如果白天完不成，可以晚上繼續進行，但晚上只允許使用兩支臘燭。也就是說，即使加上晚上的考試時間，舉子要完成詩賦的考試時間也只有十個小時左右。這樣一來，

10　清・彭定求，《全唐詩》卷二百三十八，第1247頁，石家莊：河北人民出版社，1993年。

11　清・彭定求，《全唐詩》卷一百三十一，第625頁，石家莊：河北人民出版社，1993年。

12　清・彭定求，《全唐詩》卷六百九十，第3715頁，石家莊：河北人民出版社，1993年。

13　張浩遜，〈關於唐代省試詩的幾個問題〉，載《煙台師範學院學報》，1999年第四期。

要想在考場上「推敲」詩文寫出流傳千古的名篇佳作幾乎是不大可能的。第三是受到舉子心態的影響，作為廟堂文學的一種，省試詩必須歌功頌德、媚悅朝廷，舉子既要分析題義，又要揣摩考官心理，以期得到考官的青睞。如王表〈賦得花發上林〉云：「御苑春何早，繁花已繡林。笑迎明主仗，香拂美人簪。」[14]用擬人的手法，將上林苑裡怒放的百花說成是馴服的臣下，站在那裡恭候聖明天子的駕臨。羅立言〈賦得沽美玉〉詩云：「誰憐被褐士，懷玉正求沽。成器終期達，逢時豈見誣。寶同珠照乘，價重劍論都。浮彩朝虹滿，懸光夜月孤。幾年淪瓦礫，今日出泥塗。采斫資良匠，無令瑕掩瑜。」[15]則把自己說成是懷玉求沽者，希望考官慧眼識珠，賞識提拔。

現以開元二十六年（738 年）進士科狀元崔曙所作的省試詩〈奉試明堂火珠〉為例對省試詩進行簡要分析：

奉試明堂火珠

崔曙

正位開重屋，凌空出火珠。

夜來雙月滿，曙後一星孤。

天淨光難滅，雲生望欲無。

遙知太平代，國寶在名都。[16]

明堂是古代帝王舉行祭祀、朝會、慶賞等各種大典的場所，武則天革命之後，出於政治活動的考慮在洛陽建立了明堂，明堂火珠是設在明堂屋頂上的，明堂火珠可能是由林邑國呈獻的那種火珠，據《舊唐書‧林邑傳》（卷一九七）記載，唐太宗貞觀四年（630 年），林邑國王「范頭黎遣使獻火珠，大如雞卵，圓白皎潔，光照數尺，狀如水精，正午向日，以艾承之，即火燃。」[17]在當時的洛陽城中，明堂頂上的火珠，應該是一種具有象徵性意義的景物。以

14　清‧彭定求，《全唐詩》卷二百八十一，第 1501 頁，石家莊：河北人民出版社，1993 年。

15　清‧彭定求，《全唐詩》卷四百六十六，第 2520 頁，石家莊：河北人民出版社，1993 年。

16　清‧彭定求，《全唐詩》卷一百五十五，第 752 頁，石家莊：河北人民出版社，1993 年。

17　後晉‧劉昫，《舊唐書》卷一九七〈林邑傳〉，第 634 頁，上海：上海古籍出版社、上海書店，1986 年。

明堂為科舉考試題材，始見於唐人封演《封氏聞見記》一書的記載，是書卷四〈明堂〉條云：垂拱四年，則天於東都造明堂，為宗祀之所，高三百尺。又於明堂之北造天堂，以侔佛像。大風摧倒，重營之。火災延及明堂並盡，無何，又敕於其所復造明堂，侔於舊制。所鑄九州鼎，置於明堂之下。當中豫州鼎，高一丈八尺，受一千八百石。其餘各依方面，並高一丈四尺，受一千二百石，都用銅五十六萬七百一十二斤。開元中，改明堂為聽政殿，頗毀徹，而宏規不改。頂上金火珠，迴出空外，望之赫然。省司試舉人作〈明堂火珠〉詩。進士崔曙詩最清新，其詩云：「正位開重屋，凌空大火珠。夜來雙月滿，曙後一星孤。天淨光微滅，煙生望若無。還知聖明代，國寶在神都。」[18]《太平廣記》卷一百九十八〈崔曙〉條引《明皇雜錄》云：「唐崔曙應進士舉，作〈明堂火珠〉詩，續有佳句曰：『夜來雙月滿，曙後一星孤。』其言深為工文士推服。」[19]《唐詩紀事》卷二十〈崔曙〉條載：「〈試明堂火珠〉詩云：『正位開重屋，中天出火珠。夜來雙月滿，曙後一星孤。天淨光難滅，雲生望欲無。還將聖明代，國寶在京都。』曙以是詩得名。明年卒，惟一女名星星，始悟其讖也。」[20]崔曙此詩雖在格律上用的是五言四韻八句，但因取景空闊，清拔脫俗，節奏明快，意境深遠，尤其是「夜來雙月滿，曙後一星孤」一句，既切合詩題本義，又暗寓父女相依為命的身世，深得考官讚賞，不僅因此成為狀元，而且從此名聲大振。這樣的省試詩在當時可以說是鳳毛麟角。

3. 狀元及第詩

　　唐代進士科錄取比例是比較低的，大抵只有百分之一、二，因此考上進士非常困難，人們習稱進士及第為月宮折桂或蟾宮折桂，典出《晉書·郤詵傳》，能考上進士實屬「桂林之一枝，昆山之片玉」。考上進士後即獲得釋褐入仕的資格，而且入仕之後還可能迅速升遷，所以人們又稱進士及第為「鯉魚跳龍門」，典出《三秦記》，將及第進士比喻為躍過龍門的「魚」，一下子就可以變成「龍」了。考上進士已屬不易，而如果能夠考上進士科的狀元，則是難上

18　唐·封演，《封氏聞見記》卷四〈明堂〉條，《學海類編》11函67冊，上海：上海涵芬樓，民國九年。

19　宋·李昉，《太平廣記》卷一百九十八〈崔曙〉，第1485頁，北京：中華書局，1961年。

20　宋·計有功撰，王仲鏞校箋，《唐詩紀事校箋》卷二十，第539頁，北京：中華書局，2007年。

加難。正因為如此，一旦聽到中舉的消息，舉子們往往欣喜若狂，百感交集，這種情況在唐詩中屢見不鮮，如孟郊〈登科後〉云：「昔日齷齪不足誇，今朝放蕩思無涯。春風得意馬蹄疾，一日看盡長安花。」[21] 四十六歲中進士的孟郊尚且如此，二十七歲的白居易及第時吟出「慈恩塔下題名處，十七人中最少年」的詩句就很好理解了。

　　狀元及第詩，比較有名的有盧肇的〈成名後作〉：「桂在蟾宮不可攀，功成業熟也何難。今朝折得東歸去，共與鄉閭年少看。」[22]〈競渡詩〉（一作〈及第後江寧觀競渡寄袁州刺史成應元〉）：「石溪久住思端午，館驛樓前看發機。鼙鼓動時雷隱隱，獸頭凌處雪微微。沖波突出人齊譀，躍浪爭先鳥退飛。向道是龍剛不信，果然奪得錦標歸。」[23] 易重的〈寄宜陽兄弟〉：「六年雁序恨分離，詔下今朝遇已知。上國皇風初喜日，御階恩渥屬身時。內廷再考稱文異，聖主稱名獎藝奇。故里仙才若相問，一春攀得兩重枝。」[24] 舉子驕矜自得、揚眉吐氣的神態躍然紙上，詩雖寫得有些淺薄，但卻是詩人此時此刻心情的真實寫照。

　　唐代舉子及第後，往往會到平康里眠花宿柳，狎妓冶遊。狀元及第詩中有不少這樣題材的詩篇，裴思謙〈及第後宿平康里（一作〈平康妓詩〉）詩云：「銀缸斜背解鳴璫，小語偷聲賀玉郎。從此不知蘭麝貴，夜來新染桂枝香。」[25] 鄭合敬〈及第後宿平康里〉詩亦云：「春來無處不閑行，楚潤相看別有情。好是五更殘酒醒，時時聞喚狀頭聲。」[26]

　　狀元及第，親朋好友慶賀的方式之一是詩歌唱和，乾寧二年（895 年）趙觀文在複試中狀元及第後，詩人褚載作〈賀趙觀文重試及第〉詩云：

> 一枝仙桂兩回春，始覺文章可致身。
>
> 已把色絲要上第，又將彩筆冠群倫。
>
> 龍泉再淬方知利，火浣重燒轉更新。

21　清・彭定求，《全唐詩》卷三百七十四，第 1985 頁，石家莊：河北人民出版社，1993 年。
22　清・彭定求，《全唐詩》卷五百五十一，第 3007 頁，石家莊：河北人民出版社，1993 年。
23　清・彭定求，《全唐詩》卷五百五十一，第 3006 頁，石家莊：河北人民出版社，1993 年。
24　清・彭定求，《全唐詩》卷五百五十七，第 3038 頁，石家莊：河北人民出版社，1993 年。
25　清・彭定求，《全唐詩》卷五百四十二，第 2952 頁，石家莊：河北人民出版社，1993 年。
26　清・彭定求，《全唐詩》卷六百六十七，第 3583 頁，石家莊：河北人民出版社，1993 年。

今日街頭看御榜，大能榮耀苦心人。[27]

盧綸〈送尹樞令狐楚及第後歸覲〉：

佳人比香草，君子即芳蘭。

寶器金罍重，清音玉珮寒。

貢文齊受寵，獻禮兩承歡。

鞍馬並汾地，爭迎陸與潘。[28]

在狀元及第題材的唐詩中，趙嘏的兩首詩很值得一提，會昌五年（845 年）進士科考試，權知貢舉陳商錄取張瀆（一作瀆）為狀元，消息傳出，趙嘏非常高興，寫了一首〈喜張瀆及第〉，詩云：「九轉丹成最上仙，青天暖日踏雲軒。春風賀喜無言語，排比花枝滿杏園。」[29] 道家以生為樂，以長壽為大樂，以不死升仙為極樂，詩人在詩中將張瀆及第中狀元說成是「最上仙」，即源出於此。全詩托喻自然，構思精巧。誰知「天有不測風雲」，禮部放榜以後，朝野上下議論紛紛，不少人認為是科考試中存在舞弊現象，武宗下詔複試，結果包括狀元張瀆在內的多人被黜落，趙嘏又寫了一首慰人落第詩〈贈張瀆榜頭被駁落〉，詩云：「莫向花前泣酒杯，謫仙依舊是仙才。猶堪與世為祥瑞，曾到蓬山頂上來。」[30] 對於張瀆的大喜大悲，詩人給予了深切的同情，並從心理上進行撫慰，儘管被黜落，但你張瀆能夠考中狀元，畢竟說明你是「仙才」，曾經登頂「蓬山」，這是很多人可望而不可即的事情。

27　清·彭定求，《全唐詩》卷六百九十四，第 3745 頁，石家莊：河北人民出版社，1993 年。

28　清·彭定求，《全唐詩》卷二百七十二，第 1472 頁，石家莊：河北人民出版社，1993 年。

29　清·彭定求，《全唐詩》卷五百五十，第 2998 頁，石家莊：河北人民出版社，1993 年。

30　清·彭定求，《全唐詩》卷五百五十，第 2998 頁，石家莊：河北人民出版社，1993 年。

第十二章　唐代狀元的趣聞軼事

　　唐代是個比較開放的時代，武則天做皇后、楊玉環成寵妃這類事情的出現不僅沒有多少人非議，相反卻為時人津津樂道；唐代也是比較開明的時代，白居易寫作〈長恨歌〉一類以皇帝私生活為題材的詩文，不會遭遇後世「文字獄」一類的政治壓迫；唐代又是科舉制度初步建立的時代，科舉考試中出現的很多問題，諸如行卷公薦、通榜呈榜等，在後世是不可思議，而在唐代又是極為正常的。開放、開明的時代運作尚未制度化、規範化的科舉制度，必然出現很多具有時代特徵的社會現象，而唐代狀元諸多的趣聞軼事正是我們詮釋、解讀科舉時代社會現象時生動鮮活的材料。

一、機遇

　　機遇，也可以說是機會，是指行事的際遇時會。能否正確地判斷形勢，把握機遇，是唐代舉子能否取得考試成功的關鍵。

尊崇道教與狀元錄取

　　機遇往往是由時代決定的，唐代皇帝姓李，道教所尊奉的始祖也姓李，因而道教在唐代倍受尊崇，高宗李治追尊老子李耳為「太上玄元皇帝」，唐玄宗李隆基又尊玄元皇帝為「大聖祖」，並親自為《道德經》作注，尊老子的《道德經》為《道德真經》，莊子的著作為《南華真經》，文子的著作為《通玄真經》，

列子的著作為《沖虛真經》，庚桑子的著作為《洞虛真經》。「宜以《道德經》列諸經之首。」[1]與此同時，唐朝在兩京及地方各州縣都建有玄元皇帝廟和道觀，僅在長安一地就有道觀三十餘所。唐代很多皇帝都用過道家色彩很濃的年號，李隆基的父親睿宗李旦曾用太極為年號，玄宗用的第一個年號叫做先天，後改開元，連續用了二十九年，肅宗即位後，給已經是太上皇的李隆基上了個尊號：太上至道聖皇天帝，死後廟號定為玄宗。道教受到尊崇在科舉考試中必然有所反映，開元二十九年（741年）正月，「於京師置崇玄館，諸州置道學生徒有差，（京都各百人，諸州無常員，習《老》、《莊》、《文》、《列》，謂之四子。蔭第與國子監同。）謂之道舉。」[2]開元元年（713年），河內溫（今河南溫縣）人常無名考中進士科狀元，與這位狀元的姓名很有關係。常氏兄弟四人：無欲、無為、無名、無求，所取的姓名道家色彩很濃鬱，尤其是老三「無名」一詞出自《老子》即道教經典的第一章：「道可道，非常道；名可名，非常名。無名，天地之始；有名，萬物之母。」[3]用「無名」作名，在尊崇老子、信奉道教的時代，極易引起考官的注意。如若考試成績與其他舉子沒有多大的區別，常無名成為狀元的可能性就會大得多。

推薦制度與狀元錄取

　　唐代科舉制度處於初步建立時期，尚未完備的科舉制度為一些善於利用機遇的人考中狀元提供了可能和條件。唐代科舉考試中，主考官為了比較全面地瞭解舉子的情況，要求舉子在考試前將自己的作品預先交給禮部，以便在錄取時參考；由於當時允許向主考官推薦舉子，因而很多舉子又將自己的作品送給一些有身分、有地位的人，希望得到這些有身分、有地位人的賞識，並通過他們推薦自己。有些時候，主考官還可能邀請一些知己來共同商討如何錄取問題，這在當時稱為「通榜」，因此，舉子能否及第，不僅取決於自身的知識和能力水平，能否尋找到賞識自己的推薦人也是非常重要的。開元九年（721年）狀元王維未及第前，雖文章得名，且妙年潔白，性閑音律，但如果沒有岐王的推

1　清‧董誥，《全唐文》卷三二〈尊道德南華經詔〉，第357頁，北京：中華書局影印，1983年。

2　宋‧王欽若等編纂，周勳初等校訂，《冊府元龜》卷六三九〈貢舉部‧條制一〉，第7391頁，南京：鳳凰出版社，2006年。

3　崔仲平、崔為，《老子譯注》，第3頁，長春：吉林文史出版社，1996年。

薦，沒有公主的賞識，單憑王維自己的能力，連京兆府的解頭也很難考上，更
遑論進士科的狀頭了。唐德宗貞元十二年（796 年）進士科狀元李程，曾在省
試考場上寫出了文辭優美的〈日五色賦〉，轟動一時，雖然這一賦文最終成為
李程考中狀元的重要因素，但決定因素卻是楊於陵的推薦，如果不是楊於陵的
推薦（儘管這種推薦有點不擇手段），才高八斗的李程只能落榜，考中狀元恐
怕是他自己也不敢奢想的事情。唐文宗開成三年（838 年）裴思謙之所以能夠
高中狀元，靠的則是大宦官仇士良的關係。

複試程序與狀元錄取

　　科舉制度不斷改革、完善的過程，尤其是複試、別頭試等項制度的實施，
為一些具有真才實學的人考中狀元提供了機遇。會昌五年（845 年），諫議大
夫、權知禮部貢舉陳商錄取二十七人進士及第，以張瀆為狀元，易重第二。由
於不少人議論這一科考試有請托舞弊嫌疑，武宗遂令翰林學士白敏中重新考試，
結果黜落了七人，其中就有原先錄取為狀元的張瀆，而以易重為狀元。[4] 無獨有
偶，時隔五十年之後的乾寧二年（895 年），又發生了一起複試黜落狀元的事情：
是年刑部尚書崔凝權知貢舉，錄取二十五人進士及第，張貽憲為狀元。名單公
布後，社會反響很大，認為主考官錄取了一些明顯不符合條件的人，一定有原
因。昭宗命翰林學士陸扆等人重試，結果發現確有舞弊行為，如尚書蘇循之子
蘇楷，凡劣無藝目不知書，竟然也榜上有名，複試後只錄十五人，包括狀頭張
貽憲在內的十人被黜落，主考官崔凝坐貶合州刺史，而蘇楷之父蘇循亦被責令
致仕。原先只被錄取為第八名的廣西人趙觀文最終高中榜首。顯而易見，唐代
科舉改革中增加的複試環節為易重、趙觀文等人提供了極為重要的機遇，使得
他們能夠有機會以真才實學考中狀元。

考官好惡與狀元錄取

　　唐文宗開成四年（839 年），崔蠡丁太夫人憂，守制在家，有一崔氏宗族
子弟登門拜訪，願以三百萬錢濟助。崔蠡雖未接受，但嘉納其意，對這位崔氏
後人印象深刻。未幾服闋，官拜尚書右丞，不久又被任命為主考官知禮部貢舉。
這位宗族子弟恰好參加了這一科的考試，被崔蠡錄取為狀元。按成績看，這位

4　後晉・劉昫，《舊唐書》卷一八上〈武帝紀〉，第 82 頁，上海：上海古籍出版社、
　　上海書店，1986 年。

崔氏子弟進士及第還是可以的，但錄取為狀頭，則是崔蠡私恩所致。據說崔蠡把自己作決定的想法告訴同事時，竟然獲得一片贊許聲。[5] 武宗時宰相李德裕，曾經被貶宜陽，門無賓客，趨炎附勢的人惟恐避之不及，只有盧肇投以文卷，由此見知。會昌三年（843年），盧肇參加進士科考試，王起知舉，問德裕所欲，答曰：「安問所欲？如盧肇、丁稜、姚鵠，豈可不與及第耶？」王起於是依其次而放，盧肇因此而得中狀元。[6]

二、奇遇

奇遇，一般是指令人驚奇的際遇時會，往往是出人意料又在情理之中。奇遇的經歷在唐代舉子的科舉生涯中幾乎隨處可見，尤其是考中狀元的舉子，奇遇的經歷則更具戲劇性。

「行卷」遇主考

唐德宗貞元三年（787年）進士科狀元牛錫庶，能夠考中狀元，與他的一次偶然的「行卷」經歷很有關係。這段頗具傳奇色彩的故事是有史實依據的，貞元三年先由禮部侍郎薛播知貢舉，事未畢於正月二十日乙巳卒，朝廷遂令禮部尚書蕭昕繼任主考官放榜。蕭昕曾於寶應二年（763年）知貢舉，《容齋五筆》卷七〈門生門下見門生〉條云：「考《登科記》，樂天以正元十六年庚辰中書舍人高郢下第四人登科，郢以寶應二年癸卯禮部侍郎蕭昕下第九人登科，迨郢拜太常時，幾四十年矣。昕自癸卯放進士之後，二十四年丁卯，又以禮部尚書再知貢舉，可謂壽俊。觀白公所賦，益可見唐世舉子之尊尚主司也。」[7] 清人汪立名編《白香山詩集》注云：「正元即貞元，避廟諱作正。」[8] 如果貞元三年的主考官薛播不是在主持考試期間突然去世，年邁的蕭昕恐怕連做夢也想不到能於若干年之後再次主持科舉考試；而更為令人驚奇的是牛錫庶一次偶然的「行

5　宋・李昉，《太平廣記》卷一百八十二〈崔蠡〉，第1354頁，北京：中華書局，1961年。

6　唐・闕名，《玉泉子》，載《唐五代筆記小說大觀》下冊，第1422頁，上海：上海古籍出版社，2000年。

7　宋・洪邁，《容齋五筆》卷七〈門生門下見門生〉，第844頁，上海：上海古籍出版社1987年影印《文淵閣四庫全書》本第851冊。

8　唐・白居易，《白香山詩集》，第187頁，上海：上海古籍出版社1987年影印《文淵閣四庫全書》本第1081冊。

卷」拜訪，竟然改變了自己一生的命運。由於唐代科舉考試中存在著很多不確定的因素，考中進士、特別是考中狀元往往被人視為命運所定而非人力所為，貞元三年（787年）進士科狀元牛錫庶在考試前就有「日者」告知能於明年考中狀元，元和五年（810年）狀元李顧行、元和七年（812年）狀元李固言以及大和元年（827年）狀元李郃都是有人在事先知道他們能夠考中狀元，這種「功名前定」的宿命論說法在唐代社會上極為流行。

「誤會」成狀元

如果說貞元三年（787年）牛錫庶考中狀元是因為偶遇了主考官，得到了特別的關照；大中八年（854年）顏標能夠考中狀元則完全是主考官「誤會」造成的。《唐摭言》卷八〈誤放〉條云：「鄭侍郎薰主文，誤謂顏標乃魯公之後。時徐方未寧，志在激勸忠烈，即以標為狀元。謝恩日，從容問及廟院。標曰：『寒畯也，未嘗有廟院。』薰始大悟，塞默而已。尋為無名子所嘲曰：『主司頭腦太冬烘。錯認顏標作魯公。』」[9]魯公是指顏真卿，琅琊（今山東臨沂）人。「安史之亂」發生時，身為平原太守的顏真卿，積極部署防衛，聯絡從兄代理常山太守顏杲卿起兵抵抗，附近十七郡回應，推之為盟主，顏氏兄弟合兵二十多萬，牽制了安祿山對潼關的進攻，為唐玄宗逃離長安遠避四川創造了條件。德宗時李希烈發動叛亂，七十八歲的顏真卿被派前往勸諭，為李希烈縊死，臨死之前，顏真卿大義凜然，痛罵叛賊，慷慨悲壯，三軍皆慟。顏真卿歷官刑部尚書、太子太師，封魯郡公，《新唐書》本傳稱其立朝正色，剛而有禮，非公言直道，不萌於心。天下不以姓名稱，而獨曰「魯公」。

大中八年主考官鄭薰非常敬重顏真卿的為人，在考生中發現有姓顏的，就誤以為是顏真卿的後人，他認為將顏真卿的後人錄取為狀元，一則可以告慰顏公在天之靈，二則可以弘揚忠良正氣，為中興國家作點貢獻。故而在顏標狀元及第後，他急忙打聽顏氏家族祭祀魯公的情況，誰知顏標根本不是顏魯公的後人，當然也就一問三不知。這位主考官轉念一想才意識到是自己「頭腦冬烘」搞錯了，然而生米已經煮成熟飯，顏標的狀元位置不好再調整了。顏標雖然不是顏魯公的後代，但其忠勇有氣節，入仕後曾典鄱陽，乾符五年（878年）時

9　五代・王定保，《唐摭言》卷八〈誤放〉，載《唐五代筆記小說大觀》下冊，第1647頁，上海：上海古籍出版社，2000年。

為饒州刺史，王仙芝部將王重隱攻陷饒州時，顏標死於國難。[10]

「狀元非老夫不可」

　　科舉考試一般是由主考官錄取考生，但在唐代科舉史上，卻出現過考生自己錄取自己的奇遇現象，唐德宗貞元七年（791年），年已七旬的閬中考生尹樞參加進士科考試，這一年的主考官是禮部侍郎杜黃裳，這位主考官錄取的辦法很特別，他讓所有的考生都來參加確定錄取的名單，很多考生一時猜不透主考官葫蘆裡賣的是什麼藥，只有尹樞主動提出為主考官來做錄取工作，得到批准後，尹樞援毫寫下錄取名單，每寫一人，都大聲叫出姓名，考生中沒有人提出異議，主考官覽讀致謝完畢，乃以狀元為請，尹樞回答：「狀元非老夫不可。」主考官大為驚奇，因命親筆自箚之。[11]性質上基本相似的事情在唐僖宗光啟二年（886年）還曾發生過一次，《唐摭言》卷八〈自放狀頭〉條記載，陸扆隨駕在興元，切於了卻身事。時值六月，朝廷任命中書舍人鄭損為主考官，鄭損請陸扆決定錄取名單和前後名次，陸扆於是毫不客氣地將自己錄取為狀元。因為事情發生在六月悶熱天裡，以致在很長時間裡，一遇到悶熱天氣，陸扆的同事就會開玩笑地說「今日好造榜矣」，以此戲謔陸扆。[12]

唐代近親狀元

　　唐代科舉考試的錄取率是比較低的，其中進士科考試的錄取率大約只有百分之二左右，因此，一個地區有人考上進士，十里八鄉的人都會感到很榮耀；一個家族中有人考上進士，舉族上下都會感到歡欣鼓舞，如果是在一個家族中三代以內考上兩位以上的進士，那就是非常不容易的事情了，而如果一個家族中三代以內不僅考上兩位以上的進士，而且考上兩位以上的狀元，那就是奇蹟般的事情了，這樣的奇遇，在唐代科舉考試中就曾出現過多次，現將唐代近親狀元的基本情況清單如下：

10　宋・歐陽修，《新唐書》卷九〈僖宗紀〉，第33頁，上海：上海古籍出版社、上海書店，1986年。

11　五代・王定保，《唐摭言》卷八〈自放狀頭〉，載《唐五代筆記小說大觀》下冊，第1645-1646頁，上海：上海古籍出版社，2000年。

12　五代・王定保，《唐摭言》卷八〈自放狀頭〉，載《唐五代筆記小說大觀》下冊，第1646頁，上海：上海古籍出版社，2000年。又見《太平廣記》卷一百八十三〈陸扆〉條引《北夢瑣言》，第1370頁，北京：中華書局，1961年。

表 12-1：唐代近親狀元情況表

序號	時間	狀元姓名及其關係	備註
1	開元元年（713 年） 天寶十四載（755 年）	常無名（叔） 常袞（侄）	
2	開元二十三年（735 年） 貞元八年（792 年）	賈季鄰（叔祖） 賈稜（侄孫）	
3	大曆七年（772 年） 貞元二年（786 年）	張式（兄） 張正甫（弟）	
4	大曆九年（774 年） 大曆十三年（778 年）	楊憑（兄） 楊凝（弟）	
5	貞元七年（791 年） 元和八年（813 年）	尹樞（兄） 尹極（弟）	
6	貞元十二年（796 年） 開成五年（840 年）	李程（族叔） 李從實（族侄）	
7		李亮（兄） 李訓（弟） 李叔（弟） 李秀（弟）	四兄弟狀元及第科年未詳
8	寶曆二年（826 年） 咸通二年（861 年）	裴俅（叔） 裴延魯（侄）	
9	會昌元年（841 年） 景福二年（893 年） 乾寧三年（896 年） 天祐四年（907 年）	崔峴（族祖） 崔膠（族孫） 崔諤（族孫） 崔詹（族孫）	
10	大中三年（849 年） 大中七年（853 年）	于珪（兄） 于瓌（弟）	
11	大中十三年（859 年） 咸通十四年（873 年） 乾符三年（876 年）	孔緯（兄） 孔纁（族兄） 孔緘（弟）	
12	科年未詳 光啟三年（887 年）	趙蒙（父） 趙昌翰（子）	
13	咸通九年（868 年） 光啟三年（887 年）	趙峻（族叔） 趙昌翰（族侄）	
14	咸通十年（869 年） 乾符元年（874 年）	歸仁紹（兄） 歸仁澤（弟）	
15	咸通十年（869 年） 天複元年（901 年）	歸仁紹（父） 歸佾（子）	

16	乾符元年（874 年） 景福元年（892 年）	歸仁澤（父） 歸黯（子）	
17	中和三年（883 年） 大順二年（891 年）	崔昭緯（兄） 崔昭矩（弟）	
18	大順元年（890 年） 乾寧四年（897 年）	楊贊禹（兄） 楊贊圖（弟）	
19	乾寧三年（896 年） 天祐四年（907 年）	崔諤（兄） 崔詹（弟）	
20	天複元年（901 年） 天祐二年（905 年）	歸佾（兄） 歸系（弟）	

綜合上表可見，在唐代進士科考試中，歸氏家族有五人、李氏家族有四人、孔氏家族至少有三人在三代以內連續考中狀元，這一現象不僅在唐代社會極為罕見，在整個科舉時代也是不多見的。唐代近親狀元情況可簡要歸結為以下幾點：

一、祖孫狀元的有賈季鄰（叔祖）、賈稜（侄孫）；崔峴（族祖）、崔膠（族孫）、崔諤（族孫）、崔詹（族孫）等兩家。

二、父子狀元的有趙蒙（父）、趙昌翰（子）；歸仁紹（父）、歸佾（子）；歸仁澤（父）、歸黯（子）等三家。

三、叔侄狀元的有常無名（叔）、常袞（侄）；李程（族叔）、李從實（族侄）；裴佡（叔）、裴延魯（侄）；趙峻（族叔）、趙昌翰（族侄）等四家。

四、兄弟狀元的有張式（兄）、張正甫（弟）；楊憑（兄）、楊凝（弟）；尹樞（兄）、尹極（弟）；李亮（兄）、李訓（弟）、李叔（弟）、李秀（弟）；于珪（兄）、于瓌（弟）；孔緯（兄）、孔緘（族兄）、孔緘（弟）；趙蒙、趙峻（族兄弟）；歸仁紹（兄）、歸仁澤（弟）；崔昭緯（兄）、崔昭矩（弟）；楊贊禹（兄）、楊贊圖（弟）；崔諤（兄）、崔詹（弟）；歸佾（兄）、歸系（弟）等十二家。

三、豔遇

唐代進士及第後，還需要經過吏部的再次考試才能授官，而且初授職位並

不高。但由於進士的數量有限，在仕途上的發展不可估量，因而一旦考中進士，不管其原先家族背景如何，都能成為社會各個階層關注的焦點，尤其是一些官宦之家，還往往在進士放榜之時選擇女婿。《唐摭言》卷三〈散序〉條云：唐時新科進士宴遊曲江之日，人們競相觀看，「公卿家率以其日揀選東床」。隨著社會影響的擴大和身價的提升，作為進士科的首選者，唐代狀元的豔遇也就不可避免了，現以幾則小故事來說明這一現象。

盧儲與李翱女

　　唐憲宗末年，大散文家李翱典郡江淮，一日，進士盧儲慕名上門投卷，李翱以禮相待。由於投卷的進士較多，加之公務繁忙，李翱尚未細看盧儲文卷。是時李翱小女年當及笄，在父親書房偶見盧儲文卷，閱覽之後，深為折服，遂對侍女言道：「此人今科必為狀元。」李翱公幹回家聞聽小女此言，連忙找來盧儲文卷閱讀，不禁擊節叫好。忙令家人急去盧儲暫住之官舍，以小女之言告之，並希望納盧儲為婿，盧儲謙讓一番欣然應允。越月隨計，來年果然狀元及第。婚禮前夕，盧儲做了一首很有名的〈催妝詩〉：「昔年將去玉京游，第一仙人許狀頭。今日幸為秦晉會，早叫鸞鳳下妝樓。」不久，盧儲攜新婚娘子赴任，適逢庭院花開，乃題曰：「芍藥斬新栽，當庭數朵開。東風與拘束，留待細君來。」[13]《太平廣記》收錄的這則〈抒情詩〉故事，與歷史史實有一些出入，但其細節真實，符合唐代社會的實際情況。盧儲能夠得到李翱女的青睞，並因此得到李翱的鼎力推薦，如願以償地考中了狀元，釋褐入仕，並與佳人結成美滿姻緣，實在是一般人所難以企及的豔遇。

鄭顥與萬壽公主

　　在文學作品中，狀元及第往往被皇帝招為駙馬，「洞房花燭夜，金榜題名時」的人生理想似乎很容易成為現實。然而在實際生活中，狀元駙馬數量非常之少，到目前為止，只能確定唐宣宗的女兒萬壽公主嫁給了狀元鄭顥，鄭顥是唐代也可能是整個科舉時代唯一的狀元駙馬。如果我們進一步對鄭顥的資料進行分析，不難發現中狀元做駙馬這樣的豔遇並非如人們所想像的那樣浪漫，事實可能正好相反。

13　宋・李昉，《太平廣記》卷一百八十一〈李翱女〉，第 1346 頁，北京：中華書局，1961 年。

　　鄭顥出身於滎陽鄭氏家族，祖父鄭絪，德宗時宰相；父鄭祗德，兵部尚書。鄭顥會昌二年（842 年）考中進士科狀元時年方二十六，這樣的家族背景、年齡條件和出眾才華在唐代狀元中是不多見的，因而很受人關注。當時的宣宗皇帝正在為自己的長女選擇女婿，並要求宰相白敏中負責物色人選。白敏中比較了很多高官重臣子弟，覺得在文才、年齡和家族背景上鄭顥的條件最好，便決定將這位新科狀元推薦為駙馬。然而鄭顥早就與盧氏女訂婚，狀元及第後就赴楚州完婚，剛剛行次鄭州，被白敏中下帖追回與公主成婚。鄭顥雖然很不滿意這樁婚姻，然君命難違，婚後兩人的家庭生活並不美滿，據說公主在鄭顥（一說是鄭顥的弟弟鄭顗）病重時仍然去慈恩寺看戲，毫不顧及鄭顥的感受和顏面，鄭顥遂把滿腹的怨氣發洩在媒人白敏中身上，從不給白敏中好臉色看，還隔三差五地上書宣宗說白敏中的不是。白敏中也是個聰明人，當然知道事情的原因，大中五年當他免相為邠寧行營都統，即將離開京城時專門找到皇帝訴苦，擔心自己性命難保。宣宗皇帝安慰了一番，還把鄭顥說他不是的奏章給了他。《東觀奏記》卷上的這則記載透露了這樣的信息：唐代狀元似乎並不樂意為駙馬。

　　為什麼歷史上的狀元駙馬非常少，狀元並不樂意為駙馬的主要原因是什麼？

　　先討論第一個問題：歷史上狀元駙馬少的原因大致有二：其一，公主的婚姻往往是政治婚姻，歷代的封建統治者為了鞏固政權，都實行政治聯姻，就是把自己的女兒嫁給武將或公侯子弟，一般不大可能嫁給毫無家族背景的「才子」。唐代能夠查到的成婚公主 111 人，其中 110 人嫁給功臣之家或外戚之家。其二，古代實行早婚，唐初規定男子 20 歲、女子 15 歲為結婚年齡，到了唐中期，男子 15 歲、女子 13 歲就可以結婚，年齡大了不結婚，官府還可能進行干預。狀元、公主和普通人沒有什麼區別，一般在 20 歲以前都已經成婚，而通過逐級考試最終考中狀元的人，大都已經是 30 多歲了，他們不但早已結婚，多數人已是兒女成群。此外，如果再考慮狀元的健康狀況、外表形象等因素，歷史上狀元駙馬少的原因就比較清楚了。

　　再看第二個問題：狀元並不樂意為駙馬的主要原因可能也有二：其一，公主富貴驕人，專橫霸道，前文提及的萬壽公主不顧丈夫病重去看戲的事情很能

說明問題，連宣宗皇帝也很有感慨：「我怪士大夫不欲與我為親，良有以也！」[14]唐宣宗另一女兒永福公主也是個非常任性的人，與父親一起用餐，發起怒來竟然把吃飯的筷子都折斷了，她父親認為「對朕輒折匕筯，性情如此，恐不可為士大夫妻。」[15]本來已經與進士于琮訂婚，嚇得于琮不敢迎娶。由此可見，讀書人寧可娶「荊釵布裙」為妻，舒舒心心地過日子，也不願成為駙馬而受氣，窩窩囊囊地度過一生。其二，禮節錯亂，行見舅姑之禮，乃女子出嫁時的基本規範，但對公主而言卻是例外。唐初名臣王珪之子尚太宗之女南平公主，新婚之日，公主不拜公婆。王珪上書太宗，皇帝出面才讓公主補行這一禮節。不難設想，公主心不甘、情不願地行了這個禮，她能給新婚的丈夫好顏色看嗎？[16]

武翊黃與婢妾

元和元年（806 年）進士科狀元武翊黃在歷史上很有名，一是因為他曾經是京兆府試的解頭，進士考試的狀頭和博學宏詞科考試的敕頭，人稱『武三頭』，也有人說是「連中三元」，文學才名冠於一時。二是因為他私生活不夠檢點，造成的社會影響比較大。據《南部新書》「己」記載：「武翊皇以『三頭』冠絕一代，後惑婢薛荔，苦其塚婦盧氏。雖李紳以同年為護，而眾論不容，終至流竄。」[17]《唐語林》卷六亦載：「武翊黃，府送為解頭，及第為狀頭，宏詞為敕頭，時謂『武三頭』，冠於一時。後惑於媵嬖薛荔，苦其塚婦盧氏，雖新昌李相紳以同年蔽之，而眾論不容，終至流竄。」[18]這就是說，三元及第的武翊黃，在政治上沒有多大作為，在家庭生活中卻是喜新厭舊，豔福不淺，迷戀上婢女薛荔，同時又虐待自己的長媳，手段卑劣，民憤很大。雖然宰相李紳以同年之誼試圖掩蓋事實真相，但最終沒有得到皇帝的批准，武翊黃只得流竄外地。

14　唐・張固，〈幽閒鼓吹〉，載《唐五代筆記小說大觀》下冊，第 1449 頁，上海：上海古籍出版社，2000 年。

15　宋・王讜，《唐語林》卷一〈德行〉，第 19 頁，北京：中華書局，1987 年。

16　參見程國賦〈唐代士族之家不願娶公主之原因考述〉，載《文學遺產》2000 年第六期；王力平〈也談所謂「唐代士族之家不願娶公主」問題〉，載《文學遺產》2002 年第二期；黃新宇〈「狀元駙馬」考〉，載《井崗山師範學院學報》，2002 年第四期。

17　宋・錢易，《南部新書》己，載《宋元筆記小說大觀》第一冊，第 334 頁，上海：上海古籍出版社，2001 年。

18　宋・王讜，《唐語林》卷六〈補遺〉，第 598 頁，北京：中華書局，1987 年。

張又新與歌妓

張又新是元和九年（814 年）狀元，因為他先考中京兆府的解頭，又於元和十二年（817 年）考中了博學宏詞科的第一名，故時稱「張三頭」。

張又新年輕時娶楊虔州（名虞卿，曾任虔州司馬）之女為妻，求婚時曾云：「我少年成美名，不憂仕矣。唯得美室，平生之望斯足。」既成婚，發現楊氏女有德無容，非常失望，以詩抒發胸臆：「牡丹一朵直千金，將謂從來色最深。今日滿欄開似雪，一生辜負看花心。」張又新狀元及第後曾任廣陵（今江蘇揚州）從事，在任期間，結識了一名歌妓，能歌善舞、能說會道的歌妓給他留下了很深的印象。二十餘年之後，經歷官場的幾度沉浮，張又新再次被朝廷貶官，赴任途中路過廣陵，恰逢風暴，舟船沉沒，漂失二子。貶官、喪子的打擊使得張又新倍感淒涼。無奈之中寫信求助於時任江淮節度使的李紳，這位李紳雖然受過張又新的誣陷，對張的人品很是輕視。但看到他如此落魄，惻隱之心油然而生，不計前嫌，深情款待，酒席宴上，恰巧又遇當年的歌妓。張又新舊情復燃，以指染酒，即席賦詩云：

> 雲雨分飛二十年，當時求夢不曾眠。
>
> 今來頭白重相見，還上襄王玳瑁筵。

李紳經詢問知道了事情的原委，便讓歌妓吟唱張又新的詩詞，臨別之際，又將歌妓送給張又新。這一意料之外的豔遇，多多少少給了張又新精神上的一些安慰。[19]

鄭合敬與楚娘

唐代進士及第後，例有杏園會宴、曲江泛舟、雁塔題名等項慶祝活動，到了晚上，不少人還要到長安城中妓女雲集的平康里去宿妓取樂，前文述及的開成三年（838 年）狀元裴思謙就曾在及第後的當天手持寫有自己名片的紅箋到平康里散發，炫耀一番，晚上又留宿，並作詩記事：「銀缸斜背解鳴璫，小語低聲賀玉郎。從此不知蘭麝貴，夜來新惹桂枝香。」[20]乾符二年（875 年），鄭

19　唐・孟棨，《本事詩・情感第一》，載《唐五代筆記小說大觀》下冊，第 1242 頁，
　　上海：上海古籍出版社，2000 年。

20　唐・孫棨，《北里志》附錄〈狎遊妓館五事〉，載《唐五代筆記小說大觀》下冊，第

合敬狀元及第後，也是在當天晚上就到平康里最有名的妓女楚娘房裡尋歡，第二天寫了一首廣為流傳的〈及第後宿平康里詩〉。[21] 乾符五年（878 年）狀元孫偓非常迷戀平康里的妓女鄭舉舉，因為這位風塵女子善於言談且十分詼諧，很能討得文人名士的歡心，孫偓狀元及第後常和同年到鄭舉舉家裡飲酒作詩，時間一長，費用多了，有的進士就有點花不起。同年盧嗣業致詩於孫偓狀元云：「未識都知面，頻輸複分錢。苦心親筆硯，得志助花鈿。徒步求秋賦，持杯給暮饘。力微多謝病，非不奉同年。」都知是指妓女之頭角者，詩中說的是鄭舉舉。當時平康里有個不成文的規矩，妓女開宴，錢有定數。如果晚上繼續進行，一旦燃燭，就要加錢一倍。又如果客人是第一次去，則要再加一倍，所以叫作「複分錢」。盧嗣業囊中羞澀，一聽說要出幾分的費用，嚇得連忙給狀元寫信討饒，故有是詩。據說有一次鄭舉舉因為生病不能參加活動，眾人推進士李深之擔任酒糾。孫偓為此作詩道：「南行忽見李深之，手舞如輩令不疑。任爾風流兼醞藉，天生不似鄭都知。」[22]

1416 頁，上海：上海古籍出版社，2000 年。

21　清・彭定求，《全唐詩》卷六百六十七，第 3583 頁，石家莊：河北人民出版社，1993 年。

22　唐・孫棨，《北里志》，載《唐五代筆記小說大觀》下冊，第 1407 頁，上海：上海古籍出版社，2000 年。

附錄一　主要參考文獻

1. 《唐六典》，李林甫等撰，陳仲夫點校，北京：中華書局，1992 年。

2. 《大唐六典》，李林甫等撰，廣池千九郎訓點、內田智雄補訂，昭和四十八年（1973 年）刊行本。

3. 《通典》，杜佑撰，王文錦等點校，北京：中華書局，1988 年。

4. 《唐律疏議箋解》，長孫無忌等撰，劉俊文箋解，北京：中華書局，1996 年。

5. 《元和姓纂》，林寶撰，上海：上海古籍出版社 1987 年影印《文淵閣四庫全書》本第 890 冊。

6. 《唐人選唐詩》，上海：上海古籍出版社，1978 年。

7. 《韓昌黎全集》，韓愈撰，北京：中國書店，1991 年。

8. 《柳河東全集》，柳宗元撰，北京：中國書店，1991 年。

9. 《舊唐書》，劉昫撰，上海：上海古籍出版社、上海書店，1986 年。

10. 《新唐書》，歐陽修等撰，上海：上海古籍出版社、上海書店，1986 年。

11. 《舊五代史》，薛居正撰，上海：上海古籍出版社、上海書店，1986 年。

12. 《資治通鑑》，司馬光等撰，上海：上海古籍出版社，1987 年。

13. 《唐會要》，王溥撰，上海：上海古籍出版社，2006 年。

14. 《唐大詔令集》，宋敏求編，洪丕謨等點校，上海：學林出版社，1992 年。

15. 《唐五代筆記小說大觀》，上海：上海古籍出版社，2000 年。

16.《太平廣記》，李昉等編，北京：中華書局，1961 年。

17.《文苑英華》，李昉等編，北京：中華書局，1966 年。

18.《冊府元龜》，王欽若等編纂，周勳初等校訂，南京：鳳凰出版社，2006 年。

19.《玉海》，王應麟撰，上海：上海古籍出版社 1987 年影印《文淵閣四庫全書》本第 943 至 948 冊。

20.《文獻通考》，馬端臨撰，北京：中華書局，1986 年。

21.《筆記小說大觀》，揚州：江蘇廣陵古籍刻印社，1983 年至 1984 年。

22.《箋注唐賢三體詩法》，釋圓至撰，明廣陵錢元卿刻本。

23.《唐語林校證》，王讜撰，周勳初校證，北京：中華書局，1987 年。

24.《唐詩紀事校箋》，計有功撰，王仲鏞校箋，北京：中華書局，2007 年。

25.《直齋書錄解題》，陳振孫撰，上海：上海古籍出版社，1987 年。

26.《郡齋讀書志》，晁公武撰，上海：上海古籍出版社，1990 年。

27.《宋元筆記小說大觀》，上海：上海古籍出版社，2001 年。

28.《玉芝堂談薈》，徐應秋撰，上海：上海古籍出版社 1987 年影印《文淵閣四庫全書》本第 883 冊。

29.《唐尚書省郎官石柱題名考》，勞格、趙鉞撰，月河精舍叢書，光緒丙戌（1886 年）本。

30.《唐御史臺精舍題名考》，勞格、趙鉞撰，月河精舍叢書，光緒丙戌（1886 年）本。

31.《登科記考》，徐松撰，趙守儼點校，北京：中華書局，1984 年。

32.《金石萃編》，王昶編，掃葉山房民國十年（1921 年）石印本。

33.《全唐文》，董誥等編，北京：中華書局，1983 年影印本。

34.《全唐詩》，彭定求等編，石家莊：河北人民出版社，1993 年。

35.《歷代詩話》，何文煥輯，北京：中華書局，1981 年。

36.《歷代詩話續編》，丁福保輯，北京：中華書局，1983 年。

37.《郎官石柱題名新考訂》，岑仲勉著，上海：上海古籍出版社，1984 年。

38.《唐僕尚丞郎表》，嚴耕望著，北京：中華書局，1986 年。

39.《唐刺史考全編》，郁賢皓著，合肥：安徽大學出版社，2000 年。

40.《新唐書宰相世系表集校》，趙超編著，北京：中華書局，1998 年。

41.《唐代墓誌彙編》，周紹良主編，上海：上海古籍出版社，1992 年。

42.《唐代墓誌彙編續集》，周紹良、趙超主編，上海：上海古籍出版社，2001 年。

43.《偃師杏園唐墓》，中國社會科學院考古研究所編著，北京：科學出版社，2001 年。

44.《全唐文補遺》（第八輯），吳鋼主編，西安：三秦出版社，2005 年。

45.《全唐文補遺》（千唐誌齋新藏專輯），吳鋼主編，西安：三秦出版社，2006 年。

46.《全唐文補遺》（第九輯），吳鋼主編，西安：三秦出版社，2007 年。

47.《全唐文補編》，陳尚君編，北京：中華書局，2005 年。

48.《洛陽新出土墓誌釋錄》，楊作龍、趙水森主編，北京：北京圖書館出版社，2004 年。

49.《邙洛碑誌三百種》，趙君平編，北京：中華書局，2004 年。

50.《河洛墓刻拾零》，趙君平、趙文成編，北京：北京圖書館出版社，2007 年。

51.《洛陽新見墓誌》，齊淵編，上海：上海古籍出版社，2011 年。

52.《洛陽新獲七朝墓誌》，齊運通編，北京：中華書局，2012 年。

53.《大唐西市博物館藏墓誌》，胡戟、榮新江主編，北京：北京大學出版社，2012 年。

54.《秦晉豫新出墓誌蒐佚》，趙君平、趙文成編，北京：國家圖書館出版社，2012 年。

55.《秦晉豫新出墓誌蒐佚續編》，趙君平、趙文成編，北京：國家圖書館出版社，2015 年。

56.《西安碑林博物館新藏墓誌彙編》，趙力光主編，北京：線裝書局，2007 年。

57.《西安碑林博物館新藏墓誌續編》，趙力光主編，西安：陝西師範大學出版總社有限公司，2014 年。

58.《洛陽流散唐代墓誌彙編》，毛陽光、余扶危編，北京：國家圖書館出版社，2013 年。

59.《洛陽流散唐代墓誌彙編續集》，毛陽光主編，北京：國家圖書館出版社，2018 年。

60.《唐代科舉制度》，方愉著，國立中央大學出版組，民國二十二年（1933 年）。

61.《中國科舉時代之教育》，陳東原著，上海：上海商務印書館，民國二十三年（1934 年）。

62.《唐宋考試制度史》，侯紹文著，臺北：臺灣商務印書館，1973 年。

63.《中國古代教育史》，毛禮銳等著，北京：人民教育出版社，1979 年。

64.《科舉制度史話》，張晉藩、邱遠猷合著，北京：中華書局，1980 年。

65.《唐代進士行卷與文學》，程千帆著，上海：上海古籍出版社，1980 年。

66.《隋唐史》，岑仲勉著，北京：中華書局，1982 年。

67.《唐五代人物傳記資料綜合索引》，傅璇琮等編撰，北京：中華書局，1982 年。

68.《中國文化地理》，陳正祥著，北京：三聯書店，1983 年。

69.《古代選舉及科舉制度概述》，許樹安著，天津：天津人民出版社，1985 年。

70.《中國教育通史》，毛禮銳、沈灌群主編，濟南：山東教育出版社，1985 年至 1989 年。

71.《唐代科舉與文學》，傅璇琮著，西安：陝西人民出版社，1986 年。

72.《唐史學會論文集》，中國唐史學會，西安：陝西人民出版社，1986 年。

73.《唐才子傳校箋》，傅璇琮主編，第一至第五冊，北京：中華書局，1987 年至 1995 年。

74.《唐才子傳校正》，周本淳校正，南京：江蘇古籍出版社，1987 年。

75.《科舉史話》，王道成著，北京：中華書局，1988 年。

76.《中國古代選官制度述略》，黃留珠著，西安：陝西人民出版社，1989 年。

77.《科舉奇聞》，魯威著，瀋陽：遼寧教育出版社，1990 年。

78.《唐代教育與選舉制度綜論》，劉海峰著，臺北：臺北文津出版社，1991 年。

79.《唐才子傳校注》，孫映逵校注，北京：中國社會科學出版社，1991 年。

80.《中國教育史》，孫培青主編，上海：華東師範大學出版社，1992 年。

81.《狀元史話》，蕭源錦著，重慶：重慶出版社，1992 年。

82.《唐代人口問題研究》，凍國棟著，武漢：武漢大學出版社，1993 年。

83.《簡明中國移民史》，葛劍雄著，福州：福建人民出版社，1993 年。

84.《唐方鎮文職僚佐考》，戴偉華著，天津：天津古籍出版社，1994 年。

85.《中國隋唐五代教育史》，馮曉林著，北京：人民出版社，1995 年。

86.《唐朝鼎盛時期政區與人口》，翁俊雄著，北京：首都師範大學出版社，1995 年。

87.《唐代官制》，王穎樓著，成都：四川大學出版社，1995 年。

88.《中國考試制度史》，謝青等著，合肥：黃山書社，1995 年。

89.《科舉考試的教育視角》，劉海峰著，武漢：湖北教育出版社，1996 年。

90.《唐代科舉制度研究》，吳宗國著，瀋陽：遼寧大學出版社，1997 年。

91.《唐代文學叢考》，陳尚君著，北京：中國社會科學出版社，1997 年。

92.《中國古代科舉百態》，熊慶年著，上海：東方出版中心，1997 年。

93.《中國古代考試制度》，郭齊家著，北京：商務印書館，1997 年。

94.《武舉制度史略》，許友根著，蘇州：蘇州大學出版社，1997 年。

95.《唐代歷史地理研究》，史念海著，北京：中國社會科學出版社，1998 年。

96.《科舉制度與唐代社會》，侯力著，長沙：嶽麓書社，1998 年。

97.《選舉社會及其終結》，何懷宏著，北京：三聯書店，1998 年。

98.《宋代教育體制研究》，宋大川著，太原：山西教育出版社，1998 年。

99.《槐花黃，舉子忙》，王炎平著，上海：東方出版社，1998 年。

100.《隋唐貢舉制度》，高明士著，臺北：臺北文津出版社，1999 年。

101.《唐後期政區與人口》，翁俊雄著，北京：首都師範大學出版社，1999 年。

102.《中國狀元大典》，毛佩琦主編，昆明：雲南人民出版社，1999 年。

103.《隋唐五代文學史料學》，陶敏、李一飛合著，北京：中華書局，2001 年。

104.《唐代銓選與文學》，王勳成著，北京：中華書局，2001 年。

105.《唐朝典章制度》，任爽著，長春：吉林文史出版社，2001 年。

106.《中國中古政治史論》，毛漢光著，上海：上海書店出版社，2002 年。

107.《中國中古社會史論》，毛漢光著，上海：上海書店出版社，2002 年。

108.《中國科舉制度研究》，王炳照、徐勇主編，石家莊：河北人民出版社，2002 年。

109.《唐代試策研究》，陳飛著，北京：中華書局，2002 年。

110.《唐代三大地域文學士族研究》，李浩著，北京：中華書局，2002 年。

111.《兩唐書地理志匯釋》，吳松弟編著，合肥：安徽教育出版社，2002 年。

112.《唐代狀元奇談‧唐代狀元譜》，周臘生著，北京：紫禁城出版社，2002 年。

113.《登科記考補正》，徐松撰，孟二冬補正，北京：北京燕山出版社，2003 年。

114.《蘇州狀元》，李嘉球著，上海：上海社會科學出版社，2003 年。

115.《中國科舉史》，劉海峰、李兵合著，上海：東方出版中心，2004 年。

116.《《登科記考補正》考補》，許友根著，南京：南京大學出版社，2011 年。

117.〈登科記考訂補〉，岑仲勉著，《歷史語言研究所集刊》第十一本，民國三十年（1941 年）。

118.〈登科記考補正〉，施子愉著，《文獻》十五輯，1982 年。

119.〈登科記考糾謬〉，卞孝萱著，《學林漫錄》六集，中華書局，1982 年。

120.〈狀元、榜眼、探花名稱探源〉，何忠禮著，《杭州大學學報》，1983 年第三期。

121.〈科舉制與唐代高級官吏的選拔〉，吳宗國著，《北京大學學報》，1982 年第一期。

122.〈登科記考續補〉上、下，張忱石著，《文獻》，1987 年第一、第二期。

123.〈登科記考匡補〉、〈登科記考匡補續編〉、〈登科記考匡補三編〉，胡可先著，《文獻》，1988 年第一、第二期、《徐州師範學院學報》，1989 年第四期。

124.〈登科記考考補〉、〈登科記考續考補〉，陳耀東著，《唐代文史考辨錄》，團結出版社，1990 年、《浙江師範大學學報》，2003 年第四期。

125.〈千唐誌齋藏誌中隋唐科舉制度史輯釋〉，楊希義著，《中原文物》，1992 年第一期。

126.〈《登科記考》正補〉，陳尚君著，《唐代文學研究》第四輯，廣西師範大學出版社，1993 年。

127.〈登科記考撢遺〉，劉漢忠著，《北京圖書館館刊》，1993 年第三期。

128.〈全面、精闢、公允──讀宋元強著「清朝的狀元」〉，王道成著，《清史研究》，1994 年第三期。

129.〈登科記考補遺、訂正〉，朱玉麒著，《文獻》，1994 年第三期。

130.〈唐代省試詩與錢起省試湘靈鼓瑟〉，賈晉華著，《古典文學知識》，1995

年第二期。

131.〈登科記考補訂十則〉，富康年著，《甘肅教院學報》，1996 年第二期。

132.〈登科記甄補〉，黃震雲著，《文教資料》，1996 年第四期。

133.〈登科記考補〉，王其禕著，《臺大歷史學報》，第十九期，1996 年。

134.〈登科記考補名撝遺〉，陳冠名著，《文獻》，1997 年第四期。

135.〈唐五代登科者考補〉，吳在慶著，《鐵道師院學報》，1998 年第四期。

136.〈唐代科舉詩論略〉、〈唐代的時事型省試詩〉、〈關於唐代省試詩的幾個問題〉，張浩遜著，《鐵道師院學報》，1998 年第二期、《中國典籍與文化》，1999 年第四期、《煙臺師範學院學報》，1999 年第四期。

137.〈廣東籍制科狀元莫宣卿〉，吳敏娜著，《嶺南文史》，1999 年第二期。

138.〈孫伏伽非進士考〉，任士英著，《中國史研究》，1999 年第三期。

139.〈登科記考訂補八則〉，彭萬隆著，《阜陽師院學報》，2000 年第一期。

140.〈論元和時期省試詩對元和詩風的影響〉，曾廣開著，《湖北大學成人教育學院學報》，2000 年第四期。

141.〈唐代省試詩題及其思想文化背景〉，薛亞軍著，《北方論叢》，2001 年第二期。

142.〈登科記考補正〉，孟二冬著，《國學研究》第八卷，2001 年。

143.〈登科記考正補〉、〈登科記考訂補〉、〈登科記考拾補〉，薛亞軍著，《古籍研究》，2001 年第一期、《古籍整理研究學刊》，2002 年第五期、《文獻》，2003 年第三期。

144.〈狀元、榜眼、探花之起源〉，龔延明著，《文史知識》，2002 年第三期。

145.〈唐代進士科舉子資格研究〉，許友根著，《人文雜誌》，2002 年第三期。

146.〈唐代科舉「弊少且防弊之法亦疏」說質疑〉，許友根著，《松遼學刊》，2002 年第五期。

147.〈唐代科舉舞弊原因初探〉，許友根著，《海南師範學院學報》，2002 年第六期。

148.〈新出土〈李郃墓誌銘〉發隱〉，胡可先著，《中國典籍與文化》，2003 年第一期。

149.〈唐玄宗開元年間進士科狀元考辨〉，許友根著，《鹽城師範學院學報》，

2003 年第二期。

150.〈唐代狀元源少良小考〉，許友根著，《史學月刊》，2003 年第九期。

151.〈唐末兄弟狀元崔諤、崔詹生平事蹟考〉，周臘生著，《鹽城師範學院學報》，2004 年第三期。

152.〈唐前期進士科狀元考辨〉，許友根著，《鹽城師範學院學報》，2004 年第三期。

153.〈唐代科舉「兩都試」略論〉，許友根著，《唐都學刊》，2004 年第四期。

154.〈普及性讀物要不要「忠於史實」──評說《中國狀元趣話》〉，嚴成著，《中國圖書評論》，2004 年第六期。

155.〈唐人登科名錄新補〉，許友根著，《科舉學論叢》，2013 年第三輯。

156.〈唐人登科名錄再補〉，許友根著，《科舉學論叢》，2019 年第二輯。

157.〈唐代狀元李群小考〉，許友根著，《合肥學院學報》，2019 年第五期。

158.〈唐人登科名錄三補〉，許友根著，《科舉學論叢》，2022 年第一輯。

附錄二　唐代狀元音序、編號、姓名對應表

B	68 班肅			
C	4 程行諶	8 陳伯玉	10 常無名	21 崔明允	25 崔曙
	36 常袞	53 崔元翰	62 陳諷	67 陳權	93 陳寬
	97 崔□	99 崔峴	111 崔鉶	129 崔昭緯	136 崔昭矩
	138 崔膠	141 崔諤	149 崔詹	150 崔液	
D	16 杜綰	48 丁澤	79 獨孤樟	82 杜師禮	90 杜陟
	104 狄慎思				
F	12 范崇凱	66 封孟紳			
G	3 弓嗣初	120 歸仁紹	124 歸仁澤	137 歸黯	146 歸佾
	147 歸系				
H	38 洪源	40 皇甫徹	117 韓緄		
J	15 賈季陽	24 賈季鄰	60 賈稜	70 賈餗	
K	113 孔緯	123 孔繡	126 孔緘	155 孔敏行	156 孔振
	157 孔拯				
L	11 李昂	18 李巙	23 李琚	26 李岑	28 劉單
	33 李巨卿	37 盧庚	43 李搏	44 李玕	49 黎逢
	58 盧頊	63 李程	65 李隨	74 李顧行	75 李固言
	81 盧儲	84 李群	85 柳璟	87 李郃	91 李珪
	92 李餘	95 李肱	98 李從實	101 盧肇	105 盧深

	108 李郜	112 李億	114 劉蒙	121 李筠	131 陸扆
	134 李瀚	144 盧文煥	151 李亮	152 李訓	153 李叔
	154 李秀	158 李超			
N	57 牛錫庶				
P	86 裴俅	96 裴思謙	115 裴延魯	145 裴格	148 裴說
Q	42 齊映				
S	2 宋守節	89 宋邧	127 孫偓	139 蘇檢	
W	7 吳師道	13 王維	20 王正卿	27 王閥	45 王潚
	51 王儲	52 魏弘簡	71 武翊黃	72 王源中	73 韋瓘
	80 韋諗	88 韋籌	160 吳康仁		
X	6 許旦	22 徐徵	41 蕭遘	54 薛展	69 徐晦
	116 薛邁	130 許佑孫			
Y	1 顏康成	9 姚仲豫	14 源少良	17 嚴迪	19 虞咸
	30 羊襲吉	31 楊護	32 楊譽	34 楊儇	35 楊紘
	39 楊棲梧	47 楊憑	50 楊凝	59 尹樞	61 苑論
	76 尹極	103 易重	106 于珪	109 于瓖	110 顏標
	135 楊贊禹	142 楊贊圖	143 羊紹素		
Z	5 鄭益	29 趙岳	46 張式	55 鄭全濟	56 張正甫
	64 鄭巨源	77 張又新	78 鄭澥	83 鄭冠	94 鄭璀
	100 鄭顥	102 鄭言	107 張溫琪	118 鄭洪業	119 趙峻
	122 鄭昌圖	125 鄭合敬	128 鄭藹	132 趙昌翰	133 鄭貽矩
	140 趙觀文	159 趙蒙			

後　記

　　本書是我於二○○二年十月申請的江蘇省教育廳高校人文社會科學指導性計畫研究項目《唐代狀元研究》（項目批准號：02SJD880015）的結項成果。

　　在本書寫作初期，曾計畫考證唐代進士科舉考試中的所有狀元（第一人），在此基礎上，對唐代進士科狀元進行全面系統地研究，現在看來，這一計畫沒有能夠全部完成，主要原因是資料問題，史籍中可供研究唐代狀元生平事蹟的資料非常少，以至於有的狀元連姓甚名誰都沒有記載，也有不少狀元除了姓名以外沒有留下其它任何資料。當然，沒有完成計畫也與我的學力有關，極有可能是我沒有發現或沒有能力發現有關唐代狀元的研究資料。期盼有更多的研究資料問世，也同樣期待有更多的同行來一起完成唐代狀元的研究工作。

　　在本書的寫作過程中，曾得到我國教育史學界前輩學者、華東師範大學博士生導師孫培青先生的悉心指導，華東師範大學教育系主任、博士生導師杜成憲教授在我訪學期間，多次就我的研究內容、研究方法給予指導，還提供了他自己收集整理的一些研究史料。湖北職業技術學院科研處的周臘生教授是國內較早開始研究古代狀元的學者，當我去信請教問題時，周先生總是不厭其煩，及時回信，使我非常感動。在參考資料方面，除唐史研究的基本史料外，我國現代文史學界的著名學者撰寫或主編的科舉制度題材著作，如傅璇琮先生《唐代科舉與文學》、吳宗國先生《唐代科舉制度研究》、傅璇琮先生主編《唐才子傳校箋》（一至五冊）、劉海峰先生《科舉考試的教育視角》、周臘生先生《唐

代狀元奇談 · 唐代狀元譜》和孟二冬先生《登科記考補正》等是我主要參考的文獻，我在統計唐代進士出身人數、考證唐代狀元生平事蹟時，上述著作提供了很多資料線索和研究思路，為我的研究工作提供了極大的便利。

我在鹽城師範學院已經學習工作了二十六年，學院領導陳金幹研究員、成長春教授、薛家寶教授等不僅為我創造了學習工作的良好環境，還特別關心我的科研工作，為我完成這一科研課題提供了專項經費。南京師範大學歷史系李天石教授、徐州師範大學歷史系湯其領教授、揚州大學歷史系王永平教授以及鹽城師範學院中文系王文龍教授、溫潘亞教授、科研處曹健處長、圖書館孫書安先生、姜玉明先生、教育系的同仁和我的愛人丁月珍、女兒許盼盼都曾給我以指導、鼓勵和幫助。

吉林人民出版社領導對本書的寫作和出版給予了關心和指導，本書責任編輯關靜同志付出了很多艱辛的勞動。

謹向所有關心、幫助和鼓勵過我的前輩、專家、領導、同事和家人表示誠摯的謝意！

許友根

2004 年 11 月 26 日於江蘇省鹽城師範學院

修訂版後記

　　拙著《唐代狀元研究》，2004 年由吉林人民出版社出版發行，迄今已逾十七年時間。承蒙抬愛，修改後的繁體版稿本，將列入《中國文化研究叢書》系列，由臺灣蘭台出版社重新出版。

　　本次修改的內容主要包括：

　　一、更正了李群、崔峴兩位狀元的相關信息。唐代有多位姓李名群的人，由於沒有可靠的一手資料，要準確地考證出哪一位是唐穆宗長慶四年（824 年）進士科狀元李群，有一定的難度，原稿中，筆者依據《新唐書・宰相世系表》（卷七二上）的記載，將趙郡李群的家世情況作為狀元李群的家世予以記錄，分別為：「祖李鎔，官酇縣令。父李琇，官任城令。李群官奉先丞。」現據趙君平等編著《秦晉豫新出墓誌蒐佚》（七七六）所載之〈唐故濠州刺史渤海李公（群）墓誌銘〉，將李群家世更正為：「祖李綹，官金吾衛錄事參軍。父李鎮，官冀州堂陽縣尉、贈祕書省祕書郎。李群官濠州刺史。」崔峴是唐武宗會昌元年（841 年）進士科狀元，歷官未詳，故原稿將其列為「未仕之狀元」，《全唐文補遺》（第八輯）錄載李內恭撰中和二年（882 年）十二月二十二日〈唐故隴西李公（杼）范陽盧氏夫人合葬墓銘並序〉云：別弟岳「娶故刑部郎中清河崔峴之女」。是知崔峴曾官刑部郎中。

　　二、增補了部分狀元同年進士的及第資料。唐憲宗元和十五年（820 年）進士科盧儲榜，錄取進士二十九人，可考者有盧儲、鄭亞等十二人。《全唐文

補遺》（第八輯）錄載陳子文撰會昌三年（843 年）二月二十日〈唐故試太常寺協律郎陳公（署）墓誌銘並序〉云：「公諱署，其原穎川人。……長兄曾，元和十五年登進士上第。歷官蘭台，累從使府。」是榜進士可考者至少有十三人。又如：唐文宗大和八年（834 年）進士科陳寬榜，錄取進士二十五人，可考者有陳寬、苗恪等十人。《大唐西市博物館藏墓誌》（四四三），苗恪撰大中十四年（860 年）七月二十八日〈唐故義武軍節度副使檢校尚書戶部郎中兼御史中丞賜紫金魚袋李公（潯）墓誌〉云：「公即王之少子也，諱潯，字禮源。……尚書公司貢士，遂擢居上第。」又：墓誌云「恪在進士場，則與公遊，人俱號為折箠郎，言其貧而無鞭策以乘也。後又同日得第，道同也，事同也，因不辭。買石磨而刻之，而又銘之。」是知墓誌撰者苗恪乃誌主同年。

　　三、修改了全部網路資料及其連結位址。原稿中使用了一定數量的網路資料，尤其是在第八章〈今人著述中誤載之唐代狀元〉中，列舉了網路上流傳的郭元振、莫宣卿、施肩吾、皇甫冉、蕭穎士、徐寅和陸器等所謂的「唐代狀元」。由於時間的原因，原先的網頁已經無法打開，難以獲悉其中的內容。為了便於讀者瞭解相關信息，在保持主要內容的同時，更新網頁連結。例如，（1）西湖新十景：黃龍吐翠。兩旁有兩幅壁畫，左為明代才子唐伯虎點秋香的三笑姻緣故事，右為唐代狀元郭元振牽紅線選宰相之女為妻的故事。網頁連結：www.5179.com/chi/search_detail3.asp?id，11K，2004-4-28- 百度快照。現在更正為：（1）郭元振。兩旁有兩幅壁畫，左為明代才子唐伯虎點秋香的三笑姻緣故事，右為唐代狀元郭元振牽紅線選宰相之女為妻的故事。https://baike.baidu.com/item/黃龍洞圓緣民俗園 /6389999?fr=aladdin，2021-07-23。與此同時，對難以找尋到相同網路資料的連結，全部予以刪除。

　　此外，對原稿中一些標點校勘錯誤進行了更正，對參考文獻進行了少量的增補。

　　本書的增訂出版，首先要感謝臺灣蘭臺出版社盧瑞琴社長、臺灣蘭臺出版社駐北京總編輯党明放教授的關心與指導，感謝南京中國科舉博物館馮家紅館長、尹磊副館長的支持和鼓勵，還要感謝我的愛人丁月珍、女兒許盼盼提供的多方面幫助。

　　近年來，隨著出土文獻的整理，唐代科舉制度研究有一些新的成果，例如

唐人登科史料得到不斷豐富，但唐代狀元研究尚未取得突破性進展，有顯示度的研究成果不多見。期待有新的文獻，特別是出土文獻出版問世，為唐代狀元的深入研究奠定堅實的史料基礎；希望有更多的學者涉足唐代狀元研究領域，早日完成唐代狀元的全部傳記，撰寫出一部真正意義上的唐代狀元研究一書。

許友根

2022 年 7 月 26 日於南京中國科舉博物館

國家圖書館出版品預行編目資料

中國文化研究叢書. 第一輯5,唐代狀元研究 / 許友根著. -- 初版. -- 臺北市:蘭
臺出版社, 2024.06
　　冊; 公分. -- (中國文化研究叢書. 第一輯; 5)
ISBN 978-626-96643-9-9(全套:精裝)

1.CST: 中國文化 2.CST: 文化史 3.CST: 中國史

630 112008792

中國文化研究叢書第一輯5

唐代狀元研究

作　　者:許友根
總 編 纂:党明放　盧瑞琴
主　　編:沈彥伶
編　　輯:沈彥伶　凌玉琳
美　　編:陳勁宏
校　　對:楊容容　盧瑞容　古佳雯
封面設計:陳勁宏
出　　版:蘭臺出版社
地　　址:臺北市中正區重慶南路1段121號8樓之14
電　　話:(02)2331-1675或(02)2331-1691
傳　　真:(02)2382-6225
E‧MAIL:books5w@gmail.com或books5w@yahoo.com.tw
網路書店:http://5w.com.tw/
　　　　　https://www.pcstore.com.tw/yesbooks/
　　　　　https://shopee.tw/books5w
　　　　　博客來網路書店、博客思網路書店
　　　　　三民書局、金石堂書店
經　　銷:聯合發行股份有限公司
電　　話:(02) 2917-8022　　傳真:(02) 2915-7212
劃撥戶名:蘭臺出版社　　　帳號:18995335
香港代理:香港聯合零售有限公司
電　　話:(852) 2150-2100　　傳真:(852) 2356-0735
出版日期:2024年6月 初版
定　　價:全套新臺幣18000元整(精裝,套書不零售)
ISBN:978-626-96643-9-9

近代中日關係史

一套10冊，陳鵬仁編譯　　定價：12000元（精裝全套不分售）

精選二十世紀以來最重要的史料、研究叢書，從日本的觀點出發，探索這段動盪的歷史。是現今學界研究近代中日關係史不可或缺的一套經典。

第一輯
ISBN：978-986-99507-3-2

第二輯
ISBN：978-626-95091-9-5

中國藝術研究叢書第一輯　党明放 總編纂

從考古和人類學的角度看，各種生活內涵形成特有文化，藝術是其中之一。中國藝術博大精深是文化根源，在民族綿延數年中，因歷史悠久數量繁多且內容豐富，有大量珍貴的古籍文獻留存。今蘭臺出版社廣邀海內外各藝術領域研究專家，將藝術文獻普查、整理和研究成果，出版成《中國藝術研究叢書》，每輯十冊；擬以第一、第二輯、第三輯，陸續出版，除發揚前人文獻成果外，並期待文化藝術有所增益。

作者：
陳雪華、易存國、
柏紅秀、賀萬里、
張　耀、張文利、
李浪濤、黃　強、
劉忠國、羅加嶺

全套10冊不分售 精裝本
定價：新台幣18000元
ISBM：978-626-95091-6-4

《臺灣史研究名家論集》

　　這套叢書是四十三位兩岸台灣史的權威歷史名家的著述精華，精采可期，將是臺灣史研究的一座豐功碑及里程碑，可以藏諸名山，垂範後世，開啓門徑，臺灣史的未來新方向即孕育在這套叢書中。展視書稿，披卷流連，略綴數語以説明叢刊的成書經過，及對臺灣史的一些想法，期待與焦慮。

一編 ISBN：978-986-5633-47-9

臺灣史研究名家論集（套書）定價：28000

王志宇、汪毅夫、卓克華、
周宗賢、林仁川、林國平、
韋煙灶、徐亞湘、陳支平、
陳哲三、陳進傳、鄭喜夫、
鄧孔昭、戴文鋒

二編 ISBN：978-986-5633-70-7

臺灣史名家研究論集二編 （精裝）NT$：30000

尹章義、李乾朗、吳學明、
周翔鶴、林文龍、邱榮裕、
徐曉望、康　豹、陳小沖、
陳孔立、黃卓權、黃美英、
楊彥杰、蔡相輝、王見川

三編 ISBN:978-986-5633-70-7

尹章義、林滿紅、林翠鳳、
武之璋、孟祥瀚、洪健榮、
張崑振、張勝彥、戚嘉林、
許世融、連心豪、葉乃齊、
趙祐志、賴志彰、闞正宗

臺灣史名家研究論集二編 （精裝）NT$：30000

錢穆著作選輯最後定稿版

本版特色

1. 全書在觀點上和研究成果上已多不同於其他書局所出的同名書。
2. 對原書標點進行整理，全書加入私名號、書名號及若干引號，以顯豁文意，方便讀者閱讀。
3. 字體加大，清晰明顯，以維護讀者之視力。
4. 《經學大要》為首次出版；《中國學術思想史論叢》原八冊，新增了（九）、（十）兩冊，補入現代部份，選輯四十九本書，共新增文章二百三十餘篇，在內容上，本選輯是錢先生畢生著作最完整的版本。

ISBN:957-0422-00-9
錢穆叢書系列套書 定價2850元
一、中國學術思想史小叢書
（套書）定價：2850元

ISBN:957-0422-12-2
錢穆叢書系列套書 定價1230元
二、孔學小叢書
（套書）定價：1230元

ISBN:957-0422-17-3
錢穆叢書系列套書 定價1780元
三、中國學術小叢書
（套書）定價：1780元

ISBN:957-9154-64-3
錢穆叢書系列套書 定價1460元
四、中國史學小叢書
（套書）定價：1460元

ISBN:957-9154-62-7
錢穆叢書系列套書 定價880元
五、中國思想史小叢書
甲編（套書）定價：880元

ISBN:957-9154-63-5
錢穆叢書系列套書 定價1860元
六、中國思想史小叢書
乙編（套書）定價：1860元

ISBN:957-9154-61-9
錢穆叢書系列套書 定價2390元
七、中國文化小叢書
（套書）定價：2390元

ISBN:957-0422-11-5
《八十憶雙親‧師友雜憶
合刊本》定價：290元

勞榦先生學術著作選集

勞榦是居延漢簡研究的先驅，他的相關考證和專題論文也開啟了此後研究的先河。漢代邊塞遺留下來的這些簡牘文書，內容十分豐富。它們直接、生動地記錄了大約從西漢中晚期至東漢初，當地軍民在軍事、法律、教育、經濟、信仰以及日常生活各方面活動的情形，為秦漢代史研究打開了一片新天地。

《勞榦先生選集1~4冊》，收錄其論著十一類一百二十四種，共分四冊出版，展現了勞榦先生畢生的研究成果，突出了論著之精華，為廣大學仁提供了研究之便利，更是對勞榦先生學術風範的繼承和發揚，意義非凡。

16開圓背精裝 全套四冊不分售
定價新臺幣 18000 元
ISBN：978-986-99137-0-6